現代金融論
〔新版〕

川波洋一・上川孝夫 編

有斐閣ブックス

新版はしがき

　現代金融を多様化させ，複雑化させた背景には，規制緩和や競争の激化，止むことのない情報技術革新，急速なグローバル化の進展等々の要因があった。本書初版の刊行以来，そうした要因はさらに複雑に絡み合い，次々に新たな事象や政策的対応，解決すべき課題，新たな理論問題を生み出してきた。

　たとえば，アメリカを中心とする証券化（セキュリタイゼーション）は1980年代から90年代にかけて隆盛をみたが，90年代後半から2000年代にかけては，債務担保証券（CDO），クレジット・デフォルト・スワップ（CDS）等々のデリバティブと絡み合った住宅バブルを生み出した。その帰結は，07年のサブプライム金融危機と続くリーマン・ショック，その後の世界金融危機の展開であった。

　アメリカや日本をはじめ各国で発生したバブルの背景には，商業銀行システムを介さない金融仲介の仕組みがあった。シャドーバンキングと呼ばれるこうした資金の流れは，もともと金融システムに存在していたものであるが，存在感を増してきたのは1990年代の後半から2000年代にかけてであった。

　政策的対応という観点からみれば，1990年代に入ってからの日本や世界金融危機を経験した後のアメリカやヨーロッパ諸国は，金利機能を駆使した伝統的な金融政策に対して，量的金融緩和政策（アメリカでは信用緩和政策といわれる）を採用するという新たな段階に入った。量的金融緩和政策のもとでは，時間軸政策と期待への働きかけ，マイナス金利，出口戦略等々の手段と効果についての実証といった新たな問題も生まれてきた。

　規制や監督といった観点からみれば，1929年の世界大恐慌以来の激烈な金融危機を経験した世界各国ならびに監督当局は，ボルカー・ルール，バーゼルⅢ，ベイル・アウト，ベイル・イン，「グローバルにシステム上重要な金融機関」（G-SIFIs）等々の新たな金融規制改革を打ち出さざるをえなかった。

　日本国内についてみれば，長引く不況下のデフレーションに対して，アベノミクスと呼ばれる経済政策の効果と実証，それを支える経済理論の適否についての論争が起こった。くわえて，地域密着型金融，リレーションシップ・バンキング，金融円滑化法，成長戦略と地方創生等々，地域金融をめぐる問題が重

要な政策課題として論じられてきた。

　本書新版は，初版の基本構成を堅持しながら，それ以後の新しい現象や政策，問題をできるだけ取り込みつつ，現代金融の諸事象を可能なかぎり体系的に学ぶための標準的なテキストブックとして編まれたものである。

　本書は，次の3部から成っている。

　第Ⅰ部「現代金融の基礎理論」では，現代金融の複雑な展開を理解するために必要な，金融の基本的な成り立ちや仕組みを理解することに重点を置いている。貨幣や信用といった基礎的な概念，銀行や証券会社等の金融機関の特徴や機能，金融市場の構造や成り立ち，中央銀行の役割等について基本的な理解を得ることができるようになっている。

　第Ⅱ部「現代金融と日本経済」は，日本経済を中心に現代金融のさまざまな事象や問題が取り上げられる。戦後の日本経済の変遷と景気変動の動向，変貌著しい現代日本の金融業，累積する国債と財政・金融への影響，現代日本の金融政策の状況，金融規制改革の最新の動向，地域金融といった問題が論じられる。

　第Ⅲ部「グローバル化と現代金融」では，現代金融のグローバルな展開に注目しながら，情報技術革新と金融への影響，グローバルな競争のなかでさらに変貌を遂げつつある金融業，グローバル化のなかでの各国金融システムの変貌，国際金融システムの動向，グローバル化のなかの円，といった重要な問題を取り上げている。

　本書は，全体として現代金融の主要事象を包括的に論じるとともに，各部も一定のまとまりを持った内容として編まれている。講義や演習の目的やレベルに応じて適切に組み合わせて使うことができるように工夫されている。

　これまで日本において金融論研究をリードしてきた先達による論説は，金融論研究と古典，金融論研究における現代的視点，金融論における国際的視点の重要性といった基本的かつ示唆に富むテーマについて論じられており，普遍性を持つと考え，初版と同様の内容で各部末に再録することとした。

　鋭い問題意識に基づいて金融論における国際的視点の重要性を説かれた西村閑也先生は，2014年に逝去された。本書の執筆者は，直接の討論や著作を通して，先生から多くのことを学ぶことができた。西村先生からこれまでに受けた学恩に深く感謝し，先生のご冥福を心からお祈り申し上げる。

各部末ではさらに，現代の複雑な金融現象に焦点を当てながらも，その時代の金融問題に対し鋭い問題提起と理論的分析を通じて今なお学ぶべき功績を残した 7 人の経済学者の活動と学説について簡単な紹介がなされている。自らの生きた時代の現実と格闘した，経済学者の息吹を感じ取っていただければ幸いである。

　各章末には，練習問題，参考文献，内容に関わる論争やより深く掘り下げるべき問題等について論じたコラムが配置され，巻末には金融に関わる年表が付されている。より深く掘り下げた学習のために役立てていただきたい。

　初版刊行以来の金融の激動に鑑み，新版刊行に当たっては若手研究者を起用する機会を得た。この件につき，初版刊行時に玉稿をお寄せいただいたベテランの研究者にはご理解を賜り，また温かい励ましをいただいた。ここに感謝を申し上げたい。

　本書の出版にあたり，有斐閣書籍編集第 2 部の長谷川絵里氏をはじめ，スタッフの方々には大変お世話になった。長谷川氏とスタッフの方々の行き届いた的確な判断と迅速な処理に対し，心からの謝意を表したい。

　2016 年 12 月

編　者

初版はしがき

 めまぐるしく変化する現代の経済社会において,金融ほど,多様化と複雑化が進んでいる世界はない。それは,いくつかの要因によって現代金融を取り巻く環境が大きく変わってきたからである。

 まず,現代では,さまざまな金融取引にかかわる規制が緩和・撤廃され,自由化の度合いが強まっている。そのために,企業や金融機関などの経済主体が自由に競争しあう環境が生まれ,市場原理が働く領域が広がっている。このことは,国内においてのみならず,国際間においても見られる現象である。

 また,金融取引を支える情報技術(IT)の急速な発達が及ぼす影響も大きい。それによって,取引コストが低下するとともに,金融商品設計や取引手段における革新が次々に生み出されている。このことは,金融取引の効率化に資するように見える反面,不安定性やリスクの増幅につながる側面もある。

 さらに,グローバル化の急速な進展である。現代においては,企業や金融機関のほか,ヒト(労働力),モノ(商品),カネ(資本),情報の国境を越える動きが,ますます速く大きくなっている。グローバル化の影響は,一国の企業や個人の経済活動,国の政策,さまざまな経済制度に及んできている。

 現代金融が多様化し複雑化すればするほど,金融取引の仕組み,金融制度の成り立ちや違い,金融現象のメカニズムや意味,企業や政府,個人といった経済主体の行動とその影響などについて,体系的な知識を得ることが重要になってくる。本書は,このような観点から,現代金融の諸事象をできるだけ幅広くかつ体系的に学ぶための標準的なテキストブックとして編まれたものである。

 本書は,次の3部から成っている。

 第Ⅰ部「現代金融の基礎」では,現代金融の複雑な現象を理解するために必要な基礎的な知識が得られるようになっている。貨幣や信用といった基礎概念や貨幣・金融制度の成り立ち,銀行をはじめとする金融機関の機能,金融機関と企業や消費者との関係,金融市場の構造,中央銀行とその政策といった問題が取り扱われている。

 第Ⅱ部「現代金融と日本経済」では,現代の日本経済における主要な金融問題が取り上げられている。景気変動と金融,不況下の金融機関経営と新しい戦

略、国債膨張と財政・金融政策、金融政策論議、金融行政の転換と新しい金融システムへの移行は、いずれも、いま盛んに論じられている問題である。

　第Ⅲ部「情報化・グローバル化と現代金融」は、現代金融を理解するために欠かすことのできない問題が取り上げられている。ITの発達は、現代金融の姿を変貌させた大きな要因の1つである。その影響は現在も続いており、今後ますます強まっていくであろう。グローバル化との関係を抜きにして現代金融を論じることは不可能である。ここでは、IT革新と金融、金融機関の国際的活動、グローバル化と各国金融システムとの関係、国際金融システムの動向、グローバル化のなかの円といった側面から現代金融の特徴が描かれている。

　全体の体系性を考慮しながらも、それぞれの部はまた1つのまとまりを持っている。講義や演習の目的、レベルに応じて、自由に切り取って利用することもできるように配慮されている。

　これまで日本の金融論研究をリードしてきた3人の先達による論説では、それぞれ古典に学ぶ金融論、金融論と現代、金融論における国際的視点の重要性といった観点から、示唆に富むメッセージが伝えられている。

　本書は、現代金融に焦点を当てながらも、当時の金融の現実に目を向けそれを理論化しようとした7人の経済学者の活動と学説について簡単な紹介がなされている。時代の現実と格闘した経済学者の息吹を感じ取ってほしい。

　各章末には、内容にかかわる論争やトピック、より深く考えるべき問題などについて紹介したコラムや、参考文献、練習問題が配置され、巻末には年表が付されている。さらに掘り下げた学習に役立てていただければ幸いである。

　本書の出版にあたり、有斐閣書籍編集第2部のスタッフの方々、とくに鹿島則雄部長、長谷川絵里さんには大変お世話になった。お二人の的確な判断と迅速な作業がなければ、本書は成らなかった。心から感謝し、お礼を申し上げる次第である。

　　2004年12月

　　　　　　　　　　　　　　　　　　　　　　　　　　　編　者

執筆者紹介 （◇は編者）

◇川波　洋一（かわなみ　よういち）　　第1章，第6章

　　1951年生まれ。下関市立大学特別招聘教授。　　主要著作：『貨幣資本と現実資本』有斐閣，1995年；「信用拡張の支持装置としての担保の架空性について」『経済学研究』九州大学経済学会，81巻4号，2014年2月。

青山　和司（あおやま　かずし）　　第2章

　　1951年生まれ，2019年逝去。大阪市立大学名誉教授。　　主要著作：『アメリカの信託と商業銀行』日本経済評論社，1998年；『現代金融と信用理論』（分担執筆）大月書店，2006年。

前田　真一郎（まえだ　しんいちろう）　　第3章

　　1969年生まれ。九州大学大学院経済学研究院准教授。　　主要著作：『米国金融機関のリテール戦略』東洋経済新報社，2004年；『米国リテール金融の研究』日本評論社，2014年。

三谷　進（みたに　すすむ）　　第4章

　　1965年生まれ。立教大学経済学部教授。　　主要著作：『アメリカ投資信託の形成と展開』日本評論社，2001年；「アメリカ金融市場の発展と投資信託システム」『名城論叢』4巻2号，2003年11月。

近廣　昌志（ちかひろ　まさし）　　第5章

　　1978年生まれ。中央大学経済学部准教授。　　主要著作：「信用論から検討するMMTの是非」『愛媛経済論集』第41巻第1号，2021年；『入門銀行論』（分担執筆），有斐閣，2023年。

掛下　達郎（かけした　たつろう）　　第7章

　　1965年生まれ。福岡大学商学部教授。　　主要著作：『アメリカ大手銀行グループの業務展開』日本経済評論社，2016年；「アマゾンの銀行化とアップルの金融機関化」『証券経済研究』第115号，2021年。

吉川　哲生（よしかわ　てつお）　　第8章

　　1973年生まれ。札幌学院大学経営学部准教授。　　主要著作：『通貨危機の政治経済学』（分担執筆）日本経済評論社，2000年；『国際通貨体制と世界金融危機』（分担執筆），日本経済評論社，2011年。

森田　京平（もりた　きょうへい）　第 9 章
　1970 年生まれ。野村證券株式会社チーフエコノミスト。　主要著作：「マクロの観点でとらえる日本の国債管理政策」『信用理論研究』32 号，2014 年 5 月；「量的・質的金融緩和からの出口に関する一考察」『証券経済学会年報』51 号，2016 年 7 月。

山村　延郎（やまむら　のぶお）　第 10 章
　1969 年生まれ。拓殖大学商学部教授。　主要著作：「EU の金融市場と金融市場統合」（分担執筆）『EU 経済』ミネルヴァ書房，2010 年；「ドイツの銀行監督局・保険監督局の成立史に見る金融機能の安定と顧客保護の位置づけの差について」『経営経理研究』拓殖大学，98 号，2013 年。

齊藤　正（さいとう　ただし）　第 11 章
　1950 年生まれ。駒澤大学名誉教授。　主要著作：『戦後日本の中小企業金融』ミネルヴァ書房，2003 年；「地域・中小企業金融に果たす信用補完制度の今日的役割」『同志社商学』第 69 巻第 6 号，2018 年。

遠藤　幸彦（えんどう　ゆきひこ）　第 12 章
　1957 年生まれ。元・野村マネジメント・スクール　フェロー。　主要著作：『変貌する米銀』（共著）野村総合研究所，2002 年；『入門金融論』（共著）ダイヤモンド社，2004 年。

木村　秀史（きむら　しゅうし）　第 13 章
　1977 年生まれ。國學院大學経済学部教授。　主要著作：『発展途上国の通貨統合』蒼天社出版，2016 年；『グローバル経済と債務累積の構造』（分担執筆）晃洋書房，2021 年。

伊鹿倉　正司（いがくら　まさし）　第 14 章
　1975 年生まれ。東北学院大学経済学部教授。　主要著作：「地域銀行の第二次国際化」『金融構造研究』金融構造研究会，38 号，2016 年 6 月；「わが国都市銀行の重層的国際化」『経済学論集』東北学院大学学術研究会，187 号，2016 年 12 月。

◇**上川　孝夫**（かみかわ　たかお）　第 15 章，第 16 章
　1950 年生まれ。横浜国立大学名誉教授。　主要著作：『現代国際金融論（第 4 版）』（共編著），有斐閣，2012 年；『国際金融史』日本経済評論社，2015 年。

各部末コラム執筆者

飯田　裕康（いいだ　ひろやす）　　経済学史・経済思想史のなかの金融
1937年生まれ。慶應義塾大学名誉教授。

深町　郁彌（ふかまち　いくや）　　金融システムと現代
1929年生まれ，2017年逝去。九州大学名誉教授。

西村　閑也（にしむら　しずや）　　国際化とグローバリゼーション
1929年生まれ，2014年逝去。法政大学名誉教授。

「学説に学ぶ」執筆者

新村　聡（にいむら　さとし）　　スミス
1953年生まれ。岡山大学名誉教授。

鳥居　伸好（とりい　のぶよし）　　マルクス
1955年生まれ。中央大学経済学部教授。

土井　日出夫（どい　ひでお）　　ケインズ
1955年生まれ。横浜国立大学大学院国際社会科学研究院教授。

高浜　光信（たかはま　みつのぶ）　　フリードマン
1961年生まれ。明治大学商学部教授。

兵藤　隆（ひょうどう　たかし）　　ブラック＝ショールズ
1965年生まれ。山口大学経済学部教授。

萩原　伸次郎（はぎわら　しんじろう）　　ミンスキー
1947年生まれ。横浜国立大学名誉教授。

目 次

第Ⅰ部　現代金融の基礎

第1章　貨幣と金融 ―――――――――――――――― 2

1 貨幣と市場経済 …………………………………………… 2
 1.1　経済社会における貨幣　2
 1.2　商品生産と貨幣の生成　3

2 貨幣の機能 ……………………………………………… 6
 2.1　商品生産社会における貨幣の機能　6
 2.2　信用貨幣とはどのような貨幣か　7

3 金本位制と管理通貨制 …………………………………… 9
 3.1　金本位制とは何だろうか　9
 3.2　金本位制の歴史と経済思想　10
 3.3　管理通貨制と貨幣供給のメカニズム　11

4 現代金融のなかの貨幣 …………………………………… 13
 4.1　決済システムの構築と貨幣　13
 4.2　取引におけるキャッシュレス化の進展　15

 Column ビットコインと規制 ………………………………… 19

第2章　金融機関と銀行業 ―――――――――――――― 20

1 金融取引 ………………………………………………… 20

2 銀行の業務 ……………………………………………… 21
 2.1　銀行の預金業務　21
 2.2　銀行の資金運用　22

3 信用取引と銀行 ………………………………………… 24
 3.1　商業信用と銀行信用　24
 3.2　掛取引と電子記録債権　24

4 銀行の支払決済業務 …………………………………… 25

5 銀行の信用創造機能 …………………………………… 26
 5.1　銀行融資と信用創造　26
 5.2　信用創造の限界　28

  5.3 準備預金制度と預金通貨の供給 31
 6 **金融機関の機能** 32
  Column 金融持株会社 36

第3章 企業・家計と金融 37

 1 **企業の資金調達・運用と金融** 37
  1.1 企業の資金調達 37
  1.2 企業の資金運用 41
  1.3 企業金融の変化 43
 2 **企業の資本構成** 44
 3 **家計・個人の金融行動** 47
  3.1 アメリカにおける家計の金融行動 47
  3.2 資金調達者としての家計 48
  3.3 資金運用者としての家計 49
  3.4 個人金融の台頭 49
 4 **家計・個人の資産選択** 50
  4.1 個人の消費と貯蓄 50
  4.2 日本における家計の資産選択 51
  Column 消費金融論の展開 55

第4章 金融市場と金融資産 56

 1 **金融市場の構造** 56
  1.1 金融市場の機能と役割 56
  1.2 金融市場の形成と分類 58
 2 **金融市場の変容** 62
  2.1 金融環境の変化とデリバティブ市場の発展 62
  2.2 証券化による金融商品の組成 65
 3 **金融資産の累積と膨張** 68
  3.1 金融資産の累積 68
  3.2 金融資産とは何か 71
  Column 金融技術の発展と金融市場 76

第5章 管理通貨制と中央銀行 ─── 77
1 中央銀行制度 ………………………………………………… 77
　1.1 主要国の中央銀行　77
　1.2 中央銀行化したイングランド銀行　79
　1.3 日本銀行の設立　79
2 管理通貨制と中央銀行 …………………………………… 80
　2.1 管理通貨制を必要とした理由　80
　2.2 管理通貨制の貨幣供給　81
3 現代の中央銀行の役割と機能 ………………………… 83
　3.1 物価の安定　83
　3.2 発券チャネルとシニョレッジ　84
　3.3 中央銀行と金融市場　85
　3.4 「最後の貸し手」機能　89
4 中央銀行の独立性 ………………………………………… 91
　Column 誤解の多い外貨準備高 ………………………… 94

経済学史・経済思想史のなかの金融 ─── 95
学説に学ぶ① アダム・スミス ─── 98
学説に学ぶ② カール・マルクス ─── 100

第Ⅱ部　現代金融と日本経済

第6章 景気変動と金融危機 ─── 104
1 資本主義の歴史と景気変動 …………………………… 104
　1.1 資本主義経済の確立と周期的恐慌　104
　1.2 独占企業の時代と景気変動の変容　105
2 高度経済成長から安定成長経済への移行と金融 ……… 106
　2.1 日本の高度経済成長と金融　106
　2.2 安定成長経済への移行　108
3 バブルの形成と崩壊 ……………………………………… 109
　3.1 バブルの形成過程　109
　3.2 バブルの崩壊　112
4 長期不況とデフレーション …………………………… 115

4.1　金融危機の発生とデフレの深刻化　115
   4.2　リーマン・ショックと日本経済　117
   Column　なぜ，金融危機は何度も起きるのか …………………… 121

第7章　現代の金融業 ──────────────────── 122

 1　金融仲介と金融機関 …………………………………………… 122
 2　リスク管理と金融機関経営 …………………………………… 123
 3　金融危機と金融再編 …………………………………………… 126
   3.1　大手金融機関の再編　126
   3.2　地方銀行の再編　128
 4　メガバンクグループの収益力 ………………………………… 130
   4.1　収益構造　130
   4.2　ディーリング業務　131
   4.3　日本の銀行経営の特徴　133
 5　大手証券会社の収益力 ………………………………………… 134
   5.1　収益構造　134
   5.2　日本の証券会社経営の特徴　136
 6　金融業の将来 …………………………………………………… 137
   Column　アメリカと日本の金融業の対比 ……………………… 141

第8章　国債膨張下の財政と金融 ─────────────── 142

 1　財政と金融 ……………………………………………………… 142
   1.1　財政と金融の関わり　142
   1.2　財政の資金管理　143
   1.3　財政政策と金融　145
 2　国債の膨張 ……………………………………………………… 147
   2.1　日本国債の分類　147
   2.2　国債残高の膨張　150
   2.3　国債管理政策の展開　152
 3　財政投融資と政策金融 ………………………………………… 154
   3.1　財政投融資　154
   3.2　財投機関の資金調達　156
   3.3　財投機関の改革と政策金融　158

Column　財政赤字の国際比較と財政健全化 ………………………………………… 161

第9章　金融政策の新展開 ———————————————————— 162

1　金融政策の基礎理論 ………………………………………………………… 162
1.1　伝統的な3つの政策手段　162
1.2　金融政策の目標（操作目標，中間目標，最終目標）　164
1.3　「ルール」か「裁量」か　165

2　「伝統的金融政策」から「非伝統的金融政策」への展開 ………… 168
2.1　「伝統的金融政策」への過程　168
2.2　「非伝統的金融政策」への移行　169
2.3　非伝統的金融政策の4つの類型　171

3　非伝統的金融政策の課題 ………………………………………………… 175
3.1　日本銀行が導入した「マイナス金利付き量的・質的金融緩和」　175
3.2　中央銀行の財務の健全性　176
3.3　損失の会計上の認識と損失補償の法律上の扱い　177
3.4　国債管理政策からの独立性　177

Column　主要中央銀行に見る非伝統的金融政策の差異 ………………… 179

第10章　金融規制と金融制度改革 ———————————————— 180

1　金融規制と制度の理論 …………………………………………………… 180
1.1　金融行政の目的　180
1.2　金融規制のPDCAサイクル　180
1.3　規 制 裁 定　181
1.4　制度変革の必然性　182

2　規制改革の展開 …………………………………………………………… 182
2.1　金融行政の転換　182
2.2　複線型金融システムへ　185
2.3　情報開示と販売規制による投資家等保護　187

3　金融監督および証券市場の監視 ………………………………………… 188
3.1　自己資本比率規制　188
3.2　金融機関の監督　189
3.3　金融市場の健全性・透明性　191

4　金融危機への事後対応と事前対策 ……………………………………… 192

  4.1 個別金融機関の破綻処理 *192*
  4.2 金融危機の対応制度 *194*
  4.3 金融危機の事前対策 *196*
 Column 金融規制の国際比較 …………………………………… *198*

第11章　地域金融 ──────────── *199*

1 「地域金融」問題の今日的重要性 ………………………… *199*
2 地域経済の変容と地域金融 ……………………………… *200*
  2.1 地域経済の変容をもたらした要因 *200*
  2.2 金融行政の新たな展開と地域金融 *203*
  2.3 政策金融改革 *205*
3 地域再生の方向と地域金融のあり方 …………………… *206*
  3.1 アベノミクスと地域金融 *206*
  3.2 「地域循環型経済」と地域金融 *210*
4 地域金融機関の取り組みと課題 ………………………… *211*
  4.1 求められる地域密着型金融の深化 *211*
  4.2 法的・制度的整備のあり方について *213*
  4.3 地域金融機関への期待と課題 *215*
 Column アメリカの地域再投資法（Community Reinvestment Act, CRA）
     ………………………………………………………… *217*

金融システムと現代 ──────────────── *218*
学説に学ぶ③　ジョン・メイナード・ケインズ ──── *221*
学説に学ぶ④　ミルトン・フリードマン ─────── *223*

第Ⅲ部　グローバル化と現代金融

第12章　グローバル化と情報技術革新 ──── *226*

1 はじめに …………………………………………………… *226*
2 金融と情報技術 …………………………………………… *228*
  2.1 金融と情報技術の親和性の高さ *228*
  2.2 機能的視点に基づく整理 *230*
  2.3 近年の情報技術革新のインパクト *233*

3　金融サービスの将来 …………………………………………………………… 236
　　Column　信用情報機関の役割 ………………………………………………… 241

第13章　金融業の変貌とグローバル展開 ─────────── 242
　1　変わりゆく金融業 ……………………………………………………………… 242
　　1.1　金融業の変貌　242
　　1.2　証　券　化　243
　2　シャドーバンキング …………………………………………………………… 245
　　2.1　シャドーバンキングとは何か　245
　　2.2　世界金融危機で明らかになったシャドーバンキング・リスク　247
　　2.3　シャドーバンキングに対する規制強化　249
　3　金融機関のグローバル展開 …………………………………………………… 251
　　3.1　金融のグローバル化と国際銀行業務　251
　　3.2　金融機関のグローバル展開の軌跡　252
　　3.3　世界金融危機後の邦銀の躍進　253
　4　国際的な資産運用業の展開 …………………………………………………… 255
　　4.1　今日の国際的な資産運用業の特徴　255
　　4.2　国際的な資産運用業におけるタックスヘイブン問題　256
　　Column　中国のシャドーバンキング ……………………………………… 259

第14章　グローバル化と主要国の金融システム ──────── 260
　1　金融システムの分析視角 ……………………………………………………… 260
　　1.1　金融システムとは何か　260
　　1.2　金融システムの2類型　261
　2　主要先進国の金融システム …………………………………………………… 264
　　2.1　アメリカの金融システム　264
　　2.2　イギリスの金融システム　266
　　2.3　ドイツの金融システム　268
　　2.4　フランスの金融システム　269
　3　新興国の金融システム ………………………………………………………… 270
　　3.1　中国の金融システム　271
　　3.2　ASEAN諸国の金融システム　272
　4　今後の各国金融システム ……………………………………………………… 274

Column 着実に広がる金融包摂 ……………………………………………… 277

第15章 金融グローバル化と国際金融システム ——— 278
1 戦後の国際通貨システム ……………………………………………… 278
2 金融のグローバル化 …………………………………………………… 280
 2.1 国際資本移動の活発化 280
 2.2 国際金融市場の成長 281
3 金融グローバル化の危機 ……………………………………………… 283
 3.1 中南米債務危機から1990年代通貨危機へ 283
 3.2 リーマン・ショックの発生 285
 3.3 欧州債務危機の特徴 287
4 国際金融規制と国際金融機関 ………………………………………… 289
 4.1 国際金融規制の見直し 289
 4.2 国際金融機関の新しい動向 291
Column SDR本位制 …………………………………………………… 295

第16章 グローバル化のなかの円 ——— 296
1 円の誕生と金本位制 …………………………………………………… 296
 1.1 円の誕生と金本位制の模索 296
 1.2 金本位制の確立 299
2 金解禁から管理通貨制へ ……………………………………………… 301
 2.1 金解禁論争と金本位制の再建 301
 2.2 管理通貨制と戦時体制 302
3 ブレトン・ウッズ体制と円 …………………………………………… 304
 3.1 複数為替レートから1ドル=360円へ 304
 3.2 ブレトン・ウッズ体制と日本経済 306
4 変動相場制への移行と円の行方 ……………………………………… 308
 4.1 変動相場制と円高トレンド 308
 4.2 円の国際化とその停滞 310
 4.3 グローバル化と円の行方 312
Column 円と金融システムの将来 …………………………………… 315

国際化とグローバリゼーション─────────────316
学説に学ぶ⑤　フィッシャー・ブラック＝マイロン・ショールズ─────319
学説に学ぶ⑥　ハイマン・ミンスキー────────────321

年　　表─────────────────────────323
索　　引─────────────────────────341

本書のコピー，スキャン，デジタル化等の無断複製は著作権法上での例外を除き禁じられています。本書を代行業者等の第三者に依頼してスキャンやデジタル化することは，たとえ個人や家庭内での利用でも著作権法違反です。

第 I 部
現代金融の基礎

第 1 章　貨幣と金融 ❖
第 2 章　金融機関と銀行業 ❖
第 3 章　企業・家計と金融 ❖
第 4 章　金融市場と金融資産 ❖
第 5 章　管理通貨制と中央銀行 ❖

第1章
貨幣と金融

1 貨幣と市場経済

1.1 経済社会における貨幣

　私たちが生きている経済社会は，人間の歴史において特殊な性格を持っている。まず，私有財産制が認められ，それを侵すものは法律によって罰を受ける。このことは，私有が認められなかった，奴隷制社会，封建制社会，社会主義社会とは異なっている。また，人間や企業は，ある特定の生産物の生産に特化し，それを他の人または企業と交換しあうことによって，必要な物を手に入れ，社会的物質代謝を行っている。労働生産物は，他の生産物と交換されることを通じて商品となる。このことを，絶海の孤島に流されたロビンソン・クルーソーの生活と比べてみよう。彼は，すべての必需品を自分で生産し自分で消費する自給自足経済のなかで暮らしていた。それに対して，労働生産物が他の生産物と交換されることを前提に生産される社会では，経済社会の総労働が個別の商品生産に自然に分割され商品交換を通じて物質代謝が行われている。このような状態を社会的分業という。資本主義経済とは，私有財産制のもとで社会的分業が行われている経済社会なのである。

　私有財産制と社会的分業のもとでは，生産された商品（またはサービス）は必ず他の人（企業）の生産した商品と交換される。商品の交換・流通は，不特定多数の売り手と買い手が出会う場である市場を形成する。市場では，商品の流通は必ず貨幣を媒介にして行われ，それぞれの商品に価格が付けられて取引される。歴史に照らしてみれば，古代における貝殻や塩，布，近代においては金・銀等の貴金属，手形，小切手，銀行券等も貨幣としての機能を果たしてき

た。現代では，クレジットカード，プリペイドカード，電子マネーさらにはコンピュータや携帯電話を通じて商品やサービスの購入もできるようになった。

貨幣とは，本当に不可思議なものである。資本主義経済においては，商品やサービスの取引は貨幣を媒介にして行われるはずであるのに，企業や政府による大額の取引においては，硬貨や銀行券は登場せず，単に銀行の預金残高の付け替えだけで処理されてしまうことがある。こうした付け替えは，コンピュータの記憶装置上の記録変更だけで処理される。現実に目にみえる貨幣の量に対して，実体がなく目にみえない貨幣は膨大な額に達している。貨幣（俗な表現をすればカネ）は，実体はないのに，人間や企業を支配することがある。カネのために人間同士の喜怒哀楽がいっそう強くあらわれてくる。目にみえないカネのために人間同士が殺し合いをしたり，憎しみあったりする。また，巨額の債務のために企業が倒産し，人々が職を失い，自らの首を絞めざるをえないこともある。こうしたカネにまつわる悲喜劇は H. de バルザックの『人間喜劇』のなかでリアルに描かれている。

このような事実から，貨幣に関してさまざまな疑問がわいてくる。まず，なぜ商品の交換・流通は貨幣を媒介にして行われ，商品には価格が付けられるのであろうか。また，貨幣はどのような機能を果たし，そのための制度はどのように作られるのであろうか。さらに，貨幣はもともとどのような形態であり，どのように姿を変えていくのであろうか。以下では，このような疑問に答えていくことにしよう。

1.2 商品生産と貨幣の生成

貨幣はいかにして生まれてきたか——価値形態について

商品生産社会では，商品は人間の労働が投下された成果物であるという意味で一定の価値を持っている。同時に，商品は具体的用途に役立つという性質すなわち使用価値を持っている。すなわち，商品は価値を持つと同時に使用価値を持つという二重性を持っている。社会的分業のもとでは，私的に投下される労働は，その成果である商品が他の商品と交換されることによって社会的労働として認知される。商品の価値は，必ず交換を通じて交換価値という現象形態（これを価値形態という）をとらなければならない。商品生産社会においては，商品の価値は他の商品によって外的に表現される。ただ，商品は無数にあるの

だから，何かある特定の商品によって統一的に商品価値の表現がなされると便利である。では，商品価値の統一的表現は，どの商品によって，いかにして可能になるのであろうか。
　まず，ある商品（1足の靴）が他の商品（10 kgの米）と交換される関係を考えよう。

　　　　1足の靴＝10 kgの米　　　　……………　簡単な価値形態

　この等式では，10 kgの米は1足の靴の価値表現の材料として役立っている。この簡単な価値形態では，1足の靴は10 kgの米という他の商品によって相対的に表示される相対的価値形態にあり，10 kgの米は1足の靴の等価として役立つ等価形態にある。
　次に，1足の靴と交換される商品は，10 kgの米以外にも存在する。

$$1足の靴 = \begin{cases} 10\,\text{kg の米} \\ 1.8\,\ell\,\text{の酒} \\ 1\,\text{枚のシャツ} \\ 1\,\text{g の金} \\ \vdots \end{cases}$$ ……………　展開された価値形態

　この展開された価値形態においては，1足の靴の価値は，それ以外の無数の商品群の価値によって外的に表現される。展開された価値形態は，いくつもの簡単な価値形態に分解することもできる。さらにそれぞれの等式は，左辺と右辺を入れ替えることも可能である。

　　　1足の靴＝10 kgの米　　　　　　10 kgの米＝1足の靴
　　　1足の靴＝1.8ℓの酒　　　　　　1.8ℓの酒＝1足の靴
　　　1足の靴＝1枚のシャツ　⇒　　 1枚のシャツ＝1足の靴
　　　1足の靴＝1gの金　　　　　　　1gの金＝1足の靴
　　　　　　⋮　　　　　　　　　　　　　　⋮

このような価値表現の関係は，次のようにまとめることができる。

$$\begin{rcases} 10\,\text{kg の米} \\ 1.8\,\ell\,\text{の酒} \\ 1\,\text{枚のシャツ} \\ 1\,\text{g の金} \\ \vdots \end{rcases} = 1\text{足の靴}$$ ……………　一般的等価形態

ここでは，無数の商品の価値が，ただ1つの商品（1足の靴）によって統一的にあらわされる。このような価値形態を一般的価値形態という。無数の商品群のなかでこの一般的等価形態に最もふさわしい商品はなんであろうか。それは腐食せず，持ち運びしやすいように少量で大きな価値を有し，加工しやすい商品が最適である。このような性質を持つ最適の商品は金（きん）以外にない。こうして，一般的等価物としての機能を独占的に演ずるようになったのが貨幣商品金である。貨幣商品金は，それ自身が価値物として他の商品の価値を表現し，以下の等式のように，他のあらゆる商品と直接的に交換可能な商品なのである。

$$\left.\begin{array}{l}10\,\mathrm{kg} \text{の米} \\ 1.8\,\ell \text{の酒} \\ 1 \text{枚のシャツ} \\ 1 \text{足の靴} \\ \vdots\end{array}\right\} = 1\,\mathrm{g} \text{の金} \quad \cdots\cdots\cdots\cdots\cdots\cdots \quad \text{一般的等価形態}$$

このように，あらゆる商品の価値が一定量の金によってあらわされたものが価格である。

貨幣はなぜ生まれてきたか――交換過程について

次に，商品交換において，なぜ貨幣が生まれてくるのかについて考えてみよう。先に，商品は，価値であると同時に使用価値であると説明した。商品が価値を持つとはそれが同等の価値を持つ他の商品と交換されることを意味する。また，商品が使用価値を持つとは，それを生産した人にとってではなく，他の人にとって有用なものであることを意味する。すなわち，商品は，同等の価値を持ち，異なる使用価値を持つ他の商品と交換されるのである。ただし，商品交換には1つの重大な矛盾がある。

商品は，自分のための使用価値ではなく他人のための使用価値である。生産された商品が他の人によって消費され，その有用性が実現されることを商品の使用価値としての実現と呼ぼう。それには，商品はその持ち手を変換＝交換しなければならない。だが，商品の交換とは，商品と商品とが同じ大きさの価値として関係を持つことを意味する。このように，商品同士が同じ大きさの価値として等価関係に置かれることを価値として実現されると呼ぼう。すなわち，使用価値が他の人にとっての有用性を示す（＝使用価値としての実現）のためには，商品は交換されなければならない（＝価値として実現）。他方で，商品同士

が同じ大きさの価値として等値される（＝価値としての実現）ためには，それらが使用価値として有用であることが実証されなければならない（＝使用価値としての実現）。

このように，商品交換においては，使用価値として実現されるためには価値としての実現が前提され，価値としての実現には使用価値としての実現が必要であるという矛盾＝自家撞着が存在する。この矛盾する関係が解消されなければ商品の全面的交換は行われない。

この矛盾は，商品所有者が共同行為としてある特定の商品を一般的等価物という特別の地位につけ，すべての商品の価値をその商品＝貨幣との関係において表現することによって解決される。すべての商品は貨幣によって自己の価値を表現（価値の実現）し，商品と交換に手に入れた貨幣は，一般的等価物としてあらゆる商品と直接的交換が可能となる。

2　貨幣の機能

2.1　商品生産社会における貨幣の機能

商品が他の商品と交換される際に，交換比率はどのようにして決められるのであろうか。商品は，その価値を貨幣という商品によって外的に表現することによって，交換において比較される対象となる。ここで金は，一般的等価物として，あらゆる商品の価値表現の材料となる。商品の価値は金によって一般的にあらわされ，質的に同一で量的に比較しうる大きさとして表示される。このような機能を金の価値尺度機能（貨幣の第1の機能）という。

商品の価値は，1足の靴＝1gの金というように，一定量の金によってあらわされる。金の一定量によってあらわした商品の価値を価格という。商品価値が金の量によって表現されることによって商品は価格を持ち，相互に比較される。そうなると，価格（金の分量）とはある大きさなのだから，長さや重さ速さといった一定の大きさと同じように，それを度量する単位が必要になる。価格を度量するための基準となる単位を決め，それに基づいてさまざまな大きさの価格が体系的に表示される。このような体系化された価格の表示システムを，価格の度量標準という。1897年（明治30年）の貨幣法では，純金2分（750 mg）に1円という貨幣名を与え，これを基準に100分の1を1銭，その10倍

を10円,等々とすることによって,十進法に基づく体系的価格表示ができるようになった。

資本主義経済では,商品交換は貨幣を媒介にして行われる。靴の生産者はそれを売って貨幣を手に入れ,その貨幣で米を買う。米を売った人は,それで得た貨幣で酒を買う。酒を売った人も,同様に得た貨幣で次の商品を買う。この過程が連綿と続いていく。

このように,商品の購買と販売が連続的につなぎあわされ,それを貨幣が媒介している場合,このような貨幣の機能を流通手段機能という。これが,貨幣の第2の機能である。

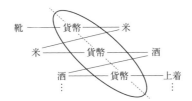

貨幣は商品流通（商品－貨幣－商品）を媒介する過程で,販売（商品－貨幣）と購買（貨幣－商品）が遮断され,流通手段としての機能を停止することがある。このように流通手段としての機能を停止して,流通から引き上げられた貨幣が蓄蔵貨幣である。さらに,商品流通においては,販売は行われても支払いが後になって行われることがある。この場合,販売と購買は時間的に分離する。ただその場合でも,販売された商品の支払いは後日必ず貨幣で行わなければならない。このような貨幣の機能を支払手段としての貨幣の機能という。さらに,国際間の支払いは金でなされなければならない。国際間の支払いにおいて使われる際の貨幣の機能を世界貨幣としての貨幣の機能という。これら蓄蔵貨幣,支払い手段としての貨幣,世界貨幣のように,観念的・抽象的存在としてではなく,生身の金の形での貨幣の機能を貨幣の第3の機能（貨幣としての貨幣）という。

2.2 信用貨幣とはどのような貨幣か

これまで,貨幣は,それ自体1つの商品（金）であるという前提で話を進めてきた。だが,商品価値の外的な表現（価値尺度機能）それ自体は,そこに生

身の金が登場しなくても果たされることがある。貨幣は，流通手段としての機能において，一定の純分と重量，形状，刻印を有する鋳貨というそれにふさわしい形態をとるようになる。鋳貨が流通中の摩滅や悪鋳によってその実質的内容が名目的内容から乖離しそのまま流通するようになると，貨幣は単に象徴であっても流通する可能性を持つことになる。小額の取引においては，補助鋳貨が流通手段として代替するようになる。すなわち，金に対しては，単に無価値の章標にすぎない紙券が流通手段としての機能を果たすようになる。このように，流通手段としての機能においては，象徴化・無価値化が進むのである。

　ところで，貨幣はもう1つの理由で，商品（金）から離れ，別の形態で展開していく。信用貨幣がそれである。ここでは3つの場合を考えてみよう。

　① 企業Ａが企業Ｂからその生産に必要な原料を購入し，支払いを期限付きの手形（確定日払いの約束手形）で行ったとしよう。Ｂは，手元にあるＡ振り出しの約束手形に裏書をして，さらにＣからの原料購入に対する支払いに充当する。経常的な取引関係にある当事者間では，手形の振出人（買い手）の債務（信用）に基づいて手形が流通する。手形の流通には，振出人の信用度や満期日，金額といった個別取引の雑多性に基づく限界がある。とはいえ，流通範囲においては，貨幣としての機能を代替しうるのである。

　② あるいは，Ｃが，この手形を銀行で割り引き，その代金がＣの預金勘定に貸記（かしき）される場合もある（預金は銀行にとって債務である）。Ｃは，Ｄからの原材料の購入に際し，この預金残高宛の小切手（支払指図証）で支払うこともできる。

　③ さらに銀行が，この貸付を持参人一覧払いの銀行券（＝兌換銀行券）の発行という形で行う場合もある。この銀行券が，これを受け取った人々の間で取引に使われるのである。

　ここで，①の手形，②の小切手（預金），③の銀行券のいずれにおいても，発行者の債務（信用）が貨幣として機能している。このように，信用によって代替される貨幣を信用貨幣という。信用が貨幣としての機能を代替しうるのは，いずれ信用（債務）が貨幣によって支払われるという信頼があるからである。これらの貨幣の機能は，経常的な取引関係が行われ，相互の信用を確認しやすい企業間の取引において発生し，発展してきた。

　信用貨幣のなかでも，③の銀行券は特別な存在である。銀行券は，どこでも

誰に対してでもそれを持参し提示した人に対して額面表示の金と交換する旨を約束した債務証書である。そのために，銀行券は，信用貨幣のなかでもひときわ高い流通への浸透力を持っているといえる。銀行券は，小額面化やラウンドナンバー（10や100といった切りのいい数字）化が可能であるという理由で小売流通（小売業者と一般消費者との間の取引）にも浸透しうる。さらに，銀行券の発行元が一元化（発券集中）され，発行銀行券の法貨規定（国の法律により貨幣と定めること）によって，銀行券は信用貨幣であるにもかかわらず，金貨と同等の地位にある現金として使用されるようになる。

3　金本位制と管理通貨制

3.1　金本位制とは何だろうか

　貨幣の機能や種類，形態がどのように多様化しても，それが商品流通をはじめ種々の経済的取引を統括する共通の道具である点について変わりはない。だが，貨幣の形態や種類が多様化すれば，その一方で法律等の制度的取り決めによって基本となる貨幣を定めなければならないことも確かである。ここで基本となる貨幣とは，さまざまな商品の価値表現の材料を提供する価値尺度としての機能を内容とする。このように基本となる貨幣を本位貨幣，本位貨幣を定めることを本位制という。この本位貨幣の地位に金がつけられ，金の一定分量を基準に価格の度量標準が確定された本位制を金本位制という。金本位制とは，貨幣の1単位が一定純分・重量の金と固定的に結びつけられる貨幣制度のことである。貨幣1単位を一定純分・重量の金と結びつけることを，価格の度量標準の確定という。

　本位とは，本来1つの国民経済に1つしか存在しないものであるが，現実には金および銀という2つの金属をそれぞれ本位貨幣とする複本位制のような形もあった。この場合，価値尺度および価格の度量標準は単一でなければならないので，金銀比価（たとえば1対15）を定めるやり方がとられた。また，法律ではなく市場比価に応じて金銀比価を定める平行本位制という形をとることもあった。複本位制の場合には，価値の下落した銀地金を購入して銀貨を鋳造し，それを法定比価で金貨に換え，さらにこの金貨で安価な銀地金を再び購入し，再度本位銀貨を鋳造し，この過程を繰り返していくようなことが行われた。そ

の結果，市場では銀貨だけが流通し，金貨は駆逐されていくという事態があらわれた。悪貨が良貨を駆逐するこのようなメカニズムのことをグレシャムの法則という。

　一定純分・重量の金が金貨に鋳造される金貨本位制の場合は，金貨の自由鋳造，自由溶解，自由輸出入が認められた。実際には，金貨本位制は，流通空費としての金節約のために銀行券を発行し，銀行券と金との兌換を保証する制度として発展した。金は，兌換の保証準備として発券銀行に保有される。金貨流通においては，兌換銀行券と金貨が混合して流通する場合もあった。それに対して金地金本位制の場合は，国内民間流通では金貨流通が廃止される。銀行券は，中央銀行に保有された金地金と交換される。ただし，金地金取引の最低取引単位は 400 トロイオンス（1 万 2441.4 g）と高めに設定されていた。そのために，銀行券の金兌換は一般的ではなかった。銀行券の保証金準備に金地金ではなく金為替をあてるのが金為替本位制である。金為替とは，金貨（あるいは金地金）本位制国の通貨で支払われる為替手形（あるいは中央銀行・市中銀行預金，政府短期証券）のことである。金為替本位制国の銀行券は，金に兌換されうる金本位国の通貨に兌換されることによって間接的に金との兌換が可能なのである。

3.2　金本位制の歴史と経済思想

　イギリスは，造幣局長を務めた物理学者の I. ニュートンによる 1717 年の通貨改革（金銀法定比価の 1：14.485 から 1：15.21 への変更）によって金本位制の確立に大きな一歩を踏み出した。1774 年には，金貨再鋳造法令が出された。1816 年の金本位法では，金銀複本位制の廃止と金の本位貨幣としての採用が決まった。1844 年のピール条例では 1400 万ポンドの保証発行を超える場合は，金準備に見合う銀行券発行を認めるという内容の金本位制が成立した。その後，普仏戦争に勝利したドイツによる金本位制の採用（1871 年）を皮切りに，アメリカ（1873 年に銀貨鋳造禁止と 79 年の金兌換再開による金本位制採用），オランダ（1874 年），ノルウェー，スウェーデン，デンマークのスカンジナビア通貨同盟による金本位制採用（1875 年），フランス，イタリア，ベルギー，スイスのラテン通貨同盟（1878 年）と金本位制の採用が相次ぎ，国際金本位制が確立した。その後，日本，インド，ロシア，南米諸国も金本位制を採用した。各国が金本

位制を採用すれば，各国において金の法定価格が決められる。それに応じて，金本位制国における通貨の交換比率＝為替平価が金平価として決められる。国際金本位制下においては，為替相場は，金平価を基準とする国際為替相場となる。イギリス，ドイツ，フランス，アメリカといった先進諸国は金貨とともに銀行券が流通する金貨本位制を採用していた。他方，日本やインドは，事実上国内流通から金貨流通が排除され，金または金為替（公的ポンド＝在外正貨）を準備として保有する金為替本位制を採用していた。

1914年7月に勃発した第一次世界大戦とその前後の各国金融市場の混乱のなかでロンドン市場への金移動と世界各国の金輸出禁止，金兌換停止措置により，国際金本位制は崩壊した。だが，1919年6月のアメリカを皮切りに各国が金本位制に復帰（ドイツが1924年10月，イギリスが1925年4月，日本が1930年1月）することによって再建国際金本位制が成立した。しかし，再建国際金本位制も，1929年10月のニューヨーク株式市場の株価暴落を契機とする世界大恐慌の混乱と主要国の金本位制離脱（イギリスが1931年9月，アメリカが1933年4月）のなかで崩壊するに至った。

金本位制は，金を本位貨幣とし，それを基準に価格の度量標準を定め，貨幣供給，物価，国際収支，為替相場を統制していくという政策の理論的・思想的内容を含んでいた。D. リカードを代表とする古典的貨幣数量説は，金本位制のもとで，低物価→輸出促進・輸入減退→国際収支黒字→金流入→貨幣供給増→物価上昇→輸出減退・輸入促進→国際収支赤字→金流出→貨幣供給減→……といった自動調整メカニズムが働くと主張する。これは，貴金属の国際均衡配分メカニズム＝物価正貨流出入メカニズムとも呼ばれた。このメカニズムについては，R. カンティロンやD. ヒュームも分析していた。この理論は，通貨論争の際に，金準備変動と銀行券発行額との合致を説いたS. J. ロイド（オーヴァストン卿）やG. W. ノーマンの通貨統制論，さらには金本位制復帰を勧告したカンリフ委員会の考え方のなかに受け継がれていった。金本位制下での価格水準の決定については，J. S. ミルからA. マーシャルを経てI. フィッシャーへと貨幣数量説に基づく説明が磨き上げられていった。

3.3 管理通貨制と貨幣供給のメカニズム

世界の主要国は，1930年代に金本位制を離脱した。それは，金が本位貨幣

の地位を離れることを意味する。そうなると，少なくとも国内的には，貨幣制度における金の役割は消失する。国内の貨幣は，中央銀行により供給されるハイパワード・マネー，種々の信用貨幣，その他の疑似貨幣によって構成される。ハイパワード・マネーとは，中央銀行預け金（日本では日銀当座預金），中央銀行券（日本では日銀券）および補助貨幣（硬貨）からなり，現金通貨を構成する。マネタリーベース，ベースマネーともいわれる。中央銀行預け金は，市中銀行にとってはいつでも現金で引き出し可能な預金であるという意味で現金保有と変わらない。

　管理通貨制のもとでは，金本位制下の金準備のような貨幣制度上のアンカーは存在せず，中央銀行の裁量によって貨幣供給や金利水準の調節が行われる。中央銀行は市中銀行との取引を通じて市中の流動性を調節する。金本位制のもとでは，貨幣供給については，金準備に基づく銀行券発行という厳密なルールがあったために市中における流動性の調節は手形の再割引レートの操作というルートを通じてなされた。しかし，管理通貨制へ移行し，銀行券の金兌換が停止されると，金準備による調節というルールがなくなるので，中央銀行は債券または手形の売買を通じて市中の流動性を調節する（オペレーションという）。中央銀行による売りオペレーション（債券の売り）は市中からハイパワード・マネーを吸収し，金融を引き締める効果があるのに対して，買いオペレーション（債券の買い）は，ハイパワード・マネーを供給し，金融を緩和する効果がある。こうした操作は，短期貨幣市場における流動性の調節を行うとともに市中銀行の現金準備に影響を与える。現金準備は，市中銀行にとって信用創造の基礎である。信用創造倍率は，決済の効率性や貨幣の流通速度によって影響を受けるが，これらの要素を一定とすれば，現金準備の変動に影響を受ける。すなわち，通貨当局によるハイパワード・マネーのコントロールは，信用創造のもとになる現金準備に直接影響し，銀行信用の動向に影響を及ぼす1つの要素になるのである。

　もっとも，中央銀行はハイパワード・マネーの供給をコントロールしようとするとしても，それは一国の貨幣供給が統制可能だということを意味するわけではない。決済の効率性や貨幣の流通速度は技術的・制度的要因に影響を受ける。これらの要因は，とくに預金貨幣の量に影響する。すなわち，ハイパワード・マネーの量に変化がなくても銀行信用の拡張（信用創造倍率の変化）によ

って預金貨幣の流通が拡大することはある。また，国民経済が厚い金融資産に覆われるようになると，利子率の変化などによって金融資産価格が動き，金融流通に貨幣が吸収されたり，逆に排出されたりすることがある。この影響によって，産業的流通における流動性の状態が影響を受けることがある。また，逆に中央銀行が能動的にハイパワード・マネーを供給しようとしても，それが直ちに産業的流通に回らず，取引に必要のない貨幣は商品投機からインフレーションを引き起こしたり，土地や株式のような金融資産取引に回って金融バブルを形成したりすることもある。

4　現代金融のなかの貨幣

4.1　決済システムの構築と貨幣

　本来，資本主義経済における経済取引は貨幣を媒介にしてなされるが，実際の取引では資本財や株式・国債等の証券等の取引で現金が使われることはほとんどなく，消費財の購入においてもクレジットカードや電子マネー，プリペイドカードが使われたりする。給与は口座振込が一般的であり，公共料金の支払いはこの口座から引き落とされることが多い。このように現実の取引において貨幣の受け渡しが発生しない事態をキャッシュレス化と定義する。

　キャッシュレス化の進展は決済の仕組みと関わりを持っている。それは経常的取引関係にある企業間で債権債務関係が結ばれることを出発点とする。たとえば，A, B, C の順に商品が取引され，支払いがその逆になされなければならないとする。その際，もし AB 間の取引と BC 間の取引の金額が同じであれば，支払いは B から A へ，並びに C から B へと個別になされるのではなく，C から A に直接なされるほうが効率的である。B の手元に本来必要であった支払い手段としての貨幣は不要となるからである。この関係が，A, B, C の順に商品が取引されるだけでなく，C がさらに A に商品を売るという関係があるとしよう。この場合，A→B→C→A という商品の取引の流れとは逆に，A→C→B→A という支払いの流れが成立することになる。この支払いの流れでは，A が債権者であると同時に債務者となっており，債権債務関係が環状になっている。仮に取引の金額がいずれも同額であるとすれば，三者間の債権債務は完全に相殺され，貨幣の支払いは不要となる。完全なキャッシュレス

化が生じたことになる。だが，こうした完全相殺は，通常ではなかなか生じない事態である。しかし，逆にこのような債権債務関係の相殺が広がれば広がるほどキャッシュレス化が進展し，貨幣の登場が不要になることもまた事実なのである。

　債権債務の相殺が可能な限り広範囲に及ぶようにするためにはどのような仕組みが必要なのであろうか。結論を先取りすれば，債権債務をできるだけ一点に集中することによって相殺の度合いを高めることができる。さらにいえば，単一の債務者ができるだけ多くの債権者に対して債務を引き受けるという仕組みが最も相殺の効率性を高める仕組みとなる。現実には，種々の貨幣を自己の勘定に集中する機能を持つ銀行が，個別的債権を体現する手形と引き換えに，自己宛の債務証書を金兌換の保証のもとに引き渡すことによって集中的決済の基礎ができる。ここで銀行は，手形割引という形で債権を自己の勘定に集中し，あわせて自己宛の債務を創造する。銀行は，不特定多数の債権者に対して集中的債務者となったのである。銀行の勘定には種々の債権が集中してくるのであるから，これらを勘定間の資金の振替によって相殺することができる。

　銀行が兌換銀行券ではなく預金設定によって自己宛債務を創造したとすれば，預金貨幣が貨幣として機能したことになる。その場合，銀行の創造しうる債務は，市中銀行のレベルでは預金貨幣，中央銀行のレベルでは銀行券に二分化していくことになる。発券を停止した市中銀行は，不要となった兌換準備金を中央銀行に預け，預け金を形成する。市中銀行は，預金振替によって債権債務の相殺の効率化を進めていくと同時に，相殺されなかった部分については中央銀行の預け金の振替または手形交換所での定期的決済を通じてさらに高度化が図られる。このように決済の仕組みが多層にわたって構築され，また一国全体の債権債務の相殺の集中化が進められる。発券集中が行われた後では，中央銀行が唯一自己宛一覧払いの金債務証書を発行する機関として一国の金兌換準備を集中し，あわせてピラミッド状に形成される決済システムの頂点に位置することになる。

　中央銀行が決済システムの頂点に立つという意味は，銀行券や硬貨といった支払完了性（ファイナリティ）のある決済手段を供給する点にある。中央銀行預け金も債務不履行のないハイパワード・マネーであり，支払完了性を持つ貨幣である。実際には，こうした現金貨幣による決済は，種々の取引の支払い・

◆ 図1-1　決済システムの全体像（日本）

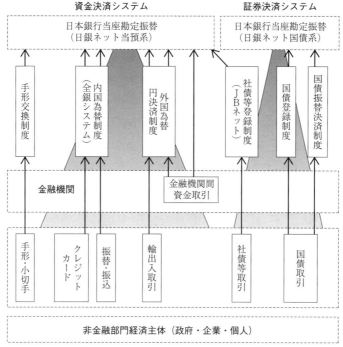

（出所）日本銀行金融研究所編［2004］図4-4, 同［2011］図4-3をもとに作成。

決済に関する情報がコンピュータや種々の通信手段によって集中的に処理され，かつ慣行やルール・法律にしたがって運営されることによって履行されている。その意味で，こうした情報インフラは，決済システムを安全かつ効率的に機能させるために不可欠の基盤だということができる（図1-1参照）。

決済システムは，一国内にとどまらず国際間においても広がっていく。現実の取引において貨幣の登場が減っている理由は，こうした決済システムの充実が基礎になっている。

4.2　取引におけるキャッシュレス化の進展

現代の経済社会では，このような決済システムという土台の上にさまざまな形でキャッシュレス化が進んでいく。小売取引は，消費者の信用度と支払い能

◆ 図1-2　最終消費支出に対するクレジットカード・ショッピングの比率推移（2003～14年）

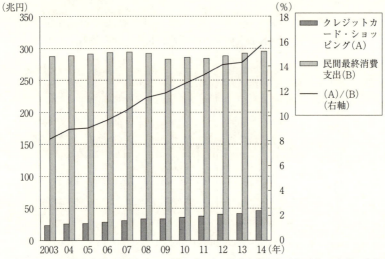

（出所）　一般社団法人日本クレジット協会「日本の消費者信用統計」平成26年版，内閣府「国民経済計算」より作成。

力がまちまちで，債権債務関係が広がりにくく，キャッシュレス化の進展が相対的に遅れた分野であった。しかし，クレジットカードの普及によって，金融機関，クレジットカード会社，加盟店，利用者の間の債権債務関係が構築されキャッシュレス化が進展してきた。クレジットカードの利用は世界各国においてその普及度合いに違いがあるとはいえ，取扱高そのものは着実に増加している（日本については，図1-2参照）。クレジットカードは預金残高保有の認証手段であり，利用者の預金で後日決済される。また，与信も可能である。したがって，最終的には，国内あるいは国際間の決済システムにおける預金の振替によって決済されることになる。それに対して，デビットカードの場合は，支払いの場面で現金は登場しないが，預金残高からの引き落としになり，即時払いの性格を持っている。

　その他キャッシュレス化を進展させる形態として電子マネーがある。特定のサービスの際の現金支払いがカードによって代替されるケースがこれにあたる。たとえば，Suicaのように1枚のICカードで日本全国の鉄道等の交通手段の

利用が可能になるケースがこれにあたる。その導入の契機は，大量現金のハンドリングコストの縮減にあった。結果的には，販売機そのものあるいはそのスペース，切符等の製造コスト等が，このシステムに参加する交通システム全体において節約されることになった。交通機関によるICカードの場合は，事前に現金のチャージがなされることが前提であるが，ポイントの利用が可能になるケースもある。たとえば，携帯電話会社によるプリペイドカードの場合，支払いの際のコスト削減や利用の汎用性が高まるという利点があるうえに，ポイントを次の支払いに使えるというメリットを提供できる。携帯電話会社の利用者に対して新たな付加価値を提供することがその利用範囲を拡大させる契機にもなる。また，利用者を会員にすることによって囲い込み，ネット取引で得たポイントをそのサイバー経済圏のなかで利用可能とする楽天のようなケースもある。つまりポイントが特定の加盟店のなかで支払いに利用可能となることで，ここでもキャッシュレス化が進むのである。この場合，ポイントはこの加盟店経済圏のなかであれば，ネット取引だけでなく，リアルの取引においても使えるということが特徴である。また，モバイル端末を使った決済も普及してきている。PINあるいはサインなしの迅速な決済ができることによってレジの効率化や現金のハンドリングコストの縮減が可能になるケースがある。また，スマホ決済の場合は，イベント会場等での少額の決済が目の前で実行される。

　このようなさまざまな形態と手段による決済は，キャッシュレス化をますます推進している。その推進要因は，単に決済システムに支えられるだけでなく，情報通信技術の高度な発達に支えられて進行している事態である。しかし，その反面，等価交換が原則とされる経済取引において，データの詐取，改竄，漏洩，毀損リスクがあり，十分なセキュリティの確保が，その機能を支える土台として必要になっているといわなければならない。

（川波洋一）

練習問題

1. 資本主義経済における貨幣は，なぜ，どのようにして生まれ，どのような機能を果たしているかについて説明しなさい。
2. 金本位制とはどのようなものか，貨幣の価値尺度機能と価格の度量標準の違いに注意しながら説明しなさい。
3. 金本位制と管理通貨制のもとでの貨幣供給メカニズムの違いについて説明し

なさい。

4 決済システムとはどのような仕組みか，またどのようにして組み上げられていくのかについて説明しなさい。

|参考文献|

岩村充［2010］『貨幣進化論──「成長なき時代」の通貨システム』新潮社
上川孝夫［2015］『国際金融史──国際金本位制から世界金融危機まで』日本経済評論社
日本銀行金融研究所編［2004］『新しい日本銀行──その機能と業務（増補版）』有斐閣
日本銀行金融研究所編［2011］『日本銀行の機能と業務』有斐閣
平岡賢司［2016］『再建金本位制と国際金融体制』日本経済評論社
ファーガソン，N.（仙名紀訳）［2015］『マネーの進化史』早川書房
マーティン，F.（遠藤真美訳）［2014］『21世紀の貨幣論』東洋経済新報社
マルクス，K.（武田隆夫ほか訳）［1956］『経済学批判』岩波書店（岩波文庫）
楊枝嗣朗［2012］『歴史の中の貨幣──貨幣とは何か』文眞堂
リカードウ，D.（堀経夫訳）［1972］『経済学および課税の原理』（リカードウ全集第1巻）雄松堂書店

● *Column* ビットコインと規制

　フィンテック（FinTech）と呼ばれる，IT と金融業との融合による革新が各国で盛んに論議されている。IT を駆使した新しい動きは貨幣の分野においても起こっている。仮想通貨の流通がそれにあたる。仮想通貨の代表として考えられるのは，一定の目的を持つ取引（たとえば，Web 上でのゲーム）において使用される通貨である。オンライン上では，このゲームに必要なモノをこの通貨で売買することができる。仮想通貨は，この仮想空間のなかで使用できる通貨なのである。このような仮想通貨とは異なる性質を持つ通貨があらわれ，問題となった。ビットコインがそれである。ビットコインは，それを発行する公的な機関は存在せず，P2P のネットワーク上で取引される。ビットコインは，ブロックチェーンと呼ばれる一種の台帳に取引が記録され，その履歴によって取引の正当性が担保される仕組みとなっている。ビットコインは法定の通貨ではないにもかかわらず，決済コストも低いために一定の広がりを見せ，2015 年 10 月時点で取り扱い業者は約 10 万，1 日当たり取引件数 16 万件，時価総額 46 億ドルといわれている（金融審議会討議資料（3）（「仮想通貨」に関する論点①）：http://www.fsa.go.jp/singi/singi_kinyu/kessai_wg/siryou/20151125/03.pdf）。

　ビットコインのような仮想通貨は，ネット上の取引（したがって国境を越える）において非常に低い手数料で送金などの目的に使用できる。また，ビットコインは，一定のシステムをそなえた取引所においてドルや円などの一般の通貨と交換することも可能である。その取引価格が変動することもあるので財産的価値を持つということもできる。したがって，投機の対象ともなる。

　さらに，ビットコインは，それがマネーロンダリングやテロ資金供与等の違法な取引に使用されたり，その取引所であった「マウントゴックス」が倒産したりといった問題を抱えている。こうした非合法取引への利用や利用者の保護という観点から，ビットコインについては規制が必要とされるのである。また，ビットコインは，発行者が存在しないので，発行者そのものに規制をかけることはできない。そこで，日本では，2016 年 5 月，ビットコインの取引所に対し，登録制を求めるほか，口座開設の際の本人確認の義務づけ，顧客資産と自己資産を分ける分別管理といった規制を導入する改正資金決済法が成立した。

　通貨は，交換の媒介物としての利便性という観点からだけではなく，取引の公正性や安全性が担保される制度のもとに機能しなければならない。通貨が，法定通貨を核とする制度と何らかの結びつきを持たなければならないゆえんである。

（川波洋一）

第2章
金融機関と銀行業

1 金融取引

　一般に金融とは，資金に余剰がある経済主体から資金が不足している経済主体に資金を融通する行為と解される。金融取引では，融通した資金を一定期間後に返済するという契約を交わして，資金余剰主体から資金不足主体への資金融通が行われる。その際，資金余剰主体は資金不足主体に資金を融通する代償として，資金元本の一定割合（利子率）を資金不足主体から利子として受け取るのが通例である。

　こうした金融取引では，資金余剰主体が貸し手，資金不足主体が借り手となる。法的関係としては貸し手は債権者，借り手は債務者となり，いわゆる債権債務関係が形成される。なお，債権債務関係の形成は，貨幣を直接に貸借する金融取引によって発生するだけでなく，財貨やサービスの取引において買い手が売り手から貨幣の支払いを一定期間，猶予される信用取引が行われる場合にも発生する。この信用取引では財貨やサービスの売り手が債権者，買い手が債務者となる。

　上述の資金余剰主体と資金不足主体との間で行われる金融取引の方法に注目すると，金融取引は間接金融と直接金融の2つに分類することができる。

　間接金融では，資金余剰主体と資金不足主体との間に金融仲介機関（または金融機関という）が介在して間接的に金融取引が行われる。金融仲介機関は，預金等の間接証券を発行して資金余剰主体から資金を借り入れ，資金不足主体にその資金を貸し付けるか，資金不足主体の発行する株式や社債等の本源的証券を取得する。

直接金融では，資金余剰主体は資金不足主体の発行する株式や社債等の本源的証券を取得することにより，直接に資金の移転が行われる。一般に株式や社債の発行による資金調達は，資金不足主体が証券市場を通して資金余剰主体から直接に資金調達を行うことを目的としているため，直接金融方式と呼ばれる。資金余剰主体が資金不足主体の発行した証券を購入する場合には，資金は直接に両者の間で移転されるため直接金融ということができるが，金融機関がこうした証券を取得・保有する場合には，資金の移転は金融機関を通じた間接金融によって行われていることになる。

　こうした間接金融において大きな役割を果たしている金融機関が銀行である。そこで次に銀行の業務と機能について考察する。

2　銀行の業務

　前節では，間接金融と直接金融における金融機関の一般的な機能について説明したが，本節では銀行の業務に焦点を当て，銀行による金融仲介機能について説明する。

2.1　銀行の預金業務

　まず銀行の行う業務のうち，他の金融機関と区別される業務は預金業務である。後述するように，預金業務を行う金融機関として信用金庫や信用組合等の預金取扱金融機関があるが，ここでは銀行を預金取扱金融機関の代表として考える。銀行が取り扱う預金にはいくつかの種類があるが，基本的な預金種類である当座預金，普通預金，定期預金について説明する。なお，全国銀行の預金や資産の統計については，全国銀行協会のホームページ（http://www.zenginkyo.or.jp/）に掲載されている「全国銀行財務諸表分析」を参照されたい。

　当座預金は利子の付かない預金であり，小切手や手形による支払決済を行うことを目的としておもに企業によって利用される。普通預金は利子が付き，おもに個人によって利用される。当座預金と普通預金は，顧客からの払戻し請求があれば，銀行はいつでもその要求に応じて，現金通貨で支払う義務を負っている。このため，これらの預金は要求払い預金と呼ばれる。また，後述するように，当座預金と普通預金は，支払決済手段として利用されることから決済性

預金とも呼ばれる。

定期預金には，スーパー定期預金，大口定期預金，期日指定定期預金等，預入金額や預入期間の相違によりいくつかの種類がある。これらの預金は，一定の満期が定められており，このため預金の利率は普通預金よりも高く設定されている。しかし，満期前に中途解約して預金の払戻しを受けると，普通預金と同じように低い金利が適用される。

このように定期預金は，普通預金と比べて流動性が低い反面，利率を高くすることによって貯蓄目的のための長期的な資金を吸収する手段として機能している。

2.2 銀行の資金運用

銀行は，預金業務によって受け入れた資金を以下に述べる貸出業務や有価証券（債券，株式等）投資を通じて運用する。銀行の収益は，貸出業務により資金を貸し付けた債務者から支払われる金利（利子）や有価証券投資から得られる利息，配当金，売買収益がおもな収益源である。また，銀行は為替取引等の各種の金融サービス提供し，それに伴う手数料収入も得ている。

銀行の貸出業務

銀行の貸出は，資金の貸出から回収までの期間によって，1年以内の短期貸出と1年を超える長期貸出に区分される。

銀行による短期資金の貸出は，手形割引，手形貸付，当座貸越という融資方法，長期資金の貸出は証書貸付という融資方法によって行われる。以下にこれらの4つの貸出業務について説明する。

① 手形割引

商業手形の支払期日以前に，支払満期日までの利子相当分を割引料として差し引いた金額で銀行が手形を買い取る貸付方法である。手形の支払日に銀行は，手形の支払人から手形の額面金額を受け取るので，手形の買取金額と額面金額との差額が銀行の資金運用の収益（利子）となる。

割引料の計算方法は次の計算式で示される。

$$割引料 = 手形額面金額 \times 割引日から手形支払期日までの日数 \div 365日 \times 割引利率$$

近年，貸出に占める手形割引の比率は，きわめて小さくなってきている。これは企業間の信用取引において，手形を用いた支払方法ではなく，掛取引（買掛，売掛）による支払いが増加し，手形の発行額が減少してきたためである。後述する「電子記録債権」の普及もこうした傾向を促進してきた。

② 手形貸付

借り手が銀行を受取人として振り出した約束手形を割り引く形式による資金の貸付である。前述した商業手形の割引と形式的には同じであるが，割引される手形は商品売買に基づいて振り出された商業手形ではなく，資金の借り手が銀行宛に振り出した約束手形である点に相違がある。手形の支払期限になれば，借り手は手形金額を銀行に支払うので，手形貸付は短期的な資金の貸出方法として利用される。

③ 当座貸越

当座貸越は，当座預金取引に付随した契約である。約定された限度額および期間内で預金残高を超過した小切手の振り出しを認め，銀行が取引先の振り出した小切手の支払いに応ずる貸出方法である。取引先にとっては小切手の決済資金が不足していても，当座貸越によって不足する資金を銀行から借り入れることができる点で便利である。他方，銀行には当座貸越に必要な資金を事前に予測し，資金管理を行う難しさがある。

④ 証書貸付

証書貸付は，借り手から借用証書（金銭消費貸借契約書）を徴して行う貸付であり，主として設備資金等の長期貸付（1年以上）を行う場合の貸付方法として用いられる。証書貸付の利点は，貸付の条件を詳細に定めることができること，物的担保，信用保証を同時に設定できること等をあげることができる。

証書貸付は，銀行の貸出額において最大の貸出区分となっている。

銀行の有価証券投資

銀行の資金運用において貸出金の次に多いのは，有価証券投資である。銀行は，貸出金に加えて運用資金に余裕があれば，国債や社債・株式等の証券投資により収益を得る。国債は日銀の市場オペレーションの対象とされ，現金化が容易な流動性の高い資産である。このため，国債は銀行預金に対する支払い準備や新たな貸出のための準備として保有される。

3　信用取引と銀行

3.1　商業信用と銀行信用

　前述した手形は，企業間の売買取引において，商品代金の支払期日を商品の引き渡しから一定期間後に猶予することを約束した証書である。これは売り手が買い手に対して商品代金の支払いを猶予するという信用取引の方法であり，商業信用とも呼ばれる。これにより商品の買い手は，手元に資金がなくても事業の継続に必要な原材料等を入手することができる。信用取引により入手した原材料を用いて新たな商品を生産し，手形の支払期日までに生産した商品を販売することができれば，手形を振り出した企業は，その販売代金によって手形代金を支払うことができる。つまり信用を供与された企業は，信用取引により手元資金を節約できるメリットがある。

　他方，売り手のほうは，手形による信用取引ではすぐに売上代金を受け取ることはできないが，売上代金を手形上の債権として取得できる。そして手形を受領した企業は，別の企業との商取引において，裏書譲渡によりその手形を支払手段として使用することができる。また，手形を受領した企業が，手形の支払期限前に運転資金を必要とする場合には，銀行に手形の買取（割引）を依頼して手形を資金化できる。これは商業信用を銀行信用によって肩代わりすることを意味する。

　このように手形割引は，銀行が資金を供与することによって企業間の信用取引（商業信用）に存在する資金制約を解消する取引である。

3.2　掛取引と電子記録債権

　掛取引とは，企業間の商取引において，商品の受け渡しから一定期間後に代金の支払いを行う信用取引の方法である。掛取引は，商品を買った側では買掛金（負債の勘定），売った側では売掛金（資産の勘定）として帳簿上で管理される。

　手形の場合には支払期日前に資金が必要になったときは，銀行の手形割引により資金化が可能であるが，売掛金の場合には支払期日前の資金化は困難である。このため近年，商業手形と掛取引の利便性をあわせ持った電子記録債権と

いう取引手法が利用されるようになってきた。

　電子記録債権とは，企業間の商取引で発生した債権・債務を，金融機関で構成するネットワークのシステム上で記録する方法である。全銀電子債権ネットワーク（通称：でんさいネット）が，こうした電子記録債権のサービスを提供している（全銀電子債権ネットワーク［2012］参照）。でんさいネットでは，物品を購入した企業（債務者）は，支払先の企業（債権者）の承諾を得て，取引先金融機関を通じて両者の決済口座，支払金額，支払期日等を記録原簿に登録する。これにより企業間の商取引で発生した債権・債務は，電子記録債権として法的な効力が発生する。

　債権・債務の支払期日には，自動的に債務者から債権者の口座に資金が送金され，支払決済が行われる。電子記録債権は分割譲渡することができるので，債権者は手形の裏書譲渡と同じように，電子記録債権を別の企業との商取引で発生した支払いのために分割譲渡することができる。電子記録債権の債権者は，支払期日の前に資金が必要になったときは，手形割引と同じように取引先の金融機関に電子記録債権を譲渡して債権を資金化できる。つまり，電子記録債権においても企業間の信用取引（商業信用）に伴う資金制約があるので，債権の買取という形で銀行信用による商業信用の肩代わりが行われるのである。

4　銀行の支払決済業務

　定期預金が貯蓄手段として利用されるのに対し，銀行の要求払い預金（普通預金や当座預金）は，支払決済手段として利用される。身近な例では，個人顧客がガス料金等の公共料金やクレジットカードの代金を銀行の普通預金口座の自動引き落としによって当該企業に支払う場合がそれにあたる。この場合には，銀行は契約に基づき，個人顧客の保有する預金口座から企業の預金口座に支払相当額だけ資金を移転することによって支払決済が行われている。ここには現金通貨は一切登場せず，預金がそのままで支払決済手段として機能している。

　また，企業間の商取引のような大口取引では，小切手や手形のような支払指図手段が用いられるが，こうした小切手や手形の決済は，銀行が支払人の当座預金から受取人の当座預金に資金を移転する口座振替によって行われる。

　このように銀行の負債である要求払い預金が，現金通貨と同じく支払決済手

段としての機能を果たしている。この意味で銀行の要求払い預金は決済性預金であり，これを預金通貨と呼ぶことができる。ただし，預金通貨は日銀券のように法貨として強制通用力を与えられていないので，預金通貨の信認は，当該銀行による現金通貨の支払能力に依存している。経営破綻が懸念される銀行から預金引出が増加するのは，この銀行の預金に対する信認が低下したためである。

5 銀行の信用創造機能

5.1 銀行融資と信用創造

　決済性預金が，預金通貨として一般的に流通している状況のもとでは，銀行は貸出を行うに当たって現金通貨ではなく，預金通貨を創出することによって資金を貸し出すことが可能となる。たとえば，甲銀行が企業Aに2億円を貸し出すと仮定すると，甲銀行はそのA企業の当座預金口座を2億円増加させることによって融資を実行する。この融資実行後に，甲銀行のバランスシートは資産側で企業Aの貸出債権が2億円の増加，負債側で企業Aの当座預金が2億円の増加となる（図2-1参照）。このように預金通貨の創出により貸出を行うことを銀行の信用創造と呼ぶ。

　ここで仮に企業Aが融資により取得した2億円の資金を現金で引き出すとすれば，銀行は保有している現金を企業Aに支払うことになり，銀行から2億円の現金が流出する。したがって，このような場合には銀行が預金通貨の創出によって貸出を行っても，預金の払戻しによって保有する現金が流出するため，預金通貨による信用創造は不可能となる。預金通貨による信用創造が可能となるためには，創出された預金が現金に転換されず，預金のままで支払決済機能を果たすことが必要である。そこで，次に融資を受けた企業Aが，預金通貨を用いて企業間取引の支払決済や従業員への給与支払いを行う事例を説明する。

　甲銀行から資金を調達した企業Aは，その資金を他の企業との取引と従業員の給与支払いに使用する。たとえば，企業Aは製造業であり，部品や原材料の購入代金として，企業Bとの取引に8000万円，企業Cとの取引に9000万円，企業Dとの取引に2000万円を支払い，従業員の給与として1000万円支払うものとする。企業間の取引の支払いは小切手で，従業員の給与支払いは銀行振込

◆ 図2-1　信用創造による貸出と銀行のバランスシートの変化

甲銀行のバランスシート

資　産	負　債
現金（±0円）	当座預金
日銀預金（±0円）	企業A（＋2億円）
貸　出	
企業A（＋2億円）	
計　＋2億円	計　＋2億円

（注）基本的にバランスシートの変化項目についてのみ記載し、無変化の項目は捨象している。

◆ 図2-2　日本銀行の当座預金の振替による銀行間の資金決済

資　産	負　債
資産の変化なし	日本銀行券（±0円）
	当座預金（±0円）
	甲銀行（－2000万円）引き落とし
	乙銀行（＋2000万円）入金
計　±0円	計　±0円

◆ 図2-3　決済完了後の各銀行のバランスシートの変化

(1) 甲銀行のバランスシート

資　産	負　債
現金（－200万円）	当座預金（－3000万円）
日銀預金（－2000万円）	企業A（－2億円）
貸　出	企業B（＋8000万円）
企業A（±0円）	企業C（＋9000万円）
	普通預金
	従業員（＋800万円）
計　－2200万円	計　－2200万円

(2) 乙銀行のバランスシート

資　産	負　債
現金（±0円）	当座預金
日銀預金（＋2000万円）	企業D（＋2000万円）
計　＋2000万円	計　＋2000万円

で行われたとすると、この資金決済の流れは次のようになる。

　まず、企業A振出の小切手を受け取った企業B、C、Dは、それぞれ取引先の銀行に小切手を持参し、小切手代金の取立を依頼する。企業B、Cが、企業Aと同じ取引先の甲銀行に、企業Dが乙銀行に当座預金口座を開設していると仮定すると、小切手の決済は、甲銀行にある企業Aの当座預金口座から2億円を差し引き、企業Bの当座預金に8000万円、企業Cの当座預金に9000万円、それぞれ入金する口座振替によって完了する。企業Dについては、手形交換所における小切手の交換を通じて、乙銀行の企業Dの当座預金に2000万円が入金される。

　甲銀行と乙銀行との間の資金決済は、手形交換所から日銀ネットにより日本

銀行に受払差額が伝達され、日本銀行の当座預金の入金と引き落としによって行われる。この結果、甲銀行の日銀預金残高は2000万円増加し、乙銀行の日銀預金残高は2000万円減少する（図2-2参照）。

次に、従業員の給与支払いについては説明を簡単にするため、企業Aの従業員全員が甲銀行に普通預金の口座を開設しているとする。企業Aが従業員の給与を支払うと、従業員の普通預金の残高は1000万円増加する。そして給与支払いの当日に、従業員は当面の消費のために200万円だけ普通預金から現金を引き出すと仮定すると、甲銀行の保有現金が200万円減少し、従業員の普通預金残高は800万円の増加に留まる。この一連の決済完了後、甲銀行と乙銀行のバランスシートは、図2-3のように変化する。

以上からわかるように、銀行が信用創造によって預金通貨を供給すると、一部は他の銀行の預金通貨に姿を変え、銀行組織の内部に留まるが、一部は現金通貨に転換されて銀行組織の外部に流出していく。そのため、信用創造を行った銀行は、預金通貨の一部が現金通貨で払い戻しされたり、その銀行の保有する日銀の当座預金が減少することになり、預金に対する支払準備を減少させることになる。銀行は預金残高に対する一定の支払準備率を準備預金として日銀に預託することを義務づけられているので、こうした支払準備の減少は、銀行の信用創造の拡張に対する歯止めとなる。

5.2 信用創造の限界

それでは、信用創造による預金通貨の創出はどこまで可能であろうか。上述したことを考慮に入れ、次のような仮定を設定して、信用創造による貸出の限界を求めてみよう。

まず、信用創造に関する従来の用語法を踏襲して、現金通貨が預金されることによって銀行に形成された預金を本源的預金 d_0、貸出 L に伴って創出された預金を派生的預金 D とする。銀行の保有する現金と日銀の当座預金は、預金の支払準備として機能するが、ここでは簡単化のために、銀行は本源的預金によって受け入れた現金通貨を預金の支払準備のための現金準備 c として保有するものとする。したがって、現金準備 c と本源的預金 d_0 は等しい。銀行が預金の支払準備として保有する現金準備は、預金残高の一定比率を保持することが必要であるが、この比率を預金支払準備率と呼び、$r\,(0<r<1)$ であらわ

◆ 図2-4　本源的預金の形成と銀行のバランスシート

資　産	負　債
現金 c	本源的預金 d_0

◆ 図2-5　貸出による派生的預金の形成と銀行のバランスシート

(1) 現金流出が生じる前

資　産	負　債
現金 c	本源的預金 d_0
貸出 L	派生的預金 D

(2) 現金流出が生じた後

資　産	負　債
現金	本源的預金 d_0
$c'=c-(1-q)D$	派生的預金
貸出 L	$D'=qD$

す。なお，実際の準備預金制度では，民間銀行は預金残高に対する一定比率の支払準備を日本銀行に準備預金として積むことを法律で義務づけられている。

貸出に伴う信用創造によって創出された派生的預金の一部は，預金の払戻しや他行へ流出するので，貸出1単位のうち預金として留まる比率を預金の歩留り率と呼び，これを $q\ (0<q<1)$ であらわす。

以上の仮定をもとに，信用創造による貸出の限界を銀行のバランスシートの変化を追いながらみていこう。最初に銀行が現金通貨を受け入れて，本源的預金が形成されたときのバランスシートは図2-4で示される。

次に，この状態から信用創造により貸出 L を行うと，預金通貨の創出により派生的預金 D が形成される（図2-5(1)参照）。そして，前述したように，預金の払戻しや他行への資金移転によって信用創造を行った銀行から現金流出が発生するが，預金の歩留り率は q であるから，現金流出率は $1-q$ となる。したがって，現金流出が起きた後の銀行のバランスシートは，資産側で現金準備が $(1-q)D$ の減少となり，負債側でも派生的預金は $(1-q)D$ の減少となる。そのため，現金流出後の銀行の現金準備残高 c' は，$c-(1-q)D$ となり，派生的預金 D' は qD となる（図2-5(2)参照）。

図2-5(2)のバランスシートから信用創造による貸出の限界を求めることができる。すなわち，銀行は，本源的預金と貸出によって創出された派生的預金の合計に対して支払準備率を乗じて得られた金額と現金準備の金額とが等しくなるまでしか，預金を増大させることができないのである。いいかえると貸出

による預金通貨の創出，すなわち信用創造の限界はここにある。したがって，現金準備と預金に対する支払準備率の関係から，信用創造による貸出の限界は次の式で求められる。

$$c' = r(d_0 + D') \tag{1}$$

ここで $L = D$, $D' = qD$, $c' = c - (1-q)D$, $c = d_0$ を代入すると，上式は次のようになる。

$$c - (1-q)L = r(c + qL) \tag{2}$$

この式を L をあらわすように整理すると，次式を得る。

$$L = \frac{1-r}{1-q+qr}c \tag{3}$$

この(3)式は，現金準備 c を保有している銀行が，信用創造を行って貸出を拡張できる限界をあらわす式であり，現金準備の $(1-r)/(1-q+qr)$ 倍の貸出を行うことができることを意味している。

すなわち，個別の銀行にとって信用創造による貸出能力は，「預金の歩留り率 q」「支払準備率 r」「現金準備 c」という変数によって制約されている。支払準備率は法的規制を受けるので，銀行にとっては与件となり，操作可能ではない。したがって，信用創造による貸出を拡張するためには，銀行は預金の歩留り率を上昇させ，現金準備を増やすことが必要である。そのために，個々の銀行は取引企業の預金口座や給与振込口座の拡大を行って預金の歩留り率を向上させるとともに，定期預金等の本源的預金の受け入れによって現金準備を拡大しようとするのである。

なお，(3)式によって信用創造による貸出の限界が規定されたが，この貸出によって創出された派生的預金 D' の大きさは，以下の方法によって求められる。(1)式に $c = d_0$, $c' = c - (1-q)D$, $D' = D/q$ を代入し，D' について解くと次式を得る。

$$D' = \frac{(1-r)q}{1-q+qr}c \tag{4}$$

そして本源的預金 $d_0(=c)$ と派生的預金 D' の合計額 S は，次の式であらわせる。

$$S = d_0 + D' = c + \frac{(1-r)q}{1-q+qr}c = \frac{1}{1-q+qr}c \tag{5}$$

この(5)式は，貸出に伴う信用創造によって創出された派生的預金と本源的預金の合計額，すなわち銀行の預金額の大きさを示している。この式において $1/(1-q+qr)$ を信用創造乗数と呼ぶ。

なお，この式で預金の歩留り率 q が1であれば，(5)式は次の通りとなる。

$$S = \frac{c}{r} \tag{6}$$

この(6)式は，現金準備の流出を考慮しない場合には，本源的預金に基づき預金準備率の逆数倍の信用創造が可能であることを示している。この式はわかりやすいので，信用創造の説明式としてよく用いられてきたが，実際の信用創造の過程では銀行から現金流出や預金の流出が起こるので，この点を考慮した(5)式が信用創造の説明式としては適当である。

5.3 準備預金制度と預金通貨の供給

前述したように，個別の銀行が信用創造により預金通貨を造出した場合，一部は現金通貨で払い戻されて銀行外に流出し，一部は他の銀行に流出してその銀行の本源的預金となる。ここで銀行組織全体を1つの銀行とみなすと，他の銀行への資金流出はゼロとなるので，信用創造によって創出された預金通貨のうち，銀行組織の外部に流出するのは現金通貨だけとなる。現金通貨の流出がどの程度の大きさになるかは，現金取引のために必要とされる現金需要によって規定される。現金需要の大きさは，経済社会の支払決済慣行によって決まる側面が大きいので，クレジットカードやデビットカード，あるいは電子マネーのような無現金的取引が普及してくると，現金需要も相対的に低下していくことになる。これは，信用創造における預金の歩留り率を上昇させる要因である。

いずれにせよ，銀行組織全体としての信用創造を考えると，預金の支払準備として機能するのは，銀行組織全体の保有する現金（日銀券と硬貨）と日本銀行の当座預金であることが理解される。すなわち，銀行組織全体としての信用創造は，銀行組織の保有する現金準備と日銀の当座預金に依存していることがわかる。そこで，この現金準備と日銀の当座預金を銀行の支払準備と呼び，これを R であらわすと，(5)式は次のように書き直すことができる。

$$S = \frac{1}{1-q+qr}R \tag{5'}$$

市中銀行の支払準備を構成する日銀券と日銀の当座預金を供給できるのは，日本銀行だけである。ちなみに日銀券と日銀の当座預金そして補助貨幣（硬貨）を合算したものをマネタリーベースあるいはハイパワード・マネーと呼んでいる。すなわち，マネタリーベースは，「日本銀行券発行高」＋「貨幣流通高」＋「日銀当座預金」によって定義される。日本銀行はマネタリーベースの供給量の増減を通じて民間銀行の信用創造の大きさに影響を与えることができるのである。

日本の通貨供給量全体に占める比率は，預金通貨が現金通貨を大きく上回っている。したがって，日本銀行は民間銀行に対するマネタリーベースの供給量を調節することによって，信用創造による貸出とそれに伴う預金通貨の供給量に大きな影響力を行使することができる。すなわちマネーサプライ（通貨供給量）の大きさを左右することができるのである。しかし，日銀がマネタリーベースを民間銀行に供給したとしても，民間銀行の貸出が増えなければマネーサプライは増加しないので，日銀はマネーサプライを意のままに操作できるわけではない。

マネーサプライは，個人や法人企業が保有する通貨量を示し，国内でどれだけの通貨が流通しているかを示す統計量である。日銀は 2008 年 6 月からマネーサプライ統計の範囲を見直すとともに，この統計の名称をマネーストック統計に変更した（日本銀行調査統計局［2014］参照）。この統計ではマネーストックは次のように定義されている。

　　Ｍ１＝現金通貨＋預金通貨（預金通貨の発行者は，全預金取扱機関）
　　Ｍ２＝Ｍ１＋準通貨＋ＣＤ（ゆうちょ銀行を除く国内銀行等の預金取扱機関が対象）
　　Ｍ３＝Ｍ１＋準通貨＋ＣＤ（ゆうちょ銀行を含む全預金取扱機関が対象）
　　広義流動性＝Ｍ３＋金銭の信託＋投資信託＋金融債＋銀行発行普通社債
　　　　　　　＋金融機関発行ＣＰ＋国債＋外債
　　　＊この定義で預金通貨は要求払預金，準通貨は定期性預金や外貨預金，ＣＤは譲渡性預金をあらわす。

6　金融機関の機能

前節までは，主として銀行について説明してきたが，本節では金融機関が一

般に果たしている経済機能について説明する。金融機関の機能として，おもに①資金プールの形成機能，②分散投資による信用リスクの低減機能，③資産変換機能，④取引コストの低減機能，⑤情報生産機能，等をあげることができる。これらの機能を提供することによって，金融機関はその経済的な存在意義が認められるといってもよい。

　まず第1に，資金プールの形成という機能であるが，これは小口の資金であっても預金等により金融機関に集中されれば，巨額な資金プールが形成され，貸付可能な資金に転換されることをいう。たとえば，一般勤労市民を中心とする家計部門では，貯蓄の形態をとる余剰資金は比較的少額であり，個々の家計の貯蓄が企業部門の必要とする巨額の資金需要を直接に満たすことは困難である。しかし，家計部門の少額の貯蓄が預金等を通じて，金融機関に集中すれば資金は巨額となり，企業部門の巨額な資金需要に対応することができる。

　こうした小口資金の集中により巨額の資金プールを形成し，小口資金を貸付可能な資金に転換するという資金プール機能は，金融機関に特有な機能である。預金による資金調達を行う銀行，保険料収入に基づいて投資資金を形成する保険会社，証券等に投資することを目的として受益証券を発行する投資信託は，こうした資金プール機能に基づいて金融取引を仲介する金融機関である。

　第2に，分散投資による信用リスクの低減という機能であるが，これは前述の資金プール機能に基づいて巨額の資金が形成されることにより，小口の資金では不可能であった分散投資が，金融機関では可能になるということである。この分散投資により，投資先が破綻したときに発生する資金回収が不可能になる，という信用リスクを少なくするのである。

　金融機関が100人の投資家から各1億円，全体で100億円の資金を調達し，その資金を100の企業に分散して投資する事例を考えてみよう。この場合，投資先企業の倒産確率を1％とすると，100億円のうち1億円の資金は回収不能となる。この損失は，資金プール全体で負担されるため，投資家1人当たりの負担額は，100万円となる。すなわち金融機関は，分散投資を行うことによって，投資家が負う信用リスクを低減することができるのである。これにより，投資家が負担する信用リスクが大きいために投資されなかった資金も，金融機関に集中され，貸付可能資金に転化することができる。

　第3に，資産変換機能であるが，これは銀行の預金業務と貸付業務がその典

型である。銀行は預金により資金調達を行い，その資金を比較的長期の貸付や証券投資に運用している。こうした金融機関の機能は，前述の資金プールの形成機能によって遂行されるが，このときに資金余剰主体によって取得される銀行の預金は，現金に転換しやすい流動性の高い資産である。他方，銀行が保有する貸付債権や証券は比較的長期の流動性の低い資産である。このように銀行は，短期の流動的な負債により資金調達を行い，長期の流動性の低い資産を保有することにより，小口の短期資金を大口の長期資金に転換するという資産変換機能を果たしている。

それでは金融機関による資産変換機能は，どのようにして可能になるのであろうか。それは，金融機関によって形成された資金プールにおける資金の流出入の特性に基づいている。預金の預入等により金融機関に流入した資金は，金融機関のなかに滞留し，資金プールを形成する。そして一定期間経過後に一部の資金は預金の払戻しにより，金融機関の外部に流出していくとする。この資金プールについて，継続的に流入する資金と流出する資金とが存在し，この両者がバランスすると仮定すると，資金プールに滞留する資金量はその後，一定量の水準を維持することになる。そうすると，この変動しない資金部分については，長期の貸出や証券投資等の資産運用が可能となる。このようにして，金融機関は一方で資金余剰主体に流動性の高い預金等の金融商品を販売して資金調達を行いながら，他方で資金不足主体には比較的長期の資金を供給するという資産変換機能を果たすことができるのである。

第4に，取引コストの低減機能であるが，これは資金の貸し手と借り手との間で金融取引が行われる際に発生する取引コストを，金融機関の仲介によって，そうでない場合に比べて低減することが可能になることをいう。

上記のような金融取引において金融機関が存在しない場合には，貸し手は資金を貸し付けるために，資金を必要とする借り手を個々に探さなければならない。同様に借り手も必要な資金を調達するために，余剰資金を持っている貸し手を個々に探さなければならない。そして，金融取引の相手が見つかったとしても，互いに取引できる資金量や取引期間が一致し，かつ貸付先の信用状態が十分でなければ，この金融取引は成立しない。こうした条件をすべて満たす取引相手をみつけるための時間や信用状態の調査費用を含むコストは非常に大きいと考えられる。

そこで，金融機関がこうした金融取引の仲介を行うならば，金融機関に貸し手と借り手の情報が集中されるため，貸し手と借り手は金融機関から取引相手に関する情報を入手することができる。

第5に，情報生産機能であるが，金融機関は上述したような借り手の信用調査（審査）や信用供与後の監視（モニタリング）を通じて，情報生産を行っている。これは金融機関が存在しなければ，個々の貸し手が行うべき機能である。貸し手である多数の預金者に代わって，金融機関がこうした情報生産機能を果たすことにより，円滑な金融取引を可能にしている。　　　　　（青山和司）

練習問題

1. 金融機関の資産変換機能について，銀行と証券投資信託を比較して説明しなさい。
2. 銀行による金融仲介機能の特質について，貸し付け可能資金の形成という視点から説明しなさい。
3. 中央銀行はどのような金融政策手段を用いて，市中銀行の信用創造機能に影響を及ぼすかを説明しなさい。

参考文献

金融審議会［2015］「金融グループを巡る制度のあり方に関するワーキング・グループ報告」

クレイン，デュワイト・B．ほか（野村総合研究所訳）［2000］『金融の本質——21世紀型金融革命の羅針盤』野村総合研究所

全銀電子債権ネットワーク［2012］「でんさいネットの仕組みと実務」http://www.densai.net/

日本銀行金融研究所編［2004］『新しい日本銀行——その機能と業務（増補版）』有斐閣

日本銀行調査統計局［2014］「マネーストック統計の解説」

◆ Column　金融持株会社

　独占禁止法第9条では持株会社を,「子会社の株式の取得価額の合計額の当該会社の総資産の額に対する割合が 100 分の 50 を超える会社」と定義している。金融持株会社とは,それ自体は事業活動の主体とはならず,銀行,証券会社,保険会社等の金融機関の株式を持株会社の総資産の 50%以上保有し,これらの子会社の経営を支配・管理する会社のことをいう。

　日本では,戦前の財閥による持株会社を利用した経済支配に対する批判から,独占禁止法によって持株会社の設立が禁止されてきた。しかし,産業界の強い要望により独占禁止法が改正され,1997 年 12 月から事業支配力が過度に集中する場合を除いて,持株会社の設立が可能になった。

　その後,金融関連の法律の改正・整備を経て,1998 年 3 月からは金融機関による金融持株会社の設立が可能になった。金融持株会社設立が可能になったことにより,金融機関は金融持株会社を設立し,その傘下に銀行や信託銀行,証券会社,保険会社等を保有することによって,多様な業務に進出することが可能となった。

　金融持株会社の解禁は,1990 年代における金融制度の大きな改革として行われた。大手銀行が金融持株会社を設立して,そのもとで都市銀行の再編が行われるなど,金融持株会社は金融再編の手段として活用された。こうした金融持株会社による金融再編によって,三菱 UFJ フィナンシャル・グループ,みずほフィナンシャル・グループ,三井住友フィナンシャルグループといったメガバンクの金融グループが形成された。

　地方銀行も金融持株会社を設立して,従来から営業基盤としていた地域や県域を越えて広域に展開するようになった。地方銀行の再編に際して,金融持株会社が傘下に従来の地方銀行を同じ銀行名のまま複数の子会社銀行として保有する場合と,1 つの銀行に統合する場合があるが,大半の金融持株会社は複数の銀行を子会社銀行としている。このような複数の子銀行を傘下に持つ地方銀行の金融グループでは,規制のため子銀行間での取引や業務運営に制約があり,統合によるシナジー効果が十分に発揮されないという問題がある。そのため,こうした規制を緩和し,金融持株会社の機能を強化することが金融庁で検討されている。

　銀行以外の金融機関では,保険会社が金融持株会社を設立して,傘下に生命保険の子会社と損害保険の子会社を保有する保険会社を中心とする金融グループや,持株会社の傘下に証券会社や信託銀行を保有する証券会社を中核とする金融グループが形成された。

（青山和司）

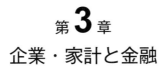

第3章
企業・家計と金融

1 企業の資金調達・運用と金融

1.1 企業の資金調達

　企業が企業活動を行う際には，資金が必要となる。企業が生産のための原材料を調達する場合や，従業員への給与の支払いをする場合には，そのための運転資金が必要となる。また企業が新しく工場を新設する場合や新規事業に進出する場合などは，その設備を作るための設備資金が必要となる。運転資金は，企業の日々の活動のなかで必要とされる資金であるのに対して，設備資金は，回収に時間がかかることから長期的で固定的な資金である。企業は，このように性質の異なる資金を，資金調達の継続性やコストをみながら調達していく必要が生じる。企業は，それぞれの事業の収益性をみながら，そのための資金をさまざまな資金調達手段を組み合わせながら調達しているのである。

内部金融と外部金融

　企業の資金調達は，企業が必要とする資金の源泉を企業内部に求めるか，企業外部に求めるかによって分けられる。企業内部での資金調達を内部金融，企業外部からの資金調達を外部金融という。また内部金融で調達した資金を内部資金，外部金融で調達した資金を外部資金という。内部資金とは，文字通り企業の内部にある資金であり，具体的には利益のうち社内に留保される部分（内部留保）と減価償却である。これに対して外部資金とは，株式の発行，社債の発行，金融機関からの借入，コマーシャル・ペーパー（CP）の発行などによって調達した資金である。金融機関との取引が発生するのは，企業が外部資金を調達する場合である。

自己資本金融と負債金融

また企業の資金調達は、その調達資金が貸借対照表上の自己資本として計上されるか、負債として計上されるかによっても分けられる。上記の外部資金のうち自己資本として計上されるのは株式発行による資金調達である。株式発行による資金は、返済の必要のない自己資本としての資金調達であるため、内部留保とあわせて自己資本金融と呼ばれる。外部資金のうち株式の発行以外、すなわち社債の発行、金融機関からの借入、CPの発行などによる資金調達は、返済が必要な負債の形での資金調達であるため負債金融と呼ばれる。企業が自己資本金融と負債金融をどのように組み合わせて資金調達を行うかによって、企業の資本構成が変わってくる。企業の資本構成は、企業の資金調達コストに影響を与えると考えられるため、企業にとっては重要な経営判断となる。

資金調達手段の変化

それでは企業は、どのような調達手段を組み合わせて資金調達を行っているのであろうか。具体的に日本企業の資金調達手段として、純資産、金融機関借入、その他の借入、社債、企業間信用、その他負債に分けてみてみる（図3-1）。この資金調達の分け方でいくと、純資産が自己資本金融に、それ以外が負債金融に相当する。日本企業の資金調達手段の変化から指摘できるのは、以下のような点である。

第1は、純資産の構成比が上昇しており、自己資本金融による資金調達が拡大していることである。これは日本経済の発展段階が影響している。戦後の日本において、1955年から70年代初めの高度成長期には、産業化が推し進められ、企業は恒常的な資金不足状態にあった。同時に、法や行政指導などによって、金利水準を資金の需給実勢で決定される水準よりも低く維持する「人為的低金利政策」がとられた。具体的には、47年に制定された臨時金利調整法に基づき預金金利の上限が設定されるなど、金利水準が低位に維持された。企業の旺盛な設備投資は、このような低金利政策にも支えられていた。しかし70年代には、71年のニクソン・ショックや2度にわたるオイル・ショックなどもあり、高度成長期は終わり、企業の投資意欲は減退していった。80年代後半における株価上昇時には、株式発行による資金調達が増加する時期もあったが、経済の低成長に伴い、自己資本金融のなかでも企業の内部留保による資金調達の構成比が上昇してきたのである。

◆ 図3-1　日本企業の資金調達手段の推移（1972～2014年度）

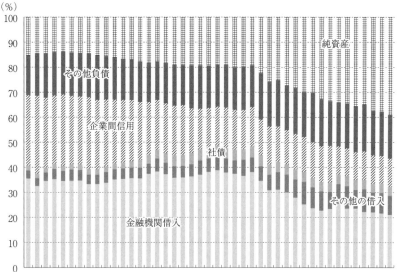

(注)　金融業，保険業を除く全産業を対象とする。負債および純資産合計に対する比率。企業間信用は，支払手形と買掛金の合計。その他負債は，引当金，特別法上の準備金，その他（リースを含む）の合計。
(出所)　財務省『法人企業統計年報特集』（1972～2014年度）より作成。

　第2は，金融機関借入の構成比が低下していることである。日本企業全体でみると，金融機関借入の減少は，1990年代後半以降に顕著である。これは経済の低成長や企業の投資意欲の減退といった要因に加え，銀行を中心とした金融機関の貸出姿勢が影響している。70年代まで銀行は，規制金利のもとで，低利の預金を集めることができたため，預金および貸出金の拡大が，そのまま利益の拡大につながった。その後，79年5月の譲渡性預金（CD）創設や85年の市場金利連動型預金（MMC）導入に伴う預金金利自由化により，銀行の預金による調達コストは上昇していった。そのような環境のなかで銀行は，量も大きく貸出金利も比較的高い不動産関連の資金需要拡大にあわせて，不動産関連の貸出に傾斜していったのである。信用リスクに対応するリスクプレミアムを上乗せするのではなく，不動産担保への依存を高めることにより信用を補完しようとした。このような銀行の活動は，90年代の不良債権問題として経営

に大きくのしかかった。89年5月以降の金融引き締めへの転換や，90年3月に大蔵省（当時）の銀行局長通達で出された不動産関連貸出に関する総量規制を受けて，土地などの資産価格が下落した。こうして不良債権を多く抱えた銀行は，貸出を絞っていった。結果的に，97年11月には北海道拓殖銀行が破綻し，98年には日本長期信用銀行と日本債券信用銀行の特別公的管理決定，2003年6月にはりそな銀行に対する公的資金注入が行われるなど，大手銀行の経営が実質的に破綻した。長きにわたり不良債権を抱えた銀行の経営が，企業の金融機関借入の減少に影響を与えたのである。これは，企業が自己資本金融による資金調達を進めたこととも関係している。

　第3は，金融機関借入への依存が，大企業よりも中小企業のほうが高い傾向にあることである。たとえば，2014年度末における金融機関借入の構成比は，全企業では21％であったのに対して，資本金10億円以上の大企業は17％，資本金1億円未満の中小企業は29％であった。大企業は，経済が低成長となるなか，純資産を積み上げていった。それと同時に1980年代に入り，大企業を中心に銀行離れが進んでいった。銀行離れを加速させた要因は，80年代以降に進展した金融の自由化である。高度成長期を経て国際的に知名度の高い日本の大企業が生まれ，それらの大企業は調達コストが割安なユーロ市場など海外で債券を発行するようになった。自己資本比率を高めた大企業は，自らの信用力をもとに直接金融市場で資金調達を行うようになったのである。大企業の銀行離れを受けた銀行は，貸出の対象を中小企業や住宅ローンを中心とする個人に移していく。中小企業向け貸出における銀行間の競争は激しさを増していった。その結果，中小企業における低い自己資本比率と高い金融機関借入比率といったオーバーボローイング（借入過多）の状態は90年代まで続いた。資本市場のアクセスが容易ではない中小企業は，資金不足の解消を進めることができた。しかしその後，銀行による貸出姿勢の変化の影響を最も受けたのも，中小企業であった。90年代後半には，不良債権を抱えた銀行の貸出姿勢が厳しくなり，本来ならばその資格がある企業までが貸出を受けられない状況に陥った。このような銀行の貸出姿勢は，貸し渋りと呼ばれ，とくに銀行借入への依存度が高い中小・零細企業で問題となった。そのため90年代後半に公的資金が注入された銀行に対して，中小企業向け貸出目標の設定を義務づけるような施策がとられた。

第4は，社債発行による資金調達が少ないことである。とくにアメリカと比較すると，一部の大企業を除いて日本で社債を利用する企業は少ない。社債を発行する企業は，一般的に格付会社から格付けを取得する。日本では元利金支払いの確実性が高い投資適格債の発行がほとんどであるが，アメリカではそれよりも低い格付けの社債発行も盛んである。低格付けの社債は，リスクを反映して利回りが高くなることからハイイールド債またはジャンク債と呼ばれる。日本では，戦後長らく企業の自由な社債発行が制限されてきた。社債の発行が，財務体質のよい会社や公益事業などに限定されていたのに加え，担保の設定が義務づけられていた。また社債が債務不履行となった場合は，社債権者に代わって受託会社が社債を買い取ることになっており，この受託会社の多くは，社債発行企業のメインバンクが務めていた。その他の社債発行条件もメインバンクである銀行などが参加する協議の場で決められていた。1979年には無担保社債の発行に際して，財務制限条項と並んで，企業が社債を発行する際の適債基準が設定された。適債基準として，当初は自己資本比率などの数値基準が設けられていたが，87年以降，格付会社から一定以上の格付けを取得すれば社債発行が可能となる格付基準が併用され，90年からは格付基準に一本化された。96年には適債基準そのものが撤廃されている。現代では，社債発行企業を制限するのではなく，発行企業の情報開示を進めることが市場を活性化し，投資家保護につながるという認識が広がっている。社債発行企業のみならず，リスクを許容する投資家の台頭も必要とされている。

　第5は，企業間信用の存在である。企業間信用は，その構成比は低下しているものの，一定規模の利用が続いている。企業間信用とは，商品等の取引において売り手企業が買い手企業に代金支払いの繰り延べを与えることにより生じる信用である。企業間信用は，売り手企業からみれば信用の供与であり，資金運用手段の1つでもある。一方，買い手企業からみると，代金支払いを繰り延べてもらう間，信用供与を受けており資金調達手段の1つである。企業間信用は，企業全体として商品等の販売を促進し，生産活動を活発にする役割を果たしている。

1.2　企業の資金運用

　企業は，資金調達だけでなく資金運用も行っている。日本の部門別資金過不

◆ 図3-2　日本の部門別資金過不足推移（対名目GDP比，1970～2014年度）

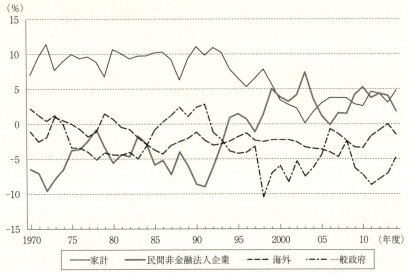

（注）　1979年度以前は68 SNAベース，1980年度以降は93 SNAベースの数値。
（出所）　内閣府「国民経済計算確報」（1998年度，2009年度および2014年度資料）より作成。

足の推移をみてみよう。資金過不足は，どの部門が資金余剰あるいは資金不足となっているかをフローの数字でみたものである。それによると，企業（民間非金融法人企業）部門が1990年代に入り資金不足を急速に解消し，90年代後半からは資金余剰となっている（図3-2）。現代において企業部門は，資金余剰主体なのである。

　高度成長期において日本企業は，旺盛な資金需要の多くを金融機関借入に依存していた。企業は，たとえ低利回りであっても，借入条件を有利にするため，資金の一部を銀行預金として保有していた。しかし，経済の低成長に伴い，企業は本業での収益率低下を補うため，余裕資金を効率的に運用しようと考えた。大企業は内部留保と同時に株式発行を進めて自己資本を増やしながら，市場金利に連動して利回りが変動するような金融商品への投資を積極化させていった。1980年代後半には，特定金銭信託などの金融商品への投資や，CP発行による調達資金を大口預金で運用するなどのいわゆる財テクが活発化した。このような企業の金融取引は，後に損失につながり，経営破綻する企業さえあらわれた。

現代における企業の資金運用は，大きく転換している。現代において，大企業を中心として豊富な資金を抱える企業が多く出現している。企業は，資金調達のみならず資金運用を積極的に行う必要が生じているのである。その背景には，株主重視の経営がある。企業は株式会社である場合，株主が投資した資金をもとにして事業活動を行い，利益の一部を配当として株主に還元している。株主が企業に投資をするのは，その企業が，株主自らではできないような付加価値を生み出し，社会に貢献しているからである。前述のような預金や金融商品への投資は，株主自身でも可能であり，企業が行う必要はない。したがって企業は，株主価値の向上を図るための有効な資金運用を行う必要がある。それは，余裕資金を増配や自社株買いなど株主還元にあてるというだけに留まるものではない。企業の資金運用には，たとえば合併や買収など将来成長するための投資戦略も含まれる。企業が成長していくためには，資金をどの分野に振り向けていくか，同時に事業統合や撤退によりどの分野に振り向けないかの経営判断が重要である。企業の資金余剰が強まるなかで，資金調達とあわせて企業の資金運用は，幅広くその意義が問われているのである。

1.3　企業金融の変化

　企業金融とは，企業が企業活動を行ううえで必要とする資金の調達や運用のことをいう。これまでみてきたように企業の資金調達・運用は，時代とともに変化してきた。それに対応して，企業と金融機関との関わりも変化している。企業金融については，中小企業と大企業とでは大きな違いがみられる。

　中小企業を対象とした中小企業金融は，企業の資金調達における役割が大きい。一般的に企業の資金調達は，企業の発展段階に応じて変化する。創業期の段階では，外部からの資金調達は困難であり，内部資金が中心となる。企業規模が拡大するにつれて，企業の事業内容や信用力等の情報が第三者に伝わりやすくなる。そうなると，企業間信用や金融機関からの借入が始まる。企業がさらに成長して，監査済みの財務諸表等を公表するなど信用度の高い情報開示ができるようになると，公開市場を通して，株式の発行や債券の発行により資金調達を進めていくことができる。しかし，未上場である多くの中小企業は，公開市場を通した株式発行等による資金調達は困難である。また銀行借入においても，中小企業の借入金利は大企業に比べて割高になることが多く，金融逼迫

時には資金調達が困難になる中小企業もある。そのおもな理由として，中小企業金融において貸し手と借り手の間の情報の非対称性が相対的に大きいこと，金融機関が情報生産機能を果たす際に，貸出額が相対的に小さい中小企業向け貸出は審査・モニタリング等に要する単位当たりのコストが高くなることがある。このため中小企業金融においては，信用保証など公的信用補完制度が存在している。

　大企業を対象とした金融は，企業の資金調達のみならず資金運用においての役割もある。ここで資金運用とは，前述のように，企業の合併や買収などの投資戦略も含まれる。金融機関は，大企業との金融取引において証券業務を行っている。大企業向けの証券業務とは，たとえば企業がある事業を買収する際に，金融機関がその事業部門の価値を査定し，将来の成長戦略や妥当な買収価格をアドバイスする。同時に金融機関は，企業に買収資金調達の手法を提供する。金融機関は，企業の合併・買収に関するアドバイスを行った見返りに手数料をもらう。さらに金融機関は，企業が資金調達を行う際に，金利や株式発行手数料などを得る。このように証券業務では，企業の資金調達のみならず資金運用においてもアドバイス等を提供することにより手数料を得ている。現代において企業の資金余剰は強まっており，金融機関の貸出競争が激化している。その結果，銀行の貸出利ざやも低下しており，金融機関は貸出以外の付加価値を提供することにより，手数料を得ようとしている。企業金融のなかでも大企業向けを中心に金融業の変化がみられる。

2　企業の資本構成

　負債と自己資本の合計を総資本という。総資本に占める負債と自己資本の割合が，企業の資本構成である。企業が資金調達を行う際，負債と自己資本の割合をどのようにするかは重要な問題である。なぜならば資本構成によって，資金の提供者に対して支払うコストが変わってくる可能性があるからである。企業が資金の提供者に対して支払うコストを資本コスト（cost of capital）という。資金の提供者は，企業に資金を提供する見返り，すなわち何らかのリターンを期待する。資金の提供者が期待するリターンを期待収益率（expected rate of return）という。企業の資本コストは，資金の提供者からすると期待収益率と

なる。

　負債の資本コスト（cost of debt）は，企業の負債の利子率である。それは銀行や社債権者の期待収益率となる。銀行借入の場合，それは借入時の利子率，すなわち約定金利となるが，社債発行の場合，それはクーポン・レートではなく最終利回りとなる。社債は日々，市場で取引されており，市場価格に応じて利回りが変動する。社債の市場価格は，企業の信用力が反映されている。

　自己資本の資本コスト（cost of equity）は，株式の資本コストである。それは株主の期待収益率となる。株主の期待収益率は，リスク・フリー・レートにリスクプレミアムを上乗せする。リスク・フリー・レートとは，リスクのない資産（安全資産）に対する投資収益率のことである。リスクが大きいほどリスクプレミアムは高くなることから，リスクに応じて株主の期待収益率は変動する。したがってリスクの特性によって，株式の資本コストは変わってくる。株式の資本コストの推計方法としては，配当割引モデル（dividend discount model：DDM）や資本資産評価モデル（capital asset pricing model：CAPM）などがある。

　企業の資本コストは，負債の資本コストと自己資本の資本コストを資本構成でウエイトづけて加重平均した値となる。この加重平均した資本コストを，英語では weighted average cost of capital，略して WACC（ワック）と呼ぶ。

　企業の資本コストが，負債の資本コストと自己資本の資本コストの加重平均によって決定されるのであれば，次のような疑問がわいてくる。たとえば，銀行からの借入金利が株式の資本コストよりも低いと考えられるとき，負債調達の比重を上げることで加重平均した資本コストを下げられるのではないか。この疑問に基本的な考え方を示したのが，F. モジリアーニとM. ミラーである。モジリアーニとミラーは，完全な資本市場のもとでは，企業による資本構成の変更は，資本コストに影響を与えないことを論証した。この理論を，2人の頭文字をとってMM理論という。MM理論では，負債の時価総額と株式の時価総額の合計としての企業価値の大きさは，企業の資本構成により影響されないと主張した。その理由は，負債依存度が高まると1株式当たりで負担するリスクが増大し，株主の期待収益率が上昇すると考えられるためである。また負債依存度が高まると，デフォルト（債務不履行）のリスクも高まるため，負債の資本コストが上昇すると考えられる。完全な資本市場のもとでは，これらの効果が相殺しあって加重平均した資本コストは不変に留まるという。MM理論

で仮定した完全な資本市場とは，①完全競争が行われており，投資家がいつでもより有利な市場へ資産を移動できる，②どの投資家も必要な情報を入手でき，同じ情報を共有している，③取引費用や税金など自由な取引を阻害する要素がない，というものであった。

しかし，企業の資本構成が資本コストに影響を与えないとすれば，企業はなぜさまざまな資金調達手段を組み合わせながら調達するのであろうか。それは，現実には前述のような完全な資本市場が存在していないからである。市場取引を行うに際しては，税金やさまざまな制度的な制約が存在している。たとえば，日本では株式の配当金には税金が発生する。また企業が行っている投資が，将来どのようなキャッシュフローを生むのか，投資家はよくわからないという情報の非対称性も存在しうる。情報の非対称性により，銀行よりも株主などの投資家がより限られた情報しか持たない場合，投資家の判断に影響を与え，企業の資本コストや企業価値そのものに影響を与えることが考えられる。

それでは現実の経済社会において，企業はどのようにして最適な資本構成を見出していけばよいのだろうか。企業が最適な資本構成を見出そうとするのは，最適な資本コストを実現するためである。資本コストは，資金の提供者である銀行や社債権者，株主の期待収益率である。彼らの期待収益率は，企業の事業活動に伴うビジネス・リスクによって変動する。企業のビジネス・リスクは，企業が所有する資産構成によって決定される。したがって，資本コストは企業の所有する資産から生み出されるキャッシュフローとの対比でとらえるのが有効である。資産が生み出すキャッシュフローの現在価値は，将来にわたるキャッシュフローを資本コストで割り引いた値である。

企業の所有する資産から生み出される利益との対比でとらえる方法もある。総資産利益率（ROA）は，利益を総資産で割って算出される。総資産は，負債と自己資本の合計と同じであるから，総資産利益率と加重平均した資本コストを対比させると，企業が資金提供者の期待収益率を上回る収益を上げているかをみることができる。

また自己資本利益率（ROE）を高めることを目標にして，企業の資本構成を決定する方法もある。この自己資本利益率は，以下のように分解される。

自己資本利益率 ＝ 総資産利益率 × 負債のレバレッジ
（利益／自己資本）（利益／総資産）（総資産／自己資本）

負債のレバレッジとは，自己資本に対する総資産の比率である。総資産は負債と自己資本の合計と同じであるから，自己資本を一定として負債を増やせば，負債のレバレッジを高めることができる。総資産利益率がプラスであれば，負債レバレッジが高いほど負債がテコの効果を発揮して自己資本利益率を上げることができる。ただし，負債の増加は，負債の支払負担を増加させると同時に，企業の財務状況を悪化させることにもつながる。この結果，負債の利子率が上昇し総資産利益率を低下させる場合もある。この自己資本利益率は，自己資本を使ってどれくらい利益を生み出しているかをみる指標である。自己資本を提供しているのは株主であるから，自己資本利益率と自己資本の資本コストを対比させると，企業が株主の期待収益率を上回る収益を上げているかをみることができる。自己資本利益率が自己資本の資本コストを上回っていなければ，その企業は株主が投資した資金を使って価値創造をしていないということになる。自己資本利益率を高めるためには，分母となる自己資本を抑制するか，分子である利益を増やせばよい。近年，余裕資金を抱える企業は，増配や自社株買いなど株主還元を積極的に行い，自己資本の増加を抑制している。株主還元策の強化は，株主にとって短期的には恩恵が大きいが，長期的には企業が自己資本を有効活用しながらリスクをとり，高い収益を上げることが求められる。企業が高い収益を上げるためには，将来成長する分野へ投資を進めるという企業の資金運用が重要である。現代において，企業の資金余剰が強まるなかで，資本効率を重視した経営が求められている。自己資本利益率は，最適な資本構成を考えながら，株主価値を最大化させるための指標として注目される。

3　家計・個人の金融行動

3.1　アメリカにおける家計の金融行動

　現代において家計の行動は，金融市場に大きな影響を与えている。ここでは，家計部門の行動変化が激しいアメリカの事例をみてみよう。アメリカにおいて家計部門は，1990年代後半まで資金余剰主体であった。この資金過不足の状態は，日本も含めた先進国に共通してみられた現象であった。しかし，資金余剰主体であったアメリカの家計部門は，90年代に入り急速に黒字幅を縮小し，2000年代前半には資金不足主体となっている（図3-3）。08年前後の金融危

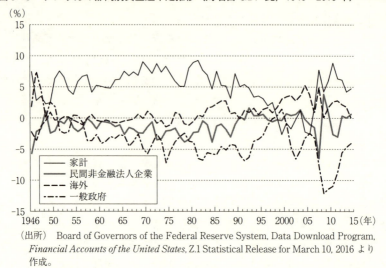

◆ 図3-3　アメリカの部門別資金過不足推移（対名目GDP比，1946～2015年）

（出所）Board of Governors of the Federal Reserve System, Data Download Program, *Financial Accounts of the United States*, Z.1 Statistical Release for March 10, 2016 より作成。

機後は，金融機関による貸出の縮小と家計の債務返済が進み，家計部門は再び資金余剰主体となった。アメリカにおける家計部門の資金過不足の推移をみると，とくに1990年代以降に大きく変化しているが，その変化の予兆は早くからみられていた。それは資金調達者としての家計と，資金運用者としての家計の両面においてみられていたのである。

3.2　資金調達者としての家計

　資金調達者としての家計についてみてみる。家計の資金調達のおもなものは，消費者信用と住宅ローンである。消費者信用は，20世紀初頭のアメリカで発生した。消費者信用発生の契機は，大量生産・大量消費の動きが本格化し，自動車などの耐久消費財が普及していったことである。その後，1950年にはクレジットカードが登場した。戦後のアメリカにおいて消費者信用は，クレジットカードの出現により，急速に普及していった。

　また戦後アメリカにおける個人の生活水準の向上は，住宅を保有することにより実現された。アメリカの新規住宅着工件数は，1970年代以降，高水準で推移した。この頃から，住宅着工件数は，自動車販売台数と並び重要な景気動

向指数として注目されるようになった。

アメリカ経済において資金調達者としての家計部門の重要性が高まってきたのは，住宅着工件数や自動車販売台数の伸びが，住宅投資や消費支出のみならず，それを通した生産活動にまで影響をもたらすようになったからである。そのような動きは20世紀初頭のアメリカにおいてすでにみられていたが，一般家計・個人を巻き込む形でより大規模にみられたのは，1970年代に入ってからである。しかも家計部門の住宅投資や消費支出は，住宅ローンや消費者信用に依存する傾向にあった。アメリカ家計部門の負債残高推移をみると，70年代以降，住宅ローンと消費者信用が大幅に増加している。

3.3 資金運用者としての家計

資金運用者としての家計についてみてみる。家計の資金運用に影響を与える要因として，物価水準の動向がある。アメリカにおいては，1960年代後半からインフレーションが進行し，70年代半ばと80年代初頭には前年比10%を超える急激なインフレーションが起こった。急激なインフレーションは，資金を多く保有するようになっていった家計の金融行動に変化をもたらした。アメリカでは銀行（商業銀行）の預金金利には，33年銀行法により導入されたレギュレーションQによって規制上限が敷かれていた。このため，家計は，資金をより有利な市場性の金融商品にシフトさせていくようになった。それに対応するようにして，70年代以降，市場金利に連動した新たな金融商品が続々と登場した。これにより家計の余剰資金は，有利な運用先を求めて，銀行以外の金融機関へ多く流出していった。いわゆるディスインターミディエーションといわれる現象である。

家計部門は，住宅投資や消費支出のために負債残高を拡大していくと同時に，自らの資金運用も重視するようになっていった。そこに1960年代後半から進行したインフレーションにより，家計部門は金利選好を高めるようになり，意識および行動を変えていった。家計部門は，現在のみならず将来の生活を考慮して，資産と負債の両面において金融取引を行うようになっていったのである。

3.4 個人金融の台頭

家計の金融行動は，金融機関の経営に変化をもたらした。金融機関は，1取

引当たりは少額であるが全体でみると大きな資金となる家計との金融取引に対応していく必要が出てきたのである。家計の資金調達においては，住宅ローンと消費者信用が増えるに伴い，金融機関は個人向け貸出を拡大させていった。家計による住宅投資のための借入返済は長期にわたることから，金融機関としては家計との長期的な取引を確保することができる。多くの銀行は，取引金額も大きく住宅担保も設定される住宅ローンへの取り組みを積極化していった。アメリカで銀行の貸出残高のうち商工業貸出の構成比が，1950年代まで40％前後であったが，2000年代には20％程度にまで低下している。一方，住宅ローンと消費者信用を合計した貸出構成比は，1990年代以降は40％超にまで高まっている。いまやアメリカの銀行にとって，最大の貸出先は企業ではなく家計なのである。

家計の資金運用において，金融機関は家計部門の要請に応じた新しい金融商品・サービスの開発および提供を行っていった。アメリカ家計部門の資金運用の内訳では，MMFとミューチュアル・ファンドの合計残高が，1980年代以降急速に拡大し，99年には預金残高を一時上回った。アメリカ家計部門の資金は，有利な運用先を求めて投資信託をはじめとする多様な金融商品に向かっていったのである。背景には，高齢化の進展，家計の金融ニーズの高度化・多様化，金利規制の緩和，金融商品の取引および情報収集のためのコストの低減，投資商品の増大と個人投資家の台頭などがあった。また401（k）プランに代表されるような確定拠出型年金の拡大と，株式市場の好調なパフォーマンスなども重要な要素であった。

このように金融機関は，資産と負債両面において金融取引を活発化させていった個人を対象として個人金融を広げていった。現代のアメリカ大手金融機関において，個人金融は大きな収益源となっている。

4　家計・個人の資産選択

4.1　個人の消費と貯蓄

個人は，所得の一部を消費し，その残りを貯蓄している。現在の貯蓄は将来の消費に備えられる。したがって，消費と貯蓄は異時点間の資源配分の問題となる。個人は，今年の所得だけを基準に消費を行うのではなく，将来の予想所

得や各自の人生設計に基づいて消費と貯蓄を行っている。その際，個人の時間に対する好みや考え方，すなわち時間選好が重要となる。たとえば，老後に備え貯蓄を増やし将来的な消費を重視する人もいれば，若いときに借金をしてでも現在の消費を重視する人もいる。現在の消費を増やすとそれだけ現在の効用，すなわち満足度は向上するが，将来の消費に備えた貯蓄は小さくなり将来の効用は小さくなる。このように生涯所得を予想しながら現在と将来の消費行動を決定し，それに合わせて貯蓄行動も決定するという消費・貯蓄の決定に関する理論をライフサイクル仮説と呼ぶ。

個人が消費を行う際，安定的に十分な所得があれば問題は生じない。しかし，消費を行うに際し，所得では不足し借入に依存する場合，実際に借入を行うことは容易ではない。これは，個人に対して貸出を行うのにはリスクが伴うからである。金融機関は，個人から十分な物的担保を取ることは実質的に難しく，返済を将来所得に依存せざるをえない。しかし，将来所得を完全に予想することは不可能である。このため，個人による借入は制約を受けることになる。これを流動性制約という。仮に個人が，貯蓄もなく借入が全くできない状態では，特定の期間における所得がその期間における消費の上限となる。このような流動性制約がある場合は，現在の消費は現在所得のみの関数となる。これはケインズ型消費関数と呼ばれる。

個人は生涯を通じて自らの効用を最大化するよう行動するのであるが，それは流動性制約に縛られないような金融市場が発達していてはじめて可能となる。個人は，流動性制約がある場合は，流動性制約がない場合に比べて低い効用で満足しなければならない。個人にとって借入ができるような金融市場の発達は，個人の異時点間の消費選択を可能にし，効用の最大化に貢献しているのである。

4.2 日本における家計の資産選択

個人の消費と貯蓄の関係を理解したうえで，日本における家計の行動についてみてみよう。家計の可処分所得に対する貯蓄の比率を，家計貯蓄率という。日本の家計貯蓄率は，先進国のなかでも高い状態が続いてきたが，1990年代後半以降，低下している。2013年度には，消費支出が可処分所得を上回り，家計貯蓄率は初のマイナスに転じた。高齢化の進展に伴い貯蓄を取り崩す退職者世帯が増加することにより，貯蓄率が低下しているのである。

◆ 図3-4　日本の家計金融資産残高の推移（1979～2014年度）

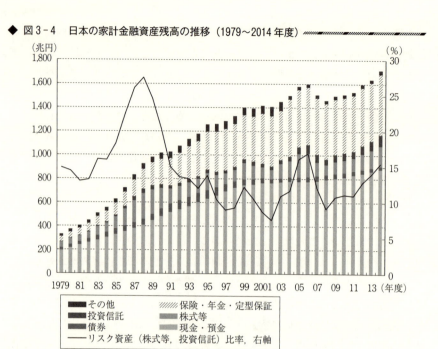

(出所)　日本銀行調査統計局「資金循環統計」時系列データ（http://www.boj.or.jp/statistics/sj/index.htm/）（2016年3月）より作成。

　これまで日本では，高い家計貯蓄率を維持しながら，家計の金融資産は増加を続けてきた。家計の金融資産残高は，2014年度末で1716兆円にのぼる。しかし，家計貯蓄率の低下にみられるように，今後は少子高齢化の影響が懸念される。したがって今後の日本では，家計がどれくらい資金運用を行うかよりも，どのように資金運用を行うかが重要である。家計において資金運用の量より質が求められるのである。家計の資金をどのように運用するかは，資金をどのような資産で運用するかという資産選択の問題である。資産選択とは，資産を保有する場合の組み合わせ，すなわちポートフォリオをどのように作るかということである。この資産選択は，投資家が最適なポートフォリオを作るときに行われてきたが，今後は家計が資産選択を行う必要が高まっている。
　家計の資産選択という点では，アメリカが先行している。2014年末におけるアメリカの家計金融資産残高は68兆ドルであるが，その構成比は，現金・

預金が13%，債券が5％，株式等が33%，投資信託が13%，保険・年金・定型保証が33%，その他が3％であった。株式等と投資信託をリスク資産とすると，アメリカの家計金融資産残高に占めるリスク資産の比率は47%にのぼる。アメリカでは，家計の資産を将来にわたって守ると同時にいかに増やすかという意識が定着していった。人口増加が続くアメリカでは，預金残高も積み上がっているが，家計は自らの負債状況をみながら，決済用の預金と投資家としての金融資産への投資を分けて行動しているのである。

一方，2014年度末における日本の家計金融資産残高の構成比は，現金・預金が51%，債券が2％，株式等が10%，投資信託が6％，保険・年金・定型保証が30%，その他が2％であった。株式等と投資信託をリスク資産とすると，日本の家計金融資産残高に占めるリスク資産の比率は16%である（図3-4）。1980年代後半の株価上昇時期を除いて，リスク資産の比率はあまり上がっていない。

日本において，家計金融資産残高の過半が現金・預金となっていることは，おもな資金の流れが銀行を通じて行われる要因となっている。

日本では1998年12月に銀行による投資信託の窓口販売（投信窓販）が解禁された。それまで投資信託は，証券会社の窓口等でしか販売できなかったが，銀行の窓口で販売されるようになり，投資信託販売に占める銀行の投信窓販の比率は上昇した。また近年では，証券会社が資産運用を一括して請け負うラップ口座の販売が増加している。金融機関は，銀行や証券などの業態に関係なく，個人に対してさまざまな金融商品・サービスを提供しようとしている。

同時に，個人投資家を拡大・育成していくような制度が導入されている。2014年1月からは少額投資非課税制度（NISA）が開始された。NISAは，毎年120万円（2015年までは100万円）を上限とする上場株式や株式投信等の新規購入分を対象に，配当金や売買益等を最長5年間非課税にする制度である。また個人への譲渡を制限していた物価連動国債は，15年1月から，個人も購入できるようになった。

今後，日本の家計が果たすべき役割の1つは，リスクマネーの供給である。それは家計を構成する私たち個人がリスクを抱え込むということではなく，個人がそれぞれ自分の将来に合わせて，リスクも考慮しながら最適な資産選択を行うことで実現されることである。低金利が続く時代において，個人が預金に

偏重して資金運用を行うことは，資産価値が相対的に目減りすることにつながりかねない。家計部門の資金が，現状より少しでもリスクマネーを供給するようになれば，その資金は日本経済の成長につながるであろう。私たち個人の資金運用が，日本経済の将来を変える原動力なのである。　　　　（前田真一郎）

練習問題

1. 日本企業の資金調達・運用が，歴史的にどのように変化してきたかを説明しなさい。
2. 企業価値を最大化させるために最適な企業の資本構成について説明しなさい。
3. 家計の金融行動がどのように変化してきたかを，日米を比較しながら説明しなさい。
4. あなたが今，新たに1億円を運用するとします。その最適な資産選択を行う際のリスクとリターンについて論じなさい。

参考文献

砂川伸幸［2004］『コーポレート・ファイナンス入門』日本経済新聞社（日経文庫）

小野有人［2007］『新時代の中小企業金融――貸出手法の再構築に向けて』東洋経済新報社

川合一郎編［1976］『金融論を学ぶ』有斐閣

川波洋一・前田真一郎編［2011］『消費金融論研究』クレス

前田真一郎［2014］『米国リテール金融の研究――消費者信用の歴史的発展過程』日本評論社

● Column　消費金融論の展開

　生産金融・消費金融とは，金融の1つの分類方法である。生産金融は，価値増殖に伴う生産活動に必要な資金の貸借などの金融であり，対象は生産者すなわち企業である。これに対して消費金融は，消費者の消費活動に必要な金融であり，借り手は消費者すなわち個人である。金融機関からみると，個人やその消費活動に対する金融サービスの提供を消費金融という。

　消費金融は，歴史的には生産金融よりも古くから存在していたといわれる。これまでの金融論においては，消費金融よりも生産金融に焦点があてられることが多かった。それは家計部門が，おもな資金余剰主体であり，金融市場における安定的な資金供給源として位置づけられてきたためである。しかし家計部門は，2000年代前半にアメリカで資金不足主体となり，13年度に日本で貯蓄率がマイナスとなっている。家計部門の資金余剰を企業に融通するという構造は，現代において大きく転換しているのである。資金の流れが変化するなかで，金融機関の業務が変化していくのは当然のことである。

　消費金融の拡大は，金融サービス提供の対象である個人の経済活動が増大してきたことによる。企業の成長とともに個人の所得水準が向上し，個人の経済活動はその国の経済に多大な影響を与えている。多くの先進国においてはGDPの過半を消費支出が占めており，個人消費は経済成長を左右する最大要因である。また個人の住宅投資が，アメリカ発の世界金融危機を引き起こすまでに拡大したことは記憶に新しい。さらに個人は，巨額の金融資産を保有し，個人投資家として活動の幅を世界にまで広げている。個人は資金運用者としても金融サービスの利用者としても巨大な存在となった。現代において，消費金融は一大産業に成長したといえよう。消費金融は，現代の金融機関経営における重点戦略分野の1つとなっている。現代の金融業を分析するに際し，消費金融論の研究は不可欠なものである。

（前田真一郎）

第4章
金融市場と金融資産

1 金融市場の構造

1.1 金融市場の機能と役割

　金融市場とは，家計，企業，政府等の経済主体間の資金需給を調整する場である。それぞれの経済主体は，経済活動を行う際に必要な資金を金融市場から調達する一方で，余剰な資金がある場合にはそれを金融市場で運用して利益を得ようとする。金融市場の基本的な機能は，このような資金の不足している赤字主体と，余剰資金を保有している黒字主体とのニーズをうまくマッチングさせることで，社会全体の資金配分の効率化をもたらし，経済的な厚生を高めていくものと考えられている。

　ただし，現実の金融市場には，情報の非対称性や市場の歪みなどの問題があり，社会全体の経済厚生を高めるような資金配分をうまく実現できていない場合も存在している。また，金融市場における「バブル」などの現象は，将来の収益に対する過剰な「期待」を基礎にしながら，特定の金融資産に資金が集中してその資産価格の上昇を促進させていくが，その現象はあくまでも一時的なものであり，市場内部の「期待」を喪失させるような何らかのショックが生じると，その資産価格の暴落が生じて，社会全体の経済厚生を著しく低下させていくことになる。

　このように金融市場は，多くの人々の生活や企業の経営行動，さらには政府の活動にも多様な影響を与えており，金融市場がうまく機能しないと，資金の余っている経済主体と，資金の不足している経済主体がうまく相手を見つけることができず，社会全体の経済活動の水準は低下してしまうことになる。

◆ 図 4-1　金融市場の構造

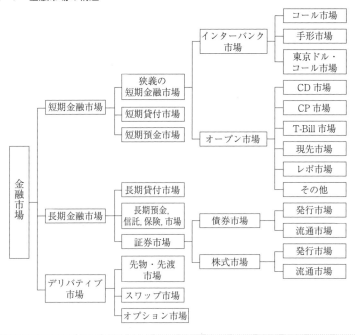

　また，現代の金融市場では，各経済主体の多様な資金ニーズを満たすための金融商品や金融サービスが無数に存在している。それらを分類していく場合，伝統的には，「短期」「長期」といった資金貸借等の期間に着目した分類方法がある。これは，形式的には，1年未満の資金の貸借等を行う場を短期金融市場とし，1年以上の資金の調達・運用等を行う場を長期金融市場としている（図4-1）。

　短期金融市場は，各経済主体の短期的な手元流動性を調整する場であり，企業の場合には，運転資金や原材料の購入，賃金の支払い等の資金需要を満たすために，手形やコマーシャル・ペーパー（無担保約束手形，CP）等を発行して資金を調達する。銀行の場合には，家計等から普通預金等の短期性資金を受け入れたり，金融市場で譲渡性定期預金証書（CD）等の発行を通じて短期の資金を調達したりする一方で，企業等に相対取引で短期資金の貸付を行っている。また，政府の場合も，国庫短期証券（T-Bill）と呼ばれる短期国債を発行して，

一時的に生じる歳入の不足を補ったり，外国為替市場での為替介入資金として活用したりする。

　長期金融市場では，企業や政府等の各経済主体は，株式市場や債券市場などの証券市場を通じて，大規模な設備投資のための資金や，政府の財政赤字を賄う資金を調達していく。また，銀行は，相対取引での長期性預金の受け入れや長期性資金の貸付を行ったり，信託や保険などの金融機関も，長期金融市場での資金の調達や運用を行ったりしている。

　さらに，広義の金融市場の定義には，上記の金融市場に加えて，デリバティブ市場，証券化市場，外国為替市場等も含まれている。それ以外にも，最近では，インターネットを利用して資金調達を行うクラウドファンディング市場なども次第に拡大してきており，金融市場は絶えず新しい金融技術や金融商品の生成に対応して，その姿を変化させている。

1.2　金融市場の形成と分類

　金融市場の発展を歴史的にみていくと，資本主義経済システムが形成される19世紀前半の段階までは，まだ企業の規模も小さく，そこで必要とされる資金も運転資本等の短期的な性格のものが多かった。そのため，当時の企業は，商業信用や企業間信用と呼ばれる企業相互の掛売掛買関係を構築し，そこでの信用手段として商業手形（約束手形や為替手形）を発行して手元資金の流動性を確保していた。

短期金融市場

　短期金融市場は，このような企業の商取引に利用されていた商業手形を，銀行が割引・再割引することを通じて形成されてきた。そのため，初期の短期金融市場は，市場の参加者が銀行等の金融機関に限定されるインターバンク市場が中心であった。インターバンク市場には，手形等の売買を通じて短期資金の融通や運用を行う手形市場と，各金融機関が相互に短期資金のやりとりを行うコール市場（コールとは「呼べばすぐ応える」という意味で名づけられた）がある。日本では，1882年の為替手形・約束手形条例や，1887年の東京手形交換所の設立等を通じて手形市場の整備が行われ，1902年のコール市場の創設とあわせて，短期金融市場の構築が進められていった。

　なお，コール市場には，同じ営業日内で貸し借りを行う日中コール取引や，

当日借りた資金を翌日に返済するオーバーナイト（O/N）取引などがあるが，それらの取引は，金融機関が，日中の一定時間において生じる出金と入金のタイムラグや，手形決済，外為円決済，全銀決済等の民間集中決済資金の一時的不足を埋め合わせるために行われる。

現在の日本のインターバンク市場に参加している金融機関には，日本銀行，都市銀行，信託銀行，地方銀行，第2地方銀行，在日外国銀行，信金中央金庫（信金中金），信用金庫，農林中央金庫（農林中金），信用農業協同組合連合会（信連），全国共済農業協同組合連合会（全共連），証券会社，証券金融会社，生損保会社，商工組合中央金庫（商工中金），全国信用協同組合連合会（全信組連），労働金庫連合会（労金連），投資信託会社，政府系金融機関，ゆうちょ銀行等がある。

また，コール市場は，金融機関の資金尻の調整や，支払準備金の運用・調達の場として機能してきた。とくに，金融機関の資金決済は，日銀当座預金口座を通じて行われるが，日々の資金決済の収支尻である当座預金の過不足をコール市場で最終的に調整する。また，日本銀行は，コール市場の資金需給の過不足を調整することで，短期金利の形成に影響を及ぼし，それが他の金融市場に波及する過程を通じて金融政策を実行している。とくに，日本銀行が短期金利の指標としているのが無担保コール翌日物金利であり，現在では，日本銀行の金融政策の影響を受けて，ゼロ金利やマイナス金利での取引が行われている。

ところで，これまでみてきたインターバンク市場は，金融機関や短資会社等に市場参加者が限定されており，取引の安全性や安定性が確保されていた。しかし，経済発展の過程で，次第に，金融機関以外の経済主体（企業や家計等）による短期資金の調達・運用のニーズが高まり，広くさまざまな市場参加者が取引を行えるオープン市場が形成されるようになった。たとえば，銀行や企業が市場性資金を調達する手段として，CDやCP等の発行が行われるようになったが，それらの短期証券は，家計の貯蓄性資金が堆積していた年金基金や保険会社等の機関投資家の資金運用手段として活用されていった。

また，証券会社等の金融機関の保有する証券が増加するにつれて，それを活用した資金繰りの手段として，レポ（Repurchase：証券買い戻し）市場や現先市場といった短期金融市場が形成された。これらは，金融機関が保有している国債，株式，CP等の証券を一定期間後に買い戻す（売り戻す）ことを条件に

して取引を行う市場である。これは，内容的には，現金を担保にして証券を借り受ける取引であるが，相手側からみると，証券を担保にして短期資金を調達する手段になっている。また，レポ取引等を通じて借り受けた証券は，空売り（借りてきた債券や株式を先に売り，それらの価格が下がった時点で買い戻して利益をあげる証券取引）に活用されたりしている。日本では，証券の貸借形式での取引を「レポ」取引と呼び（海外では売買形式の取引を「レポ」と呼んでいる），売買形式の「現先」取引と区分している。現在のレポ取引では，国債を利用して短期資金を調達し，それを長期で運用することで利ざやを獲得する取引などが行われ，レポ・現先取引の中でも，現金を担保とした国債等の貸借取引が大きなシェアを占めている。

長期金融市場

次に長期金融市場についてみていこう。歴史的には，巨額の設備投資のための資金を必要とする重化学工業が発展していく19世紀後半から20世紀初頭にかけて長期金融市場は形成されてきた。とくに，企業の規模が大きくなるにつれて，企業の形態は，株式を発行して広い範囲での資本の動員を可能とする株式会社が主流となる。

この株式には，権利行使の結果が株主本人の利益に関係する自益権（配当等の利益請求権等）と，権利行使の結果が株主全体の利益につながる共益権（株主総会における議決権等）が付与されており，株主は，その株式会社の社員の一員として，会社の生み出した利潤の一部を配当として受け取ったり，会社経営への参画権等を得ることができる。また，株式は，返済の義務のない出資証券（自己資本）であるため，株主がその株式を売却して現金を得るためには，株式流通市場でその株式を他の投資家に売却しなければならない。その際に，最初に出資した際の価格よりも高い価格で株式を売却できれば，株式売却益（キャピタル・ゲイン）を得ることができる。現代の株式市場では，株式の配当（インカム・ゲイン）に加えて，キャピタル・ゲインの獲得を目的として投資家の多くは投資活動を行っている。

また，株式会社が資金調達を行う際には，株式以外に，債券（企業の場合は社債）を発行して資金を調達することもできる。債券は，一定期間後に利子をつけて元本を返済しなければならない借用証券（他人資本）である。その分類には，債券の発行体による分類（国債・地方債等の公共債，社債等の民間債）や，

募集方法による分類（公募債，私募債），利払い方式による分類（利付債と割引債），通貨による分類（円建て債，外貨建て債，二重通貨建て〔デュアルカレンシー〕債）などがある。また，企業が発行する社債については，普通社債のほかに，一定の条件で株式に転換できる転換社債や，新株を購入できる権利（ワラント）のついた新株予約権付社債（ワラント債）などもある。さらに，債券を満期区分でみると，日本の国債の場合には，短期債（償還期間6カ月，1年），中期債（2年，5年），長期債（10年），超長期債（20年，30年，40年）などに分類されるほか，イギリスなどでは満期がなく，永久に利子を払い続けるコンソル債なども存在している。また，日本の長期金融市場の金利水準は，新規に発行される10年満期の国債の流通利回り（新発10年国債利回り）が指標金利となっている。

　なお，企業は，一般に，株式，社債等を発行して設備投資等に必要な長期性資金の調達を行うが，その資金調達の方式は，エクイティ（equity：持分）と呼ばれる株式等の資本性資金の調達（エクイティ・ファイナンス）と，デット（debt：負債）と呼ばれる社債や銀行借入等の債務性資金の資金調達（デット・ファイナンス）とに区分される。各企業は，金利等の金融市場の動向を踏まえながら，どのような方式で資金調達を行うかを決定していく。

　さらに，長期金融市場では，政府や企業等が証券発行を行う発行市場と，すでに発行された証券を投資家間で売買を行う流通市場とに区分される。また，流通市場には，証券取引所を通じて売買を行う取引市場と，取引所を通さずに投資家同士が相対で売買を行う店頭（over the counter：OTC）市場がある。また，アメリカなどでは，夜間などでも取引ができるATS（alternative trading system），ECN（electronic communications network），PTS（proprietary trading system）等の私設取引システムや，ダークプールと呼ばれる機関投資家向けの取引所外取引の仕組みが構築されており，それらを通じた取引は，証券市場全体の約30％程度のシェアを占めている。なお，日本では1998年に取引所集中義務が撤廃されてから私設取引システムの導入が進められてきたが，東京証券取引所を中心とした取引所取引のシェアが高く，欧米に比べるとPTS等のシェアは低い水準に留まっている。

　証券取引所は，証券の公正な価格形成と円滑な流通を図るために組織化されており，証券売買は一定の資格をもった証券会社に限られている。また，売買

の対象となる証券は，一定の上場基準を満たした企業の株式や債券に限定されており，そこでの証券取引は，金融商品取引法などのさまざまな規制を受け，金融庁や証券取引所による監督・監理がなされている。日本では，2013年に東京証券取引所（東証）と大阪証券取引所（大証）が経営統合して日本取引所グループとなり，その後，証券の現物取引は東証が行い，デリバティブ取引は大阪取引所が行うようになっている。

なお，証券会社は，証券取引が円滑に進むようにさまざまな役割を担っているが，とくに，発行市場における①引受・売り出し（アンダーライティング）業務と，②募集・売り出し取扱（セリング）業務，流通市場における③委託売買（ブローカー）業務と，④自己売買（ディーラー）業務は，証券四業と呼ばれている。①の業務は，政府や企業等が証券発行を行う際に，証券会社が証券の全部または一部を買い取り，もし市場で売れ残った場合にはそれらの証券は証券会社が引き取るというものである（なお，ここでの「引受」は新規発行証券を，「売り出し」は既発行証券を対象にしている）。②は，新規発行証券や既発行証券を多くの投資家に購入するように勧誘する業務であるが，①とは異なり，売れ残った証券を引き受ける必要はない。また，③は，投資家からの証券売買の注文を流通市場に取り次いで手数料を得る業務であり，④は，証券会社が自己資金を用いて証券売買を行う業務である。これ以外にも，証券会社は，M&A関連業務や総合的な資産運用サービス等を行っている。

2 金融市場の変容

2.1 金融環境の変化とデリバティブ市場の発展

1980年代以降，伝統的な金融市場の枠組みを量的・質的に拡大させたのが，デリバティブ市場である。デリバティブ（金融派生商品）とは，何らかの元になる市場諸要素（「原資産」とも呼ばれる）のパフォーマンスから，その価値が派生する金融的契約のことをいう。これらの市場諸要素とは，市場においてさまざまなリスクを生み出す変動要因全般であり，原油・穀物等の実物商品をはじめ，通貨・株式・債券等の金融商品や，金利，為替レート，株価指数などの市場諸要素が含まれる。また，デリバティブは，これらの市場諸要素の持つ市場リスク（金利リスク，為替リスク，その他の価格変動リスク）や，信用リスク

などの諸リスクをもとにして，新しい金融商品を組成していく金融技術としても理解されている。将来の不確実性のもとで，不測の損失が生じるリスクに備えて，適切なリスク管理やリスクヘッジを行うためにデリバティブが活用される一方で，そのデリバティブの取引を通じて，より高い投機的な利益を得ることも可能となっている。また，デリバティブは，少額の証拠金を支払ってその何十倍もの金額の取引を行うレバレッジ（テコの作用）が可能であり，投資家が実際に保有している資金量よりもはるかに巨額の取引を行うことによって，金融市場の価格変動性（ボラティリティ）が高められる要因ともなっている。このように，デリバティブには，リスクヘッジと投機という二面性が存在しており，適切なリスク管理を通じて金融市場の発展を促進すると同時に，投機的な取引の増大を通じて金融市場の拡大や不安定性を高めてきたのである。

先物取引・先渡し取引

デリバティブの代表的なものには，先物（フューチャー）・先渡し（フォワード），スワップ，オプションが存在している。先物取引とは，取引の契約の時点で，将来時点での取引の価格を予め約定しておくものであり，もし，将来，その市場諸要素に何らかの価格変動が生じても，そこから生じる損失を回避（ヘッジ）することができる。先渡し取引は，基本的には先物取引と同じ性質を持つが，当事者間で，直接，取引を行う店頭市場（OTC市場）において取引されるものを指しており，取引所で定型的に取引される先物取引とは区分される。

なお，取引所での取引では，デリバティブの種類，取引単位，決済日などの取引条件が「標準化」あるいは「定型化」されており，取引所を通じた取引の迅速な執行や価格の提示が可能となる。先物の取引所としては，1919年に設立されたシカゴ・マーカンタイル取引所（CME）が，現在，世界最大の取引規模を誇っており，その歴史をみると，70年代までの農産物等の商品価格の安定性の確保を目的とした先物取引から，次第に，80年代以降には，通貨先物や金利先物等の金融先物取引の利用を拡大させてきた。

スワップ取引

次に「交換」を意味するスワップでは，異なる種類の金利の交換や，異なる通貨建ての債務を交換するなどの取引に用いられる。これは，異なるキャッシュフローをもつ異なる複数の市場諸要素（たとえば，円やドルなどの複数の通貨，

固定金利や変動金利などの複数の金利など）が金融市場に存在するとき，取引を行う当事者間において，それらのキャッシュフローの価値は同一であるが，将来のパフォーマンスが反対方向に動くと想定して，一定の期間，それらの市場要素を交換する契約となっている。これは，将来キャッシュフローの割引現在価値の等価交換であり，スワップを通じて，互いに最適なリスクエクスポージャーを実現することを可能とする。たとえば，金利スワップを使うことで，企業は，将来の金利の変化を予想して，資金調達を行う際の金利の支払額を調整したり，通貨スワップを使うことで，企業にとって有利な市場で資金調達を行い，それを他の必要な通貨に変換したりできるのである。

オプション取引

最後に，オプションとは，契約時点で確定した価格で，将来，ある市場要素を取引する「権利」を意味しており，その権利そのものに価格（プレミアムと呼ばれるオプション料）がつけられて取引されるものである。その市場要素を事前に確定した価格で購入する権利を「コール・オプション」と呼び，その反対に，市場要素を事前に確定した価格で売却する権利のことを「プット・オプション」と呼んでいる。オプションを購入した者は，特定の期間に，特定の価格で，その市場要素を購入したり売却したりする権利を取得したことになり，市場の状況に応じて，その権利を行使したり，放棄したりすることができる。逆に，このオプションを一定のプレミアムを得る形で売却した者は，購入者から取引内容の実行を求められた場合には，その権利行使に必ず応じる義務がある。

たとえば，相手国の通貨（たとえばドル）建てで輸出を行う企業にとって，将来の為替相場が大きく変化すると，自国通貨（たとえば円）に変換した際の収益が大きく減少してしまう可能性が生じる。その際，一定のプレミアムを支払って，事前に確定したレートでドルを売却する権利（プット・オプション）を買っておくと，為替相場の動向に応じて，自分の有利になるように権利を行使してドルを円に換えたり，逆に，権利を行使せずに直物相場でドルを円に換えたりすることで，リスクヘッジを行うことができる。

そのほかのデリバティブ

また，上記の種類の異なるデリバティブを組み合わせたデリバティブも存在しており，スワップとオプションを組み合わせたスワップション（スワップを

行う権利を取引するもの）や，先物とオプションを組み合わせた先物オプション（先物のポジションを売買する権利を取引するもの）など，「エキゾチックデリバティブ」と呼ばれる多様な取引形態が生み出されていた。

　さらに，1990年代になると，信用リスクを取り扱うクレジット・デフォルト・スワップ（CDS）と呼ばれるデリバティブも登場してきた。これは，企業や金融機関等が破綻した際の信用リスクを取引するものであり，多くの企業や金融機関によって盛んに取引が行われた。その仕組みとしては，CDSの買い手が，対象となる企業の倒産確率に基づいて，信用リスクを数値化した保証料を支払う一方で，その保証料を受け取るCDSの売り手が，その対象企業の倒産時の信用リスクを肩代わりするというものであった。CDSは2000年代初頭に爆発的に増加し，その想定元本は，04年の約6兆ドルから07年末には約58兆ドルに達し，わずか3年間で10倍程度まで増大した。ただし，07年にサブプライム金融危機が発生し，リーマン・ブラザーズを始めとした多くの金融機関が倒産していくと，CDSの売り手は，急速に膨張したCDSの支払額に対応できない状況に陥っていった。たとえば，4000億ドルを超えるCDS契約を結んでいたAIG（アメリカン・インターナショナル・グループ）は，CDSの支払いを行うことが困難となり，政府の公的資金の注入を受けることになった。このように，倒産時の信用リスクに対するヘッジ手段として開発されたデリバティブが，逆に金融危機を深化させる役割を担うことになり，金融市場におけるデリバティブの機能や役割とは何かということが改めて考えさせられることになったのである。

2.2　証券化による金融商品の組成

　それでは，次に，1980年代以降，世界の金融市場の構造を大きく転換させていくことになった証券化市場についてみていこう。金融の証券化とは，広義には，企業等の証券発行による資金調達の拡大や，相対型間接金融システムから直接金融システムへのシフトや，新たな市場型間接金融システムの形成など，証券市場を基礎とした資金仲介構造の比重が高まってきたことを意味している。また，狭義には，銀行の住宅ローン等の貸出債権を，銀行のバランスシートから切り離して，それをさまざまな投資家に転売できる有価証券に組成する仕組みを証券化と呼んでいる。

たとえば，1年未満の短期性の預金で資金調達を行っている銀行が，10～30年の長期にわたって住宅ローンを貸し付けている状況を考えてみよう。そこでは，バランスシート上の短期の負債（1年未満の預金）と，長期の資産（10年以上の住宅ローン）との間で，期間の構造的なミスマッチが生じている。そのため，何らかの金融危機等の問題が生じると，これらの金融機関は，預金等の短期の負債が流出する危険性が生じる一方で，住宅ローンのような長期性の資産をすぐに現金化できない状態となり，流動性不足を起因とした経営破綻が生じる可能性がある。しかし，証券化のスキームを活用して，住宅ローン債権のような長期性資産をバランスシートから切り離すことができれば，上記の負債と資産のミスマッチという問題を解消することが可能となる。このように，証券化は，金融機関の資産のオフバランス化や資金調達手段の多様化を促進し，金融市場全体の流動性の水準を高める機能があると評価されてきた。

　証券化市場が最も発展していたアメリカでは，銀行等の不動産向けローン（アメリカではモーゲージと呼ぶ）の貸出債権をもとに組成されたモーゲージ担保証券（MBS）や，それ以外の自動車ローンやクレジットカードローンなどの貸出債権をもとに組成された資産担保証券（ABS）などのシェアが急速に拡大していた。証券化商品を購入する機関投資家にとっても，大量の貯蓄性資金を運用するための受け皿として，高利回りで格付けの高い証券化商品に対するニーズは高く，証券化市場は着実に成長を続けていった。

　また，証券化によって生み出された証券は，従来の伝統的な金融市場の証券とは質的に異なっており，1990年代から2000年代にかけて，資産担保証券（ABS），資産担保CP（ABCP），住宅ローン担保証券（RMBS），商業用不動産ローン担保証券（CMBS），債務担保証券（CDO），ローン担保証券（CLO），不動産投資信託（REIT）などの多様な証券化商品が，高度な金融技術を基礎にしながら生み出されていった。

　この証券化を行うためには，組成された証券の価値が保全され，金融市場で証券化商品が流通できるような仕組みを構築する必要がある（図4-2）。たとえば，住宅ローン債権などの原資産（裏づけ資産）を保有する銀行等の金融機関（オリジネーター）は，最初に，証券会社や信託銀行等の金融機関（アレンジャー）から証券化のスキーム等についての提案を受ける。次に，原資産をオリジネーター本体から切り離すために，その資産のみを保有する特別目的会社

◆ 図4-2 証券化の基本スキーム

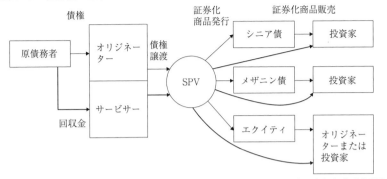

(注) 1) オリジネーターがサービサー（債務者から資金を回収して投資家に支払う業務を行う業者）を兼ねることが一般的である。→は回収金の流れを示す。
2) 債務者からの回収金は，シニア債，メザニン債の順に支払われ，残った資金がジュニア債ないしエクイティの部分に支払われる。なお，エクイティの部分はオリジネーターが引き続き保有して，メザニン債やシニア債の信用補完をすることが少なくない。
(出所) 可児［2016］545頁。

(SPC)などの特別目的事業体（SPV）を設立し，そこにオリジネーターの保有する原資産を譲渡する。その後，この原資産を裏づけとして，SPVが新しい証券化商品を組成することになるが，住宅ローンなどを借りている原債務者からのキャッシュフローの回収や管理については，SPVから委託を受けたサービサー（一般的には，住宅ローン等を借りている原債務者の混乱を避けるために，オリジネーターがサービサーを兼務するケースが多い）が行う。また，組成された証券化商品の引受・販売については，通常，アレンジャーの証券会社等が行うことになる。それ以外にも，証券化商品を投資家が購入する場合，本来は，その証券化商品を組成している証券化の複雑な仕組みを理解する必要がある。しかし，多くの投資家にとって，原資産のキャッシュフローの分析や，証券化スキームの安定性の確認等を行うことは困難であり，証券化商品が普及していくためには，証券化商品の分析を行う信用調査機関や格付会社等が必要になってくる。さらに，証券化商品が円滑に流通していくためには，信用補完や信用保証等を担う公的機関や金融機関も必要となってくる。

　アメリカの場合，国内の住宅整備を担当する住宅都市開発省（HUD）のもとで，政府抵当金庫（GNMA，通称ジニーメイ）が政府機関としてMBSの元利払

い保証を行ったり，連邦住宅金融庁（FHFA）のもとで，連邦抵当金庫（FNMA，通称ファニーメイ）や連邦住宅抵当貸付公社（FHLMC，通称フレディマック）が，政府支援企業として，住宅ローンの買い取りや証券化を行ったりしていた。その他にも，政府の連邦住宅局（FHA）や退役軍人局（VA）が低所得者向けの住宅ローンに対する保険や保証を与えたりするなど，さまざまな公的機関による信用保証等によって，MBSなどの証券化商品の発行・流通が支えられていた。また，格付け等については，ムーディーズやS&Pなどの格付会社が，証券化商品の格付けを行うことで，投資家の多くはその格付けを信頼し，大量の証券化商品に対する投資を行ったのであった。

しかし，2007年にサブプライム金融危機が発生すると，格付会社から高い格付けを得ていたMBSやABS等の証券化商品は急速な価格の下落に直面し，これらの証券化商品に投資を行っていた多くの金融機関に多額の損失をもたらすことになった。また，MBSの買い取りを行っていたファニーメイやフレディマックなどの政府支援企業も急速に経営状態が悪化し，政府の公的資金の注入が行われたりするなどの措置がとられることになった。このように，1990年代以降，アメリカを中心に急速な発展を遂げた証券化市場であったが，サブプライム金融危機を契機にして，証券化商品の売り手と買い手の間の情報の非対称性の問題や，その組成の仕組みや販売方法等の問題が明らかになり，その後，証券化のスキームや，そのあり方についての再検討が進められることになった。

3 金融資産の累積と膨張

3.1 金融資産の累積

金融市場で流通しているさまざまな金融商品は，ある一時点でみると，各経済主体（家計，企業，政府，金融機関等）の金融資産として保有されている。金融資産とは，一般に，現金，預金，受取手形，売掛金・貸付金等の金銭債権，株式その他の出資証券，公社債等の有価証券，先物取引，先渡し取引，オプション取引，スワップ取引およびこれらに類似する取引により生じる正味の債権等を包括的に示す概念である。日本の金融資産は，2008年に改訂された国民経済計算（08SNA）のもとで具体的な分類等が行われ，そこではデリバティブ

も，その契約自体の市場価値（想定元本ではない）が金融資産とみなされている。

　日本における各経済主体の金融資産・負債の状況は，日本銀行の資金循環統計をみると理解しやすい（図4-3）。たとえば，2016年3月末には，家計は1706兆円の金融資産を保有し，そのうち現金・預金が894兆円，証券が272兆円，保険・年金等が509兆円となっている。また，家計以外にも，民間非金融法人企業が1094兆円，一般政府が554兆円の金融資産を保有している。なお，一般政府の負債をみると，証券の部分が1055兆円に達しており，国債を中心とした政府債務が累積していることがわかる。また，この国債の発行は，その他の経済主体（中央銀行，預金取扱機関，保険・年金基金，海外等）が，国債を金融資産として保有することで支えられており，ある経済主体の負債の拡大が，その他の経済主体の金融資産の増大につながっているということが理解できるだろう。

　なお，経済システムの発展とともに，金融市場に蓄積される金融資産は，実物資産に比べてより高い水準で蓄積される傾向にある。この金融資産の累積については，R.ゴールドスミスが提示した金融連関比率（金融資産が実物資産の何倍であるかを示す指標）等によって確認することができるが，とくに，第二次世界大戦後の世界各国の金融資産の累積は，預金取扱金融機関以外の金融仲介機関（保険，年金，投資信託等）の拡大や，政府債務の増加と強く連動して進展してきた。たとえば，日本の場合，図4-3の金融機関の内訳をみると，預金取扱金融機関以外に，保険・年金基金，その他の金融仲介機関（投資信託，ノンバンク等）があり，それらの金融仲介機関の拡大が金融連関比率の上昇に寄与してきた。また，経済における政府の役割が高まるにつれて，租税収入で賄えない支出を赤字国債等の発行に依存することになり，このような要因も金融資産の累積を促進している。さらに，金融資産の累積を世界全体でみた場合，図4-4のように，2005年の178兆ドルから14年には294兆ドルに増加しており，リーマンショック等の金融危機の影響を受けながらも，日米欧の中央銀行による国債やMBS等の大規模な金融資産の購入を通じた資産価格の維持政策が行われ，世界全体での金融資産の累積傾向は継続している。

◆ 図4-3 部門別の金融資産・負債残高（2016年3月末，兆円）

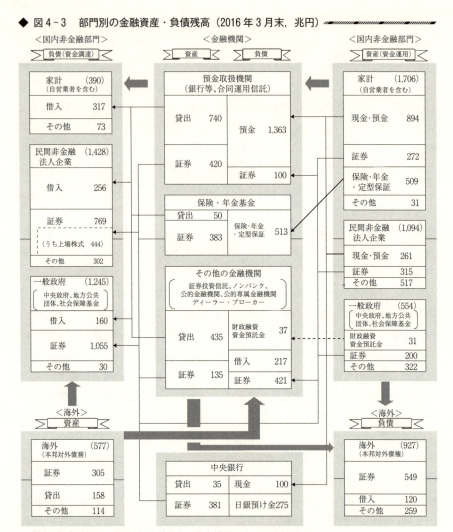

(注) 1) 主要部門，主要項目を抜粋して資金循環のイメージを示している。
2) 貸出（借入）には，「日銀貸出金」「コール・手形」「民間金融機関貸出」「公的金融機関貸出」「非金融部門貸出金」「割賦債権」「現先・債権貸借取引」が含まれる。
3) 証券には，「株式等・投資信託受益証券」および「債務証券」（「国債・財投債」「金融債」「事業債」「信託受益権」等）が含まれる（本邦対外債権のうち証券については，「対外証券投資」）。
4) その他には，合計と他の表示項目の差額を計上している。
(出所) 日本銀行調査統計局［2016］「参考図表 2016年第1四半期の資金循環（速報）」6月17日，図表1-1。

◆ 図4-4 世界全体の金融資産残高

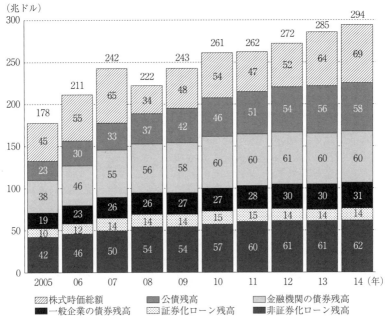

凡例: 株式時価総額／公債残高／金融機関の債券残高／一般企業の債券残高／証券化ローン残高／非証券化ローン残高

(出所) Deutsche Bank, Sanjeev Sanyal [2015].

3.2 金融資産とは何か

ところで，上記でみてきたような金融資産は，どのような特質を持っているのだろうか。金融資産の理論的な定義は曖昧であり，金融市場で取引されるすべての貨幣と「貨幣的なもの」がそこには含まれている。現代の管理通貨制のもとでは，金との交換が保証された金本位制の時代と異なり，貨幣は実体的な根拠をもたない。また，現代の金融資産の多くは，金融機関等のコンピュータのサーバーに保存されている電子データであり，それ自体，実体的な形態があるわけではない。その金融資産が示しているのは，何らかの経済的取引を通じて発生した一定の経済的価値に対する請求権である。たとえば，国債の場合であれば，将来，政府が徴収する税金に対する請求権であり，社債や株式の場合は，企業の保有する資産や将来の収益等に対する請求権を意味している。

金融資産の価格——債券

　それでは，このような請求権としての金融資産の価格は，どのように決まるのだろうか。確定利付証券のような債券の場合，一般に，発行した時点で償還時の価格（額面）と金利（表面利率）が決まっており，償還時まで債券を保有すればその額面金額と毎年の利子を受け取ることができる。ただし，債券を満期まで保有せず，流通市場で売却するような場合には，市場での需給動向や，債券を発行した政府や企業の信用力等の要因によって，債券価格や流通利回りは変化していく。たとえば，債券の残存期間，表面利率，現在の利回りが与えられると，以下の式で債券価格を求めることができる。

　債券価格＝（100＋表面利率×残存期間）×額面／（100＋現利回り×残存期間）

　ここでの表面利率は，債券を発行する際に決められた金利であり，発行時の長期金利の水準や発行体である国や企業の信用力等に応じて決定される。たとえば，表面利率が1％の債券の場合には，債券の額面（100円）に対して，毎年，1円の利子を受け取れることを意味する。それに対し，利回りとは，投資した元本に対して，ある一定期間内に受け取ることができる収益の比率を意味している。ここで単純化のために償還差益や残存期間等は考えずに，債券価格と利回りの関係をみてみると，流通市場の取引で債券価格が下落した（額面100円の債券を95円で購入した）場合には，毎年，受け取る利子は変わらないので，そこでの債券の利回りは，1％（利子1円／額面100円）から1.05％（利子1円／投資元本95円）に上昇することになる。逆に，債券価格が上昇した（額面100円の債券を105円で購入した）場合は，債券の利回りは0.95％（利子1円／投資元本105円）に下落する。このように，債券価格と利回りは，一方が上昇すると他方が下落するというトレードオフの関係にあり，たとえば，量的緩和政策のもとで，日本銀行が大量の国債を流通市場で購入し，その需給関係の変化を通じて国債の価格が上昇すると，長期金利の指標である10年物国債の利回りは低下していくことになる。そのため，長期金利が極端に低い環境では，国債の価格は高い水準で推移していることになるが，将来，長期金利が上昇していくような局面になると，国債価格は下落していくことになり，大量の国債を保有している金融機関にとっては，巨額の損失が生じる可能性も存在している。

金融資産の価格――株式

次に株式の価格について考えてみよう。株式は，債券のように満期時に償還される元本はなく，流通市場での取引を通じて価格が決定される。その株価は，一般的には，企業の将来の収益や，景気，金利，為替等のマクロ的な経済環境等の変化に反応して変動していく。株式はあくまでも収益に対する請求権であり，それ自体には実体的な価値がない。しかし，株式は，企業が順調に利潤を生み出して，配当を定期的に投資家にもたらすようになると，一定の収益を継続的にもたらす「資本」として考えられるようになる。この将来の収益のキャッシュフロー・パターンをもとにして株式の価格を計算し，資本としての姿を与えることを，キャピタリゼーション（capitalization：資本還元，資本化）といい，そこで生み出された資本は「擬制資本」（fictitious capital）と呼ばれている。擬制資本とは，実体的な資本としての形態をもたない架空の資本であり，そのため，その価格は，市場参加者の企業に対する収益期待や，金利等の割引率の変化を反映させて大きく変動する可能性を持つ。

株価の具体的な計算は，株式を発行した企業が生み出す配当等のキャッシュフローのパターンを，利子率などの割引率で除することによって行われる。たとえば，市場利子率が5％の環境下で，1000万円の預金があれば，1年後には50万円の利子が生み出されるが，資本還元の考え方は，配当を利子と同じようなものとして把握し，もし50万円の配当をもたらす株式があれば，その価格はいくらになるのかというように考え，配当等のキャッシュフローをもとに株価を計算するものである。その場合には，配当（50万円）を利子率（5％＝0.05＝1/20）で割り引くことによって得られる金額（50万円÷0.05＝1000万円）が株式の価格として理論的に計算することが可能となる。

ただし，これは最も単純化された考え方であり，実際の株価のモデルとしては，企業の将来の収益等のキャッシュフロー・パターンの変化や，利子率等の割引率の設定の仕方，さらに，マクロ的な経済環境の予測等に応じて，多様なパターンが考えられている。

このように，請求権に対して資産価格が与えられている株式等の金融資産は，実物資産とは異なり，それ自体に何らかの実体的な価値があるわけではない。あくまでも一定の経済的価値に対する請求権であり，その請求権が貨幣への転換可能性を持つことで，金融資産は一定の価格が与えられることになる。その

ため，実物資産から乖離して金融資産の累積が進展したり，バブルなどの金融資産の価格の急激な上昇や下落が生じたりする現象をみる場合に，擬制資本としての本質をしっかりと把握しておくことが必要になる。また，擬制資本を規定する要因は，金融市場の発展とともに大きく変化してきており，管理通貨制のもとで，大量の投資可能な資金が存在し，株価の持続的な上昇が進展して，キャピタル・ゲインが継続的に得られるようになると，従来の配当などのインカム・ゲインとともにキャピタル・ゲインまでが資本還元の対象となってくる。その結果，企業の収益と結びついていた株価が，流通市場の株式売買から生じたキャピタル・ゲインをも包摂するようになり，擬制資本としての株式の性質も変化していくことになる。

金融資産の累積構造

　さらに，現代の金融市場の特徴として，ある金融資産を保有する金融機関が，別の新しい金融資産を生み出していく重層的な構造がある。たとえば，投資信託を考えてみると，投資信託は，債券や株式等のさまざまな金融資産に分散投資を行う一方で，自らも受益証券という新たな金融資産を生み出している。また，投資信託の中には，ファンド・オブ・ファンズ（fund of funds：FOF）と呼ばれる形式を持つものがあり，それらの投資信託はさまざまな投資信託の受益証券に対して分散投資を行いながら，自らも新しい受益証券を生み出している。このように，金融市場が発展し，多様な金融仲介機関が生まれていく状況下では，証券をもとに証券を発行するという金融資産の累積構造がグローバルな規模で拡大してきており，金融市場の量的拡大とともに，企業の収益などの実体経済とのつながりが希薄化していくような状況がもたらされているのである。

（三谷進）

> **練習問題**
>
> **1** 短期金融市場と長期金融市場のそれぞれの特徴について述べなさい。
> **2** 先物，スワップ，オプション等について説明をしながら，デリバティブが金融市場に与えた影響について述べなさい。
> **3** 証券化の仕組みについて説明しながら，それが金融システムや金融市場にもたらした効果と問題点について述べなさい。
> **4** 金融資産の内容について具体的に説明をしながら，その累積を促進した諸要

因について述べなさい。

参考文献

小倉将志郎［2016］『ファイナンシャリゼーション──金融化と金融機関行動』桜井書店

可児滋［2016］『ハイブリッド・ファイナンス事典』金融財政事情研究会

川合一郎［1981］『川合一郎著作集第三巻──株式価格形成の理論』有斐閣

川波洋一［1995］『貨幣資本と現実資本──資本主義的信用の構造と動態』有斐閣

二上季代司・代田純編［2011］『証券市場論』有斐閣

日本銀行調査統計局［2016］「資金循環統計の解説」
https://www.boj.or.jp/statistics/outline/exp/data/exsj01.pdf

日本証券経済研究所編［2016］『図説 アメリカの証券市場 2016年版』日本証券経済研究所

日本証券経済研究所編［2016］『図説 日本の証券市場 2016年版』日本証券経済研究所

三谷進［2001］『アメリカ投資信託の形成と展開──両大戦間期から1960年代を中心に』日本評論社

三谷進「金融の肥大化──金融市場の構造変化とファンド資本主義の展開」谷口明丈・須藤功編『現代アメリカ経済史──問題大国の出現』有斐閣（2017年刊行予定）

◆ *Column* 　金融技術の発展と金融市場

　現代の金融市場は，絶え間ない金融技術の革新を通じて，その姿を大きく変化させてきた。1970年代以降の金融工学の発展により，多くの投資家は，ファイナンス理論を駆使して最適なポートフォリオを構築し，金融的な利益の最大化を図ろうとしてきた。また，80年代以降のデリバティブやセキュリタイゼーション等の進展は，金融市場におけるリスクの計量化を可能とし，それをもとにした新しい金融商品や金融サービスを生み出すことに成功してきた。ただし，これらの金融技術の革新は，さまざまな意味で金融市場の発展に貢献したと同時に，金融市場におけるリスク許容度を高め，過剰なまでの取引を生み出した点において多くの課題を残してきた。

　たとえば，その典型的なケースとして，1990年代以降に急増したデリバティブであるクレジット・デフォルト・スワップ（CDS）をみてみよう。これは，本章でも簡単に紹介したが，企業や金融機関の倒産する危険性である信用リスクを取引対象とするスワップ取引の一種である。CDSは，信用リスクの「プロテクション」を売買する形式をとったデリバティブであり，プロテクションの買い手は，その売り手に対して，プレミアム（信用リスクの引受料）を支払うことで，信用リスクを売り手に移転することができる。そこでは，将来，何らかの問題が発生して，プロテクションの対象である貸付債権や社債が支払い不能になった場合には，プロテクションの売り手は，その買い手に対して損失を補償することになるが，何も問題が生じなければ，そのプレミアムをそのまま利益として受け取ることができる。

　このように，金融市場において，企業に融資を行っている金融機関や，企業の発行する社債を保有している投資家にとっては，その企業が倒産してしまう危険性に常にさらされているため，CDSのようなツールを使って，信用リスクを回避することができるのであれば，金融機関や投資家にとっては非常に好ましい状況となる。しかし，このリスクヘッジ手段として開発されたCDSは，その後，世界的な投資家として名高いW. バフェットによって「時限爆弾」とも呼ばれたように，信用リスクを投機の対象とする取引にも活用され，金融市場の不安定性を拡大させる要因ともなっていった。

　そこでは，プロテクションの対象である貸付債権や債券とは無関係にCDSの取引が盛んに行われ，企業の倒産に賭ける投資家と，その存続に賭ける投資家との間で，投機的な取引が急速に膨張していたのである。そのため，2008年に，リーマン・ブラザーズ等の巨大な金融機関の倒産が相次いだ際には，何千億ドルという巨額のCDSを引き受けたAIGのような金融機関は，その巨額の損失を補償することを余儀なくされ，新たな金融危機の火種を生み出すことになったのである。　　（三谷進）

第5章
管理通貨制と中央銀行

1 中央銀行制度

1.1 主要国の中央銀行

中央銀行の役割や目的は時代の要請とともに変化し，その役割や成立過程も国ごとに異なる。日本銀行やアメリカの連邦準備制度は中央銀行の役割を伴って設立されたが，世界で最も古い中央銀行といわれるスウェーデンのリクスバンク（The Riksbank, 1668年設立）や，中央銀行の代表的存在であるイングランド銀行（The Bank of England, 1694年設立）は，設立当初は民間銀行として営業していたものが後に中央銀行化した。

日本では，日本銀行法第1条で目的が，続く第2条では理念が謳われており，日本銀行が唯一の発券銀行としての機能を有し，物価の安定のための金融政策を行い，決済システムを含む金融システムの安定という使命を担っている。

アメリカでは1913年に連邦準備法（Federal Reserve Act）が成立したことで中央銀行制度が確立した。イギリスや日本のように1つの中央銀行が存在するわけではなく，12の連邦準備銀行（Federal Reserve Banks）と連邦公開市場委員会（FOMC），そして全体をコントロールする連邦準備制度理事会（The Federal Reserve Board of Governors）によって連邦準備制度（FRS：Federal Reserve System）が形成されている。連邦準備制度理事会を指すFRBをアメリカの中央銀行の意味で用いられることがあるが，理事会や委員会だけでは中央銀行としての機能は果たせず，FRSの枠組み全体が中央銀行に相当する。連邦準備法においては，連邦準備制度理事会と連邦公開市場委員会に対して「雇用の最大化」「物価の安定」「高くない長期金利」を求めており，中央銀行

◆ 表5-1　中央銀行の設立と発券の独占時期

銀行名	設立	発券の独占	日本の元号	銀行名	設立	発券の独占	日本の元号
リクスバンク（スウェーデン）	1668年	1897年	寛文	連邦準備制度（アメリカ）	1913年	1914年	大正
イングランド銀行	1694年	1844年	元禄	南アフリカ準備銀行	1920年	1924年	大正
フランス銀行	1800年	1848年	寛政	メキシコ銀行	1925年	1925年	
フィンランド銀行	1811年	1886年	文化	ニュージーランド準備銀行	1933年	1933年	昭和
デンマーク国立銀行	1818年	1818年	文政	カナダ銀行	1934年	1934年	
ポルトガル銀行	1846年	1888年	弘化	インド準備銀行	1935年	1935年	
スペイン銀行	1874年	1874年	明治	中国人民銀行	1948年	1948年	
ライヒスバンク（ドイツ）	1876年	1876年	明治	韓国銀行	1950年	1950年	
日本銀行	1882年	1885年	明治	オーストラリア準備銀行	1959年	1959年	
イタリア銀行	1893年	1926年	明治	ブラジル中央銀行	1965年	1965年	
スイス国立銀行	1907年	1907年	明治	欧州中央銀行	1998年	2002年	平成

（注）　日本の元号は，各中央銀行の設立年に対応。
（出所）　Capie et al.［1994］p.6 の Table 1.1「Central banking institutions before 1990」に，各中央銀行ホームページ等を参考に筆者の解釈により加筆作成。

が雇用問題にまでコミットする必要がある点が特徴である。

　ヨーロッパでは，1998年に欧州中央銀行（ECB）が設立され，99年に単一通貨ユーロが導入され，2002年に現金流通が開始された。欧州中央銀行とユーロ圏の中央銀行で構成される枠組みをユーロシステムと呼ぶ。ユーロシステムに，EU加盟国であってもユーロを導入しない国の中央銀行，たとえばイングランド銀行等も加えた枠組みを欧州中央銀行制度（ESCB）と呼ぶ。ECB の設立は，ユーロシステム各国の中央銀行がそれらの権限を ECB に委譲することを意味する。「欧州連合の機能に関する条約」によって ESCB の目標が定められており，その最大の目標とは物価の安定である。この物価の安定については「欧州連合条約」にも明記されており，EU 全体としてめざす目標である。

　中国では，1948年に中国人民銀行が設立されたが，当時は中央銀行と民間銀行との明確な区別に馴染みがなく，同銀行自らが中心となって民間経済主体に対して預金および貸出業務を行っていた。80年代以降に改革開放路線が進

みはじめたことで，商業銀行業務は徐々に四大国有銀行（中国工商銀行・中国建設銀行・中国銀行・中国農業銀行）が担い，中国人民銀行は中央銀行業務に専念するようになり，95年に中華人民共和国中国人民銀行法が成立するに至った。

表5-1は，中央銀行の設立時期をまとめたものであるが，とくに1900年以前の銀行は，設立当初は中央銀行ではなかった銀行が多く，設立年が中央銀行としての業務開始時期とは限らない。

1.2 中央銀行化したイングランド銀行

中央銀行の代表的存在であるイングランド銀行は，1694年の設立当初より対政府貸出を行い政府と深い関係を持っていたが，あくまでも商業銀行業務を行う民間銀行であった。その後政府への貸出を増加させる見返りに，銀行券発券をめぐってイングランド銀行が優遇され，設立後比較的早い段階で特別な存在としての性格を帯びるようになった。政府の銀行としての側面と唯一の発券銀行としての側面とを兼ね備えることによって，イングランド銀行は徐々に中央銀行としての地位を確立した。イングランド銀行の預金勘定の振替によって他の民間銀行同士の資金決済ができるようになると，クリアリング・システムが構築されて決済システムが効率化し，銀行の銀行としての側面を有するようになるとともに，金準備をイングランド銀行に集中させ，金融危機が発生するとイングランド銀行が流動性の枯渇する他の銀行に対して融資を行うことで金融システムの安定性を維持してきた。

1.3 日本銀行の設立

1873年に開業した第一国立銀行は，1872年に公布された国立銀行条例に基づいて最初に設立された民間銀行であるが，他にも両替商から発展した三井組（のちの三井住友銀行）や安田屋（のちのみずほ銀行）等の銀行類似会社も日本銀行の設立を待つことなく営業していた。

日本銀行は1882年6月に公布された日本銀行条例によって設立され同年10月に開業し，その設立にあたってはベルギー国立銀行の設立趣意書やフランス銀行の規定を参考にしたとされている。当時は明治期以前の藩札や複数の国立銀行券の整理・回収を進め，それらを日本銀行券に置き換えることで金融経済

◆ 表 5-2　日本銀行のおもな沿革

年	内　容
1882 年 10 月	日本銀行開業
1891 年 3 月	東京手形交換所に客員参加（日銀当座預金振替決済開始）
1920 年 3 月	ニューヨーク連邦準備銀行と相互預金契約を締結
1943 年 8 月	内国為替集中決済制度実施
1959 年 9 月	通貨調節手段としての準備預金制度を確立
1962 年 11 月	新金融調節方式導入
1965 年 5 月	初の日銀特融実施（山一證券に対して銀行経由）
1988 年 10 月	日本銀行金融ネットワークシステム（日銀ネット）稼働
1998 年 4 月	改正「日本銀行法」施行
1999 年 2 月	ゼロ金利政策の実施
2001 年 3 月	量的緩和政策の実施・補完貸付制度（ロンバート型貸出）開始
2008 年 11 月	補完当座預金制度に基づく付利を開始
2013 年 1 月	インフレ・ターゲット導入
2016 年 2 月	マイナス金利政策導入

（出所）　日本銀行金融研究所『日本金融年表――明治元年～昭和 62 年』1988 年，日本銀行ホームページ等を参考に筆者作成。

の安定と近代的な銀行システムを模索する段階であった。

　当時は銀行間の資金決済を行うために，諸銀行がそれぞれ必要な相手銀行または第 3 者の銀行と個別に預金勘定を持ち合う関係（コルレス関係）を構築していたが，日本銀行が設立されたことで次第に日本銀行を頂点とする銀行システムのピラミッドが形成され，1943 年の内国為替集中決済制度の実施によって銀行の銀行としてのシステムが完成した。日本銀行のおもな沿革は表 5-2 の通りである。

2　管理通貨制と中央銀行

2.1　管理通貨制を必要とした理由

　今日の貨幣システムは，金や銀などの金属貨幣の価値を基準としない管理通貨制が採用されている。管理通貨制が金本位制と決定的に異なる点は，貨幣供給量が金準備の量に制限されないことである。1816 年の「金本位法」と 1819 年の「兌換再開法」によってイギリスで金本位制が採用されたが，インフレーションが生じにくいことや国際収支の自動調整メカニズムが機能する等の金本

位制が有する利点にもかかわらず，やがて恐慌に耐えることができなくなり，第一次世界大戦期（1914〜18年）に行き詰まり各国は金輸出を停止させた。J. M. ケインズは『貨幣改革論』（1922〜23年刊行）のなかで，金本位制を放棄し管理通貨制への移行を主張するようになる。

第一次世界大戦後，主要各国は広い意味での金本位制に復帰して再建金本位制が構築されたものの，1930年代の世界大恐慌によって再び主要国が金輸出を禁止したことでこのレジームは崩壊に至った。イギリス，ドイツ，日本は31年に，アメリカは33年に金本位制から離脱した。金本位制では貨幣供給量が金鉱山からの金の発掘量に規定されるのに対して各国の経済規模が拡大すると貨幣量の不足が生じ，物価を下落させる必要に迫られるのである。これには自国貨幣の金平価を切り下げて対処することも考えられるが，金準備を維持するためには国内で高金利が求められるため，国内均衡と対外均衡の両立が困難になってしまう。

第二次世界大戦後の貨幣システムは金ドル為替本位制になり，アメリカ以外の周辺国は，金の代わりに金にリンクした米ドルを保有することで間接的に金との関わりを維持し，米ドルと自国通貨の交換レートを固定した。これをブレトン・ウッズ体制といい，日本の場合，1ドル＝360円が長らく維持された。71年にアメリカが金とドルの交換停止を宣言し（ニクソン・ショック），円の対米ドルレートを308円に切り上げたが，73年までに主要国は軒並み変動相場制に移行した。

各国が金との兌換を停止した1930年代から管理通貨制になったといえるが，ブレトン・ウッズ体制下の日本は中央銀行が何の制約もなく金融政策を遂行できたわけではない。それは国際収支の天井と呼ばれるもので，外貨準備が枯渇しそうになると，国内の政策金利を上昇させて国内需要を細らせる必要に迫られるし，為替レジームを米ドルに固定させるということは，マーケットの外国為替変動圧力を政府が相殺しなければならないという宿命を負っていた。

2.2 管理通貨制の貨幣供給

管理通貨制については，貨幣量が本位貨幣量に制限を受けないという特質からして，中央銀行が貨幣量をコントロールすることができると考える論者も少なくないが，実際には中央銀行が常に直接的に貨幣量を自在にコントロールす

◆ 図5-1　貨幣供給（銀行の信用創造）メカニズム

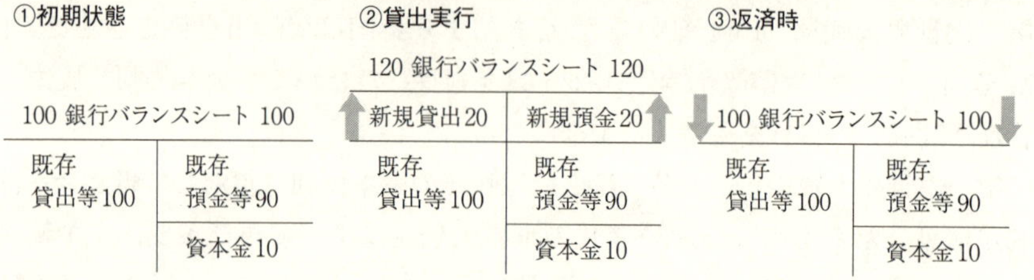

①初期状態

100 銀行バランスシート 100	
既存 貸出等100	既存 預金等90
	資本金10

②貸出実行

120 銀行バランスシート 120

既存 貸出等100	既存 預金等90
新規貸出20	新規預金20
	資本金10

③返済時

100 銀行バランスシート 100	
既存 貸出等100	既存 預金等90
	資本金10

（出所）　筆者作成。

ることは難しい。管理通貨制における実際の貨幣供給のメカニズムは，顧客からの預金を獲得することなく，銀行が貸出を実行するときに資金の借り手である顧客の預金口座に預金貨幣を創造することによる。「預金が先か，貸出が先か」という問いに対しては，貸出が預金を創るので同時であると答えることができる。

　図5-1は，銀行貸出によって預金貨幣が増加し，返済によって消滅することを示している。バランスシートとは貸借対照表のことで，左側を借方と呼んで資産を示し，右側を貸方と呼んで負債と純資産（資本金等）を示す。銀行にとって顧客への貸出は資産であり，顧客の預金は負債と認識される。

　銀行が貸出を実行する際は，顧客の借入需要に応じて行うが，その際，初期状態（①）に対して新しい預金が追加的に設定される（②）。銀行からすれば「新しい貸出資産」が20増加するとともに「新しい預金負債」も20増加する。誰かの資産は誰かの負債に相当するので，借り手の顧客にとっては「新しい預金資産」が20増加するとともに「新しい借入負債」が20増加する。借り手が返済する場合には，売上や所得から20ほど銀行預金に入れておき，返済時にその残高が引き落とされ，「預金資産」が20減少するとともに「借入負債」も20減少する。一方，銀行にとっては「貸出資産」が20減少するとともに「預金負債」が20消滅し（③），結果的に預金貨幣が20減少する。銀行が預金を設定する機能を銀行の信用創造機能と呼び，この場合の信用とは現金支払約束を意味する。信用は銀行以外でも供与できるが，預金を創り出すという意味で信用を創造できるのは銀行だけである。銀行の信用創造は銀行バランスシートの深呼吸のようなものであり，息を吸い込む（借入需要に応じる）と預金貨幣

82　第Ⅰ部　現代金融の基礎

が発生し，吐く（返済を受ける）と消滅する。中央銀行はこの民間銀行が行う与信行為を背後から間接的にコントロールする。

銀行システム全体としては，預金を集めて貸出に向けるのではなく，銀行がお金を貸すときに新しい預金が設定されて増加するのであり，銀行貸出によってマネーストックが増加するといえる。個別の銀行が経営上の観点から獲得した預金を貸出に向けると考えても差し支えないが，個別銀行の行動説明がマクロ的な貨幣供給メカニズムを説明することにはならない。

3　現代の中央銀行の役割と機能

3.1　物価の安定

中央銀行は，時代や国・地域によって多様である。現代の中央銀行は，概ね，①発券銀行，②銀行の銀行，③金融政策の実施，④政府の銀行，⑤最後の貸し手機能，以上5点が要件といえる。中央銀行の目的については，何よりも物価の安定にある。貨幣価値はその対内価値と対外価値の両側面を有し，前者は国内の商品やサービスとの関係であり一般物価であらわされ，後者は外国の貨幣との関係であり外国為替レートにあらわされる。日本銀行の目的としてあえて貨幣価値の安定と表記しないのは，日本では外国為替介入については財務大臣の権限である。

物価の安定という中央銀行の使命をめぐって，日本では上昇する物価に歯止めをかけるための金融政策ではなく，逆に物価を上昇させようとする動きが優勢になっている。一般物価が持続的に上昇することは商品やサービスに対する貨幣価値が下落することを意味し，逆に物価上昇を防ぐことは貨幣価値を維持することと同義である。

インフレ・ターゲットは1988年に世界で初めてニュージーランドで採用され，その後90年にチリ，91年にカナダ，92年にイギリス，93年にオーストラリア，98年に韓国，99年にメキシコとブラジルで導入された。いずれのケースも高い物価上昇率が問題視され財政要因や通貨危機に起因した物価上昇圧力を封じ込める目的で採用された。ところが，2013年1月に導入された日本のインフレ・ターゲットは，物価を上げるために採用された点で導入の経緯が異質である。解熱剤として作用するインフレ・ターゲットで低体温症患者の体

温を上昇させられるのか疑問視する見解も存在し，貨幣価値を棄損させる枠組みが中央銀行の使命と整合的であるか疑問が生じる。

単純な貨幣数量説に従えば，物価の変動は貨幣量によって決まることになるが，実際にはそうならない。貨幣には価値の貯蔵機能があり，すべての貨幣が流通に出てくるわけではないからである。貨幣経済の安定と経済発展の持続可能性を模索すること自体に異論はない。しかし，不況あるいは経済の停滞がまるですべて貨幣的現象であるかのごとく中央銀行にその責任を負わせようとする風潮がよりいっそう高まっているが，今日の物価変動や不況の要因分析は，実体経済の構造的問題や開放経済の枠組みでとらえなければならない。

決済システムを含む金融システムの安定化も貨幣経済にとって重要ではあるが，金融監督業務を含めた金融システムの安定化は，政府と中央銀行がともに協力して達成するものと理解される。

3.2　発券チャネルとシニョレッジ

日本において法貨（リーガル・テンダー）の規定を与えられているのは日本銀行券と硬貨である。管理通貨制のもとでの銀行券は不換銀行券であるために，紙切れと銀行券の額面との間に価値の乖離が生ずるとして，その差額を貨幣発行益（シニョレッジ）と定義する論者もみられるがそれは誤謬である。額面と製造コストを貨幣発行益と認識できるのは本位貨幣制度のもとでの金属貨幣や政府紙幣制度の場合であり，今日の1万円の日本銀行券の生産コストが約20円であるとしても，日本銀行にその差額である9980円の貨幣発行益が生じているとはいえない。

日本銀行券の発券チャネルは，民間銀行が日本銀行当座預金の一部を解約して日本銀行券を引き出すことに始まり，最終的には私たち個人や企業などの民間主体が民間銀行の預金の一部または全額を解約して，窓口やATMから日本銀行券を手にするルートであり，日本銀行が直接ヘリコプターから日本銀行券をばら撒くようなチャネルではない。

民間銀行が日本銀行当座預金を解約して日本銀行券を手にする場合，日本銀行のバランスシートでは，負債である「当座預金」が減少し同じく負債である「発行銀行券」が増加し，負債と負債の勘定科目を入れ替えるにすぎないことから，発券銀行である日本銀行のバランスシートの大きさは変化しない。

◆ 表5-3　銀行の預金準備率（1991年10月16日実施，2016年5月現在）

(単位：％)

	定期性預金 （譲渡性預金を含む）	その他の預金 （普通預金等）
2兆5,000億円超	1.2	1.3
1兆2,000億円超2兆5,000億円以下	0.9	1.3
5,000億円超1兆2,000億円以下	0.05	0.8
500億円超5,000億円以下	0.05	0.1

（出所）日本銀行公表データより抜粋し引用。

　利益とは貸借対照表で算定されるものではなく損益計算書で求められるものであり，日本銀行の資産には有利子資産が多く，負債には利子が付かない発行銀行券や当座預金が中心であるから，中央銀行が管理通貨制のもとで貨幣発行益を得るとすれば，中央銀行のバランスシート上の資産と負債との利ざやである。

3.3　中央銀行と金融市場
短期金融市場との関わり

　日本銀行が金融政策の誘導目標を無担保コール翌日物金利とする場合には，金融機関同士が資金のやりとりを行うコール市場の指標をみながら金融調節を行う。無担保コール翌日物金利とは，銀行同士が無担保で1泊2日の資金を貸借する際の金利を指し，銀行同士は短資会社を介して資金貸借の相手を見つける。1957年施行の準備預金制度に関する法律によって，銀行は日本銀行に預金準備を積むことが求められており，自らの日本銀行当座預金の残高が所要準備額を達成しなければならず，日々の対顧客取引や金融市場での取引の状況を確認しながら，銀行同士がインターバンク市場で貸借取引を行うことで日本銀行当座預金残高の調整を図る。実際の預金準備率は表5-3の通りである。

　図5-2は，預金準備率を1％として，いずれも民間銀行であるX銀行とY銀行がそれぞれ顧客に提供する預金と中央銀行に保有する準備預金をあらわしたものである。X銀行は顧客から2000の預金を預かり，中央銀行には20ほど準備預金を積んでいる。Y銀行は顧客から500の預金を預かっており，中央銀行には5の準備預金を積んでいる。したがって，X銀行もY銀行も所要

◆ 図5-2 短期金融市場の一例

①初期状態
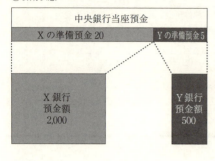

②民間企業が預金を移す
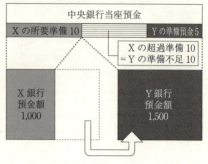

③コール市場で取引
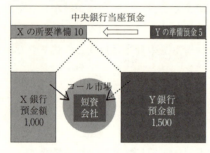

④中央銀行当座預金の振替
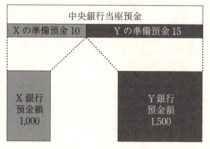

(出所) 筆者作成。

準備額を達成しており，これを初期状態（①）とする。ある顧客企業がX銀行の金利よりもY銀行の金利が高いとしてX銀行の預金を1000引き出して，Y銀行の預金に移したとする（②）。

すると，X銀行の預金は2000から1000に減少し，Y銀行の預金は500から1500に増加する。この時点で，X銀行の所要準備額は10，Y銀行のそれは15に変更されることから，X銀行は10の超過準備が発生し，Y銀行は10の準備不足が生じてしまう。

そこで，X銀行・Y銀行の両行は短資会社に連絡をとり，X銀行は中央銀行当座預金が10余っていることを，Y銀行は中央銀行当座預金が10足りないことをそれぞれ伝える。短資会社は複数の選択肢のなかから，最も効率的な取引相手であるXとYを結びつけ，めでたく貸借契約が成立する（③）。

これを受けて中央銀行は中央銀行当座預金の振替を行い（④），もともと20あったXの準備預金のうち10がYの名義に書き換えられることで，X銀行・Y銀行はともに所要準備額を達成することができる。X銀行にとっては，Y銀行に対する貸付が生じ，これをコールローン（資産勘定）と呼び，逆にY銀行はX銀行に対して借りが生じており，これをコールマネー（負債勘定）と呼ぶ。

　ここで，仮にX銀行のようにコール市場で資金を出してくれる銀行があらわれず，中央銀行もインターバンク市場への資金供給を渋ったとすればどうなるだろうか。Y銀行は不足分の10は必ず中央銀行に積まなければならないので，コール市場の金利が上昇することになる。この仮定は，短期金融市場に対して全体で必要な量しか中央銀行が資金供給しないという条件を必要とする。中央銀行は，民間銀行の所要準備預金の達成進捗をみながら公開市場操作を行うことで，コールレートを誘導することができる。

　金融政策が金利コントロールから量的コントロールに移行すると，コールレートが急騰する可能性が生ずるため，日本銀行は補完貸付制度（ロンバート型貸出）を導入し，コールレートの上昇を防いでいる。民間銀行はあらかじめ担保として国債等を日本銀行に差し出しておくと，必要な際に日本銀行から貸出を受けることができる。このときの金利を「基準割引率および基準貸付金利」といい，事実上コールレートの上限として作用する。また日本銀行は2008年に補完当座預金制度を導入し超過準備に対して付利することを決定した。民間銀行にとって日本銀行当座預金はリスクフリー資産であり，それ以下の金利ではコール市場で運用しなくなることから，補完当座預金制度の金利がコールレートの下限をなす。こうして，ロンバート型貸出金利と補完当座預金制度によって，コールレートの上限と下限が設定されることになり，この変動幅は回廊を意味するコリドー（corridor）と呼ばれる。

公開市場操作のフィールドとしての金融市場

　中央銀行の金融政策の手段については，従来から公定歩合操作・公開市場操作・預金準備率操作であるといわれてきたが，大きく変容した。公定歩合とは日本銀行が民間銀行に貸出を行う日銀貸出の金利であり，1990年代半ばに日本の銀行金利が完全自由化されるまでは，民間銀行の金利が公定歩合に連動していたが，現在の金融調節は公開市場操作に移行しており，2006年からは公

◆ 表 5-4　日本銀行のオペレーション手段一覧（2016年5月現在）

共通担保資金供給オペ	手形売出オペ
国債現先オペ 　国債買現先（売戻条件付買入）オペ 　国債売現先（買戻条件付売却）オペ	米ドル資金供給オペ カナダドル資金供給オペ 英ポンド資金供給オペ
国債買入オペ	ユーロ資金供給オペ
国庫短期証券買入オペ	スイスフラン資金供給オペ
CP買現先オペ	CP・社債買入
指数連動型上場投資信託受益権（ETF・J-REIT）等買入オペ	
被災地金融機関を支援するための資金供給オペ	
平成28年熊本地震にかかる被災地金融機関を支援するための資金供給オペ	

（出所）　日本銀行「オペレーション等の一覧」より筆者作成。

定歩合という名称も使われなくなった。

　預金準備率操作についても現在は機能していない。かつては預金準備率を上げると金融引き締め、下げると金融緩和として用いられたものの、1991年を最後に変更されておらず制度の形骸化が進んでいる。もっとも、量的緩和政策のもとでは超過準備の発生を伴うために預金準備率操作は意味をなさない。

　昨今の金融政策は、コールレートを誘導目標とするにせよ、日本銀行当座預金の残高を目標とするにせよ、いずれも公開市場操作（オペレーション）によって実現される。

　オペレーションとは、相対取引ではなく基本的に入札方式によって条件を提示することで日本銀行が銀行等の金融機関を対象に債券（国債・国庫短期証券・社債）、コマーシャル・ペーパー（CP）を含む手形などを取引することである。表 5-4 は、日本銀行のオペレーション手段を一覧にしたものである。そこで現先とあるのは一定期間後に逆の売買をするという意味で、国債買現先であれば、日本銀行が国債を買って日本銀行当座預金を供給しておき、あらかじめ設定しておいた期間が経過すると、今度は逆に買っておいた国債を売り戻すことで、増加させた日本銀行当座預金を吸収し元に戻す取引である。

　これに対して買い入れたら後で売り戻すことなくそのままにしておくやり方を買入オペといい、たとえば国債買入オペは長期国債を買い切ることを指す。

　種々のオペレーション手段を有する日本銀行であるが、たとえば、民間銀行

が保有する国債を買い切る場合の日本銀行および民間銀行のバランスシートの動きを確認しておく。

　日本銀行が民間銀行を中心とする金融機関から金融商品を買い切ると，その代金は日本銀行が新しく民間銀行に対して当座預金を設定（信用創造）することで支払われることから，日本銀行のバラスシートが拡大する。これに対して金融商品を日本銀行に売却した民間銀行は，資産である金融商品を同じく資産である日本銀行当座預金に変えただけであり，バランスシートの大きさは変わらない。

3.4　「最後の貸し手」機能

　中央銀行として欠かせない機能は，最後の貸し手（Lender of Last Resort：LLR）機能である。民間銀行のバランスシートにおける貸方（右側）は負債と純資産の部で，主たる勘定科目は顧客から預かった預金であり，定期預金を含めても比較的流動性の高い負債である。これに対して借方（左側）は資産の部で，主たる勘定科目は貸出であり，預金に比して相対的に流動性は低い。

　預金者が自らの預金を預ける銀行の経営に疑念を抱くなどして，一斉に解約を求めて銀行に殺到することを銀行取付（Bank Run）というが，これは健全な銀行経営であっても噂が広がるなどすれば発生しうる。

　実際，日本でも過去に銀行取付が発生している。古くは1927年に当時の大蔵大臣の発言を契機に東京渡辺銀行が取付に遭い，結局破綻した（昭和恐慌）。73年には豊川信用金庫でただの噂が契機になり取付が発生したとされる。金融危機が深刻であった97年には，和歌山県に本店を置く紀陽銀行や栃木県に本店を置く足利銀行でも取付が発生した。

　国外の比較的新しい事例として，2007年には当時のサブプライム・ローン問題を契機に金融不安が生じてイギリスのノーザン・ロック銀行で取付が発生した。

　銀行が破綻すれば取引先企業や個人に多大な悪影響を及ぼし，企業の連鎖倒産など地域経済に打撃を与えるのみならず，他の銀行にも波及するシステミック・リスクが顕在化することになる。危機に陥った銀行について，債務超過など支払能力（ソルベンシー）が問題なのか，あるいは流動性の欠如が問題なのかを切り分け，後者であれば中央銀行が一時的に銀行券を供給して流動性問題

◆ 表5-5　日銀特融（出資等を含む）の実績

融資先	実施年	融資先	実施年
日本興業銀行	1946年	北海道拓殖銀行	1997年
復興金融公庫	1947年	山一證券	
山一證券	1965年	徳陽シティ銀行	
大井証券		みどり銀行	1998年
東京共同銀行	1995年	国民銀行	1999年
コスモ信用組合		幸福銀行	
木津信用組合		東京相和銀行	
兵庫銀行		なみはや銀行	
みどり銀行	1996年	新潟中央銀行	2000年
東京共同銀行		信用組合関西興銀	
預金保険機構		朝銀近畿信用組合	
社団法人新金融安定化基金		石川銀行	2001年
阪和銀行		中部銀行	2002年
京都共栄銀行	1997年		

（出所）　伊豆久「金融機関の破綻処理と日本銀行」『証券経済研究』第84号，2013年（85頁の図表1「特融等の発動」），福田慎一「バブル崩壊後の金融市場の動揺と金融政策」CARF-J-056, 東京大学金融教育センター，2008年（19頁の2表「バブル崩壊後の日銀特融の実施事例」），日本銀行公表資料「沿革」等を参考に筆者作成。

を解消してやればよい。これが中央銀行の有する最後の貸し手機能である。なお，W. バジョットが1873年に出版した『ロンバード街』に最後の貸し手機能に関わる記述があり，中央銀行が最後の貸し手機能を発揮する際には，優良な担保を必要とすることなどの諸条件を「バジョット・ルール」と呼ぶ。

　日本銀行の最後の貸し手機能の具体的形態は，日本銀行特別融資（日銀特融）が相当し，バジョット・ルールに相当する日本銀行が定める原則は，①システミック・リスクが顕現化する恐れがあること，②日本銀行の資金供与が必要不可欠であること，③モラルハザード防止の観点から，関係者の責任の明確化が図られることなど適切に対応が講じられること，④日本銀行自身の財務の健全性維持に配慮すること，以上4点があげられている。

　過去に実施した日銀特融については表5-5の通りである。

◆ 表5-6 FRS, ECB, イングランド銀行, 日本銀行の独立性マトリックス

	人事権	目標設定	金融政策の手段	財政ファイナンス
連邦準備制度 (FRS)	B FRBの議長を含む理事は大統領が指名し，上院が承認する	A 公開市場操作の方針はFOMCが決定し，長期的なインフレのゴールはFRBが決定する	A 金融政策の手段はFRSが決定する	B 国債の直接引受は禁止されているが，国債市場から購入して保有している
欧州中央銀行 (ECB)	B 総裁は欧州議会およびECB政策委員会との協議後に各首脳が合意する。本部理事会メンバーは欧州理事会が任命する	A 物価上昇率の目標はECBが決定する	A 金融政策の手段はECBが決定する	A 対政府信用・国債の直接引受は禁止されている
イングランド 銀行	C 総裁・副総裁は首相と大蔵大臣の推薦を受けて国王が任命し，外部委員は大蔵大臣が任命する	C 物価上昇率の目標値は政府が決定する	A 金融政策の手段はイングランド銀行が決定する	A 国債の直接引受は実施されていない
日本銀行	C 総裁を含む政策委員会委員は両議院の同意を得て，内閣が任命する	A 政府と協議することがあるが日本銀行が決定する	A 金融政策の手段は日本銀行が決定する	C 国債の直接引受は禁止されているが，事実上大量の国債買入を行っている

(注) 政府からの独立性が相対的に高い (A)，中間 (B)，低い (C)。
(出所) 2016年5月時点の各中央銀行ホームページ等より，筆者の解釈により作成。

4 中央銀行の独立性

　中央銀行の独立性の問題は，政府および立法府が金融政策の決定にどの程度関与するかに関わっている。具体的には，①人事権との関わり，②金融政策の目標設定との関わり，③金融政策の手段との関わり，④財政ファイナンスとの関わり，の4つの側面からとらえることができる。FRB, ECB, イングランド銀行，日本銀行について，上述の4つの側面から整理したものが表5-6であるが，これは制度のみを比較したものであり，実質的な独立性については実際の金融政策の中身や環境等により検討されなければならない。

イングランド銀行の金融政策の目標である物価上昇率の目標値を政府が決定していることは特徴的であるが，だからといって財政ファイナンスが強要されているとはいえない状況である．
　金融政策の意思決定メンバーの人事に関しては，その任命方法において政府が関与しているからといって，独立性が低いということにはならない．たとえば，ECB設立前のブンデスバンク（ドイツ連邦銀行）は，総裁，副総裁および理事は政府の推薦に基づいて大統領が任命していたが，中央銀行の高い独立性を誇っていた．
　FRBの独立性は，その強化のための努力の過程がみえる時期がある．第二次世界大戦期の1942年，戦時中ということもあって，FRBは財務省の意向に沿うように，国債金利を低く抑えるとともに事実上の国債引受まで約束してしまう．その後FRBと財務省との関係は対立が増したものの，51年3月FRBは財務省とアコードと呼ばれる，政府債務の貨幣化を最小限にする内容の合意を取りつける．この過程はFRBが財務省と対等な関係を模索する動きでもあった．
　日本銀行の金融政策意思決定機関は日本銀行政策委員会であり，そのメンバーは1人の総裁，2人の副総裁，そして6人の審議委員で構成される．この政策委員会の会合のうち金融政策の運営に関する事項を審議・決定するものを金融政策決定会合と呼び，年に8回，1回につき2日間開催される．この会合に，政府から財務大臣や経済財政担当大臣またはその代理が出席する権利を持っており，そこで議決延長を請求することはできるが議決権はない．
　日本銀行の金融政策は，「資産買入等の基金」によって国債の買入れを増額した2010年以降，事実上の財政ファイナンスになっている．とくに当該基金が廃止された13年以降は，日本銀行が保有する国債残高を現金流通高以下に抑えるとする「銀行券ルール」を凍結させてまで保有国債残高を増加させており，名実ともに財政ファイナンスの領域に踏み込んでいる．財政法第5条により，日本銀行の対政府貸付や政府債務の直接買入は禁じられているため，形式上，国債市場から買い取っているが，いよいよ日本銀行の政府からの独立性が問題になる時期がきている．

〈近廣昌志〉

練習問題

1. 貨幣経済の進展が中央銀行を必要とした経緯を踏まえて，中央銀行が有する使命について論じなさい。
2. 金本位制から管理通貨制へ移行した要因について，両者の差異を明確にしつつ説明しなさい。
3. 管理通貨制のもとで，必ずしも中央銀行が貨幣量を直接自由自在にコントロールできない理由について説明しなさい。
4. 中央銀行が最後の貸し手機能を発揮することが望ましい場合はどんなときか，理由とともに説明しなさい。

参考文献

加藤出［2001］『日銀は死んだのか？——超金融緩和政策の功罪』日本経済新聞社

白川方明［2008］『現代の金融政策——理論と実際』日本経済新聞出版社

建部正義［1980］『管理通貨制度と現代』新評論

田中隆之［2014］『アメリカ連邦準備制度（FRS）の金融政策』金融財政事情研究会

東短リサーチ株式会社編［2009］『東京マネー・マーケット（第7版）』有斐閣

西川元彦［1984］『中央銀行——セントラル・バンキングの歴史と理論』東洋経済新報社

日本銀行金融研究所編［2011］『日本銀行の機能と業務』有斐閣

日本銀行百年史編纂委員会編［1982-1986］『日本銀行百年史』（第1巻〜第6巻および資料編）日本銀行

春井久志［2013］『中央銀行の経済分析——セントラル・バンキングの歴史・理論・政策』東洋経済新報社

Capie, F., C. Goodhart, S. Fisher and N. Schnadt eds. ［1994］ *The Future of Central Banking: The Tercentenary Symposium of the Bank of England*, Cambridge University Press.

Column　誤解の多い外貨準備高

　外国為替レートの安定のためには，外国為替市場の動きを相殺する力が必要である。米ドルを売って日本円を買う圧力が大きくなれば，それを放置すると米ドル安・日本円高に動くため，この動きを消すためには逆の圧力，すなわち日本円を売って米ドルを買う力を作り出してやらなければ安定しない。IMFは日本の為替レジームを独立フロート制として分類しているが，実際には財務省が為替介入を行うことがあり，膨大な外貨準備高の存在はその証である。日本の外貨準備高は2016年3月末時点で1兆2600億米ドルであり，3兆米ドルを超えた中国の外貨準備高に続いて世界第2位の規模である。

　日本は「外貨」という対外資産を潤沢に保有しており立派なことのように感じてしまうが，実は喜んでいる場合ではない。政府（財務省）が米ドル買・日本円売り介入を行うためには，売るための日本円が必要であり，結論からいえばその日本円は借金によって調達されている。貨幣を供給する機能は中央銀行を頂点として，民間銀行を含む銀行システム全体にあり，政府は貨幣を創造する機能を有していないためである。為替介入は緊急性と匿名性を必要とすることから，一時的に介入資金を日本銀行から借り入れるが，その後に財務省が国庫短期証券を発行して日本銀行に借入金を返済する。そのため，事後的ではあるが，外国為替市場への介入資金は，政府が民間から調達したことになる。為替介入のために起債する国庫短期証券は，以前は「為券」と呼ばれていた。

　外貨準備については「外国為替資金特別会計」（外為特会）という一般会計とは別の「お財布」で管理されており，そのバランスシートは財務省のホームページで公開されている。外貨準備の中身は基本的に米ドル建国債であるが，日本円建金融資産の金利水準よりも米ドル建のほうが高いことから，この会計は例年，決算剰余金（運用益）が生じており，その一部は一般会計に繰り入れられている。いずれにしても日本は外貨準備という外貨建資産を有していると同時に，円建ての借入金も同額分抱えているのであり，外貨準備の売却は，負債（国庫短期証券）の返済にあてられるため，「使える」お金ではない。

　　　　　　　　　　　　　　　　　　　　　　　　　　　　　　（近廣昌志）

経済学史・経済思想史のなかの金融

飯田裕康

　経済学史や経済思想史の時代区分は，今日大いに問題とされているところで，たとえば重商主義（ここではもっぱらイギリスを対象とする）についてもその概念規定は流動的で，多様化しつつある。しかしどのように規定されようと，重商主義と称される時代が，貨幣や金融と切り離しがたく結びついていたことは否定できない。1980年代後半から90年代にかけての日本のバブルも，もとをただせばこの時代に始まった現象である。

　重商主義の一般的時代区分は，300年の長きにわたるこの時代を，イギリスに即していえば，名誉革命（1688年）を境に二分する。この分野の古典であるE. F. ヘクシャーの『重商主義』（1935年）によると，後半の時代は，「紙券重商主義」といわれる（なお，日本では，小林昇の問題提起以来「固有の重商主義」とされる時代と重なっているが，これについてはここでは言及しない）。紙券重商主義の時代は，近年「財政革命」として特徴づけられているイングランド銀行設立（1694年）前後の時代とも重なり，いわゆる公信用すなわち政府による民間からの借入という体制が次第に定着してゆく時代でもある。公債制度は，それに付随する金融機構を素朴な形で生み出しただけでなく，「信用」というタームが人々に広く受け入れられる素地をつくり，先進諸国の今日の財政状況ときわめて類似した経過をたどっていて，現代金融事情理解のモデルといってもあながち誤りともいい切れない深遠な意味を持っている。古典派経済学のある意味で厳格な貨幣観は，この時代への反省や反発の上に構想され展開されたといってもよいほどなのである。

　この時代には重商主義時代の貨幣・金融問題の中心をなした「貨幣の不足」（資本の不足）打開の方途をめぐって，多くのパンフレットの応酬があり，幾多の企画が提言され，それ自体が，ある種の金融理論を先取りしていたともいいうる。イングランド銀行設立の前後の土地銀行に関する決して少なくない提言や，過大に発行される長期国債の流動化を図るべく紙製の通貨を発行・流通させようというアイデアも，金融分析の先駆的な理論的萌芽を含んでいた。ジョン・ローが一時成功しえたのも，こうした背景を鋭くみていたからであろう。これらのうち，土地銀行計画はその後の古典派経済学の形成にも影響を与えたが，このアイデアの重要性は，「貨幣」を金属的基礎から解き放とうとしたことと，そのために，ジョン・ローの比喩的表現を借りれば「土地を溶解」して貨幣を創造しようとするところにあった。まさしく擬制資本としての土地が，貨幣創造の基盤とされた。

　そして何よりも，この時代に人々は言葉としても「信用」とか「信頼」に大きな関心を払うようになり，金貨や銀貨よりもこれらの言葉がより重く受け止められ

たといってもよいほどなのである。

これに対して，古典派経済学の時代は，金融論としては実に低調な時代であったといえるかもしれない。いうまでもなくA.スミスは，『国富論』（1776年）においてその後の金融分析の主要な契機となる考え方を提起したが，ある面からみるとD.リカードはその芽を摘んでしまったといってよいように思われる（J. M. ケインズ『雇用・利子および貨幣の一般理論』1936年）。そのかわり，古典派経済学は，価値と分配という経済学（political economy）の本質的問題を提起し，重商主義を乗り越えることができたのである。そして，貨幣は制御可能な対象であり，金融もそれに従って調整されると考えた。金融経済はマネーの経済に矮小化された。いうまでもなくこの考え方は，新古典派，すなわち主流派経済学の貨幣観・金融観として現代の金融現象の理解に影響を与えてきたものである。

スミスの金融理論は，「真正手形説」あるいは「サウンド・バンキングの理論」として，今日でもなお，金融基礎理論としての意味を失っていない。

スミスの金融論は，あえていえばアンビバレントな体系である。スミスはD.ヒュームとは異なって，一方で真実価値ないし自然価格をして分配関係の振幅を計る基準として位置づけ，貨幣の操作がしばしばこの関係を歪めていることを豊富な歴史的事実のなかに検証しようとし，他方，信用関係に基づく紙券流通こそ経済循環にとって不可欠の要因であることを強調した。ヒュームのように，紙券を「擬制的貨幣」として一蹴することはしなかったし，スミスにとって，「信用」とは単に言葉としてではなく，広く経済循環を構成する要因として認識されたのである。生産的労働の増加（すなわち資本の蓄積）を阻害しない範囲であれば，信用制度の基盤である商人間流通，それを超えるマネー流通の拡大をも許容した。スミスには，紙券重商主義以来の公信用制度は必要悪と映った。

その後，K.マルクスはあるノートのなかで，古典派経済学の最も健全な貢献は，その流通論にあるといって，スミスを淵源とする「銀行主義」（代表的著作は，T.トゥーク『通貨原理の研究』1844年）の考え方とそれを生み出したいわゆる通貨論争の一方の立場を高く評価した。この論争は，貨幣と信用の区別を前面に打ち出すことによって信用創造理論への契機となり，近代の金融理論の骨格を作り上げる重要な意味を持っていた。しかも皮肉なことに，1世紀半後，バブルがはじけようとする時代に，その意味にようやく光が当てられるようになるという，まさしくこの論争の現代的な意味が問い直されて現在に至っている。言い方を換えると，金融実務と金融理論の相互接近への動きは，ようやくのことでみえてきたといえるのではなかろうか。しかし，バブルの破綻とそれに伴う金融界の混乱，長引くデフレ不況という代償をもたらしたのではあるが。

では，マルクスにおける金融理論上での達成とはなんだったのか。

マルクスは，金融現象の根底にあるものは利子生み資本の運動であることをつかみ，それは根本的には剰余価値の生産と取得（搾取）に裏打ちされていることを示したが，他方，信用関係の展開に応じて利子生み資本は多様な形態をとりうることを示唆した。とりわけ，資本主義経済の動態的な発展，すなわち景気循環の諸局面において現象する事態を重視した。貨幣的要因は単に実物経済に一方的に規制されるものではなく，それから自立し，それを制約するものとなりうることを明らかにしようとした。それを総括する理論的枠組みこそ「貨幣資本と現実資本」に関する議論（マルクス『資本論』第3巻第5篇）であった。ここに，貨幣的経済と実物経済との関連に関する議論は，この論点に関して特異な地平に達したJ. S. ミルの『経済学原理』（1848年）を超えた新たな次元を獲得することができた。

　このように経済学の古典のなかに金融を学ぶということは，単にいにしえを振り返るにとどまらない現代的意味をもっている。金融とは古くて新しい現象なのである。20世紀以後においてもその事情は不変である。マルクス『資本論』を現代化しようとしたR. ヒルファディングは，『金融資本論』（1910年）で次々に新しい分析概念を提示し，新たな金融現象に分け入ろうとした。その結果，金融資本という概念に到達し，資本主義の段階的な変化を金融面から照射することができた。それを「流通主義」と一蹴することはできない。彼の貢献は，スミスを超え，ケインズに先立って金融的流通の理論，あるいは金融肥大化の基礎理論を提示しえたのである。それのみならず，彼の意図は世界がファシズムに向かう時代に，広範な中間層を含む大衆が，金融を通していかなる位置に置かれているかを示して，ある意味では金融の政治経済学を体系化しようとするところにあった。だからこそ，彼の命運をも決めたファシズムの台頭への予兆を，冷めた目と鋭い理論感覚とをもってとらえ，当時の時論的論争の根底にある社会の大きな変化をえぐりとることができた。金融論が最も大きな力をもちえた時代であった。まさしく「カジノ資本主義」（S. ストレンジ）への途をあゆむ現代資本主義への根底的な批判であった。

　金融論は，貨幣分析ではないし，金融の制度分析にとどまるものではない。ましてや目前の利害に動かされる取引仕法・収益技術論でもない。金融の根底をなす債権債務関係やそれのネットワークの形成は，市民社会のありのままの姿の一面であるとの認識を基底に，金融分析に挑まなければならない。◆

学説に学ぶ① アダム・スミス

（写真提供：時事通信社）

Adam Smith (1723-90)

　経済学の父アダム・スミスが，主著『国富論（諸国民の富）』（*An Inquiry into the Nature and Causes of the Wealth of Nations*, 1776）の執筆中に悩んだ最大の難問が銀行の不良債権問題であったと聞けば，驚く人がいるかもしれない。1772年，スコットランドのエア銀行が突然倒産し，信用不安の連鎖がイギリス全土に広がって，ヨーロッパを巻き込む大金融恐慌となった。スミスは，かつての教え子でありエア銀行の大株主であったバックルー公爵に依頼されて，エア銀行の破綻処理にたずさわり，倒産の原因が巨額の不良債権にあったことを知る。これはスミスにとって大きなショックであった。なぜなら，スミスがほぼ書き終えていた『国富論』の草稿を大幅に書き直す必要が生じたからである。不良債権問題は，スミスの経済学の最も中心的な思想である需要と供給による市場の自動調整機構が，金融市場では適切に機能しないことを意味していた。金融市場では，なぜ神の見えざる手が働かないのか。銀行の自由競争だけでは何が足りないのか。金融市場で価格の自動調整機構が十分に機能しないとしたら，金融システムを安定化させるために何が必要なのか。スミスの答えをみる前に，彼の略歴と思想を簡単に紹介しておこう。

　古典派経済学の創始者アダム・スミスは，1723 年，イギリス北部のスコットランドに生まれ，グラスゴウ大学とオックスフォード大学で学んだ後，グラスゴウ大学教授となって道徳哲学を講義した。彼の講義は，自然神学，倫理学，法学，経済学の 4 部門からなり，そのなかの倫理学が『道徳感情論』（*The Theory of Moral Sentiments*, 1758）として，経済学が『国富論』として刊行された。スミスは，『道徳感情論』で，人々の利己的行為は公平な観察者に共感されるかぎり道徳的に適正であり，人々の意図しない公共の利益を実現すると主張している。『国富論』は，人々の自由な経済活動が，神の見えざる手に導かれて意図しない公共の利益（＝諸国民の富）を実現するプロセスを具体的に論証したものなのである。

　スミスは，『国富論』の冒頭で，富とは貨幣（金銀）ではなく，国民が年々消費する生活必需品と便益品であると述べる。国民 1 人当たりの富は，労働生産力と，生産的労働者の対人口比で決まる。人々の自由と安全が保障されていれば，企業内，国内，および国際的な分業によって労働生産力が高まり，自由競争に基づく需要と供給の調整によって資本と労働が最適に配分され，資本蓄積によって

雇用労働者数が増加して，世界中の諸国民に豊かな富がもたらされる。それゆえ各国は，自由な経済活動を規制する重商主義政策を撤廃して自由貿易政策を実施すべきであるというのが『国富論』の結論であった。

では，銀行の果たす役割は何か。スミスは，貨幣それ自体は富ではなく，商品の交換を円滑に行う手段にすぎないと考えた。銀行の役割は，当座貸越や手形割引などの融資を通じて銀行券を発行し，流通する金銀貨を節約することにある。流通貨幣量は特定時点では一定だから，銀行券に代替された金銀貨は輸出されて本来の富である衣食住の材料を国内にもたらすのである。

スミスは，当初，銀行の自由競争さえあれば安定的な金融システムが実現されると非常に楽観的に考えていた。しかしエア銀行の破綻処理にたずさわるなかで，金融市場の根本的な不安定性を認識するに至る。生産物市場では，需要と供給が均衡すればそれで終わりだが，金融市場では，資金需要（借入）と資金供給（貸出）が均衡しても，あとに債権と債務が残される。投機的企業の無謀な資金需要に対してエア銀行は放漫な貸付で応じ，あとに膨大な不良債権が残されたのである。スミスは，不良債権が，借金返済のための借金，つまりいわゆる借り換えによって雪だるま式に増大することも認識した。投機的企業がエア銀行を欺いて借金返済のための新たな借金を繰り返しただけでなく，エア銀行もまた，不良債権を処理するための資金をロンドンの金融業者から高利で借りて，その返済のために新たな借金を積み重ねていったのである。

もはや銀行の自由競争だけでは不十分なことはあまりに明白であった。スミスは『国富論』において，投機的企業の借入を防止するために法律で高利を禁止すること，小規模銀行によって乱発されていた小額銀行券の発行を法律で禁止すること，不良債権の発生を抑えるために，銀行は借り手の審査と監視が容易な短期金融だけを行い，リスクの大きな長期資本金融を行わないことなどを提案している。金融システムを安定化させるためには，銀行の自由競争だけでなく，政府による一定の法的規制と，銀行自身の適正厳格な融資基準の確立が必要というのが，スミスの到達した結論であった。

(新村　聡)

学説に学ぶ②　カール・マルクス

Karl Heinrich Marx（1818-83）

（写真提供：時事通信社）

　カール・マルクスは，1818年に，ドイツ・モーゼル川沿いの街トリアーで，比較的裕福なユダヤ人家庭（父は弁護士）に生まれた。ベルリン大学を卒業後，イエナ大学で学位を受け，大学教授をめざすが果たせず，『ライン新聞』の主筆となり，森林盗伐問題などの社会問題に対峙することとなった。その後，プロイセン政府の弾圧を逃れ，パリ，ブリュッセル，ロンドンへの亡命を余儀なくされたが，その間に，『経済学・哲学草稿』（Ökonomisch-philosophische Manuskripte, 1844）『ドイツ・イデオロギー』（Die deutsche Ideologie, 1845）『共産党宣言』（Manifest der Kommunistischen Partei, 1848）ほか多数の著書を執筆するとともに，国際労働者協会（第1インターナショナル）の指導的役割を果たした。67年には，主著『資本論』（Das Kapital）第1巻初版が刊行され，その後，『資本論』完成のために力を注いだが，83年に，膨大な遺稿とノートを残して，亡命先のロンドンで死去した。

　『資本論』のためのオリジナル原稿を含め，マルクスの膨大な遺稿および未公開資料の刊行は，MEGA（マルクス=エンゲルス全集）刊行事業として，21世紀に入った今日においても，いまだに続けられている。

　マルクスの思想的な源泉は，ドイツの古典哲学，イギリスの古典派経済学，フランスの社会主義に求められるが，その特徴は，弁証法的唯物論（史的唯物論），資本主義社会の経済的運動法則の解明，科学的社会主義に示されている。

　マルクスは，生産関係と生産力によって規定された経済的下部構造の発展変化が，社会形態の変革を促すという史的唯物論の考えに基づき，資本主義社会の運動法則の解明を試みており，『資本論』は，その試みの集大成といえるものであった。

　『資本論』では，商品，貨幣，資本の考察が，抽象的なものから具体的なものへと理論的に展開され，体系的な理論形成が試みられており，その理論的支柱として，労働に基づく価値理論と剰余価値理論が重要な意味を持つものとなっている。

　マルクスの価値理論・剰余価値理論に導かれて，資本―賃労働関係が明らかにされ，資本主義社会の変革主体としての労働者の役割が明確にされるとともに，資本主義社会の発展変化した社会としての，「自由な諸個人の連合体」である社会主義社会への変革の必然性が導き出されている。このようなマルクスの社会主

義思想の底流には，ヘーゲル左派に属していた青年マルクスの人間疎外についての考えが，脈々と流れているものと考えられる。

商品・貨幣・資本というモノの運動から生ずる人間疎外は，労働者だけではなく，資本家・経営者にも当てはまることであり，マルクスにとって，資本主義社会から社会主義社会への変革は，モノの動きからの人間の自立化を意味するものであった。それは，まさに人間解放であり，階級対立のない，自立した自由な諸個人によって構成された，真の人間社会のはじまりを意味するものでもあった。

このように，新たな人間社会の生成を展望しつつ，資本主義経済の分析とその体系化を試みたものが，マルクスの「経済学批判体系」にほかならなかった。その「経済学批判体系」は，①資本，②土地所有，③賃労働，④国家，⑤外国貿易，⑥世界市場，という構成のもとに，体系的な展開が考えられており，「資本」は，さらに「資本一般」「競争」「信用」「株式資本」という項目によって構成されていた。

マルクスは，資本の現実の運動を考察するための項目として，「信用」項を構想したが，その基本的な内容は，すでに『資本論』において検討されており，マルクスと金融論との関係は，まさに『資本論』第 3 巻第 5 篇で展開されているマルクス信用論に端的に示されている。

その第 5 篇は，必ずしもマルクス信用論として完成されてはいないが，マルクス信用論の包括範囲と金融論との結びつきがうかがわれるので，おもな項目を挙げてみることにしよう。

第 5 篇の第 21 章から第 24 章までは，利子生み資本，利子率，利子と企業者利得についての考察がなされ，以下，第 25 章「信用と架空資本」，第 26 章「貨幣資本の蓄積」，第 27 章「資本主義的生産における信用の役割」，第 28 章「流通手段と資本」，第 29 章「銀行資本の構成諸部分」，第 30 章から第 32 章が「貨幣資本と現実資本」，第 33 章「信用制度下の流通手段」，第 34 章「〈通貨主義〉と 1844 年のイギリスの銀行立法」，第 35 章「貴金属と為替相場」，第 36 章「資本主義以前の状態」，という項目で第 5 篇が構成されている。

『資本論』では，商業信用や銀行信用といった，資本主義的信用の基本形態の考察，および信用制度の基本規定が与えられており，現代の金融システムを理解するうえでの基礎が与えられている。また，金融機関の提供するさまざまな金融商品が，商品形態の最も発達した形態であることを考えれば，商品の考察を端緒に，貨幣，資本の考察が展開される『資本論』は，まさにその全体を通して，金融論の基礎理論を与えているものと考えることもできる。 　　　　　（鳥居伸好）

第Ⅱ部

現代金融と日本経済

第6章　景気変動と金融危機 ❖
第7章　現代の金融業 ❖
第8章　国債膨張下の財政と金融 ❖
第9章　金融政策の新展開 ❖
第10章　金融規制と金融制度改革 ❖
第11章　地域金融 ❖

第6章
景気変動と金融危機

1 資本主義の歴史と景気変動

1.1 資本主義経済の確立と周期的恐慌

17世紀から18世紀のヨーロッパにおいて起こった市民革命や産業革命を経て，資本主義経済が確立したのは19世紀のイギリスであった。自律的な運動を開始した資本主義経済の特徴の1つは，生産や投資の規模が拡大と収縮を繰り返し，景況が周期的に変化する景気変動現象がみられるようになったことである。景気変動は，恐慌，不況，好況，好況末期といった特徴的な景況の局面を経過しながら繰り返すようになった。景気変動の重要な局面の1つである恐慌も周期的に発生した。イギリスにおいて周期的恐慌は1825年に初めて発生した。その後，1837年，1847～48年，1857～58年，1866年とほぼ10年おきに周期的恐慌が発生した。当時イギリスは広大な植民地を所有し，世界の工場であり，ロンドンは金融の中心地であった。

景気変動がどのような具体的局面をたどったのかについて，恐慌後の不況過程から順に説明しよう。恐慌後の不況過程においては，企業は過剰設備や負債の整理に追われ，失業状態にある賃労働者は所得を得られない状態となる。企業による投資や労働者の消費は極端に冷え込んでしまう。投資や消費が縮小するので総需要も縮小し，生産活動が低迷する。しかし，過剰設備や負債の整理が進むと，古い設備を更新して次の生産を始めようとする動きが芽生える。それには，生活必需品を中心に消費が回復してくるという変化が対応している。更新投資が増えてくると雇用の拡大や所得の増大の呼び水となり，これを契機に需要も少しずつ拡大してくる。需要の回復は，更新投資に加えて新投資を促

す契機となる。雇用と所得の増大に刺激されて企業は，新しい機械や設備を導入し，需要の増大に応えようとする。需要の回復が投資と消費の拡大をもたらし，投資と消費の拡大がさらに需要の増大に結びついていくという好循環が生まれてくると局面は不況過程を脱し，好況局面に入ったと判断することができる。好況局面においては，需要の拡大に対応して生産が順調に拡大していく。この過程では，企業による投資が次の新たな投資を呼び起こしていく。投資が投資を呼ぶというメカニズムは，生産を社会全体の消費限度を超えて拡大させるまで続いていく。その際，信用が重要な役割を果たす。すなわち消費の限度を超えて過剰生産が行われてもそれは直ちに販売困難という事態としてはあらわれず，信用供与による手形の決済を通じて生産は継続していく。それが過剰生産をさらに推し進めていく。この過程には，信用を使った投機的取引も加わり，バブルを伴った好況末期状態となる。しかし，過剰生産とバブルが限度いっぱいまで拡大する状態は，有力な企業や金融機関の倒産といった引き金によって破裂し，一気に崩壊に向かっていく。企業同士が信用取引による債権債務の連鎖上にある場合，ある企業の倒産は他の企業の倒産を呼び起こし，連鎖的倒産は金融機関にも広がっていく。企業の倒産は大量の失業と消費の急減を引き起こす。金融恐慌を伴った経済恐慌に見舞われるのである。

1.2 独占企業の時代と景気変動の変容

周期的恐慌は19世紀の後半には目立たなくなり，1873年以降，イギリス経済は長期的な不況状態に陥っていった。イギリスのほか，フランス，ドイツ，アメリカも産業革命を経て資本主義経済を確立させた。しかし，19世紀末から20世紀にかけては，鉄鋼や石油化学，さらには自動車といった重化学工業に産業の中心が移動し，巨大な独占企業が市場を支配するようになった。独占企業は，単に巨大であるだけでなく，市場支配力，技術力，資金調達能力，製品開発力においては圧倒的存在である。独占企業が圧倒的な力を持つようになった独占段階になると，19世紀に起こったような周期的恐慌は起こりにくくなった。なぜなら，景気変動との関わりにおいては，生産が過熱しそうな場合においても，過度の生産拡大に至る前に適度な生産調整を行うことによって過剰生産を阻止し，決定的な恐慌に陥るのを回避するようになったからである。その代わりに，はっきりしないダラダラと長い不況が続いたり，逆に1929年

大恐慌のような激烈な恐慌に見舞われたりするようになった。このように，独占企業の時代においては周期的な景気変動それ自体が変容してくるという変化があらわれた。

管理通貨制の時代

また，中央銀行や財政当局をはじめとする公的機関による救済活動が大掛かりになる管理通貨制の段階に入ると，恐慌の発現そのものを阻止しようとする動きが目立ってくる。しかし，強力な救済行動は，逆に競争力のない企業や金融機関を温存させ，巨大なバブルの破裂を伴うさらに大きな危機を誘発していく悪循環のもととともなっていった。

2　高度経済成長から安定成長経済への移行と金融

2.1　日本の高度経済成長と金融

19世紀以降の資本主義経済における景気変動の大まかな動向を頭に入れたうえで，次に戦後の日本経済の流れについてみてみよう。日本にとって第二次世界大戦は経済のみならず全国を焦土と化すほどの大きな打撃を与えた。しかし，これを克服するきっかけを与えたのは朝鮮戦争による特需であった。日本は，1954年に一時不況に陥るが，その後「神武景気」（54年11月～57年6月），「なべ底不況」を経て，「岩戸景気」（58年7月～61年12月），それに続いて64年10月までのオリンピック景気，65年の40年不況（証券不況），さらに「いざなぎ景気」（65年11月～70年7月），73年オイル・ショックと，景気変動の波を経験していった。「なべ底不況」や，山陽特殊鋼や山一證券の破綻といった深刻な不況を経験しながらも，日本経済は第二次世界大戦の終了後からオイル・ショックに至るまで，ほぼ20年間にわたる高度経済成長を実現した。

日本経済は，敗戦による生産設備やインフラの破壊によって，大規模な経済恐慌以上の生産の停滞を経験することになった。大戦終了直後は，鉄鋼・石炭に資源と資金を重点的に投入する傾斜生産方式がとられたが，統制経済からの脱却とエネルギー革命の過程で政策転換が行われた。折からの朝鮮戦争特需も加わり，兵器産業中心の投資活動の活発化がみられた。しかし，その後の本格的な復興と高度経済成長を担っていくのは，企業合理化を経て，国際競争力を備えた企業へと長い道のりをたどっていくことになる自動車や電機といった製

◆ 図6-1　実質GDP成長率（前年度比）

(出所)　内閣府ホームページより。

造業であった。高度経済成長期の日本において成長を主導していくのは，耐久消費財の生産と消費をめぐる好循環メカニズムであった。第二次世界大戦から朝鮮戦争にかけて軍需産業に関わる企業のなかには高い技術力を有するものがあった。そうした技術力は，自動車や家電製品といった耐久消費財をより低いコストで生産することを可能にし，庶民でも手が届くほどの水準にまで価格を引き下げる要因となった。また，農村から都市へ安価で良質の労働力が移動し，都市の工業化を支える基盤となった。さらに戦後，次第に水道，道路，ガス，電気といったインフラの整備が進み，人々の生活は安定していった。所得倍増政策により人々の所得が増大するとともに，割賦販売信用の仕組みを利用した種々の耐久消費財の購入が盛んに行われるようになった。家計所得の増大が見込めれば，金融機関は将来の確実な返済を当てにして耐久消費財の購入資金を貸し付けることができた。高度経済成長を象徴する三種の神器であるテレビ・冷蔵庫・洗濯機の普及がこのことを物語っている。オリンピックを契機に高速道路をはじめ交通網が整備されるようになると人々は郊外に住宅を取得し，そこから都市部へ通う生活スタイルをとるようになった。そうなると自動車が普及し，さらに住宅需要が拡大していった。こうして，家計の耐久消費財需要の

拡大を中心に，経済成長の好循環が作り出され，高度経済成長を主導していった。企業による設備投資が主導しながら，家計の広範な耐久消費財需要がさらに企業の設備投資を促していくという成長パターンは，大恐慌後のアメリカや戦後の日本とヨーロッパ，改革開放後の中国や2000年代に入ってからのアジアの新興国にみられるものである。

　日本の場合は，家計の高い貯蓄率と間接金融方式を通じた信用供与も旺盛な耐久消費財需要を支えた要因であった。ブレトン・ウッズ体制のもとで，1ドル＝360円に固定された為替レートは，製造業の国際競争力を発揮するうえで有利な条件でもあった。石炭に代わって登場した石油が長期にわたって安価に調達できたことも大きかった。

2.2　安定成長経済への移行

　高度経済成長は，1970年代の初めに起こった3つの大きな事件を契機に終焉を迎えた。その第1は，71年のニクソン・ショック（ドル・ショック）であった。これによって，高度経済成長を支えていた為替の安定という要因が崩れてきた。第2に，ドル・ショックを契機に供給された過剰流動性と72年からの列島改造ブームが重なって生じたインフレーションである。さらに73年10月の第四次中東戦争を契機に起こった石油価格の高騰と世界経済の混乱である。この一連の出来事による景気後退においてインフレが高進していく事態の出現によって，74年に日本はマイナス1.2％の成長率となった。これは戦後初めてのマイナス成長であり，ここに日本の高度経済成長は終焉を迎えた。

　世界的な同時不況の影響を受け日本も不況に突入した。1975年から大量の国債が発行され，日本は国債にいだかれた経済へ転換せざるをえなかった。国内の貯蓄は企業部門から政府部門に移行し，大量の国債発行を支える構造となった。

　国債の大量発行時代を迎えると，国債を，引受シンジケート団を通じて各金融機関に割り当てていく国債市場隔離型の国債管理政策はとれなくなり，市場実勢に応じて市中で消化させていく政策へ移行させていかざるをえなくなった。国債の市中売却制限が緩和されると同時に，国債が市場で取引されるようになると，国内の規制金利に影響を及ぼしていった。国債市場の拡大を契機に国内の金利自由化が進むと同時に，国際的には，日米円ドル委員会を通じた金融規

制緩和の要求が金利，業務，外国為替にかかる自由化の圧力となった。こうした自由化の進展もこの安定成長期の特徴である。

1970年代初めの大きな変化を経た後も，日本経済は一定の成長を持続した。その根底にあったのは，マイクロエレクトロニクス（ME）をはじめとする生産技術の革新であった。ロボットや数値制御装置を駆使した技術革新によって，日本の製造業は欧米の先進国に比べて相対的に高い生産性を実現することができた。

1980年代に入るとレーガン政権のもとでドル高・円安政策がとられ，日本製品がアメリカ市場に浸透していった。高品質の製品が円安のもとで海外市場に輸出されることによって，日本は輸出主導型の経済成長を実現し，結果的に巨額の貿易黒字をため込むことになった。しかし，輸出主導型成長と貿易黒字の形成は，85年9月のプラザ合意によって転換を余儀なくされた。すなわち，ドル高・円安からの急速な転換は，86年には日本経済を円高不況に押しやる恐れが高まった。折からの国際経済政策協調により，日本銀行は87年2月に公定歩合を2.5％に引き下げ，これを89年5月まで2年3カ月にわたって継続した。

3　バブルの形成と崩壊

3.1　バブルの形成過程

日本経済は，1980年代の前半には円安下の輸出拡大，同後半にはバブルによって後押しされた。バブルとは，一般的に，資産価格が実体経済から乖離して，自律的に膨張していく現象を指している。この場合の資産とは，土地と株式によって代表される。本来ならば，資産価格の変動は，経済のファンダメンタルズの動向を反映して生じるはずであるが，何らかの要因が働いて経済の実体から乖離した地価や株価の上昇が生じる。実体がないものなので，いずれは泡のように破裂する性質を持っている。しかし，破裂するまではそれがバブルであることに誰も気づかないので，資産価格の膨張が過度のレベルにまで達してしまう。このような現象は，過去，いろいろな国で起きているが，問題は，日本ではどのような背景のもとにバブルが生まれたかである。

1970年代後半から80年代半ばまで輸出主導型の経済成長を持続してきた日

本の製造業にとって，プラザ合意を契機とする急速な円高への転換は大きな打撃であった。日本の製造業は，為替リスク回避のために海外への生産移転を志向せざるをえなかった。この傾向は，大量の国債発行と合わせて，1990年代から2000年代にかけての日本経済の構造問題として大きくのしかかってくることになった。しかし，この時点において，日本の製造業における国際競争力が一気に失われたわけではなく先の工場移転や国内産業の合理化を通じて，円高から生じる打撃を克服する努力が続けられた。その一方で，この円高不況に対するマクロ経済政策として財政拡張と超金融緩和政策がとられたことも重要であった。前者は，それまでの輸出主導型に代わって，内需主導型の経済成長をめざす積極的財政拡張政策がとられたことを意味する。後者は，とりわけ1987年の2月に公定歩合が2.5％まで引き下げられ，それが2年3カ月にわたって続けられたことを指している。こうした一連のマクロ経済政策は，プラザ合意，ルーブル合意を経て，日本が国際経済政策協調の枠組みのなかに組み込まれていった状況を物語っている。

　財政拡張と金融緩和が継続するなか，日本企業は，1980年代の後半に至ると，少なくとも円高不況の側面は克服したようにみえた。折しも，80年代半ばからの金融自由化の進展によってインパクトローンの取り入れや外債の発行をより低いコストで行うことができるようになった。大企業は，自由化の恩恵を受けて，銀行に依存せず運用資金を調達することができた。他方，国内の資金余剰部門である家計の安全性志向は変わらず，銀行への豊富な預金流入は続いていた。銀行にとっては，企業の銀行離れが進むなか，どこに貸出先を見出すかが問題であった。銀行にとっては，金利自由化の進展のなかで，利ざやを次第に確保しづらくなってきたという事情もあった。

　1980年代の後半，企業も銀行も収益環境が厳しくなる一方で，低コストの資金を豊富に運用できる環境にあった。そのような状況にあって，注目されたのは地価の動向である。戦後の日本において，家計や企業といった経済主体において，地価は下がることはなく，むしろ土地を所有していれば値上がりから生じるキャピタル・ゲインを取得することができるという「土地神話」が存在していた。事実，地価は，東京，大阪，名古屋の大都市圏を中心に，90年まで一貫して上昇してきた。日本の地価上昇が目立っていたのは，とりわけ60年代初めのオリンピックブーム期，70年代前半の列島改造ブーム期，80年代

◆ 図6-2　日経平均株価の推移と経済トピック

（出所）日本銀行ホームページ，日経平均資料室ホームページより。

後半のバブル期であった。このうち，バブル期の地価上昇は，一般物価は安定していたという点に特徴がある。このことは，土地が，金融資産という特殊な位置づけにあったことを物語っている。

　東京では，自由化や国際化のなかで本社機能を東京に集中させていく動きや，外資系企業の東京進出が盛んになるという背景のもとでオフィス需要が増大し，商業地の需給逼迫と地価上昇が生じた。また，容積率の緩和など，政府による土地に関する規制緩和も将来の地価上昇に対する期待を醸成していった側面もあった。

　銀行をはじめとする金融機関は，投機的要素も含む土地取引に対して豊富な資金を融通し，土地ブームを創出する役割も果たした。とりわけ，この土地ブームの時期，銀行による土地取引に対する融資は，不動産会社，建設業者，ノンバンクに向けて急増した。土地取引に絡む融資の場合，土地を担保として徴求すれば安全だという思考が蔓延し，借り手は土地を担保として資金を調達し，この資金で他の土地を入手し，その値上がりを見越してその土地を担保にさら

第6章　景気変動と金融危機　111

に大きな土地を取得する過程が繰り返され，結果的に土地の担保掛け目が上昇していった。ここでは，事実上，土地が将来生み出すと期待されるキャッシュフローがベースになって融資が膨らみ地価の高騰が作り出されていった。

低金利や地価上昇とともに，株式への投資を活発化させる動きも，あわせて起こった。バブル期の株価は，1984年の1万1543円からピーク時の89年末の3万8916円まで3.4倍の上昇を記録した。株価上昇を背景として，企業はエクイティ・ファイナンスの形で安価に資金調達を行うことができた。企業は，時価発行増資のほか，ユーロ円債発行の自由化，円転規制の撤廃など金融規制緩和によって，転換社債やワラント債の発行を大規模に行うことができた。こうして調達された豊富な資金は，本業に向けられるというより，不動産取引や株式投資に向けられるという構造が生み出されてしまった。また，こうして発行された株式は，国内の資金運用者によりキャピタル・ゲインの取得を目的に特定金銭信託（特金）やファンド・トラストの形で運用され，巨額に膨らんだのである。

3.2　バブルの崩壊

バブルは実体的裏づけのない資産価格の上昇という現象であるので，極限まで膨張してもいずれは破裂するときがくる。輸出主導という1980年代前半までの成長パターンを維持できなくなった産業企業は，財政による内需拡大や超金融緩和による下支えと低コストの資金調達によって本業以外の金融的利得を追求することによって，収益をカバーしようとした。そうした行動は，本業で稼ぐ力の減退を隠蔽し，表面的には好景気を演出した。しかし，プラザ合意以後の趨勢的な円高のなかで企業の海外進出は一貫して続き，国内市場に留まる限り産業の競争力は高まりえなかったのである。それにもかかわらず，低金利と過剰資金の流入によってもたらされた資産価格の上昇によってあたかも空前の好景気が到来し，これからも続くかのような錯覚に陥ってしまったのである。

だが，ユーフォリア（陶酔感）状態に陥っているなか，資産価格上昇の恩恵にあずかれるものとそうでないものとの間の格差が鮮明になってきた。とくに，住宅・土地といった不動産を持つものと持たざるものとの不公平感が大きくなると，バブルに酔うよりはバブルそのものを退治するほうが重要ではないかという意識が芽生えてくる。まず行動を起こしたのは日銀であった。日銀は，明

確に行きすぎたバブル潰しという目的をもって，1989年5月から90年8月まで5度にわたって公定歩合を連続的に引き上げた。2年3カ月続いた2.5％の公定歩合は，最終的に6％まで引き上げられることになった。マネーサプライの増加率も，90年の11.7％，91年の3.6％，92年には0.6％と急速に縮小していった。あわせて，1990年3月に大蔵省銀行局長通達の形で出された「土地関連融資の抑制について（いわゆる不動産融資総量規制）」のほか，地価税の創設，固定資産税の強化，土地取引の届け出制といった施策が，矢継ぎ早に出された。

　バブルの構造的原因は，低コストで得られる過剰な資金が溢れており，それが高収益を求めて金融資産取引に流れ込んだというメカニズムそのものであった。しかし，そのメカニズムが作用した結果生まれたバブルを崩壊させる引き金を引いたのは大きな政策転換であった。ここでは，この引き金それ自体とそれが作用すれば大きな崩壊をもたらす構造的要因を含めて，バブル崩壊の原因ととらえておこう。

　このときから事態は逆回転を始めた。1989年12月29日に3万8916円をつけた日経平均株価は90年10月1日には一時2万円割れとなり，約9カ月の間に50％近い下落を被った。その後，90年代を通じて一貫した下げを記録していった。さらに，地価は，先述した強力な地価抑制策によって，2005年まで一貫して下落し続けた。この株価と地価の急速な下落をもって，表面的にはバブルは崩壊したということができる。

　しかし，真のバブル崩壊は，株価や地価の上昇によって支えられていたそれまでの成長神話が崩れ，逆回転を始めたことによって起こった。先述したように，バブル期にエクイティ・ファイナンスなどにより調達された資金は実物資産というよりキャピタル・ゲインの取得を目的として金融資産投資に向けられていた。ところが，株価の上昇という前提が崩れた時点で，逆に特定金銭信託，ファンド・トラスト，投資信託で保有されていた株式には大きなキャピタル・ロスが発生することになった。また，株価下落の過程で，メインバンク制とともに長らく日本的経営を支える要素であった株式の相互持ち合いが崩れはじめ，金融機関の株式保有比率が低下した。株価の下落は企業の収益率の低下を反映するとともに，事業法人や金融機関が株式保有を減少させたことによって助長された。

さらに地価の下落は，深刻な影響をもたらした。日本の不動産バブルは，豊富な低利資金を有する銀行が，不動産会社，ゼネコン，ノンバンクに巨額の不動産担保貸付を行い，そうした機関がさらに巨大な不動産開発や取引，住宅貸付を行ったことによって発生した。土地を中心とする不動産価格の下落はこのプロセスを逆回転させることになる。不動産会社やゼネコンには巨額の損失が発生し，ノンバンクには巨額の不良債権が累積した。そうなると融資元である銀行への返済が不可能となり，銀行に巨額の不良債権が積み上がることになった。こうした不動産取引は事業法人も行っており，バブル期は新たな収益源としてこぞって参加した取引が重荷となってのしかかってきた。こうした不動産取引の不採算化は，銀行にとって経営上の重い負担となった。すなわち，返済が滞ると貸し手は，返済のリスケジューリングを行ったり，不良債権に対する引当金を積んだりする必要があったが，このことは銀行にとっては会計負担となった。このことが，BIS規制のような制度的要因も重なって，「貸し渋り・貸し剝がし」のような必要な貸付さえも圧迫する事態を生み出していった。

　重要なことは，このようなバブル崩壊は，19世紀の周期的恐慌や1929年の大恐慌のように激しい価値破壊を通じて次の成長を準備する過程を伴わなかったことである。とくに日本の場合は，不良債権が長く金融システムに残存し，新しい循環に向けての新投資を促す血液の役割を果たさなかった。その意味で，80年代後半のバブルの形成と90年代初めのその崩壊は，それまでの資本主義経済が経験してきた景気変動とは異なる側面を持っている。本来ならば，市場メカニズムが重要な機構として組み込まれている資本主義経済においては，モノやサービスの価格は透明な形で需要と供給の関係において決まるだけでなく，市場を通じてより優れたものが残り，劣ったものが敗退していく，淘汰のメカニズムが作用するはずである。しかし，日本のバブル崩壊の過程では，膨大な不良債権が積み上がり，新陳代謝のメカニズムが作用せず，長きにわたって日本経済の復興の重石となったのである。それは，このバブル崩壊の過程で，長期にわたって日本経済を苦しめることになる構造的要因が醸成されてきたからにほかならない。

4 長期不況とデフレーション

4.1 金融危機の発生とデフレの深刻化

1989年に最高値をつけた日経平均株価は、90年代以降その水準に回復することはなく、むしろスパイラルを描いて下げていった。日経平均株価の推移を各年の最安値に絞ってみてみると、それは、92年8月19日に1万4194円、95年7月3日に1万4296円、98年10月9日に1万2788円、2003年4月28日に7604円、08年10月28日に6995円と推移していった。このような株価の推移は、日本経済に、循環的というより何らかの構造的問題が巣食っていることを物語っている。そのために、日本経済は、25年に及ぶ長い不況を経験することになった。ここでは、おもに1990年代からリーマン・ショックまでの時期に焦点を当てながら、この問題を考えてみよう。

注目しなければならないのは、金融システムの問題である。1990年代から2008年リーマン・ショックまでの時期において、日経平均株価が3年から5年の間隔をおいて下落していった。この間、日本経済に重くのしかかっていたのは不良債権問題である。不良債権は、6カ月以上にわたって返済が遅延している貸出債権を指す。1999年には、「金融検査マニュアル」によって、貸出債権は、破綻先債権（会社更生法の適用等法的に破綻した状態にある企業向債権）、実質破綻先債権（法的適用はないが、再建可能性のない先向け債権）、破綻懸念先債権（経営破綻に陥る可能性が高い先向け債権）、要注意先債権（金融支援を受けているなど今後の管理に注意が必要な先向け債権や債務返済が3カ月延滞するか貸出条件の緩和を受けた先向け債権）に分類され、いずれも不良債権とされた。こうした厳密な不良債権の定義は、企業会計の厳格な処理と銀行の経営の健全性を確保するうえで必要な措置として導入されたものである。しかし、日本においては、不良債権の発生から厳密な検査手法の導入に至るまでに長い年月を要してしまった。その間、不良債権の厳格な査定基準もなく、膨大な不良債権の処理は遅々として進まなかった。そのために、日本の金融システムは幾度となく金融破綻を経験し、それが実体経済に波及して深刻なデフレーションを引き起こす事態となったのである。

日本は、伝統的に担保を徴求し、その担保評価額に掛け目を掛けた範囲内で

しか融資額を決定しないという有担保主義をとっていた。日本的な健全銀行経営主義の象徴ともいえる原則である。この点，優良な借り手の場合は，物的な担保より，事業の収益性を評価するアメリカ流の銀行経営主義とは異なるところである。しかし，こうした日本の有担保主義も，バブル期には異なる様相をとることもあった。すなわち，土地の将来の値上がり益を見込んで100％以上の掛け目を掛けたり，劣後順位で担保を設定したりするケースが往々にしてみられたのである。このような融資スタイルでは，有担保主義といっても，融資の焦げつきが発生した場合の債権回収は確実になされないことになる。なぜなら，バブル崩壊後は，担保として徴求された土地をはじめとする不動産の価格が下落し，担保の処分による貸出債権の回収が不能となるからである。これでは，有担保主義といっても担保そのものが，債権回収の確実性を保証する手段として機能しえないことになる。不良債権の定義が曖昧な段階では，本来不良債権として定義すべき貸出債権を甘い審査や追い貸しによって正常債権と分類するような行為が行われたのである。バブル崩壊以後の不動産価格の下落によって，不動産会社やゼネコン，ノンバンクを中心とする借り手に対する貸出債権は，このようなメカニズムで不良債権化したのである。

　バブル崩壊と不良債権の累増のなかで，政策当局も果断に行動した。1991年から93年にかけて6.0％に達していた公定歩合が7度にわたって引き下げられ1.75％になった。しかし，この間のマネーサプライの増加率はきわめて低く，景気回復を起動する力はなかった。そのことは，92年から95年にかけて日経平均株価が低迷していた事実からも明らかである。94年，95年の財政拡張を受けて，一時96年には景気回復軌道に乗ったかにみえたが，97・98年のアジア通貨・金融危機の影響やアメリカのヘッジ・ファンドLTCMの破綻，消費税引き上げの影響もあって，日本は戦後最長のマイナス成長を記録することになった。

　このように，日本経済が，通貨当局，財政当局のテコ入れにもかかわらず深い不況の底に落ちていったのは，大きな不良債権を抱える金融システムに問題があったからである。金融システムの問題が最初に表面化したのは，住宅金融専門会社の処理であった。住宅金融専門会社は，都市銀行や信託銀行をはじめとして主要な金融機関によって設立された住宅金融を専門とするノンバンクであった。しかし，バブル期に不動産関連融資に乗り出し，その崩壊後多額の不

良債権を抱えて経営危機に陥ったのである。住専処理には，6850億円の公的資金が投入され，4年の歳月を要した。その他，1995年夏にはコスモ信組，木津信組と大手信用組合が破綻，同年兵庫銀行の閉鎖と，金融機関の破綻が続いた。さらに，97年11月には，三洋証券による会社更生法の適用申請，北海道拓殖銀行の営業停止，山一證券の自主廃業申請と，本格的な金融危機が日本を襲った。また，98年には不良債権問題を抱えて経営危機にあった日本長期信用銀行と日本債券信用銀行は，金融再生法のもとで一時国有化されることになった。

　当時金融行政を担う大蔵省は，日本版金融ビッグバンにみられるように大胆な制度改革を行うことによって護送船団行政からの決別を図ろうとした。その一方で，合併再編や公的資金の注入によって金融危機の対応に追われ，冷徹な淘汰のメカニズムに任せることはできなかった。金融システムにおける不良債権問題はそれほど大きかった。

　寄せ返す波のように襲ってくる金融危機の過程で日本の金融機能は大きく損なわれ，「貸し渋り・貸し剝がし」に典型的にみられるように実体経済をさらに萎縮させるように作用したのである。本来ならば不況期にこそ起こってくる新規事業を金融面からサポートするどころか，健全な企業さえも倒産に追い込む形で実体経済を弱体化させていったのである。このことが，日本を深刻なデフレーションに追い込んでいくのである。

4.2　リーマン・ショックと日本経済

　1997・98年頃に至るまでバブル崩壊によって発生した不良債権の償却は続いた。しかし，長期にわたった不良債権の累積は，信用収縮という形で実体経済に悪影響を及ぼした。それは，97・98年の金融危機が去った後も不良債権の累増が続き，日本経済がさらに深いデフレーションの沼に落ち込んでいったことにあらわれている。

　不良債権は，貸し手にとって貸出債権の正常な回収が不可能な状態を指すが，借り手側にはそれを不可能にする事態があった。すなわち，返済しようにも返済できない債務の累積である。大きな債務を抱えているにもかかわらず，それを返済するに値する収益が上げられないために，産業企業の設備や雇用は過剰となる。いいかえれば，金融システムにおける不良債権は，実体経済側からみ

れば過大な債務,過剰設備,過剰雇用と対になって存在していたのである。不良債権の処理に長い時間がかかり,金融危機が頻発したことは,実体経済側にこのような深刻な問題を生み出してしまった。

　プラザ合意以降一貫して続く円高のもと,海外市場を志向する日本企業は,生産の海外移転という形で戦略展開をしてきた。国際的な生産ネットワークと国際分業構造の形成によって,少なくとも個別企業としては永続することが可能であった。しかし,債務,設備,雇用の3つの過剰を抱えたまま,国内市場で戦略展開していくことが困難な部門もあった。バブル期に積極的拡大策をとったにもかかわらず,投資と消費の停滞のなか国内市場の収縮に見舞われた流通業と建設業は,3つの過剰の重荷に最も苦しむことになった。しかも,不良債権の規模があまりにも大きく,それに対応した実体経済側の債務・設備・雇用の過剰があまりにも大きかったがために,これを一気に整理することは不可能であった。すなわち,この実体経済のレベルからみても,日本経済は,Too big to fail（大きすぎて潰せない）のくびきから逃れることはできなかった。そのために,日本経済は,1990年代末から2000年代初めにかけての深刻なデフレーションに陥ったのである。

　その一方で2000年代初めを境に日本経済に変化があらわれてきた。1999年から2000年にかけて政策論争の的となったゼロ金利政策は,01年3月に明確に量的金融緩和政策として再導入され,その後5年間継続された。04年頃から実質実効為替レートの低下や,新興国市場,北米市場の好調による輸出の拡大によって輸出関連企業の業績も回復した。また,小泉内閣のもとでの,いわゆる「骨太の方針」のもとに低効率企業の淘汰をめざす構造改革路線や国債発行30兆円枠といった緊縮路線が修正されたことも大きかった。とくに,国債発行30兆円枠の柔軟な運用は,金融機関への公的資金の注入による貸出の弾力化に貢献する下地を作る意味もあった。そして最も効果が大きかったのは,こうした投資と雇用そして消費の回復によって景気が上向き,長く日本経済を苦しめてきた不良債権の処理にめどがつけられたことであった。02年初めからリーマン・ショック前まで続く「いざなみ景気」は,こうして日本経済を本格的回復に導くかにみえた。

　しかし,アメリカに端を発したサブプライム金融危機がこれに水を差した。サブプライム金融危機は,戦後アメリカの成長を担った住宅建設が銀行の貸付

債権を証券化する大々的な仕組みのもとで推進されるとともに，デリバティブを駆使した証券化商品の投機的取引をも助長することによって数多くの金融機関や企業を破綻させることになってしまった金融危機であった。その影響は，アメリカ国内に留まらずヨーロッパをはじめ世界各国に及び，世界経済に深刻な打撃を与え，世界金融危機といわれた。とりわけ，2008年9月15日には全米第4位の大手投資銀行であるリーマン・ブラザーズが破綻し，世界金融危機の象徴的出来事となった。世界金融危機は，とりわけ世界各国の景気後退と世界貿易の縮小をもたらし，日本経済にも深刻な影響を及ぼした。その直後10月28日には，日経平均株価は7000円を一時的に割り込む水準にまで落ち込んだのである。

その後，2011年3月の東日本大震災の影響もあって日本経済における投資と消費の低迷が続いた。しかし，12年12月に安倍内閣のもとで導入された，大胆な金融政策，機動的な財政運営，成長戦略の3本の柱からなるアベノミクスと呼ばれる経済政策を契機に，日経平均株価と為替相場には変化があらわれた。その後打ち出された新3本の矢（名目GDP600兆円の実現，希望出生率1.8の実現，介護離職ゼロの達成）も含めて，アベノミクスと呼ばれる政策パッケージおよびそれを支える経済理論が成功したか否かの判断はいまだ時期尚早である。

現時点でいえるのは，日本経済そのものが1990年代以来続く不況をいまだに脱していないということだけである。そこで最後に考えておきたいのは，日本経済は，なぜこのように長い低迷を経験することになったのかという問題である。それは，この長期不況が，景気変動のなかで起きる局面としての不況ではなく，長期停滞だということである。問題はその原因である。ここでは3つ指摘しておこう。

第1は，1980年代の半ばから一貫して続く円高である。その頃から日本企業は海外直接投資を拡大し，生産の現地化を推し進めてきた。とりわけ，世界金融危機後の円高のもとでは中小企業まで含めて海外移転している。こうした事態は，投資，雇用および消費をも海外移転することになり，結果的に国内産業を空洞化させることになる。

第2に，慢性的な財政赤字である。すでに先進国において世界最大に達した公的債務は，2つの問題をもたらしている。1つは，巨額の公的債務が存在す

るために，国債管理政策上，低金利を維持していかざるをえないということである。もう1つは，これ以上財政支出を拡大する余地がないということである。

　第3に，少子高齢化である。相対的に貯蓄を有する高齢世帯は，次世代および自分自身の将来の不安に備えて支出に対し慎重である一方で，若年層は低い給与水準のもとで支出を増やそうとしない。子育てや働き盛りの世代から起こってくるべき耐久消費財需要が盛り上がってこない背景には，このいびつな人口構成の問題がある。

　これらの構造的な問題は，日本だけでなく，他の先進資本主義諸国をも覆う問題である。新興経済圏諸国の成長率の鈍化により世界経済全体が低成長に収斂してくるとすれば，長期停滞は先進資本主義国のみならず資本主義経済全般の問題かもしれない。

（川波洋一）

練習問題

1. 19世紀のイギリス資本主義を前提にして，景気変動の各局面について説明し，独占企業の時代さらには管理通貨制の時代の景気変動との違いを明らかにしなさい。
2. 欧米の先進資本主義国と対比しながら，日本の高度経済成長のメカニズムと特質について説明しなさい。
3. 日本におけるバブルの形成と崩壊のメカニズムについて説明しなさい。
4. 日本の長期不況が景気変動の局面の1つである不況とは異なり，なぜこのように長引いたのか，その理由を明らかにしなさい。

参考文献

池尾和人［2013］『連続講義・デフレと経済政策　アベノミクスの経済分析』日経BP社

川波洋一［1995］『貨幣資本と現実資本——資本主義的信用の構造と動態』有斐閣

村松岐夫・奥野正寛編［2002］『平成バブルの研究（上）形成編——バブルの発生とその背景構造』，同編［2002］『平成バブルの研究（下）崩壊編——崩壊後の不況と不良債権処理』東洋経済新報社

吉川洋［2012］『高度成長——日本を変えた6000日』中央公論新社（中公文庫）

吉川洋［2013］『デフレーション——日本の"慢性病"の全貌を解明する』日本経済新聞出版社

◆ Column　なぜ，金融危機は何度も起きるのか

　独占資本が圧倒的な市場支配力を持つ独占段階には，19世紀に起こったような周期的恐慌は起こりにくくなった。代わって，1929年大恐慌のような大規模な恐慌が起こった。それでは，現代の管理通貨制のもとでの金融危機の発生状況はどうであろうか。

　先進資本主義国は，家計の耐久消費財需要拡大とそのための企業の設備投資という，経済成長の裾野を広げることによって高度経済成長を実現した。しかし，耐久消費財需要が飽和状態になると実物経済面での成長は鈍化し，代わって金融資産の拡大が進んだ。それは，実物経済の停滞下に起こると金融バブルを生み出した。金融バブルは極限まで膨張すると，どこかで限界に突き当たり破裂せざるをえない。しかし，いかに大きなバブルであっても，その破裂が実物経済ならびに金融経済面での徹底的な価値破壊を引き起こすまでには至らない。その理由は，国家による徹底的な救済が行われるからである。

　救済に乗り出す主体は，中央銀行，財政当局，預金保険機構，民間銀行，その他監督官庁である。欧米や日本の事例にみられるように，この救済活動は，その規模が大きくなっていった。それは，救済をしないとある金融機関の破綻が連鎖的に他の金融機関に波及し，大規模な金融恐慌を引き起こす恐れがあるからである。すなわち，現代の金融危機は，Too big to fail といえる規模に達しているのである。

　こうした救済活動は一時的には金融恐慌を回避できても，いずれまた次の金融危機を準備することになる。なぜなら，市場には相対的に弱い企業や金融機関が温存されているからである。次に危機が起きるときにはさらに大きな規模となってあらわれる。現代においては，相対的に競争力のない資本が敗退しにくい構造を作ってしまった。このことは，管理通貨制のもとで，金融危機が何度も起きる要因の1つである。

　資本主義経済は，市場を通じて資源配分や価格調整が行われる柔軟で強靱なシステムである。市場メカニズムとは，需要と供給の関係によって価格が透明な形で決定される仕組みである。それと同時に，市場メカニズムとは，強いもの，質の良いものが残り，弱いもの，質の悪いものが敗退していく淘汰のメカニズムでもある。このようにして資本主義経済は，進化を遂げてきたはずである。しかし，現代の管理通貨制においては，新自由主義の考え方に基づき，規制を緩和し，市場機能の発揮される領域を広げてきたはずであるにもかかわらず，淘汰のメカニズムが働かず，逆に金融危機が頻発する事態となったのはなんとも皮肉なものである。

（川波洋一）

第7章
現代の金融業

1 金融仲介と金融機関

　本章では，現代の金融業をおもに日本の大手金融機関経営の視角から紹介する。まず本節では，金融仲介の理論における金融機関のいくつかの機能に注目する。金融仲介は J. ガーリーと E. ショウが用いた概念である。金融仲介機関とは，資金余剰主体と資金不足主体の間の資金の移転を仲介する金融機関をいう。狭義には，預金証書，保険証書などの間接証券を発行して間接金融を行う銀行，保険会社などである。間接証券は，株式，社債などの本源的証券（直接証券）に比べて，流動性，安全性や分割可能性が高く，本源的証券から間接証券への転換を資産変換機能と呼んでいる。しかし，金融機関の提供する商品・サービスの多様化に伴い，最近では間接証券を発行することが主たる業務ではない証券会社グループなどの金融機関をも金融仲介機関とすることがある。

　一方，証券会社は本源的証券を取り扱う直接金融における代表的な証券業者である。証券会社は伝統的に株式発行を伴うエクイティ・ファイナンスと債券発行によるデット・ファイナンス（銀行借入を除く）を行ってきた。証券会社は彼らの販売能力，市場形成能力を活用して資金需要者のニーズに応えている点で，銀行などの金融仲介機関と類似の機能を果たしている。日本の証券会社における引受・売出業務は，資金需要者の審査と資金供給者からの資金調達に直接関与する点で，銀行の預金・貸出業務とよく似ている。しかし，銀行が信用創造機能と決済手段を提供する点で，銀行と証券会社は区別される。

　金融機関の機能には，資金需要者に関する情報を収集，分析，評価する情報生産機能もある。この情報生産によって，金融機関は金融取引のコストを削減

◆ 表7-1　各種金融機関とその各種機能の有無

各種金融機関 \ 各種機能	金融仲介機能 （資産変換機能）	信用創造機能 （決済手段の提供）	情報生産機能
銀行	○	○	○
証券会社グループ 　証券会社 　特別目的事業体（SPV）	× ○（証券化の場合）	× ×	○ ○
保険会社	○	×	○

（出所）　筆者作成。

できる。情報経済学はさまざまな分野に応用できるが，研究対象となる金融機関が銀行，保険会社から証券会社などにまで広がってきている。

　近年，証券化の進展によって，資産の流動化による資金調達であるアセット・ファイナンスが行われるようになった。アセット・ファイナンスは，証券会社の関連会社である特別目的事業体（SPV）によって行われる。このとき，SPV は証券化商品すなわち間接証券を発行するので，資産変換機能を果たしており金融仲介機関と考えられる。このように，現代の SPV を含む証券会社グループは証券業者と金融仲介機関の両者の機能を有している。

2　リスク管理と金融機関経営

　ここでは，金融機関経営におけるリスク管理について，F. ブラックに依拠しながら，新規リスク移転商品であるデリバティブの導入を概観する。オプションの評価理論であるブラック＝ショールズ式の作者の1人ブラックは，社債が元本，金利リスク，信用リスクの3つに分離できることを指摘した。それでは，ブラックの思い描いた世界は，どのように実現したのだろうか。まず，金利リスクへの対処として，日本では1980年代後半に導入された株式や債券の先物取引では，リスクのみではなく元本を含んだ取引が行われた。80年代に導入された金利スワップは，金利リスクを取引相手に移転する金融派生商品（デリバティブ）である。信用リスクへの対処として，90年代に導入されたクレジット・デリバティブ（以下クレデリ）は，信用リスクを取引相手に移転するデリバティブである。金利スワップとクレデリ取引で重要なことは，貸付債

◆ 表7-2　金融機関のリスク管理の変遷

1970年代～	資産管理
1970年代後半～	負債管理
1985年～	資産負債総合管理（ALM，ベイカー法）
1980年代後半～	先　物
1990年代半ば～	金利スワップ
	クレジット・デリバティブ

（出所）　筆者作成。

権のリスクのみが移転されることである。

　1973年の先進国の変動相場制移行に伴い金利が乱高下し，80年代以降の金融自由化，80年代後半以降の預金金利の自由化による金利リスクが増大することになった。こうした金利リスク増大に対して，当時の都市銀行はまずバランスシートの資産と負債の満期を一致させる方向で対処した。銀行は短期ではなく中長期の設備資金貸出，住宅ローン，消費者ローンに進出して資産側の貸付を長期化させた。伝統的な銀行業務からの乖離の始まりである。これはアメリカで導入された資産管理の文脈で理解できるだろう。貸付の中長期化に伴って，銀行は負債側の要求払預金のシェアを減少させた。しかし，長期で貸して短期で借りることが銀行利潤の源泉なので，資産と負債の満期を一致させることは，銀行にとってコストになる。金利リスクに対して，資産と負債の満期を一致させる以外の手段が必要になるのである。

　資産と負債の満期を一致させる以外の手段の1つとして，1970年代後半に都市銀行はアメリカで開発された負債管理を導入し，バランスシートの負債側で市場金利のコール，現先取引，CD，ユーロ等を使って短期資金を取り入れた。バランスシートの負債側に市場金利の金融商品が入ると，80年代から資産側でも市場金利または変動金利のものが普及した。J. ベイカーの提唱する資産負債総合管理（ALM）である。日本でも，70年代後半にALMが導入されていた。このALMでは，銀行の貸借対照表（バランスシート）だけでなく損益計算書も重視されたのである。

　1980年代後半以降，本節で取り上げる金利リスクに対処する先物，金利スワップと，信用リスクに対処するクレデリが導入されていく。85年10月に，東京証券取引所が長期利付国債の先物取引を始めた。さらに，87年6月に，

大阪証券取引所が株式の先物取引を開始した。88年5月の証券取引法改正後，先物取引の変形であるオプション取引は，89年4月に債券のものが店頭市場で開始され，同年6月に株式のものが大阪証券取引所で開始された。

　変動相場制移行後の金利が乱高下した時期に，まず証券の先物取引が発達した。しかし，証券売却には金利変動の増加によるリスクが伴う。金利リスクが増大すると，金利によって影響を受ける証券の流動性リスクも増大する。証券の先物取引は，この金利・流動性リスクを低下させようとしたのである。

　次に，1980年代後半以降から金利スワップ取引が活発化した。金利スワップ取引は，導入時には貸付の金利部分の交換であった。金利スワップでは，後の第4節で指摘するように，流動性や金利収入だけではなく，ディーリング収益（保有期間が1年未満のポジションから得られた利益。アメリカではトレーディング収益という）と手数料収入の問題が大きくなってくる。

　日本銀行が，国際決済銀行（BIS）の取りまとめのもとで，各国の中央銀行等とともに3年ごとに作成している「外国為替およびデリバティブに関する中央銀行サーベイ」によって，日本のデリバティブ取引を概観してみよう。デリバティブ取引は，まず取引所で導入され，その後，金利スワップが店頭市場で取引されるようになった。店頭市場とは，取引所を介さず，直接当事者間で相対取引を行う市場である。近年のデリバティブ取引の拡大は取引所ではなくおもに店頭市場で起き，現在では取引額も店頭取引が圧倒している。2013年4月中における日本の店頭デリバティブ取引は世界第5位（取引シェア2.4％）である。上位4カ国は英米仏独で，とくにイギリスの取引シェアは48.9％，同じくアメリカは22.8％と桁違いである。同年6月末における日本の店頭デリバティブ取引の71.5％が金利スワップであった。これは世界的な傾向と一致している。

　金利スワップ取引は，そもそも貸付債権の金利リスクだけを第三者に移転するものであった。金利スワップ取引では，貸付債権の元本は転売されないので，金利リスクのみを移転できる。しかし，貸付債権の信用リスクのみに対処する方法は，まだ見出されていなかった。これがクレデリの課題であった。

　従来型の信用リスク移転商品は金融保証である。金融保証は，貸付債権の信用リスクを管理し，リスクを削減する。1990年代半ば以降に導入された新規の信用リスク移転商品は，店頭取引のクレジット・デフォルト・スワップ

(CDS) と債務担保証券 (CDO) である。CDO は，信用リスクを含む原資産を担保にしており，クレデリである CDS に類似した機能を持つ。クレデリを用いることによって，貸付債権をバランスシートに残したまま，信用リスクのみを第三者に移転することができる。

　以上は，クレデリの動向であるが，1980年代に導入された代表的な金利デリバティブである金利スワップから，こうした動きが始まった。クレデリは，信用リスクを取引相手に移転する金融派生商品である。先述したように，F. ブラックは，社債が元本，金利リスク，信用リスクの3つに分離できることに気づいていた。大手銀行は，まず主たる貸付債権の信用リスクをヘッジするために，クレデリを利用する。この信用リスクのヘッジャーを，プロテクション（信用リスクに対する保護）の買い手という。これは，デリバティブ取引のエンド・ユーザーとしての行動であった。

　上記の日本銀行が作成し公表しているクレデリ取引の統計は1999年に始まり，世界金融危機後まで急速に増加した。しかし，欧米と比べると依然として小さな規模に留まっている。

3　金融危機と金融再編

3.1　大手金融機関の再編

　ここでは，繰り返される金融危機が金融持株会社の解禁という金融制度改革につながったことを解説する。1980年代のバブルとその崩壊によって，日本経済は失われた20年といわれる時期に入っていく。90年代には，日本の金融機関は不良債権処理に追われており，アジア通貨・金融危機も重なり，北海道拓殖銀行，日本長期信用銀行，日本債券信用銀行，山一證券のような都市銀行，長期信用銀行，大手証券会社まで破綻し，破綻を免れた他の大手金融機関も政府から大規模な公的資金注入を受けた。一方，米銀大手グループは，1980～90年代に，ローン・セール，デリバティブ，証券化商品を導入し，積極的に業務展開を進め，収益を改善していった。

　バブルが崩壊した1990年代以降，邦銀は過剰融資による巨額の不良債権を抱え，さらに景気回復が遅れたために急速に体力を失っていった。また，第10章で取り上げるバーゼル規制により，邦銀の国際競争力の欠如が明らかと

◆ 表7-3　金融持株会社5社とその主要子会社（2016年現在）

三大メガバンクグループ

三菱UFJ FG	みずほFG	三井住友FG
三菱東京UFJ銀行 三菱UFJモルガン・スタンレー証券	みずほ銀行 みずほ証券	三井住友銀行 SMBC日興証券

二大証券会社グループ

野村HD	大和証券グループ本社
野村證券 野村信託銀行	大和証券 大和ネクスト銀行

（出所）　各社公表資料を参考に筆者作成。

なった。その最中の97年に，第一勧業銀行（現みずほ銀行）の総会屋に対する利益供与事件が明らかになり，邦銀の不透明な融資体制や金融機関は潰さないとする政府の護送船団方式などが批判にさらされることとなった。

　一方，アメリカでは，金融自由化が進む1980年代後半の第一次金融再編ブーム，州際業務規制撤廃によってスーパーリージョナル・バンクを生み出した94年以降の第二次金融再編ブームが相次いで起こっていた。さらに，90年代後半から大手金融機関の第三次金融再編ブームが始まったのである。

　第二次橋本内閣は，1996年に金融ビッグバンといわれる金融制度改革を開始した。日本版ビッグバンの最中の98年に，独占禁止法が改正され，持株会社の設立が可能になり，金融再編のための制度的基盤が整備された。

　大手金融機関までもが破綻するなか，彼らは業界内での再編による規模の経済，業界を越えた多角化による範囲の経済に活路を求めた。こうして，1999年から，大和証券グループ本社，みずほフィナンシャルグループ（FG），三菱UFJ FG，野村ホールディングス（HD），三井住友FGが，段階的な合併劇を繰り返して形成されていく。日本における主要な金融持株会社5社の形成である。

　上記の主要な金融持株会社5社には，共通する特徴がある。それは，第1に各金融持株会社の傘下に，銀行（信託銀行と新たな形態の銀行を含む）と証券会社が入っていることで，これは範囲の経済を追求しているのである。大和ネクスト銀行は，金融庁の分類する新たな形態の銀行であり，インターネット上でのみサービスを提供している。第2にメガバンクもしくは大手証券会社を中心

に各金融持株会社が形成されていることである。大手金融機関は，範囲の経済だけでなく，さらに規模の経済をも求めているのである。主要な金融持株会社5社は，三大メガバンクグループと二大証券会社グループで構成されている。興味深いことに，アメリカの五大金融持株会社も三大商業銀行グループと二大投資銀行グループで構成されている。アメリカの投資銀行とは，初歩的には日本の大手証券会社に相当するものである。各金融持株会社の2つの特徴も，日米ではほぼ共通した方向に移行しつつある。

3.2　地方銀行の再編

ここでは，金融機関の競争がさらに地方銀行（以下地銀）の再編を推し進めたことを概観しておこう。日本の地銀の再編は現在進行している。日本でも県境を越えた地銀の再編が進み，アメリカにおける州を越えたスーパーリージョナル・バンクに相当するような銀行が台頭しつつある。

2007年4月に，地銀の福岡銀行，長崎の親和銀行と第二地銀の熊本ファミリー銀行（現熊本銀行）が，ふくおかFGを発足させたことが大きな一歩であった（正確には10月に経営統合）。本社のある福岡市を中心に県境をまたぐ地銀グループでトップの金融機関が誕生したのである。09年10月には，山形の荘内銀行と秋田の北都銀行が，フィデアHDを設立した。これは地銀同士の再編であり，東北の中心都市である宮城県仙台市に本社を設置した。10年4月には，香川銀行と徳島銀行がトモニHDを発足させた。これは第二地銀同士のもので，四国の香川県高松市に本社を置いた。トモニHDは，16年4月に大阪府の第二地銀である大正銀行を，株式交換方式で買収した。

先のフィデアHDに影響されて，2012年10月に，山形のきらやか銀行と仙台銀行が，じもとHDを設立した。これは東北の第二地銀同士の再編であり，やはり仙台市に本社を置いた。14年10月には，東京都民銀行と東京の八千代銀行が，東京TY FGを発足させた。これは地銀と第二地銀の再編であり，地方から始まった再編の波が東京にまで及んだのである。さらに，東京TY FGは，16年4月に新銀行東京と統合している。

一方，ふくおかFGに刺激を受けて，2015年10月には，熊本の肥後銀行と鹿児島銀行が統合して，金融持株会社九州FGを設立した。これは南九州にある地銀同士の再編であり，本部機構を熊本，登記上の本店を鹿児島とした。16

◆ 表7-4　地方銀行の再編（2016年現在）

ふくおかFG	フィデアHD	トモニHD	じもとHD
福岡銀行 熊本銀行 親和銀行 十八銀行	荘内銀行 北都銀行	香川銀行 徳島銀行 大正銀行	きらやか銀行 仙台銀行

東京TY FG	九州FG	コンコルディアFG	足利HD
東京都民銀行 八千代銀行 新銀行東京	肥後銀行 鹿児島銀行	横浜銀行 東日本銀行	常陽銀行 足利銀行

（注）　一部予定を含む。
（出所）　各社公表資料を参考に筆者作成。

年4月には，横浜銀行と東京の東日本銀行が統合し，金融持株会社コンコルディアFGを設立し，ふくおかFGの総資産を抜き返した。これは関東にある地銀と第二地銀の再編であり，本店は横浜銀行東京支店（日本橋）の場所に設置した。しかし，ふくおかFGは翌17年4月に長崎の地銀，十八銀行を経営統合し，再び地銀グループでトップに浮上することになっている。ふくおかFG傘下にある長崎の親和銀行と十八銀行は18年4月をめどに合併する。また，16年10月には，茨城の常陽銀行と栃木の足利銀行が経営統合する。これは北関東にある地銀同士の再編であり，これにより総資産で国内3位の地銀グループが誕生する。野村ホールディングス等が出資する足利HDを2行の共同持ち株会社として存続させる予定である。

　地銀再編には金融庁の後押しもあるが，そもそも一県一行主義には必ずしも経済合理性があったわけではない。交通網の発達により県境をまたいだ経済圏が出現すれば，金融機関も県境を越えて進出し，規模の経済を求めて金融再編が進むのは自然な流れである。

　また，地銀グループは，メガバンクグループと比べて，伝統的な銀行業務の割合が高くなっている。地銀グループは，メガバンクグループのように傘下に証券子会社を持つことはあるが，メガバンクグループほど証券業務へは進出していない。

4 メガバンクグループの収益力

4.1 収益構造

　前節でみたように，1990年代の金融危機を経て，日本の大手金融機関は主要な金融持株会社5社に集約されつつある。それでは，新たに形成された金融持株会社5社の金融機関経営は，2007～08年の世界金融危機によって，どのような影響を受けたのだろうか。

　日本の大手金融機関におけるサブプライム・ローン関連の損失は，欧米の大手金融機関に比べると少なかった。失われた20年の間に住宅バブルが発生しなかった日本では，世界各地で起きた住宅バブル崩壊は対岸の火事であった。その一方で，日経平均株価は世界金融危機を契機に大幅に下落し，社債・CPの発行も困難になった。日本経済は歴史的に外需に支えられており，経済成長を牽引してきたのは輸出であった。当時のマイナス成長の主因は，世界金融危機に伴う欧米の景気減速による輸出の急減にあったのである。

　本節と次節では，世界金融危機における日本の大手金融機関の収益構造を紹介する。まず本節で危機前後におけるメガバンクグループの各社決算資料による損益計算書（PL）分析の結果について概説する。これによって，世界金融危機が日本の金融面・金融機関経営に与えた影響の一端を解説する。

　表7-5によって，日本のメガバンクグループ3社の収益構造をみてみよう。メガバンクグループ3社とは，金融持株会社三菱UFJ FG，同じく三井住友FG，みずほFGである。ただし，メガバンクグループは金融持株会社を構成しており，傘下の証券子会社などの数字を含んでいることに注意されたい。とくに，三井住友FGは2009年10月から三大証券の1つSMBC日興証券を子会社にしている。三菱UFJ FGは三菱UFJモルガン・スタンレー証券を，みずほFGはみずほ証券を傘下に持っている（前節の表7-3参照）。

　まず，日本のメガバンクグループの収益における金利収入に関しては，2001～14年度に各社の平均はほぼ49～55％である（2001, 07, 08年を除く）。国際的に比較すると，銀行業務である貸出金利が非常に低く，預金金利との貸出利ざやが低いことが特徴である。その理由は，20年を超える低成長とゼロ金利政策のもと，自行だけが金利を引き上げることによって，他行に顧客を奪

◆ 表7-5　日本のメガバンクグループの収益構造

	金利収入	非金利収入
銀行業務	貸　出	手数料（フィー） 為替差損益
銀行業務 以外	自己売買勘定 証券投資（債券，株式）	委託手数料（コミッション）とフィー 為替差損益 ディーリング収益 　金利，株式，コモディティ，クレデリ，外国為替 　証券投資（債券，株式） 持分法による投資損益

（出所）　各社決算資料を参考に筆者作成。

われまいとする横並び意識の強さにあった。

　また，リテールの住宅ローンは，サブプライム危機の震源地である米銀大手に比べると，邦銀は非常に小さくなっている。リテールとは，小口で家計や中小企業向けという意味である。組成分配型（OTD）モデルのオリジネートも，米銀大手とは異なり，日本のメガバンクはあまり行っていない。米銀大手では住宅ローンが主たる貸付であるが，日本のメガバンクは住宅ローンではなく大企業向けの融資をおもに行ってきた。バランスシートの資産側における貸出業務の違いが収益構造全体に影響しているのである。

　次に，収益における非金利収入に関しては，日本のメガバンクグループ各社の平均は2001～14年度にほぼ45～51％である（2001，07，08年を除く）。メガバンクグループでは，M&Aアドバイザリー業務，アセット・マネジメントという項目がないことが特徴である。M&Aアドバイザリー業務とは，合併・買収（M&A）等の助言を行うもので，米銀大手では主要な業務である。日本では，とくに敵対的なM&Aは受け入れられないので，アドバイザリー業務も一般的ではない。アセット・マネジメントとは，資金の運用管理受託，投資顧問業務である。こちらは，日本でも少子高齢化の進行により将来性のあるビジネスと考えられている。

4.2　ディーリング業務

　ここでは，ディーリング業務について，表7-6を参照して説明する。ディーリング収益とは，保有期間が1年未満のポジションから得られた利益である。

◆ 表7-6 ディーリング業務をめぐる関係表

	証券業務の内訳	満期区分
委託手数料（コミッション）	ディーリングに関する委託手数料（コミッション）	1年未満の取引 広義のディーリング
自己勘定取引	狭義のディーリング	
	証券投資（債券，株式）	1年以上の取引

(出所) 筆者作成。

　これは，広義のディーリングで発生する。ディーリング収益は，伝統的な株式・債券だけでなく，新たな通貨，コモディティ（石油・貴金属・電力などの商品）領域でそのウエイトを拡大した。ディーリング収益は2つの要素から構成される。第1に，顧客のための証券売買によって生じる委託手数料（コミッション）である。第2に，投資銀行が相場観などに従って自己勘定で行う売買から生じる利益である。これは，狭義のディーリングで発生する。相場観に基づくディーリングでは，デリバティブによるレバレッジ効果によって，損益の変動が激しくなることもあった。これはディーリング業務の負の側面である。

　各社別にみると，三菱UFJ FGでは，非金利収入における銀行業務以外の各種金融商品のディーリング収益，証券投資，持分法による投資損益が，世界金融危機を契機とした日経平均株価の下落を反映して，危機の最中の2007～08年度を中心に大きな赤字になっている。持分法による投資損益とは，たとえば，投資ファンドに出資して分配金を得るものである。三井住友FGでは，赤字を計上した非金利収入項目は，外国為替，株式，クレデリ，その他のディーリング収益である，とくに，新しい市場であるデリバティブ関連のディーリング収益が，非常に不安定になっている。みずほFGでは，銀行業務ではないデリバティブ契約とそれ以外の証券のディーリング収益，証券投資が金融危機を中心に赤字になっている。

　ここで，金融業務において，各種金融商品のディーリング業務は，なぜ必要なのかについて述べることにする。まず証券（子）会社は各種金融商品を引き受け，その金融商品を市場で売っていく，すなわちディーリングをすることになる。ディーリングはただ売買するだけで，生産的ではないという議論がサブプライム危機のときに行われた。しかし，ディーリングをするということは，

各種金融商品のマーケットメイクをするという意味でプラスの面があると考えられる。たとえば,米大手銀行グループでは,各種金融商品のディーリングが収益の1つの柱にまで成長しているのである。

　日本のメガバンクグループは2008年もしくは09年からディーリング業務の内訳を公表している。それによると,金利商品のディーリング収益は,10年度の三菱UFJ FGと13年度のみずほFGを除くと黒字になっている。金利商品のディーリング収益は,金利スワップ取引のディーリング収益にほぼ対応している。しかし,株式,コモディティ,クレデリ,外国為替のディーリング収益は赤字になることが多い。一方,デリバティブ以外の証券のディーリング収益は,黒字になることが多くなっている。

4.3　日本の銀行経営の特徴

　それでは,日本のメガバンクグループの収益構造を,米銀大手グループのものと比較すると,どういうことがいえるだろうか。1つは,日本のメガバンクグループの非金利収入における銀行業務以外のディーリング収益がかなり不安定なことである。三菱UFJ FGの総収益(ネット)に占めるディーリング収益は,2001～14年度に－7.7～26.2％と大きく変動している。三井住友FGでは同じく1.0～12.3％の範囲にある。みずほFGでは04～14年度に0.7～21.8％である(01～03年度は公表していない)。とくに,日本のメガバンクグループのデリバティブ,株式,外国為替のディーリング収益が回復せずに不安定である。単純に比較すれば,日本のメガバンクグループの数字が,米銀大手グループのもの以上に不安定に変動している。

　非金利収入における銀行業務と,それ以外の両方にまたがる為替差損益も非常に不安定である。これは,メガバンクグループの業務が円建てだけではないことを反映していると思われる。米ドルは基軸通貨であり,日本円はそうではない。メガバンクグループは為替リスクをヘッジする必要があり,個別行ではできない円建てディーリング取引を今後どう普及させるかも課題である。

　メガバンクグループの為替差損益のデータでは,三菱UFJ FGは2001～14年度に総収益(ネット)の－23～35％台と大きく変動させている。三井住友FGの場合は為替のディーリング収益のデータがあり,これは米銀大手にかなり近い値だが,2008年度と12～14年度にマイナスが出ている。みずほFGは

両方のデータがあり，為替差損益では04～14年度に総収益（ネット）の－6～13％近くまで大きく変動させている（01～03年度は公表していない）。為替のディーリング収益では，10～14年度にマイナスとなっている。この数字は円安進行のときにかなり収益減少もしくはマイナスに転じている。

先ほどみた世界金融危機のときにも，日本のメガバンクグループの収益において赤字になった項目があった。さらに，大幅な円安が進行した年，たとえば2001～02年度，05～07年度，14年度に，メガバンクグループにおける収益の各項目が赤字になり，総収益が減少することが多くなっている。

最後に，非金利収入における銀行業務とそれ以外の両方にまたがる，委託手数料（コミッション）とフィーについてみてみる。日本のメガバンクグループではどのぐらいかというと，データは各行で少し異なるが，委託手数料とフィーは2001～14年度に総収益（ネット）の12～37％台の範囲にある。これは，米銀大手グループよりも大きな数字である。この点は次節で言及する。

日本では，メガバンクグループの銀行業務の金利収入である貸出利ざやが低く，銀行業務以外の非金利収入である各種金融商品のディーリング収益や証券投資などが安定せず赤字になることが多い。伝統的な銀行業務が伸び悩むなかで，新たな業務に参入したが，そこでも問題を抱えている。

5　大手証券会社の収益力

5.1　収益構造

本節では，大手証券会社のPL分析の結果について概説する。大手証券会社3社とは，金融持株会社野村HD，同じく大和証券グループ本社，金融持株会社傘下のSMBC日興証券である。旧日興證券は，1999年2月にホールセール業務を日興ソロモン・スミス・バーニー証券へ移管し，それ以後はおもにリテール業務を行っていた。2007年5月から米銀大手シティグループの一員，09年10月から金融持株会社三井住友FGの一員となった。このように，大手証券会社は金融持株会社を構成しているか，もしくはその一員であることに注意されたい（第3節の表7-3参照）。

ここでは表7-7によって，日本の大手証券会社3社の収益構造をみてみよう。大手証券会社3社の収益構造については，まずメガバンクグループと同様

◆ 表7-7　日本の大手証券会社の収益構造

	金利収入	非金利収入
証券業務の基本的類型	自己売買勘定	①委託手数料（コミッション，ブローカレッジ） ②ディーリング収益 　　金利，株式，コモディティ，クレデリ，外国為替 ③引受・売出（アンダーライティング） ④募集・売出取扱（セリング）
その他の証券業務	証券投資（債券，株式）	証券投資（株式，債券） アセット・マネジメント PE投資

(注)　①〜④は，日本の証券業務の基本的類型に対応する非金利収入である。日本証券業協会は，引受・売出業務をアンダーライティングとし，③引受を新規発行証券に対して売り出す目的をもって買い取る業務，売出を既発行証券に対して行う同様の業務，④募集・売出取扱業務を投資家に向けて買い入れるように勧誘する業務とする（日本証券業協会 http://www.jsda.or.jp）。
(出所)　各社決算資料を参考に筆者作成。

に，アドバイザリー業務という項目がないことが特徴である。

　次に，各社別に証券業務の基本的類型からみてみよう。証券業務の基本的類型とは，①委託売買業務（ブローカレッジ），②自己売買業務（ディーリング，アメリカではトレーディングという），③引受・売出業務（アンダーライティング），④募集・売出取扱業務（セリング）である。

　日本の大手証券会社における証券業務の基本的類型のなかでは，まず日本の特徴ともいえる，委託売買業務による委託手数料（コミッション）をみると，日本ではその委託手数料が大きくなっている。野村HDの委託手数料は，世界金融危機の最中の2007〜08年には総収益が減っているので総収益（ネット）の51〜98％台と特別に大きな値だが，それ以外でも10〜35％台の範囲にある。大和証券グループ本社の純営業利益に占める委託手数料は，01〜14年度に同じく12〜28％近くの範囲にある。SMBC日興証券の純営業利益に占める委託手数料は，01〜14年度に5〜26％台の範囲にある。アメリカでは証券業務において委託手数料からフィーに移行したといわれているが，日本ではそれがないことを反映しているのだろう。委託手数料とは，顧客が証券会社に売買を委託し，通常，取引金額や取引株数に応じて決められるものである。たとえば，売買代金の何％，1株当たり何円である。それに対して，フィーとは，委託の有無や取引金額や取引数にかかわらず，取引対象となる残高に対して支払われ

る報酬である。

　次に，野村HDでは，証券業務の基本的類型である自己売買業務によるディーリング収益が，世界金融危機を契機とした日経平均株価の下落を反映して，2008年度を中心に赤字になっている。大和証券グループ本社では，株式などのディーリング収益が08年度と10年度を中心に赤字になっている。SMBC日興証券では，ディーリング収益が07～09年度にはそれほど赤字にならず，株式などのディーリング収益が10年度に少し赤字になっている。ただし，マイナスに転じてはいないが，09年度まで黒字が小さくなっている。しかしながら，収益全体ではかなり回復しており，アメリカのようにサブプライム関連のバブルとその崩壊を経験していないことが大きい。

5.2　日本の証券会社経営の特徴

　それでは，日本の大手証券会社の収益構造を，米銀大手投資銀行のものと比較すると，どういうことがいえるだろうか。まず気づくことは，メガバンクと同じく，大手証券会社3社における証券業務の基本的類型であるディーリング収益が不安定なことである。野村HDのディーリング収益は，2001～14年度に総収益（ネット）の－41～36％台である。大和証券グループ本社の純営業収益に占めるディーリング収益は，01～14年度に20～38％台である。SMBC日興証券の同じく純営業利益に占める割合は，15～44％台になっている。

　さらに，野村HDでは，その他の証券業務であるPE投資損益と株式証券投資損益が，金融危機を契機とした日経平均株価の下落を反映して，2008年度を中心に赤字になっている。PE（プライベート・エクイティ）とは，未公開企業への投資活動のことである。大和証券グループ本社では，同じく有価証券の関連損益が08年度と10年度に赤字になっている。SMBC日興証券はデータを公表していない。

　大手証券会社のその他の証券業務である，アセット・マネジメントも不安定である。野村HDのアセット・マネジメントは，2008年度は特別に大きく総収益（ネット）の45％近くになっているが，それ以外は7～24％台の範囲にある。大和証券グループ本社の純営業利益に占めるアセット・マネジメントは，01～11年度に11～48％台と大きく変動している（12～14年度は公表していない）。SMBC日興証券はデータを公表しておらず，日本の大手証券会社2社の

アセット・マネジメント収益は，米銀大手グループのものよりかなり不安定に揺れ動いている。

　日本では，大手証券会社3社における証券業務の基本的類型である，委託手数料が大きくなっている。その一方で，証券業務の基本的類型であるディーリング収益や，その他の証券業務であるPE投資損益と株式証券投資損益などが，安定せず赤字になることが多い。今後，日経平均株価の下落，円安，新しい市場であるデリバティブの未成熟さ等の問題に，官民一体となって対処していかなければならないであろう。

　日本では，大手証券会社3社の証券業務の基本的類型における収益が大きく，基本的類型以外の証券業務である証券投資やアセット・マネジメントなども安定していない。証券業務の基本的類型が安定しないなかで，新たな業務に参入したが，そこでも問題を抱えている。

6　金融業の将来

　最後にむすびとして，本節では，日本の金融業の将来を，近い将来における大手金融機関の業務展開の方向性として，各社決算資料による貸借対照表（BS）分析と損益計算書（PL）分析の結果を利用して解説する。

　まず，日本のメガバンクグループや大手証券会社の業務展開へのインプリケーションを考えよう。株式，債券引受の後の自己売買業務（ディーリング）において，主幹事は一般に発行後の流通市場でマーケットメイクを行う。マーケットメイク力が強ければ，さらなる引受を行うことができる。ディーリング力をつけて，そのディーリング力を背景にして引受業務を獲得したり，さらにアセット・マネジメント収益を上げていくことができる。

　日本やアジアで，さらにはグローバルにディーリングを考えてみよう。これは，アセット・マネジメントにおいて，日本の貯蓄を日本国内で投資できないのであれば，どこに投資するか。そのときに，どの金融機関がどのような金融商品を提供し，または仲介するかという話に置きかえることもできる。

　表7-8は，左側が自己勘定，他人勘定で，右側が銀行業務，証券業務である。証券業務は，ホールセールとリテールの違いを強調するためにこのような区分けにしている。ホールセールとは，大口で大企業，中堅企業，政府，機関

◆ 表7-8　日本の大手金融機関の業務展開の方向性

自己勘定	貸出業務, サービシング収入	銀行業務
	ディーリング業務↑ プリンシパル・インベストメント業務	
他人勘定	引受, 分売, ブローカー業務↑ M&Aアドバイザリー業務 ファンド運用↑ ベンチャーキャピタル業務 リスク管理業務 アセット・マネジメント(信託)業務↑	ホールセール証券業務
	リテール顧客に対する証券, 保険商品の販売, 不動産仲介業務 アセット・マネジメント(信託)業務↑	リテール証券業務

(注)　1　サービシング収入とは，返済計画や書類代，調査費，通信費などの手数料収入である。
　　　2　矢印↑は，メガバンクグループや大手証券会社の有望な業務分野を示している。業務区分には，アメリカのものも含まれている。
(出所)　筆者作成。

投資家向けという意味である。

　金融機関の競争力をみるときに，ディーリング力が基礎になっている面があるので，まずその部分を強化する必要があると思われる。ディーリング業務に付随するプリンシパル・インベストメント業務も同様である。プリンシパル・インベストメント業務とは，投資銀行が自己勘定による投資活動を行い，リターンを追求するものである。

　それでは，証券業務をどのように強化すればいいのだろうか。それは，ディーリング業務も含めて引受・売出業務（アンダーライティング）や募集・売出取扱業務（セリング）を強化することである。一方，M&Aアドバイザリー業務は，とくに日本の企業マインドでは敵対的なM&Aはかなり難しいので，業務の1つの柱にすることは，近い将来には最大手でもかなり困難であろう。アセット・マネジメントにはホールセールとリテールの両方があるが，アセット・マネジメントはPE投資と証券投資も関連しており，これらを含めて将来性がある。それは，ディーリング業務を1つの起点にして一連の業務を行うという強みがあるからである。

　現状では，大手証券会社3社は，引受業務だけでなくアセット・マネジメントにかなり進出している。日本国内では，リテールの少額投資非課税制度

(NISA)の成功が取りざたされている。NISAとは，株式や投資信託の投資に対して，日本の税制上20％の売却益と配当への課税を，年間120万円を上限に非課税とする制度である。さらに，これらの業務を伸ばすためには，たとえばディーリング力の強化が必要であり，SMBC日興証券のようにメガバンクを中核とした大手金融持株会社の傘下に入ることも有益である。メガバンクのディーリング力を利用して，円建てでグローバル・ディーリングを行い，アジアに進出するという手段もある。

一方のメガバンクグループは，米銀大手と比べると，ディーリング力で劣位にある。しかし，メガバンクのディーリング力は，引受業務やアセット・マネジメント，とくにアジアのウェルス・マネジメント（富裕層向け総合金融サービス）に有効である。米銀はすでにウェルス・マネジメントを行っており，上記のNISAは邦銀でも取り扱っている。

グローバル・リテールの1つである富裕層向けのウェルス・マネジメント業務は，アジアに進出するときの1つの手段である。これまで海外に進出する手段はおもにホールセール業務であったが，近年アジア諸国に欧米の大手金融機関が進出したときのきっかけの1つは，ホールセールではなくてリテールであった。そのときのリテールは，グローバル・リテールあるいはウェルス・マネジメントであった。

メガバンクグループの伝統的な銀行業務の伸びは期待できず，傘下の証券子会社を利用しつつ，証券業務の基本的類型の強みを生かして，新たな証券業務に進出している。大手証券会社3社も，証券業務の基本的類型の強みを生かして，新たな証券業務を開拓している。

さらに，ヨーロッパでは，銀行業務と保険業務との融合（バンカシュアランス）が進み，銀行，証券，保険という3つの業態にまたがる金融コングロマリットが出現している。イギリスでは伝統的に銀行業務と保険業務の兼業は規制されておらず，1967年にTSB（トラスティー・セービング・バンク）が生命保険子会社を設立し，88年にロイズ銀行も生命保険会社アビーライフを買収し，2000年に両行が合併したロイズTSBグループも大手生命保険会社スコティッシュ・ウィドゥズを買収して歴史的に保険事業へ参入してきた。オランダでは，1990年の規制緩和により，王立郵便貯蓄銀行を前身とする大手銀行NMBポストバンクグループと大手保険ナショナーレ・ネーデルランデンが統合し，金

第7章 現代の金融業

融コングロマリット ING（インターナショナーレ・ネーデルランデン・グループ）が誕生した。95年以降，ING は，ヨーロッパ，アメリカ，アジア大洋州において銀行・保険会社を買収し，現在では50カ国超で銀行，保険，アセット・マネジメント等のバンカシュアランス・サービスを提供している。一方，日本では，バンカシュアランスは銀行での保険の窓口販売とされることが多く，銀行業務と保険業務との本格的な融合は残された分野である。　　（掛下達郎）

　＊本章は，2016～18年度 JSPS 科学研究費 JP16K03920，2016年度松山大学特別研究の助成を受けたものである。

(練習問題)
1　日本の金融機関経営において，リスク管理手法がどのように導入され発展してきたかを説明しなさい。
2　日本の金融再編を推し進めた要因に言及し，金融再編がどのような過程をたどっていくのかを論じなさい。
3　日本のメガバンクグループは，どの銀行・証券業務をどのように強化すれば収益力を向上できるかを論じなさい。
4　日本の大手証券会社は，どの証券業務をどのように強化すれば収益力を向上できるかを論じなさい。

(参考文献)
大村敬一［2010］『ファイナンス論――入門から応用まで』有斐閣
掛下達郎［2016］『アメリカ大手銀行グループの業務展開――OTD モデルの形成過程を中心に』日本経済評論社
証券経済学会・公益財団法人日本証券経済研究所編『証券事典』金融財政事情研究会（2017年刊行予定）
西村吉正［2011］『金融システム改革50年の軌跡』金融財政事情研究会
星岳雄・カシャップ，A.（鯉渕賢訳）［2006］『日本金融システム進化論』日本経済新聞社

◆ *Column* アメリカと日本の金融業の対比

　星岳雄と A. カシャップは，19 世紀後半から 1930 年代半ばまでの日本の金融システムを，資本市場中心であったとする（Hoshi, T. and A. Kashyap [2001], *Corporate Financing and Governance in Japan: The Road to the Future*, MIT Press)。寺西重郎によると，明治大正経済システムにおいて，大企業はおもに株式による資金調達を行った。一方，銀行は大資産家である商業部門に貸し出し，商業部門はそれを大企業の株式投資に用いたり，中小企業への再貸出を行ったりした。その意味で，この時期に銀行の役割が小さかったわけではないという（寺西重郎 [2003]『日本の経済システム』岩波書店)。その後，戦時経済を経て日本の金融システムが銀行中心に転換したことは，岡崎哲二・奥野正寛編『現代日本経済システムの源流』（日本経済新聞社，1993 年）など多くの研究が明らかにしている。

　一方，アメリカの金融システムは，伝統的に資本市場中心であった。日本の戦時経済に匹敵するような外的なショックは，近年のアメリカでは起こっていない。しかし，アメリカにおいて，1980 年代までのような伝統的な資本市場中心の金融システムはもはや存在しない。それでは，アメリカにおいて銀行中心の金融システムは，一部とはいえ，どのように形成されてきたのだろうか。

　それは，1990 年代末から，三大銀行中心の金融システムが，商業銀行業務でなく，各種金融商品の引受業務という投資銀行業務で形成されたのである。これは，資本市場中心の金融システムであったアメリカにおいて，画期的な出来事であった。アメリカでも，投資銀行業務（引受，トレーディング，M&A アドバイザリー業務など）を行っている商業銀行は，三大グループに限定されていた。しかし，三大商業銀行グループの投資銀行業務は，三大投資銀行と比べても遜色ないかそれを凌駕している部分もあった。資本市場中心の金融システムを持つアメリカでは，大手商業銀行グループにとって，投資銀行の主戦場である資本市場とその引受業務に進出する形で，自らの業務展開を推し進めることが最も有望な策であった。

　米大手商業銀行グループの業務展開は，最終的には証券化を中心とする投資銀行業務であった。大手銀行グループは，組成分配型（OTD）モデルを形成して，金融システムの中心である資本市場における業務展開を行った。大手銀行グループにとって，貸付のオリジネートから始まる OTD モデルは，資本市場に進出するために必要不可欠な業務展開であった。これが，米大手銀行グループの業務展開の特徴を決定づけた要因である。こうして，資本市場中心の金融システムを持つアメリカにおいて，1990 年代末から，三大銀行中心の金融システムが一部で形成されたのである。

（掛下達郎）

第8章
国債膨張下の財政と金融

1 財政と金融

1.1 財政と金融の関わり

　私たちの暮らす社会は，国家という経済主体，都道府県や市町村といった地方公共団体から構成され，そのもとで国民や企業，団体による経済活動が行われている。国や地方公共団体は国民や企業から租税を徴収したり公債（国債・地方債）を発行したりすることで資金調達を行い，国防や治安の維持，社会保障，公共財の建設・管理といった公共的な目的のための支出を行っている。このような国や地方公共団体による経済活動のことを財政といい，財政上の収入を歳入，支出を歳出という。なお，以下ではおもに国の財政について述べていく。

　財政は普通，租税で賄うことになるが，財源が不足する場合には債務によって調達することになる。この国家の信用により設定される債務全般のことを国債という。国が債務を負う際には金融機関や金融市場を利用して借入を行うのであるが，通常この借入は債券の発行を通じて行われ，この債券のことを一般的に国債と呼んでいる。歳入のうち租税は無償資金であるが，国債は有償資金であり，その元利払い，つまり利子の支払いと元本の償還をする必要がある。元利払いをする際の資金は最終的には租税である。もちろん，元利払いのために国債の発行により調達した資金も使うことはできるが，その場合は借金を借金で返す状態になり，金利の情勢にもよるが，普通，債務は拡大していくことになる。いずれにせよ最終的には，租税による元利払いをしていかなければならず，国債は将来の租税収入を担保とした債務であり，将来世代へのツケとな

る。

　財政と金融との関わりという点では，国債のほかに財政投融資をあげることができる。財政投融資は国が金融市場などから調達した資金を用いて，財投機関と呼ばれる政策金融機関や独立行政法人などを通じて社会資本の整備，国民の住宅建設や中小企業への支援などに融資する制度である。財政投融資は毎年財政投融資計画が予算編成と並行して策定されて，国会で議決されている。かつては，国の政策目的実現のために郵便貯金や年金積立金などを全額預託させて運用していたため，一般会計や特別会計といった租税や公債発行による予算と並ぶ「第2の予算」とも呼ばれていた。しかし，低成長期に入り社会資本整備の重要性が低下し，また資金が非効率に運用されているなどの批判から，行財政改革のなかで見直しの対象となり，2001年からは郵便貯金は全額自主運用となるなど，制度改革が進んでいった。

　このように財政は，国債発行や財政投融資などを通じて，金融市場や金融機関と密接な関わりを持っている。国が自らの信用で資金調達を行い借り手となり，また投資や融資を行い貸し手となることを，民間の金融関係を示す私的信用や私信用に対し，国家信用や公信用ということがある。この概念は，近代的な租税制度や公債制度，さらには近代的な金融市場の発達を前提として，国家と民間における資金の貸借や債権債務関係の当事者となり，それによって資本制経済の展開に深くコミットするようになった状況を示している。

1.2　財政の資金管理

　財政すなわち国による経済活動に関わる資金の収支は，国庫により管理されている。国庫とは，立法や司法といった機能の主体である国から区別して，財産権の主体としてみた概念であり，実際の資金である国庫金の受け払いは日本銀行にある政府預金と呼ばれる預金勘定を通して行われている。

　国庫金の収支は，以下の3つに分類できる。①一般会計から特別会計への繰り入れや財政融資資金による公庫への貸付など，国庫内部での受け払いである国庫内振替収支，②日銀からの納付金，財政融資資金や国債整理基金と日銀との国債売買などによる国庫対日銀収支，③国庫と民間との資金の受け払いである国庫対民間収支である。このうち，国庫対日銀収支と国庫対民間収支では国庫金残高が変動することになる。また，国庫内振替収支と国庫対日銀収支によ

る通貨量の変動はないが，国庫対民間収支では通貨量が変動する。すなわち，財政活動による対民間の資金の受け払いは金融市場へ影響を及ぼすのである。財政が受取超過となり通貨量が減少すれば，金融市場における資金不足要因となり，金融引き締め効果をもたらすことになる。逆に，支払超過となり通貨量が増加すれば，金融市場における資金余剰要因となり，金融緩和効果をもたらすことになる。これらの国庫対民間収支は，日銀に置かれた政府預金と民間金融機関の日銀当座預金との間での資金の振替により受け払いが行われている。たとえば，年金の支払いや公共事業費の支払いを行う際には，政府預金から民間金融機関の日銀当座預金を通じて個人や企業の口座に資金が振り込まれる。国債の償還などでも国庫からの支払いが行われ，このように財政資金が対民間収支で支払超過となった場合のことを「払い超」または「散超」（散布超過）という。逆に，個人や企業が納税する場合に民間金融機関で手続きが行われると，当該金融機関から日銀に通知される。日銀では，当該金融機関の日銀当座預金から政府預金へ振替が行われ，民間から国庫への資金の支払いが完了する。国債発行収入金の受け取りなどでも国庫への支払いが行われ，このように財政資金が対民間収支で受取超過となった場合のことを「揚げ超」という。

　また，外国為替市場介入が行われた場合にも財政資金の受け払いが生じる。日本における外国為替市場介入は，外国為替相場の安定を図るために，日銀が政府の代理人として政府預金内の外国為替資金を用いて外国為替市場において為替平衡操作が行われる。たとえば，円売り・ドル買い介入を行う場合，政府の指示に基づく日銀の為替平衡操作によって民間金融機関に対して円が売られるので，当該金融機関の日銀当座預金が増加し，その分だけ政府預金が減少する。円買い・ドル売り介入の際には，逆に民間金融機関の円が買われるので，当該金融機関の日銀当座預金は減少し，政府預金が増加する。

　以上のように，日銀当座預金残高が増減する要因として，国庫と民間金融機関との間で財政資金を受け払いすることがあげられ，このことを財政等要因という。なお，日銀当座預金残高の増減要因としては，銀行券の発行・還収による銀行券要因もあげられる。こちらは，企業の給与支払いや行楽などの資金需要に伴う預金の引き出しなどの目的で，民間金融機関が日銀当座預金から現金を引き出したり，逆に休暇明けなどで現金が民間金融機関に預金され，それを民間金融機関が日銀当座預金に預け入れたりすることで生じる。

これらの要因による日銀当座預金残高の増減は，政府，民間，さらに非居住者といった主体の経済活動の結果を反映したものであり，少なくとも短期的には，日銀にも民間金融機関にもコントロールすることは不可能である。このため，これらの要因は，日銀が日々の金融調節を行ううえでは，外生的要因とされている。このような資金の過不足は，日銀によって国債の売買など短期金融市場におけるさまざまなオペレーション（日銀信用）が行われて，民間銀行の日銀当座預金を通じて調節されることになる。

1.3　財政政策と金融

　財政には資源配分の調整，所得の再分配，景気の安定化という3つの機能があるとされている。資源配分の調整とは，国民の生活には必要不可欠であるが，民間や市場を通じては供給されないか，十分ではない財やサービスを供給する機能である。警察や消防といった公共サービス，道路や港湾といった社会資本，医療や年金などの社会保障といったものがそれである。所得の再分配とは，累進課税制度によって所得や資産の高い人々から所得税や相続税などを徴収し，社会福祉費や生活保護費として所得の低い人々へ分配して，不平等を緩和する機能である。景気の安定化は，裁量的財政政策（フィスカル・ポリシー）や自動安定化装置（ビルトイン・スタビライザー）により景気の波をできるだけ小さくする機能である。前者は，不況期に減税や公債の発行などによって歳出の拡大を行い，好況期に増税や歳出の削減を行うことで景気を安定化させる。後者は，累進課税制度により，好況で所得が増加すれば税負担がそれ以上に増加して景気を抑制する，逆に不況で所得が減少すればそれ以上に税負担も減少して景気を下支えしたり，生活保護や失業保険など社会保障制度により所得の減少を補ったりすることで財政が景気を調整する機能を持っているということである。

　一般的に財政には，経済効果や乗数効果があるとされる。すなわち公共事業などで歳出を1単位増加させたとき，国民所得がその何倍か増加する効果のことで，政府支出乗数や投資乗数といわれる。逆に増税や減税についても乗数効果があるとされ，これを租税乗数や減税乗数と呼んでいる。たとえば，財政支出を1兆円増加させることで，GDPが2兆円増加すれば乗数は2ということになる。乗数効果については，限界消費性向cと財政支出の増加分をXとし

て，以下のように説明することができる。

$$X+cX+c^2X+c^3X+\cdots\cdots = \frac{1}{1-c}X \tag{1}$$

　歳出の増加はまずその事業の直接的な支出分が経済効果としてあらわれ，その後，所得が増加した人はその所得の増加分のうち限界消費性向であるcの割合だけ消費に回すことになる。さらにその消費により所得が増加する人があらわれ，またcの割合だけ消費に回るといった具合に連鎖していく。すなわち，財政支出を増加させるとその直接的な効果に加えて，その間接的な効果をあわしていき，その間接的な効果が0となるまで連鎖が続くと考えられ，その総和である歳出増加分の$1/(1-c)$倍が歳出増加による最終的な経済効果となる。たとえば，cが0.8であれば乗数は5となり，政府が歳出を1兆円増やすと国民の所得が5兆円増加することになる。

　ただ，景気変動や外生的な要因もあるため，厳密にこの乗数効果だけを測定することは難しいといった点や，乗数効果そのものがあるのかといった点も指摘されている。近年の日本では，バブル崩壊後の経済対策や東日本大震災に伴う復興費，いわゆるアベノミクスなどで大規模な歳出が行われてきたが，景気の浮揚効果ははなはだ疑わしいといわざるをえない。この背景として国内の人口減少による将来不安の高まりなどから企業の設備投資が伸びず，また雇用も増やさないため，個人所得の増加にもつながらず，その結果として消費者も消費を抑制することになる。さらに，円安など外生的な要因から企業収益が改善しても，その収益は企業の内部留保となってしまっているといった点があげられる。政府が経済対策として歳出を増やしたり減税を行ったりする際には，乗数効果を発揮する分野や対象をよく見極めたうえで行うことが求められるのである。

　財政政策は，金融政策とも重要な関連を持っている。財政政策を行うために国債を発行する場合を考えてみる。国民所得を増大させるための財政政策ではあるが，国債発行によって金融市場では資金需要が増大して金利の上昇を引き起こしてしまう恐れがある。金利が上昇すれば，民間の経済活動に抑制的な影響を及ぼし，国民所得の伸びを相殺してしまう可能性がある。大量の国債を発行することで，市場の金利が上昇し，民間の資金需要が抑制されてしまうことをクラウディング・アウトという。このようなことが生じるのは，市場の通貨

量を一定と仮定しているからで，国債発行や流通に見合う通貨が新たに供給されれば，金利の上昇が抑制されて国民所得の増大が期待できる。つまり，財政政策と金融政策を組み合わせて景気の安定を図ろうとするポリシー・ミックスの必要性を示している。1980年代のアメリカでは「レーガノミクス」，近年の日本では「アベノミクス」が実施されてきたが，これらも財政政策と金融政策，さらに規制緩和を組み合わせたポリシー・ミックスの例である。また，これらの政策はその国の産業の対外的な競争条件に直結する為替相場にも影響を与えるため，為替政策も加えたポリシー・ミックスであるともいえる。

2 国債の膨張

2.1 日本国債の分類

　日本国債は，発行根拠，元利払いの方法，満期により分類をすることができる。まず，国債の発行は法律に定められた発行根拠に基づき発行されているが，大きく分けると普通国債と財投債（財政投融資特別会計国債）に区別される。このうち普通国債には，建設国債，特例国債，年金特例国債，復興債および借換債がある。財政法第4条では均衡財政主義を原則として，歳入における国債発行を禁じているが，ただし書きに公共事業費，出資金および貸付金の財源については，国会の議決を経て国債の発行ができるとなっている。これに基づき発行されるのが建設国債（4条公債）であり，道路などの社会資本が国民の資産として残るため建設国債の発行が認められている。

　建設国債を発行してもなお歳入不足が見込まれる場合，公共事業費など以外の歳出にあてる財源を調達するために発行されるのが特例国債で，一般的には赤字国債と呼ばれている。特例国債の発行には，原則として1年限りの特例公債法（正式な法律名称は毎年違う）を毎年制定する必要がある。年金特例国債は，「財政運営に必要な財源の確保を図るための公債の発行の特例に関する法律」に基づき，基礎年金の国庫負担の追加に伴い見込まれる費用の財源となる税収が入るまでのつなぎとして，2012年度と13年度に発行され，その元利払いの財源は消費税となっている。建設国債，特例国債，年金特例国債は一般会計において発行される。復興債は，「東日本大震災からの復興のための施策を実施するために必要な財源の確保に関する特別措置法」に基づき，復興財源のつな

ぎとして，11年度から15年度まで償還期限を25年として東日本大震災特別会計において発行された。また，借換債は，特別会計に関する法律に基づき，普通国債の償還額の一部を借り換える資金を調達するために，国債整理基金特別会計において発行される。

　財投債は，財政融資資金における運用の財源にあてるために，財政投融資特別会計において発行される。普通国債の元利払いは主として税財源により賄われているが，財投債の元利払いは財政融資資金の貸付回収金により行われる。なお，これらの国債は一体のものとして発行されており，金融商品や信用力としては同じものであり，1つの銘柄が複数の発行根拠法に基づいて発行されることもある。

　元利払いの方法は，額面金額で発行されて半年ごとに利子が支払われる利付国債と，額面金額を下回る価格で発行されて途中での利払いは行われず，満期時に額面金額で償還される割引国債がある。利付型の国債でもあらかじめ決まった額が支払われる固定利付型と，利子の額が変動する変動利付型がある。また，元本が物価上昇率に応じて変動する物価連動国債も発行されている。表面利率は発行時に固定され，全利払いで同一であるが，物価変動により想定元本が変動するため利子の額は変動することになる。なお，2013年度以降に発行されている物価連動国債については，元本保証も付けられている。

　満期別で分類すると，短期国債（満期が1年以内），中期国債（2～5年程度），長期国債（10年程度），超長期国債（15年以上）となる。このうち，割引方式で発行される満期が60日の短期国債を，T-Bill（国庫短期証券）と呼んでいる。短期国債は2009年まで，外国為替市場介入のための円資金など特定の目的で資金調達する際に発行されていたFB（政府短期証券）と，歳入を賄うためのTB（割引短期国債）の2種類があり，それぞれ別々に発行されていたが，現在のT-Billはこれらを統合したものである。

　国債の発行方法は，銀行や証券会社などの金融機関が競争入札によって購入した後，機関投資家や個人に販売される。また，2004年10月からは，アメリカのプライマリー・ディーラー制度を参考とした国債市場特別参加者制度を導入して，国債の安定消化と国債市場の流動性の維持・向上が図られている。なお06年3月までは，国債引受シ団（シンジケート団）といって金融機関が国債の募集引受団を作って共同で引き受けて，各金融機関が決められたシェアに応

じて消化していたが，国債が大量に発行されたり，外国の金融機関の参入が阻害されたりなど時代にそぐわない制度となり廃止された。

　日銀が直接新規の国債を引き受けて発行されることもあるが，これは財政法第5条により原則として禁止されている。これを国債の市中消化の原則という。国債を中央銀行が引き受けて政府へ資金供与をすることをマネタイゼーションや財政ファイナンスともいう。国債の中央銀行引受を始めると，政府の財政節度が失われ，かつ通貨の増発に歯止めがきかなくなり，悪性のインフレーションを引き起こす恐れがある。実際，第二次世界大戦前から戦中にかけて戦費調達のために大量に発行された国債を日銀が引き受けたことで，ハイパーインフレーションが引き起こされた経験がある。こうしたことの反省から，日本をはじめ多くの国々では，中央銀行による国債引受が制度的に禁止されている。ただし，日銀では金融調節の結果として保有する国債のうち，満期が到来したものについては，財政法第5条のただし書きに基づいて国会の議決を経た範囲内に限り借り換えに応じており，借換債の一部は日銀引受が行われている。

　最後に，発行された国債はどのように償還されているのかを述べる。日本では60年償還ルールに従って，国債整理基金特別会計を利用した減債基金制度がとられている。このルールは戦後の国債発行に際して，建設国債を発行して取得した資産の平均的な耐用年数を60年として，この期間内に償還を終了するというものである。このルールに基づいて，毎年度，前年度期首の国債総額の60分の1を定率繰入として一般会計から国債整理基金へ繰り入れ，償還財源としている。なお，特例国債についても財政事情を理由に1985年から定率繰入方式がとられている。たとえば，ある年度に6000億円の国債を10年固定利付国債で発行したとすれば，10年後の満期到来時には10/60にあたる1000億円を現金償還し，残りの5000億円は借換債を発行して借換償還する。この借換債も10年利付国債で発行したとすれば，次の10年後に再び1000億円の現金償還と4000億円の借換償還をする。これを繰り返して，当初の発行から60年後にすべて現金償還されることになる。もし国債残高が増えなければ，毎年度の定率繰入額は減少していき償還額が満額手当てできなくなるが，一般会計の剰余金や国の保有する株式の売却収入などを補完的に組み合わせて償還している。ただし，近年は定率繰入額を特例国債の発行額が上回る状況が続いている。また，60年償還ルールによって当面の現金償還は先送りされること

になるが，借換債の累積による利子負担は増加することになる。

2.2 国債残高の膨張

　戦後の日本では，1965年度に建設国債の発行が始まり，オイル・ショックによる税収不足を補うために，75年度から赤字国債の発行も始まった（以下，図8-1参照）。一般会計予算の財源となる国債発行額は80年度に14.2兆円に膨らむが，バブル景気による税収の増加などから91年度には6.7兆円まで減少する。その後，バブル崩壊後の不況対策の財源として赤字国債が発行されるなど，国債発行額は急増する。このため，一般会計予算の歳入に占める国債発行額の割合（国債依存度）も高まり，歳出に占める国債の元利払い（国債費）の割合も伸びていく。2015年度における一般会計歳出は96.3兆円，租税収入は54.5兆円に対し国債による歳入は36.4兆円で国債依存度は36.5％となっている。また，歳出に占める国債費の割合は24.3％である。国債費の高まりは，政策経費を圧迫するため，政府による柔軟な財政政策ができなくなってしまう。なお，09年度に租税収入は38.7兆円と85年度以来の40兆円割れとなり，これによって国債発行額も52兆円と最大となっていたが，その後，景気の回復や財政健全化への取り組みによっていずれも改善しつつある。ところで，ここでいう国債発行額は一般会計予算の財源となる新規の国債発行額であり，既述の通り，15年度に発行された国債には財投債（14兆円）や借換債（114兆円），復興債（1.9兆円）という各特別会計によって発行されるものをあわせると総額167兆円になる。さらに，国債残高は1965年度の建設国債発行開始から一度も減少することなく増加し続けており，15年度には805兆円に達している。この額を国際比較する際に用いられるのが対GDP比で，160.1％となっている。また，国と地方をあわせた政府長期債務残高は14年度に1,000兆円を突破しており，GDPの約2倍の水準と他の先進国に比べて突出して大きい。

　日本の債務残高が膨らんだのは，バブル崩壊によって1990年代以降に景気が低迷し，租税収入が低下傾向であったことに加え，歳出は拡大を続けてきたことによる。歳出の拡大は，高齢化による年金や医療費といった社会保障費の増加がおもな要因であるが，リーマン・ショックや東日本大震災に伴う景気対策や復興費も加わるなど歳出が租税収入を大きく上回る規模となったこともあ

◆ 図8-1 国債発行額と国債残高の推移

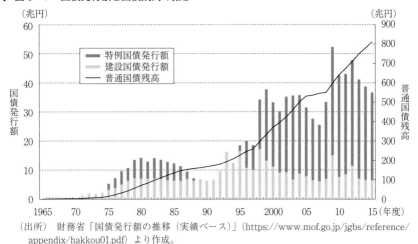

（出所）財務省「国債発行額の推移（実績ベース）」(https://www.mof.go.jp/jgbs/reference/appendix/hakkou01.pdf) より作成。

げられる。このような日本の財政の持続可能性を回復するには，プライマリー・バランス（基礎的財政収支，以下 PB）の均衡をめざすことが当面の課題となっている。PB は国債発行収入を除いた歳入から国債費を除いた歳出を差し引いた収支で，これが均衡していれば租税収入で社会保障費や公務員の人件費などの政策的経費を賄えている状態といえる。PB が赤字であれば政策的経費を租税収入で賄えないため，さらなる国債発行へとつながる状態となるため，政府はまずは PB を均衡させることを目標としている。ただ，PB が均衡した場合でも，利払い費の部分は新たな国債発行が必要となるため，その残高は増加することになる。そのため，利払い費を含む財政収支の均衡を財政健全化の目標に置いているヨーロッパ諸国などの例もある。

　このように財政の健全化を進めているとはいえ，非常に大きな債務を抱える日本の国債利回りは低水準で維持している。債券の市場利回りの低下は債券の市場価格の上昇を意味し，利回りの上昇は価格の低下を意味する。通常，債務残高が大きいなど財政の先行きに不安があれば国債の元本償還にも懸念が高まり，国債価格は安くなり，利回りが高くなる。しかし，日本国債は大量に発行されても，発行市場で消化され，流通市場でも価格が支持されているのである。これは，シ団による引き受けを行ってきたことや国債の保有者と関連している。

◆ 図8-2　日本国債保有者別比率の推移

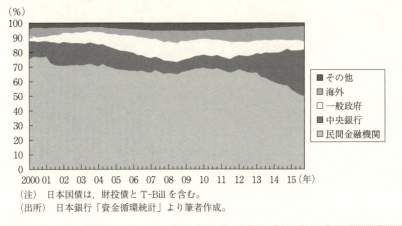

(注)　日本国債は，財投債とT-Billを含む。
(出所)　日本銀行「資金循環統計」より筆者作成。

　国債の保有者は2015年末で日銀31.6%，銀行等29.1%，生損保等21.7%，公的年金5.7%などとなっている（以下，図8-2参照）。民間金融機関によって約半分の国債が保有される一方，日銀の保有割合は，いわゆる異次元の金融緩和政策による国債の買いオペレーションを行ってきたことで上昇してきている。とくに，13年4月の量的・質的金融緩和導入時に日銀の国債保有額は約150兆円であったものが，おもに銀行から国債を大量に買い入れたことで15年末には300兆円を超えている。民間金融機関の保有する国債が少なくなれば国債流通市場における流動性が低下することが懸念される。また，民間金融機関が国債を保有しているといっても，それは預金や保険料といった家計や企業の貯蓄である点を見逃してはならない。高齢化によって貯蓄率が低下すれば，家計に代わる国債の購入者として海外の投資家の比率が高まる可能性がある。

2.3　国債管理政策の展開

　財政健全化への努力はあるものの，依然として国債の大量発行が続いているなか，国債管理政策においても，新たな展開がみられる。国債管理政策とは，財政負担の軽減を図りながら，国債の発行，消化，流通，償還が金融市場や国民経済の各局面において無理なく受け入れられるようにするさまざまな政策のことである。国債管理政策を展開する財務省にとっては，国債の確実かつ円滑

な発行と調達コストの抑制が課題であるが，国債の発行や流通により中央銀行による金融政策と矛盾する事態もありうる。このほか，金融市場の動向を踏まえた毎年度の国債発行計画の策定や国債市場の流動性の維持，国債保有者層や商品性の多様化など国債管理政策によって課題の解決に取り組んでいる。

　日本の国債管理政策の歴史について簡単に述べる。1965年度の赤字国債，66年度から財政法に基づく建設国債の発行が開始され，73年度からは借換債の発行も開始される。これらは，市中消化を原則としてシ団によって引き受けられた。また，財政投融資における大蔵省資金運用部による引受もなされた。シ団により引き受けられた国債の利率は，財政負担軽減のために市場の需給を反映しない低利の水準に抑えられており，転売についても大蔵省（当時）の行政指導により制限された。そのため，シ団が引き受けた低利の国債は，そのほとんどが発行1年後に日銀の国債買いオペレーションによって吸収され，代わりに高度経済成長を支える成長通貨が市場に供給された。これを市場隔離型国債管理政策と呼んでいる。

　1973年の第一次オイル・ショックにより高度経済成長が終焉し，75年から国債の大量発行が始まり，85年度からは大量の借り換えが見込まれることになった。そのため，84年末に赤字国債の現金償還ルールを10年から建設国債と同じ60年へと変更する決定がなされた。一方で，日銀は財政インフレを恐れ，無制限の国債買いオペレーションを制限するようになり，市中銀行もシ団を通じた無制限の低利の国債の引受ができなくなっていく。77年から国債の市場価格が成立し，民間金融機関の保有する国債の流動化が開始され，大蔵省による国債売却制限が緩和されたことで，国債流通市場が成立する。その後も，売却自粛措置の撤廃や銀行等による公債の窓口販売と国債ディーリング業務の開始など，国債の流動化や国債金利の自由化が進んでいった。

　バブル景気により1990年度から93年度までは赤字国債の発行はなかったが，94年度から再び発行されるようになると，国債残高も増大していくと同時に，都市銀行を中心とした市中銀行の国債保有残高も増加していく。一方で，日銀はバブル崩壊後の景気対策により，ゼロ金利政策，量的緩和の導入により，発行市場と流通市場における国債の利回りを低下させ，価格を維持することにつながっていった。銀行も国債保有によるインカム・ゲインに加え，キャピタル・ゲインも得ることができた。2006年にゼロ金利政策は解除され，この傾

向は停滞するが，リーマン・ショックを契機に再び金融が緩和されて，10年からの包括緩和や13年からの量的・質的緩和により，日銀による国債保有が増加して，国債保有者の構造は大きく変化していく。すなわち，デフレ対策やいわゆるアベノミクスの一環としてこれらの非伝統的金融緩和政策がとられ，2000年代初めから長期国債の月別買い入れ額が段階的に引き上げられていく。これにより新規発行や流通する国債を金融機関が国債市場で購入し，買いオペレーションによって日銀が大量に吸い上げていくのである。このような状況が続いていけば，事実上の日銀引受により国債発行をしているという見方もできる。

仮に，デフレを完全に克服して消費者物価が上昇していけば，長期金利が上昇する。そうなれば，日銀の保有する国債価格が下落し，日銀の資産の劣化や損失が生じる可能性も否定できない。国債の買いオペレーションを無制限に行えば，国債に対する信認の低下を招き，国債金利の上昇を招く恐れもある。また，インフレが生じた際に，日銀が保有する国債の売りオペレーションを行えば，国債価格が下落して，利回りが上昇するかもしれない。このような状況のなか，経済成長と両立した財政再建の重要性が増すとともに，国債の安定消化や国債市場の流動性維持・向上，国債の管理といった課題に立ち向かう国債管理政策が求められている。

3 財政投融資と政策金融

3.1 財政投融資

財政投融資（財投）とは，公共施設や鉄道といった社会資本整備において民間企業だけでは資金が賄いきれない場合に，政府が資金を出す際に利用される仕組みである。市場メカニズムだけでは機能しなかったり，排除されたりする外部不経済の問題への対応や，金融市場の補完的な役割を担うことにもつながる。たとえば，有料道路事業を財政投融資により支援する場合は，当該事業を行う事業系の財投機関へ直接支援を行う。日本学生支援機構を通じた学生の就学支援や日本政策金融公庫を通じた企業支援では，これらの融資系の財投機関を通じた融資により間接的に支援する。また，現在では海外のインフラ整備や福祉関連施設向けの資金にも使われている（図8-3参照）。

◆ 図8-3　財政投融資の概略図

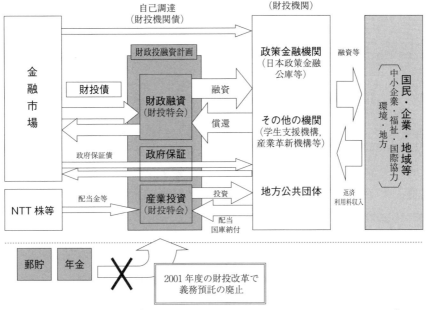

（出所）　財務省ホームページ（https://www.mof.go.jp/filp/summary/what_is_filp/index.htm）。

　財政投融資は，1953年から財政投融資計画として国会で審議を経て実施されており，第二の予算として財政政策の一部を担ってきた。その規模は，年々増加して96年度に40.5兆円の最高額となったが，2007年度に14.2兆円まで減少した。その後，リーマン・ショックや東日本大震災の影響で増加した年度もあるものの長期的には減少しており，16年度には13.5兆円となっている。一般会計予算に対する財政投融資計画の割合でみると，1996年度に75.1％であったものが，2006年度には13.9％となっている。財政投融資計画残高でみても00年度末に417.8兆円を記録してからは減少して，15年度末には159.6兆円となっており，その役割はかなり小さくなっている。これは後述するように，財政投融資制度の改革が行われてきたことが影響している。

　財政投融資に用いられる財政融資資金はおもに財投債の発行によって調達され，これを日本政策金融公庫や国際協力銀行といった政策金融機関などの財投機関に貸し出す。この貸出は有償であるが，金利は国債の金利に連動して決め

られている。その後、財投機関はこの資金で事業を行ったり、企業などへ貸し出されたりすることになる。財投機関の調達金利は国債の金利を基準とした低利であるため、財投機関の貸出金利は、財投機関ごとに決められているものの、一般的には民間金融機関や金融市場での調達金利よりも低利である。なお、この貸出や投資による事業収益から財投機関、ひいては政府の財政融資資金の投資資金が回収されていくのである。

　財政投融資改革が行われた2001年度までは、財政融資資金は資金運用部資金と呼ばれ、郵便貯金（郵貯）・厚生年金と国民年金の積立金は全額ここに義務預託することとなっていたため、これらが資金運用部資金の大部分を占めていた。高度経済成長期、日本では現在のような多額の国債は発行されていなかったが、実際には一般会計や特別会計ではない財政投融資によって社会資本整備や住宅投資が行われていた。ただ、郵貯や年金積立金という国民の貯蓄が資金運用部に預けられ、財政政策としての必要性よりも、増大する資金の運用を優先させていたため、財政投融資の肥大化がもたらされた。資金運用部から資金を受け入れていた特殊法人などの財投機関は、自主的な資金調達を行う必要がなく、市場のチェックを受けることもないため、経営が不透明であると批判を受けた。また、民間でも対応可能な分野にまで低コストの財政投融資による投資がなされていたことで民業を圧迫しているとの批判や、官僚の天下りや高額の報酬と退職金なども問題とされて、特殊法人改革、郵貯改革などとともに財政投融資改革が行われたのである。

3.2　財投機関の資金調達

　2001年4月、「資金運用部資金法等の一部を改正する法律」が施行され、財政投融資制度は大きく変化した。資金運用部が廃止され、郵貯や年金の義務預託も廃止されたことで、これらは金融市場を通じた自主運用を行っていくこととなった。なお、簡易保険（簡保）積立金も財投協力として財投機関などへの融資に使われていたが、これも金融市場を通じた自主運用となった。ただし、財政力の弱い地方公共団体に対して、郵貯と簡保は例外的に国会の議決を受けた貸付枠内で直接融資することが認められた。

　財政投融資改革によって財投機関は、郵貯や年金との直接的なつながりは解消された。財投機関は施策に必要な資金を、自らの信用力で発行する財投機関

債により自主的に金融市場から調達することになった。市場から資金を調達するため，経営の透明度を高めるための情報公開や業務効率の向上などを行っていき，信用力を高めることが必要となった。財投機関債は，発行体の信用力に依存した普通社債（SB）と，担保となる資産の信用力に依存した資産担保証券（ABS）の2種類に大別できる。一方で，信用力が低いなどの理由で金融市場での資金調達ができないか不利な条件となる財投機関には，財政投融資により資金供給を行うこととなった。

　財政投融資による資金供給の方法は，財政融資，産業投資，政府保証の3種類がある。財政融資は，財投債の発行や特別会計から預託された積立金や余裕金を原資とした財政融資資金を用いて，政策金融機関や独立行政法人，地方公共団体などを通じて政策的に必要な分野に対して融資するものである。現在の財政融資資金では，財投債の発行がおもな資金調達手段となっている。財政融資資金は財政投融資特別会計で管理されているが，財政投融資特別会計は一般会計からの繰り入れを行わない独立採算で運営されているため，確実かつ有利な運用を行うことが求められている。

　産業投資は，政府が保有するNTT株やJT株の配当金などを原資として，産業の開発や貿易の振興のために投資されている。投資先としては，研究開発やベンチャー支援，レアメタルなどの開発といった，リターンは期待できるがリスクの問題などから民間資金だけでは十分に賄えないものの，政策的必要性が高い分野におもに出資という形態で供給されている。

　政府保証とは，財投機関が金融市場で資金調達を行う際に，政府が保証を付与することで政府保証債を発行して，当該機関が事業資金を円滑かつ有利に調達するのを助けるものである。そもそも政府は財投債で調達した資金を財政融資により貸し付けることができるため，政府保証債は財投債よりコストが高く，リスクを伴うものである。そのため，政府保証債の発行は抑制的・限定的に用いることとなっているが，業績悪化などから財投機関債を発行できない状況にある財投機関などの資金調達に用いられている。

　財投債の発行額は財政投融資の縮小に応じて減少してきており，2015年度では14.0兆円，残高は98.5兆円となっている。一方，財投機関債は01年より各財投機関により発行が開始され，15年度に15機関から4.3兆円が発行されており，残高は34兆円となっている。財投機関債の発行が財投債に比べて

少ないのは，財投機関債の調達金利は国債金利で貸付を受ける財政融資に比べてコストが高くなるからである。したがって，財投機関債の発行額については，効果と調達コストを勘案して適切に判断する必要がある。また，資金調達の規模が小さい財投機関では，財投機関債を発行してもその流動性が低くなり，調達コストが増大してしまうことなどもあげられる。

3.3 財投機関の改革と政策金融

ここでは財政投融資改革により，財投の入口で役割を果たした郵貯・簡保および年金はどのように変化していき，また出口の財投機関のうち特殊法人はどのように変化したのか説明する。

まず，郵貯や簡保という郵政事業について説明する。郵貯・簡保に郵便を含めた郵政三事業は2001年1月の省庁再編のなかで，総務省外局の郵政事業庁となる。03年4月には，国営の公共企業体として日本郵政公社となり，日銀当座預金の保有主体となる。05年10月には郵政民営化関連法が成立し，07年10月からは日本郵政株式会社を持株会社とする郵政グループに分割・移管された。当時は，いずれの会社も非上場で政府が全株式を所有していたが，15年11月，日本郵政株式会社，株式会社ゆうちょ銀行，株式会社かんぽ生命保険は東京証券取引所第1部に上場し，それぞれ11％の株式が市場で売却された。その後の政府保有株式売却については，日本郵政株については3分の1超を政府が引き続き保有すること，ゆうちょ銀行とかんぽ生命保険については，経営状況やユニバーサルサービス確保への影響を勘案するとし，株式完全売却の具体的な期限は示されなくなった。なお，ゆうちょ銀行では民営化後も預け入れ限度額が設けられたままであり，貸付も制限されているため主たる運用先は国債であり，その意味では依然として財政投融資への協力が続いていることになる。

厚生年金と国民年金の公的年金の積立金は年金福祉事業団が資金運用部に義務預託していたが，同事業団は廃止されて2001年4月に年金資金運用基金へ改組された。同事業団については，グリーンピア（大規模年金保養基地）と呼ばれるリゾートホテルを，資金運用部からの貸付で建設したものの，豪華すぎる施設を建設したり，赤字施設が多かったりしたことで，年金積立金に損害を与えているといった批判が出た。グリーンピアは06年3月までにすべて地方

公共団体や民間に譲渡・売却され，4月からは資金運用業務に特化した年金積立金管理運用独立行政法人（GPIF）が発足した。GPIFの運用資産は15年末現在139.8兆円となっており，世界最大の機関投資家ともいわれている。ただし，実際の運用は，一部を除いて運用受託機関の信託銀行や投資顧問会社に委ねられている。GPIFに関しては，14年10月末から運用資産の構成割合において，株式や外国資産の割合が引き上げられ，株価対策として使われるのではないかといった批判もあった。

　次に財投の出口にあたる財投機関のうち，政策金融機関について述べる。政策金融機関は，特殊法人として設立され，政府が出資している金融機関である。これらの多くは，財政投融資制度を利用して民間金融機関では困難な融資を行っているが，民業圧迫や市場メカニズムを損なう恐れがあるなどの批判がある。政策金融機関の改革は，2000年12月に閣議決定された「行政改革大綱」および01年6月施行の「特殊法人等改革基本法」などに基づく特殊法人改革のなかで進められた。

　このうち住宅金融公庫は，2007年4月に改組されて，独立行政法人住宅金融支援機構となった。旧住宅金融公庫では住宅ローンを直接融資していたが，住宅金融支援機構では直接融資は限定的なものとなり，証券化支援業務が主たる業務内容となった。この業務は「フラット35」と呼ばれているもので，民間金融機関が長期・固定金利の住宅ローンを提供し，その債券の譲渡を受けた機構がABSの一種であるモーゲージ担保証券（MBS）として投資家に売却するというものである。

　国民生活金融公庫，中小企業金融公庫，農林漁業金融公庫はいずれも2008年10月に解散して，株式会社日本政策金融公庫に統合された。株式会社といっても法律を制定することにより特殊法人たる特殊会社として設立されたもので，現在のところ政府が全株式を所有している。商工組合中央金庫と日本政策投資銀行も08年10月に解散し，特殊会社として株式会社化され，その後完全民営化の予定である。ただ，民営化後も政策金融が行えるような財政措置を行うことや株主資格に制限を加えることなどが決まっている。なお，東日本大震災の影響から完全民営化は現在のところ実現していない。また，日本輸出入銀行と海外経済協力基金が統合してできた国際協力銀行も，08年10月に解散し，海外経済協力部門は国際協力機構（JICA）に統合された。国際金融部門は日本

政策金融公庫に統合された後，12年4月より特殊会社としての国際協力銀行（JBIC）として分離・独立した。

　日本では，バブル崩壊後の景気停滞，不良債権問題，金融機関の破綻，大規模災害の発生など，ときとして金融仲介における政策金融の重要性がクローズアップされている。また，金融危機を防ぐために金融機関への多額の公的資金投入が行われることもある。また，政府は財政健全化へ取り組まなければならないなかで，金融政策へ過度に依存した経済政策の限界もみえはじめている。今日，財政と金融の関係はますます複雑な連関を示すようになっているのである。

（吉川哲生）

練習問題

1　日本の国債残高は世界の国々と比べて，金額やGDP比でみたときどのようなことがいえるのか，説明しなさい。

2　政策金融機関と民間金融機関の役割はどのような点で違っているのか，説明しなさい。

3　私たちの年金積立金はどのように管理・運用されているのだろうか，調べてみよう。

参考文献

井手英策［2012］『財政赤字の淵源——寛容な社会の条件を考える』有斐閣
大矢俊雄編［2015］『図説　日本の財政　平成27年度版』東洋経済新報社
財務省『日本の財政関係資料』各年版
財務省理財局『財政投融資リポート』各年版
林健久・今井勝人・金澤史男編［2001］『日本財政要覧（第5版）』東京大学出版会

Column 財政赤字の国際比較と財政健全化

　日本の債務残高の金額は統計の種類によって異なる。たとえば，予算や決算などに関わる財務省主計局では「国と地方の長期債務残高」を集計している。これは元利払いの財源がおもに租税で賄われる国と地方の長期債務を合計したもので，地方分 196 兆円を含めて 1062 兆円（2016 年度末見込み）である。国債や財政投融資，国有財産の管理を行う財務省理財局では「国債及び借入金現在高」を集計している。こちらは市場からの調達など，国の資金調達活動の全体像を示すもので，普通国債や財投債など国の債務だけで 1191 兆円（16 年度末見込み）となる。内閣府経済社会総合研究所では，「一般政府総債務」を集計している。こちらは，国際比較に資するため，世界共通の基準（SNA）に基づき中央政府，地方政府および社会保障基金の債務残高をあわせたもので，1225 兆円（14 年度末実績）である。いずれにしても日本の政府債務残高は，諸外国と比較して高水準である。OECD の統計をもとにした一般政府債務残高の対名目 GDP 比（16 年）をみると，日本は 232.4% である。諸外国ではドイツ 75.0%，カナダ 94.8%，アメリカ 111.4%，イギリス 115.5%，フランス 121.3%，イタリア 159.9% となっており，財政赤字の問題から EU 離脱が取り沙汰されたギリシャは 200.0% である。日本の数字がいかに飛び抜けているかがうかがえる。

　リーマン・ショックの影響で財政赤字が拡大した国がある一方，ヨーロッパでは一部の国を除き財政健全化が進みつつある。そもそも，EU には 1993 年から財政収支の対 GDP 比－3％以内，債務残高の対 GDP 比 60% 以内といった財政健全化目標がある。2012 年には財政収支均衡または黒字化を国内法で定めるという財政協定により，各国が具体的な数値目標を決めて行動している。また，先進国は 10 年 6 月のトロント・サミットにおいて，リーマン・ショック以降の財政悪化立て直しのための財政健全化計画にコミットした。しかし，日本の目標は他国に比べ目標年次が遅く，内容も緩やかなものであった。日本政府は，① 15 年度の国と地方の PB 赤字の対名目 GDP 比を 10 年度比半減，② 20 年度までに PB 黒字化という目標を掲げた。このうち，①の目標は 6.6%（10 年度）から 3.3%（15 年度）となり達成されたが，②の目標については不透明である。これ以前，PB の黒字化は 11 年度が目標であったが，リーマン・ショックによる景気悪化で頓挫した経緯もある。14 年 4 月には，消費税率が 8％へ引き上げられたが，これによる国内消費落ち込みにより，10％への再引き上げは 2 度先送りされた。日本の財政健全化は，いつ達成できるのであろうか。近い将来，直間比率（直接税と間接税の割合）など税体系の見直しとあわせて，社会保障費などの歳出構造の転換といった大幅な財政の構造改革が求められるかもしれない。

（吉川哲生）

第9章
金融政策の新展開

1 金融政策の基礎理論

1.1 伝統的な3つの政策手段

　金融政策については，厳密な定義が確立されているわけではない。しかし一般的には「中央銀行が金利やマネタリーベースを調節することで物価の安定を図る政策」と位置づけることができる。ここでマネタリーベースとは「中央銀行が供給する通貨」であり，「銀行券発行高＋貨幣流通高＋中央銀行当座預金」と定義される（第2章）。厳密には，このうち貨幣の発行主体は中央銀行ではなく政府であるが，貨幣の流通量が少ないため，マネタリーベースは中央銀行が供給する通貨と解釈できる。中央銀行が供給主体であることから，マネタリーベースは中央銀行のバランスシートの負債側に記載される。なおマネタリーベースは「ベースマネー」や「ハイパワード・マネー」と呼ばれることもある。

　物価が上昇しインフレが懸念される場合には，金利の引き上げ，あるいはマネタリーベースの吸収を通じて物価上昇の抑制を図る。これが「金融引き締め」である。一方，物価上昇率が鈍化（ディスインフレ），あるいは物価が低下（デフレ）する局面では，中央銀行は金利の引き下げやマネタリーベースの供給を通じて，物価の押し上げを図る。これが「金融緩和」である。

　では中央銀行はどのように金利やマネタリーベースを調節するのだろうか。伝統的には①公開市場操作，②公定歩合操作，③預金準備率操作という3つの手段をあげることができる（第5章）。

　「公開市場操作」（オープン・マーケット・オペレーション）は，中央銀行が，市中銀行など取引先金融機関を相手に，債券などの有価証券を売買することを

指す。実務では「金融調節」「オペレーション」「オペ」と呼ばれることが多い。公開市場操作には，中央銀行が金融機関から有価証券を買う「買いオペレーション」（買いオペ）と，金融機関に対して有価証券を売る「売りオペレーション」（売りオペ）の2つがある。国債の買いオペを例にすると，中央銀行は金融機関から国債を買い，その代金を金融機関に対して支払う。この支払いが中央銀行による資金供給に当たる。資金供給によって資金の需給が緩むため，金利が下がりやすくなる。金利が下がることで，設備投資や住宅投資などの経済活動が活発化する可能性が高まる。同時に，金利の低下を通じて，円安ひいては外需（純輸出＝輸出－輸入）の増加も期待される。その結果，物価が上昇しやすい環境が形成される。つまり買いオペは金融緩和策と位置づけられる。逆に，国債の売りオペの場合，中央銀行は自らが保有する国債を金融機関に売却することで，金融機関から代金を受け取る。この代金の受取が中央銀行による資金吸収に当たる。資金吸収によって資金の需給が逼迫するため，金利が上がり，経済活動ひいては物価が抑制されやすくなる。したがって売りオペは金融引き締め策である。

「公定歩合操作」は，中央銀行が取引先金融機関に資金を貸し出す際の金利の調節を指す。この金利は伝統的には「公定歩合」と呼ばれてきた。中央銀行が公定歩合を下げると，金融機関はより低い金利で中央銀行から資金を借りることができる。その結果，金融機関自身の貸出金利も下がるであろう。同時に，中央銀行から金融機関への貸出の増加によって中央銀行当座預金すなわちマネタリーベースも増える。したがって公定歩合の引き下げは金融緩和策に当たる。逆に，公定歩合の引き上げは金融引き締め策である。

最後が「預金準備率操作」である。銀行などの金融機関は，預金残高の一定割合を中央銀行に準備金として積むことが義務づけられている。そのような準備金を「法定準備」あるいは「所要準備」と呼ぶ。金融機関が受け入れている預金残高に対する法定準備の比率が「預金準備率」であり，中央銀行がその水準を調節する。準備金は伝統的には無利子であるため（今日では日本，アメリカ，ユーロ圏，イギリスなど例外はある），金融機関は法定準備を超える準備金を中央銀行に預ける誘因を持たない。そのため，中央銀行が預金準備率を下げると，それに応じて金融機関は準備金の残高を減らそうとする。これは一方で，金融機関にとって自由に使える資金が増えることを意味する。その結果，実体

経済や市場に出回る資金が増え，金利も下がる。つまり預金準備率の引き下げは金融緩和策である。逆に，預金準備率が引き上げられると，金融機関は中央銀行により多くの準備金を積まなくてはならない。その結果，経済に供給される資金量が抑制され，金利は上昇する。これは金融引き締めである。

　以上3つの伝統的な手段を概観したが，中央銀行はこれらの手段を同じような頻度で用いるわけではない。今日の金融政策においては公開市場操作が最も頻繁に使われる手段である。一方，公定歩合や預金準備率が政策の一環として操作されることは，先進国を中心にほとんどない。たとえば，日本銀行の場合，公定歩合（2006年8月，基準割引率および基準貸付利率に呼称変更）は08年12月19日の引き下げ，法定準備率は1991年10月16日の引き下げを最後に据え置かれている。したがって，理論的には買いオペ，公定歩合の引き下げ，預金準備率の引き下げはいずれも金融緩和策といえるが，今日，中央銀行が金融緩和を図る際，現実的にとる手段は圧倒的に買いオペである。金融引き締め策についても同様のことがいえる。なお，中国の中央銀行である中国人民銀行は，今日でも預金準備率の操作を金融政策の重要な手段と位置づけているが，このようなケースは例外的である。

1.2　金融政策の目標（操作目標，中間目標，最終目標）

　先に金融政策を「中央銀行が金利やマネタリーベースを調節することで物価の安定を図る政策」と位置づけた。ここから金融政策の目標は物価の安定であることが読み取れよう。

　ただし金融政策は，政府による財政政策のような権力（行政権）の行使ではない。買いオペや売りオペなど公開市場操作に代表されるように，金融政策は市場取引を軸に行われる。しかも，その効果は，市場や実体経済における多様な取引・活動を経てあらわれる。そのため，政策の意図した効果がいつ，どのような形であらわれるかを事前に見極めることは難しい。

　そこで，金融政策の場合，政策手段から最終的な目標までの道のりを複数の段階に分けて整理することが多い。代表的な整理の仕方は「政策手段→操作目標→中間目標→最終目標」であり，金融政策論ではこれを「2段階アプローチ」と呼ぶ。操作目標と最終目標の間に中間目標が介在することで，「操作目標→中間目標」「中間目標→最終目標」という2段階で考えるからである。ま

た中間目標を介在させないで「政策手段→操作目標→最終目標」という波及経路を想定することもある。これは「誘導型アプローチ」と呼ばれる。

　これらのアプローチの起点となる政策手段は，中央銀行が自らの意思で実務的に働きかけることができるものであり，すでに伝統的なものを3つ（公開市場操作，公定歩合操作，預金準備率操作）紹介した。以下では手段ではなく目標を概観しておこう。

　「操作目標」は金融政策の最終目標（後述）を達成するために，中央銀行が政策手段を行使することで直接的にコントロールできる変数を指す。代表例は政策金利やマネタリーベースである。主要中央銀行の政策金利は，日本銀行が無担保コールレート・オーバーナイト物，米国連邦準備制度（FRS）がFFレート（フェデラル・ファンド・レート），欧州中央銀行（ECB）がメイン・リファイナンシング・オペ金利，イングランド銀行（BoE）がオフィシャル・バンク・レートである。

　「中間目標」は操作目標と最終目標を介在する指標である。中間目標が満たすべき要件は，第1に操作目標によって中間目標をコントロールできること，第2に中間目標と最終目標との間に安定的な関係が存在すること，第3に正確な情報が迅速に入手できることである（春井［2013］157頁）。代表例として，マネーストック，貸出残高，長期金利があげられる。

　「最終目標」は一般に，物価の安定である。ただし，最終目標は各国が法律（ユーロ圏の場合は条約）で定めている場合が多く，国ごとに多少の差はある。日本銀行の場合，日本銀行法第2条が「日本銀行は，通貨及び金融の調節を行うに当たっては，物価の安定を図ることを通じて国民経済の健全な発展に資することをもって，その理念とする」と規定している。つまり，「物価の安定」とそれを通じた「国民経済の健全な発展」への貢献が日本銀行の最終目標である。アメリカの場合，連邦準備法が最終目標を「雇用の最大化」「物価の安定」「適度な長期金利」としている。ただし，実際の政策運営においては「雇用の最大化」と「物価の安定」がとくに重視される。そのため，アメリカの金融政策の最終目標はしばしば「二重の任務」（dual mandate）と呼ばれる。

1.3　「ルール」か「裁量」か

　ただし最終目標の実現のために政策手段をどのように行使するかについては，

長い論争が展開されてきた。論争の軸は「ルール」か「裁量」か，である。またルールについても，経済活動に対して外生的に決めるルールと，経済活動に内生化させるルールがある。

　経済活動に対して外生的に金融政策を決めるルールの代表例が，マネタリストによって主張された「k％ルール」である。マネタリストの大家である M. フリードマンは，金融政策によって実体経済を長期的に押し上げることは難しいとしたうえで，金融政策の効果は最終的には物価に帰着すると考えた。この考え方は，金融政策の役割は通貨自体が実体経済の混乱の主因になることを防ぐことにあるという彼の主張につながった。また一般に，政策が効果を発揮するまでには，「認知ラグ」（経済状況をデータなどで認知するまでの時間），「実行ラグ」（経済状況を認知してから政策を発動するまでの時間），「効果ラグ」（政策が発動されてから効果があらわれるまでの時間）という3つのラグがある。フリードマンは，これらのラグ自体が可変的であり，政策発動の適切なタイミングを正確に判断することは難しいと考えた。

　金融政策が担いうる役割やラグの可変性などを踏まえて，フリードマンは金融政策の運営から裁量を排除することを謳った。そのうえで，特定の通貨集計量を一定の率（k％）で機械的に伸ばすルールを提唱した。これがいわゆる「k％ルール」である。

　マネタリストは，k％ルールのもとでは金融政策を予見することが容易であるため，経済主体の期待（予想）が安定し，結果的に経済活動や物価も安定すると考えた。一方，難点もある。代表的な難点は中央銀行が政策運営上，重視するべき通貨集計量の選択にある。歴史的にみれば ATM の普及は通貨需要の変動を大きくした可能性がある。また，金融技術の発展や金融商品の多様化・複雑化は金融資産の"moneyness"（通貨らしさ）を曖昧にする。その結果，k％ルールの対象となる通貨集計量の選択自体が裁量的なものとなる。こうなると，もはやk％ルールを実務レベルでルールと位置づけることは難しい。

　また，同じようにルールと呼ばれるものでも，経済活動に金融政策を内生化させるルールもある。すなわち実体経済や物価の状況に応じて，金融政策の政策手段をシステマティックに調整するもので「政策反応関数」とも呼ばれる。この観点からは，経済環境に対して外生的に金融政策を運営するk％ルールは「無反応型」の政策反応関数といえよう（翁［2011］96～97頁）。

このような政策反応関数の代表例に「テイラールール」がある。これはスタンフォード大学のJ.テイラーが1992年に提唱した政策反応関数を指す。同ルールでは，実体経済のあり方を描写する変数として，需給ギャップ（実際のGDPと潜在GDPの乖離）とインフレギャップ（実際のインフレ率と目標インフレ率との乖離）を用いる。次に，需給ギャップとインフレギャップがゼロとなる状態を経済の均衡ととらえ，この均衡で実現するはずの名目短期金利（均衡名目金利）を設定する。テイラーは，これらの変数に基づいてアメリカの金融政策が調整される姿を単純な，しかもたった1本の式で表現した。

その式とは，

$$i = (2+\pi)+0.5y+0.5(\pi-2) \tag{1}$$

である。ここで i は政策金利（アメリカではFFレート），π は前年比でみたインフレ率，y は需給ギャップである。右辺の $(2+\pi)$ が均衡名目金利であり，テイラーは実質均衡金利（＝均衡名目金利－インフレ率）を2％とみなしたことになる。同じく右辺の $(\pi-2)$ はインフレギャップであり，テイラーは目標インフレ率を2％と設定した。

このルールすなわち政策反応関数に基づけば，たとえば，需給ギャップ y が1％（実際のGDPが潜在GDPを1％上回る好況期），インフレ率 π が4％（目標インフレ率である2％を超えるインフレ局面）というときに中央銀行がとるべき政策は単純明快である。中央銀行は政策金利 i を7.5％（＝(2+4)+0.5×1+0.5×(4−2)）と高く設定することになる。また，需給ギャップが1％のままでインフレ率が5％に高まったとすると，中央銀行は政策金利を9％に引き上げなくてはならない。つまり金融引き締めが求められる。

このようにテイラールールのもとでは，インフレ率が4％から5％へと1％ポイント上がると，中央銀行は政策金利を7.5％から9％に1.5％ポイント引き上げる。ここでインフレ率の上昇幅（1％ポイント）よりも政策金利の引き上げ幅（1.5％ポイント）のほうが大きいことに注意したい。これは実質政策金利（＝政策金利－インフレ率）を0.5％ポイント（＝1.5−1）引き上げることを意味する。仮に中央銀行が政策金利を引き上げても，その引き上げ幅がインフレ率の上昇幅より小さければ，実質政策金利はむしろ下がってしまう。これでは金融が引き締まったことにならず，インフレを助長しかねない。上記のケー

第9章　金融政策の新展開　**167**

スで，経済のインフレ体質を抑制するには，中央銀行は単に政策金利を引き上げるのみでなく，実質政策金利を引き上げる必要がある。そのための条件は，政策反応関数においてインフレ率の係数が1より大きいことである。先のテイラールールの(1)式は，

$$i = 0.5y + 1.5\pi + 1$$

と変形でき，確かにインフレ率 π の係数は1より大きい。このようにインフレ率の係数が1より大きいという条件は「テイラー原則」と呼ばれ，テイラールールの重要な含意である。

一方，需給ギャップが−1％（実際のGDPが潜在GDPを1％下回る不況期），インフレ率が−1％（物価が下落するデフレ局面）のとき，テイラールールはどのような金融政策を提案するだろうか。テイラールールによると，中央銀行は政策金利を−1％とマイナスにしなくてはならない。しかし一般に金利（厳密には名目金利）には，マイナスにならないという非負制約がある。つまり経済がデフレあるいはそれに近いディスインフレに陥ると，テイラールールが提唱する金融政策（経済・物価状況に応じて政策金利を内生的に調整する金融政策）は運営面での重要な制約に直面する。先の k ％ルールと合わせて，金融政策を一定のルールのもとで機械的に運営することは，やはり現実的とは言い難い。むしろルールは，金融政策の緩和あるいは引き締め度合いを事後的に検証するための1つの道具と位置づけたほうがよいであろう。

2　「伝統的金融政策」から「非伝統的金融政策」への展開

2.1　「伝統的金融政策」への過程

日本銀行を例にとり，同行の金融政策がいわゆる「伝統的金融政策」に至る過程をみていこう。

1970年代半ばから80年代初頭の日本銀行は，マネーストックを経済・物価環境を判断する際の参照値として重視していた。ただし，マネーストックが明示的に中間目標と位置づけられていたかについては意見が分かれる。84〜88年に日本銀行金融研究所長，その後，同行理事を務めた鈴木淑夫は，日本銀行は75年以来，M2+CDを最も重要な中間目標とする「マネタリー・ターゲテ

ィング」を採用していたと述べている（鈴木［1985］4頁）。つまり鈴木は，当時の日本銀行がマネーストックを中間目標とする2段階アプローチをとっていたとみている。これに異を唱えるのが，同じく同行金融研究所長を98～2006年に務めた翁邦雄である。翁は「1970年代後半以降の日本銀行は，経済情勢判断の際，マネーサプライの動向に大きな関心を寄せていたが，これを中間目標として政策運営を行っていたわけではない」（翁［2011］67頁）としている。このような見解の相違はあるものの，当時の日本銀行がマネーストックを政策運営において重視していた点は確かである。

ところが1980年代初頭を過ぎると様相が変わった。経済情勢を反映するマネーストックの機能が揺らぎはじめたからである。背景として3点あげられる。第1に，金融の自由化や国際化により通貨需要が不安定化しはじめた。第2に，金融技術の発展や金融商品の多様化・複雑化により金融資産のmoneynessが曖昧となり，経済・物価情勢を適切に反映する通貨を定義することが難しくなった。第3に，85年9月のプラザ合意などを背景に円高が進むなか，マネーストックの伸びにもかかわらず物価が落ち着いていた。

その結果，日本銀行はマネーストックという量的指標への関心を弱め，金利（政策金利）を操作したうえで各種経済指標から最終目標（物価の安定）への道のりを総合的に判断するアプローチに移行した。つまり「公開市場操作（政策手段）→総合判断を踏まえた政策金利の誘導（操作目標）→物価の安定（最終目標）」という誘導型アプローチである。このように，政策金利の誘導を操作目標とする金融政策を今日，一般に「伝統的金融政策」と呼ぶ。

2.2 「非伝統的金融政策」への移行

1990年代末あるいは2000年代に入ると，事態は再び変化する。主要中央銀行（日本銀行，FRS，ECB，BoE）の政策金利がゼロつまり非負制約に直面しはじめたからである。なかでも1990年代末にいち早く非負制約に直面したのが日本銀行である（図9-1）。

政策金利が非負制約に直面するなか，操作目標としての政策金利の機能は著しく低下した。その結果，中央銀行は「政策金利の誘導（操作目標）→物価の安定（最終目標）」という誘導型アプローチすなわち伝統的金融政策からの離脱を迫られ，政策金利の誘導にとって代わる政策を模索することとなった。こ

◆ 図9-1　主要中央銀行の政策金利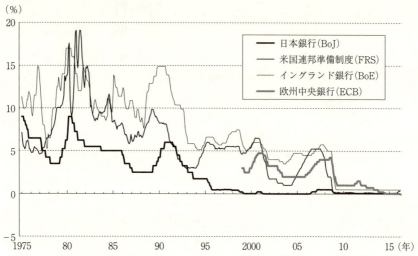

(注)　1　日本銀行は無担保コールレート・オーバーナイト物(ただし1995年3月までは公定歩合)。
　　　2　米国連邦準備制度はフェデラル・ファンド・レート。
　　　3　イングランド銀行はオフィシャル・バンク・レート。
　　　4　欧州中央銀行はメイン・リファイナンシング・オペ金利。
(出所)　各中央銀行の資料より筆者作成。

のような政策金利の誘導に代替する金融政策は「非伝統的金融政策」と呼ばれる。

　政策の具体的な枠組みや導入時期に差異はあるものの，2000年代以降，日本銀行，FRS，ECB，BoEなどの主要中央銀行はすべて非伝統的金融政策に踏み込んだ。そのアプローチはおおむね「非伝統的金融政策→長期金利抑制・資産の買い入れ・マネタリーベース増加（操作目標）→期待の好転（中間目標）→物価の安定（最終目標）」と整理できる。つまり非伝統的金融政策は，経済主体や市場参加者の「期待」を中間目標とする2段階アプローチと位置づけることができる。

　もとより非伝統的金融政策自体，理論的にも実務的にも確立された運営手法があるわけではない。FRSの大規模資産買い入れ（LSAP）を主導したバーナンキ連邦準備理事会（FRB）元議長も，議長在任時の2014年1月に，量的緩和（非伝統的金融政策の一形態）の問題は現実には効果があるが理論的には効果

がないことだと述べている。この発言は，非伝統的金融政策の実践において，期待という観察やモデル化の困難な概念がいかに大きな役割を担っているかを端的にあらわしている。

2.3 非伝統的金融政策の4つの類型

非伝統的金融政策はいわば海図なき航海である。そうしたなか，中央銀行は試行錯誤のうえ，いくつか具体策を実践してきた。そのような策の類型として，①フォワード・ガイダンス（時間軸政策），②量的緩和，③信用緩和（質的緩和），④マイナス金利があげられる。

フォワード・ガイダンス（時間軸政策）

「フォワード・ガイダンス」あるいは「時間軸政策」とは，一定の時間が経過するまで，あるいは，特定の経済条件が満たされるまでの金融政策の運営方針を中央銀行が前もって明確にすることを指す。これは「将来」の金融緩和を事実上，前倒しすることで，「今日」の経済活動に働きかけることともいえる。「将来」と「今日」という異時点を結びつける経路がほかでもない「期待」であり，フォワード・ガイダンスは期待を中間目標とする非伝統的金融政策の主軸をなす。

例として，政策金利など短期金利が非負制約に直面する一方，長期金利はまだプラスの状態を想定しよう。この場合，短期金利を下げることはできなくとも，長期金利には下げ余地がある。ここで金利の期間構造を思い起こしたい。それは，

$$I_t^{(N)} = \frac{i_t + E_t(i_{t+1}) + E_t(i_{t+2}) + E_t(i_{t+3}) + \cdots + E_t(i_{t+N-1})}{N} + R_t \tag{2}$$

とあらわされる。ここで $I_t^{(N)}$ は現時点 t における残存期間 N 年の名目長期金利（年率），i_t は現時点 t における名目短期金利，$E_t(i_{t+N-1})$ は現時点 t における $N-1$ 年後の短期金利の予想値，R_t は現時点 t におけるリスク・プレミアムである。つまり現時点の長期金利は，現時点の短期金利と現時点で予想されている将来の短期金利の平均値にリスク・プレミアムを加えたものと解釈できる。この場合，現時点 t の短期金利 i_t がすでにゼロで下げ余地がない（非負制約）としても，将来の短期金利の予想値 $E_t(i_{t+1})$, $E_t(i_{t+2})$, ⋯, $E_t(i_{t+N-1})$ を下げられれば，まだプラスである長期金利を引き下げ，金融を緩和することができよ

う。将来の短期金利の予想値を下げるためには，今後も短期金利を低く抑えるという政策運営姿勢を中央銀行が現時点 t ではっきりと示す必要がある。これがフォワード・ガイダンスあるいは時間軸政策である。このような中央銀行の姿勢を市場が信じれば，将来の短期金利に対する予想値は実際に下がるであろう。その結果，今日の長期金利が下がり，金融は緩和される。

ここで注意深い（疑い深い？）読者は1つの疑問を持つであろう。中央銀行の政策運営姿勢を市場や経済主体が信じる保証はどこにあるのだろうか。結論からいえばそのような保証はない。先の例でいえば，いくら中央銀行が短期金利を今後も抑えるという姿勢を示しても，市場がそれを信じなければ，将来の短期金利の予想値ひいては今日の長期金利は下がらない。

そこで中央銀行は自らの政策姿勢に対する信認を高める工夫を試みてきた。それがいわゆる「コミットメント」（公約）であり，代表例が「インフレ・ターゲット」である（第5章）。インフレ・ターゲットとは，物価が一定のペースで安定的に上がる状態（たとえば前年比2％上昇）を実現することを目標（ターゲット）として金融政策を運営することを指す。中央銀行がそのような目標を持って金融政策を運営することを市場や経済主体に明示することで，中央銀行の政策運営に対する信認が強まれば，フォワード・ガイダンスもより有効になろう。

フォワード・ガイダンスの一例として1999年4月の日本銀行があげられる。日本銀行は同年2月に政策金利をゼロに抑え込む「ゼロ金利政策」を採用していたが，4月13日，速水総裁（当時）は，デフレ懸念の払拭が展望できるまでゼロ金利を継続すると表明した。これは，特定の経済条件が満たされるまでの政策運営方針を示したフォワード・ガイダンスである。ただし当時の日本銀行はインフレ・ターゲットを導入しておらず，市場や経済主体からの信認は必ずしも強いとはいえなかった。

量的緩和

「量的緩和」は，マネタリーベースや中央銀行当座預金など中央銀行の負債（通貨供給）を増やすことを操作目標とする政策である。量的緩和のもとでは，中央銀行は通貨集計量を増やすことに専念する一方，市場のリスクを吸収することを目的とはしない。したがって，量的緩和の政策手段は，無リスク資産である国債の多額の買いオペという形をとることが多い。そのため量的緩和を行

う中央銀行のバランスシートの資産側では国債が急速に積み上がる。

　量的緩和において，中央銀行は通常，「ポートフォリオ・リバランス」と「シグナリング効果」を狙う。量的緩和によって銀行などの金融機関はゼロ金利（あるいは非常に低い金利）の中央銀行当座預金を多額に保有することになる。そのため，金融機関は一定のリスクを受け入れたうえで，より高いリターンが期待できる資産に資金を配分すると予想される。金融機関によるこのような資産の再構成を「ポートフォリオ・リバランス」という。その結果，資産価格が上昇すれば，いわゆる資産効果を通じて個人消費が下支えされるかもしれない。あるいは，資産価格の上昇によって借り手の自己資本や担保価値が増えると，信用創造が活性化し，設備投資や住宅投資が刺激される可能性も出てくる。さらにそれが資産価格を一段と押し上げ，実体経済をより強く刺激するという循環も期待されよう（フィナンシャル・アクセラレーター仮説）。くわえて，量的緩和自体を1つのシグナルとすることで，物価安定の実現に対するコミットメントを強めたという明確なメッセージを中央銀行は発信できる。これが「シグナリング効果」である。それによって市場だけでなく，企業や家計など経済主体の期待の抜本的な転換を図る。量的緩和によるデフレマインドの払拭といった表現はシグナリング効果の一例である。

　量的緩和についても日本銀行を例にあげよう。日本銀行は2001年3月，金融政策の操作目標を金利（無担保コールレート・オーバーナイト物）から日本銀行当座預金（日本銀行の負債）に変更した。しかも，当座預金を操作目標とすることについて，日本銀行は消費者物価指数（除く生鮮食品）の前年比上昇率が安定的にゼロ％以上となるまで続けるとの方針も示した。つまりフォワード・ガイダンスも並行して行われた。これが日本銀行史上初の量的緩和であり，06年3月まで続いた。

信用緩和（質的緩和）

　「信用緩和」あるいは「質的緩和」は，長期国債，株式，社債など，中央銀行が伝統的金融政策のもとでは買いオペの対象としない資産を買い入れる策を指す。主眼は，市場のリスクを中央銀行が自らのバランスシートに吸収することで，各種資産価格のリスク・プレミアムを抑えることにある。たとえば，中央銀行は長期国債の買いオペによって金利リスク（一定の金利変動に伴う国債価格の振幅は短期国債より長期国債のほうが大きい），また社債の買いオペによって

信用リスク（元本償還や利払いが予定通り行われないリスク）や流動性リスク（スムーズな売買が市場でできなくなるリスク）を市場から一定程度，吸収できよう。その結果，中央銀行は長期金利や資産価格の安定化と同時に，市場の価格発見機能の向上に貢献できる。

　この点を把握するため，先にあげた金利の期間構造を示す(2)式をもう一度みてほしい。短期金利 i_t がゼロのときでも左辺の長期金利 $I_t^{(N)}$ を下げうる経路が2つみえてこないだろうか。1つは，将来の短期金利の予想値 $E_t(i_{t+1})$，$E_t(i_{t+2})$，…，$E_t(i_{t+N-1})$ を下げる方法であり，これはすでに紹介したフォワード・ガイダンスである。しかしもう1つある。それはリスク・プレミアム R_t の抑制である。R_t が抑えられれば，その分，長期金利 $I_t^{(N)}$ も下がる。長期金利が下がれば，割引率の低下を通じて資産価格もサポートされよう。その結果，市場流動性が高まれば，市場の価格発見機能も改善される。そのためには市場のリスクを中央銀行が吸収する必要がある。これこそが信用緩和の動機である。

　なお信用緩和のための各種資産の買いオペも通常，多額になることから，信用緩和を行う中央銀行のバランスシートの規模は大きくなる。そのため信用緩和は量的緩和と混同されることもある。しかし信用緩和の主眼は，中央銀行が各種資産を買い入れることで，市場のリスクを中央銀行のバランスシートに吸収することにある。つまり，信用緩和をする際，中央銀行の意識は自らのバランスシートの資産構成にある。一方，量的緩和では，中央銀行が買い入れる資産はあくまで無リスク資産（国債）であり，政策意図は中央銀行のバランスシートの負債（通貨供給）の増加にある。中央銀行の資産を意識する信用緩和と負債を意識する量的緩和は明確に区別される必要がある。

マイナス金利

　非伝統的金融政策の4つ目の類型に当たるのが「マイナス金利」である。確かに常態では非負制約のもと，金利はマイナスにならない。しかし，中央銀行は，中央銀行に預金する金融機関から一定率の金利を受け取ることで，マイナス金利を導入できる。これは中央銀行に預金することのペナルティともいえる。政策上の意図は，①先にあげたポートフォリオ・リバランスの促進，②長期金利の一段の抑制，③通貨の減価（日本の場合は円安）などにある。

　2016年7月時点でマイナス金利を導入している中央銀行は日本銀行，ECB，スイス国民銀行，スウェーデン・リクスバンク，デンマーク国立銀行，ハンガ

リー国立銀行である。スイス，スウェーデン，デンマーク，ハンガリーなどいわゆる小国モデルの国は金融政策において金利よりも為替が意識されやすく，マイナス金利の動機も自国通貨の減価であることが多い。一方，大国モデルである日本銀行やECBの場合，長期金利の引き下げやポートフォリオ・リバランスの促進が強調される。

　ただし，マイナス金利の導入により，銀行など金融機関は中央銀行に金利を支払うことになるため，金融機関の収益が圧迫され，かえって金融機関のリスク許容力が下がり，金融政策の波及経路を狭めてしまうのではないかとの批判がある。また，日本など大国によるマイナス金利は競争力の向上を狙った事実上の通貨切り下げ策であるとの批判が国際政治の舞台では根強い。

3　非伝統的金融政策の課題

3.1　日本銀行が導入した「マイナス金利付き量的・質的金融緩和」

　非伝統的金融政策の4つの類型をすべて取り込んだ例として，2016年1月に日本銀行が導入を決定，2月に適用した「マイナス金利付き量的・質的金融緩和」がある。これは13年4月に黒田総裁のもと，同行が採用した「量的・質的金融緩和」に対して，16年2月以降，新たにマイナス金利を付加した策である。黒田総裁は自らこれを「近代の中央銀行の歴史上，最強の金融緩和スキーム」と評している（同年4月13日の米国コロンビア大学での講演）。

　このマイナス金利付き量的・質的金融緩和は，①消費者物価指数で前年比2％と定義される「物価安定の目標」の実現時期の明示（2013年4月から起算して2年程度の期間を念頭に置きできるだけ早期に実現），②操作目標の金利からマネタリーベースへの変更，③国債買い入れオペの大幅増額による量的緩和の採用，④長期国債，ETF，J-REIT，社債，CPなどを買い入れる質的緩和の採用，⑤日本銀行当座預金の一部にマイナス金利を初めて適用，⑥フォワード・ガイダンスの導入（物価安定の目標が安定的に実現するために必要な時点まで本策を継続）という6つの柱からなる。ただし，①にある物価安定の目標（消費者物価指数の前年比2％）は2016年9月時点でも実現にはほど遠く，同月，この政策は「長短金利操作付き量的・質的金融緩和」へと早くも方向修正された。

　しかし，いずれ日本銀行がこの非伝統的金融政策を終え，ゼロ金利からの離

脱つまり利上げを模索する局面がくる。そのような利上げ局面を非伝統的金融政策からの「出口」と定義すると，実はこの出口でこそ，非伝統的金融政策に内在する課題が表面化する恐れがある。この点を踏まえると，出口を語るのは時期尚早などとはいっていられない。以下では日本銀行を例として，出口で起こりうる非伝統的金融政策の課題を検討する。

3.2 中央銀行の財務の健全性

第1の課題は中央銀行の財務の健全性である。日本銀行の場合，最も有力な出口策は，膨大に積み上がった日本銀行当座預金の金利の引き上げである。そのため出口では，日本銀行から金融機関への利払い額が急増する。また，マイナス金利付き量的・質的金融緩和のもと，日本銀行は額面を大きく上回る価格（つまりマイナス金利）で多額の国債買いオペを行っているため，国債を満期まで保有すると償還損が日本銀行に発生する。さらに，可能性は小さいが，日本銀行が出口で保有国債の売りオペ（量的引き締め）に踏み切ることがあれば，出口では金利が上がっている（国債価格は下がっている）はずなので，日本銀行は多額の売却損にも直面する。以上の結果，出口で日本銀行の自己資本が毀損する恐れがある。

ただし中央銀行は，支払完了性（ファイナリティ）のある決済手段である通貨すなわちマネタリーベースを，自らの負債として発行できる唯一の機関である。そのため，中央銀行の自己資本の毀損をどの程度重視するかについては意見が分かれる。2008年4月から13年3月まで日本銀行総裁を務めた白川方明は，多額である必要はないものの中央銀行には一定の自己資本が必要であるとする（白川［2008］105頁）。一方，日本銀行副総裁という立場で13年4月の量的・質的金融緩和を導入した岩田規久男は，学習院大学教授であった00年に「唯一のマネタリーベースの供給者である中央銀行は，自己資本を持っていなくても営業可能な経済主体」であると断言した（岩田編［2000］91頁）。

確かに，中央銀行の負債であるマネタリーベースは伝統的には無利子であり，かつ中央銀行が自らの意思決定に基づいて発行できる。そのため，中央銀行にとって自己資本と負債（マネタリーベース）の機能を識別することは難しい。中央銀行の最終支払い能力（ソルベンシー）を自己資本のみで規定して，マネタリーベースを含めないとすれば，いかにも不自然である。

それでも自己資本不要論には2つの疑問が残る。第1に，中央銀行の財務の健全性が毀損するのは通常，緩和期ではなく引き締め期つまり出口だということである。出口において財務の健全性が損なわれたからといって，中央銀行が最終支払い能力の増強のためにマネタリーベースを供給（金融緩和）すれば，それはそもそも出口策に矛盾する。

第2に，先進国を中心にマネタリーベースが中央銀行の無利子の負債から有利子の負債に変わっていることも見逃せない。非伝統的金融政策からの出口では，マネタリーベースの大半を占める超過準備の金利の引き上げが見込まれ，これが利払い負担の増加を通じて中央銀行の財務の健全性を脅かす。この意味で，マネタリーベースが無利子である頃に展開された自己資本不要論に今日的な意義を見出しにくくなっている。実際，自己資本不要論を唱えた岩田が副総裁を務めるなか，日本銀行は自己資本を積み増している。

3.3 損失の会計上の認識と損失補償の法律上の扱い

出口での2つ目の課題は，中央銀行の損失を会計上，どのように認識するかである。損失の認識方法は中央銀行間で異なるが，代表的な方法としては，①繰延資産の計上，②自己資本の毀損があげられる。前者の繰延資産の計上という形で損失を処理しているのはアメリカのFRSやチェコ国立銀行である。一方，日本銀行は繰延資産を認識せず，損失は自己資本の毀損という形をとる。

損失を自己資本の毀損と認識する日本銀行の場合，出口で3つ目の課題が生じる。すなわち，その損失を誰がどのように補償するかである。1998年4月に施行された現行の日本銀行法には，政府による損失補償規定は含まれていない。したがって，出口で日本銀行の自己資本が毀損した場合には，政府による損失補償規定を加えるような形で日本銀行法の改正も議論されることとなろう。なお，98年3月まで適用されていた旧日本銀行法の附則には，政府による損失補償規定が明記されていた。

3.4 国債管理政策からの独立性

最後に4つ目の課題として，国債管理政策からの独立性をあげておこう。出口の過程で金利が上がると，多額の債務を有する日本政府は国債の利払い費の増加という由々しき問題に直面する。これを恐れて，日本銀行の出口策に政府

が待ったをかける可能性も完全には排除できない。つまり,財政健全化が遅れると,金融政策が国債管理政策に事実上取り込まれ,出口を出るべきときに出られないという問題が生じうる。このように政府の財政行動が中央銀行の金融政策を左右する状態は「財政従属」と呼ばれ,非伝統的金融政策が出口を探る際の障壁となりうる。

　この点については,日本銀行は法律によって独立性を与えられているため,財政従属は杞憂だとする見方もあろう。しかし日本銀行法は金融政策が政府の政策と整合的であることも求めている(第4条)。財政の持続性が疑われるなかで,政府の利払い費の増加につながりかねない出口策がとられることになれば,その出口策は政府の政策との整合性を欠くとの批判が政府側から出ることは容易に想像される。

　先に非伝統的金融政策を海図なき航海としたが,非伝統的金融政策からの出口は航海者さえいない未踏の領域である。それでも一点はっきりしていることがある。それは非伝統的金融政策の課題が表面化するのは緩和期ではなく出口だということである。出口でどのような問題が生じうるのかについて理論と実証の両面から議論を深める必要がある。　　　　　　　　　　　(森田京平)

[練習問題]

1　伝統的金融政策から非伝統的金融政策への移行過程を説明しなさい。
2　本章で取り上げた非伝統的金融政策の4つの類型に基づいて日本銀行の「マイナス金利付き量的・質的金融緩和」を整理し,政策意図を論じなさい。
3　日本銀行がとりうる出口策をあげ,出口で生じうる課題を論じなさい。

[参考文献]

岩田規久男編 [2000] 『金融政策の論点――検証・ゼロ金利政策』東洋経済新報社
翁邦雄 [2011] 『ポスト・マネタリズムの金融政策』日本経済新聞出版社
白川方明 [2008] 『現代の金融政策――理論と実際』日本経済新聞出版社
鈴木淑夫 [1985] 「日本経済のマクロ・パフォーマンスと金融政策」『金融研究』
　　第4巻第3号,日本銀行金融研究所
春井久志 [2013] 『中央銀行の経済分析――セントラル・バンキングの歴史・理論・政策』東洋経済新報社

◆ *Column* 　主要中央銀行に見る非伝統的金融政策の差異

　日本銀行に限らず主要中央銀行（米国連邦準備制度 FRS，欧州中央銀行 ECB，イングランド銀行 BoE）はすべて非伝統的金融政策に踏み込んだ。しかし政策の枠組みは互いに異なる点も多い。もちろんいずれの中央銀行も政策を不断に見直していることから，ある時期の中央銀行間の政策の差異に対して，常に本質的な意味を見出せるわけではない。そのような断りをしたうえで，いくつかの観点からこれら主要中央銀行の政策を比較してみよう。

　第1の観点が政策金利である。非伝統的金融政策は短期金利が非負制約に直面するなかで行われるため，同政策のもとでは政策金利は意味を持たないと思われるかもしれない。しかし，政策金利を政策の枠組みから排除したのは日本銀行だけである。一方，FRS，ECB，BoE は政策金利の誘導水準を示し続けた。それはこれらの中央銀行が「今後も一定期間，政策金利を低く抑える」という形で，政策金利に基づくフォワード・ガイダンスを行ったからである。

　第2の観点がマネタリーベースである。マネタリーベースつまりバランスシートの負債側を非伝統的金融政策の操作目標として明示したのは日本銀行のみである。一方，FRS，ECB，BoE はいずれも資産の買い入れ額で金融政策の規模を表現した。日本銀行以外の主要中央銀行はマネタリーベース自体に政策的意味を見出さなかったからである（なお量的緩和を導入した当初の BoE は通貨供給量の政策意義を強調していたが，後にそのような姿勢を取り下げた）。

　第3の観点がマイナス金利である。非伝統的金融政策の一環としてマイナス金利を採用したのは主要中央銀行のなかでは日本銀行と ECB に限られる。物価の安定という最終目標を実現するうえで，通貨（日本円，ユーロ）の価値の抑制も意識したことが背景にあると推察される。

　第4の観点が政府による損失補償である。非伝統的金融政策のもと，中央銀行の損失を政府が明示的に補償したのは BoE である。BoE は量的緩和を行うにあたって，BEAPFF（Bank of England Asset Purchase Facility Fund Limited）という子会社を設立した。この BEAPFF が量的緩和のための買いオペを行い，BoE はそのための資金を BEAPFF に貸し付けた。イギリス政府はこの BEAPFF の損失を全額補填することとなっている。一方，本文でみたように FRS はそもそも会計上，自己資本の一定以上の毀損を認識しない。ECB は「再評価勘定」に巨額の積立金を有しており，これが損失に対するバッファーとなりうる。日本銀行は会計面あるいは立法面からみて，損失の扱いが不明瞭である。　　　　　（森田京平）

第10章 金融規制と金融制度改革

1 金融規制と制度の理論

1.1 金融行政の目的

　現代は，どの産業分野にもさまざまな規制が存在し，時宜に応じた制度改革が行われる。金融の分野で，行政の定めるルールや，それらに基づく業界の監督を金融規制，ルールや監督の仕組みを整備・改廃していくことを金融制度改革といい，総称して金融行政と呼ぶ。

　金融行政は，以下の3つのことを目的とする。金融機能の安定の確保（信用秩序の維持なども含まれる），預金者・投資家・保険契約者（資金の貸し手側）の保護，そして金融の円滑（とくに借り手側の利便性）を図ることである（金融庁設置法第3条）。

　これらの3つの目的は，金融制度の創成期，護送船団行政，金融グローバル化という3つの段階とも密接な関係がある。資本主義の創成期には，為政者は商業や産業の育成に必要な制度として金融制度を構築しようとするので，金融の円滑が最大の目的である。しかし資本主義の進展で金融恐慌が起きるようになると，信用秩序の維持が金融行政の目的に加わる。経済が十分に成熟してさまざまな経済主体が金融サービスを利用するようになると，利用者の保護が独立したカテゴリーとなる。

1.2 金融規制のPDCAサイクル

　金融規制は，PDCAサイクルによって動いていく。当局が法令や規則などのルールを制定すると（Plan：計画），各金融機関がそれらを遵守しながら経営

を行う (Do：実行)。その金融機関を当局が検査し (Check：評価)，問題があれば処分を与えて監督する (Act：改善)。

また，実体経済や金融経済の変化，各経済主体の行動を全体としてみたときのマクロ的な不均衡などにより，ルールが実態にあわなくなると，弊害が生ずるようになる。護送船団行政の時代は，明示的なルールまたは暗黙の了解からの逸脱を行政指導で抑えて弊害を防止してきたが，現在では部外者にもわかるようルールを新設・改廃して対応する。こうして新たな規制が制定され，再び新たな検査，処分のサイクルを通じて実際の金融取引に影響を与える。

これら二重のサイクルを通じて金融当局は金融行政の目的を達成し，間接的にではあるが実体経済の運営にも影響を及ぼしていく。

規則の変更・制度の変更は，全くの無制約というわけではない。規制は法令で定めるから各国憲法に規定されるのはもちろんのこと，長期的な視野でみれば，金融行政の目的を達成するための基本となる理念に沿って制定されているからである。その考え方は，金融ビッグバンで示された3つの目標で整理できる。

1.3 規制裁定

規制を制定すると，その規制の枠内と枠外で，また，異なる強さの規制がかかったさまざまな制度間において，似たような活動ができる場合がある。小口取引では，規制が厳しくて信頼性があるほうが一方的に偏って選ばれていくということもありうるが，大口取引のときはとくに，経済的合理性に基づいて，規制が緩やかで費用が安いかまたは収益が高いほうが一方的に選ばれてしまう。これを規制裁定という。

異なる市場間の裁定は，それによってそれぞれの市場価格が変動し一物一価の法則が発現するのであるから，正常な市場機能の発揮に不可欠である。しかし規制間の裁定は，法令上の規制・行政上の運用を修正しないかぎり偏ったままであり，市場の取引を歪めてしまい，バブルの生成と崩壊，サブプライム・ローン問題など，金融機能の安定性を脅かすもととなる。

銀行・証券・保険にわたるさまざまな金融業態の規制を統一化し，日本をはじめアメリカ，イギリス，ドイツ，フランスその他多くの先進国が金融規制の国際的統一を進めようとするのは，業界間・各国間の競争条件の平等や，市場

の透明性の確保のためだけでなく，規制裁定が金融機能の安定性を脅かさないためでもある。

1.4 制度変革の必然性

　一般的にいって，法律と政治などの制度（上部構造）は，生産と交通・通信の発展によって経済・社会のあり方（下部構造）が変わることで変革される。突き詰めて考えると，この意味での制度の成立自体が貨幣論と似ている。たとえば規制が全くなく，多数の人が地域や身分で異なる慣習や想定で行動している社会では，契約するにもいちいち内容をつめて確認しなければならず，確認をしても詐欺にあうかもしれない。このようなとき統一的な規制を定めると，取引の内容が理解しやすくなり，安全性と安心感も高まり，産業やサービスの発展を促進することができる。これは商品から一般的等価物として貨幣が生成する論理，中央銀行に発券が集中する原理と同じである（第1章）。

　このように下からの動きではなく，全く取引が行われていない分野を開拓させるため，上から制度を設けた場合，下からの必要性が薄いか，またはみえない負担があるかもしくは十分な収益が見込めないため，実際にはほとんど利用されず終了した制度もある（たとえば金融機能強化特措法）。また，法令が残ってはいるが今では誰も使っていない制度もある（たとえば長期信用銀行法）。このことは，金融政策において引き締めは必ずバブルを潰せるが，緩和して必ずしもデフレを解消できないのと似ている。

　このように法制度を変えても経済実態にほとんど影響力がないものもあるし，法制度を変えることで実質的に経済実態が変わっていくというものもある。逆に実態が消滅しても法律に残った盲腸的なものもある。金融規制や制度の変化・発展・効果を予測する際には，上部構造と下部構造の関係を理解しておくことが肝要である。

2　規制改革の展開

2.1　金融行政の転換
護送船団行政の効用と限界
　護送船団行政とは，一般的には私的独占が厳しく禁じられるなか，特定の分

野には公的カルテルを形成して秩序と安定性の維持を図る体制である。特徴としては，第1に，法律で厳格に業態を分離して専業化し，競争防止のために預金金利や店舗設置を厳しく規制し，どんな弱小の金融機関にも収益を確保させていた。第2に，地理的・業務的な縄張り争いは大蔵省通達（当時）や日本銀行窓口指導などを通じて調整していた。それにより銀行等の倒産はありえないものと認識されたため，第3に，国民の余剰資金は預金や金融債等を通じて銀行制度に効率的に吸収され，銀行等は自己資本比率を気にせず，信用創造を極限にまで高めて，国家の必要とする特定産業に資本を集中的・効率的に融資する制度となっていた。

　もともと，大正デモクラシー時代末期までの日本は，創業と破綻を繰り返す自由放任的な経済体制であった。しかし昭和恐慌で多くの銀行破綻と取り付け騒ぎが生じたため，「一県一行主義」による銀行集中が奨励された。1937年には臨時資金調整法が制定され，庶民には貯蓄を奨励し，限られた資金を重要産業あるいは国債消化に動員する制度が形成されたのであった。

　このような仕組みは，戦後の高度成長までは機能的な金融制度であったが，低成長期に入り国際化が進展すると変化が生ずる。

　銀行制度内の業態分野規制のあり方については，1985年に，金融制度調査会「制度問題研究会」で検討されていた。そこで予想されたのは，安定成長期に移ると大企業が資金需要を低下させるため，金融機関はこぞって中小企業・個人への融資に関心を向けること。大企業がエクイティ・ファイナンスを行い，公的部門が国債・公債を発行するため，証券取引分野が重要になることであった。そこで高度成長期の金融体制から脱却し安定成長に資する体制を構築するため，間接金融部門に過剰に投入されている経営資源を直接金融部門に転換していく方向性を練ることにした。

　この頃から，銀証分離規制の緩和も模索されるようになった。そもそも銀行と証券の垣根は，戦後にアメリカを手本にした1948年の改正証券取引法で導入されたものであるが，87年から，コマーシャル・ペーパー（CP），先物取引，資産金融の証券化という業際分野が拡大していた。そこで90年の証券取引審議会報告では，幅広い証券概念の導入，ディスクロージャー制度，取引の公正を確保するための規制の見直しを行うこととされたのであった。

金融ビッグバン

1996年には，橋本龍太郎首相（当時）によって，「フリー」（金融機関の参入・金融商品開発・価格〔預金金利・手数料〕の自由化），「フェア」（ルールの明確化），「グローバル」（国内法制・会計基準・監督規則を国際化に対応させる）のスローガンのもと，金融ビッグバンが行われた。

このスローガン自体は普遍的で今でも生きているが，狭義のビッグバンは，直接金融の活性化を狙いとする金融システム改革法であり，広義の日本版ビッグバンは，1996年の持株会社の解禁，97年の外国為替法の抜本改正を含む。この変更の狙いは，1200兆円もの個人金融資産を次世代の成長産業とグローバルな金融の流れに投じ，ひいては世界に貢献しようとするものであった（金融システム改革プラン）。日本が高齢社会に転じたのは90年代半ばであり，この問題に関する懸念と対策が日本版金融ビッグバン（金融システム改革）の底流にあった。

ただし法律上の制度変更だけでは時代精神を変えるまでには至らない。それを変えたのは，四大証券の1つであった山一證券の倒産（1997年）および都市銀行（北海道拓殖銀行），長期信用銀行（日本長期信用銀行，日本債券信用銀行）の倒産（97年，98年）と金融（監督）庁の設置，大蔵省の財務省への改組である。これらのことは，金融仲介機関の機能不全と「大きすぎて潰せない」(Too big to fail) の反例を明示し，「護送船団行政」の終焉と新たな体制の始まりを強く国民に印象つけた。

金融再生プラン

一連の金融危機は，巨額の公的資金を用いた長銀2行の国有化等で収束したが，海外からは日本の金融機関が依然として不良債権を抱えてそれを隠していると疑われていた。自己資本比率規制の景気循環増幅効果（プロシクリカリティ）の影響である貸し剝がしもあった。バブル崩壊から10年たって政府が100兆円近い財政出動をしたのにもかかわらず景気は良くならなかった。不良債権となっている大口貸出先（ゾンビ企業）の存在と金融機関の自己資本不足および隠蔽体質の問題を重くみた小泉純一郎政権は，竹中平蔵金融相のもと金融再生プランを実施した。

銀行の隠蔽体質に対しては，とくにメガバンクの検査を厳格にし，検査忌避したUFJ銀行を刑事告発するなど断固たる姿勢をみせるとともに，不良債権

には相当の引当金を積ませて処理させた。「ゾンビ企業」の整理は，預金保険機構の子会社として設けられた産業再生機構を用いた。産業再生機構は，2004年のカネボウ，ダイエー，日本航空等の処理を皮切りにさまざまな官製の企業再生を行って企業再生ビジネスを普及させ，07年に解散した。

　他方で地域金融機関についてはメガバンク等とは違った特殊性があることから，2003年にリレーションシップ・バンキング・アクションプログラムが実施され，金融検査マニュアル別冊〔中小企業融資編〕による検査と中小・地域金融機関向け総合監督指針による監督で対応することとした。また2度の危機対応によって足利銀行およびりそな銀行を一時国有化して資本増強を行うとともに，金融機能強化特措法で地域金融機関再編と自己資本増強の促進を狙った。

公的金融機関の改組・民営化

　民間の金融機関のあり方を大きく変えた制度改革として忘れてはならないのが公的金融機関の改革である。

　住宅金融公庫は，2007年4月に住宅金融支援機構に改組され，民間の住宅ローン債権の証券化をする組織となって，民間金融機関が長期固定金利の住宅ローンを提供できるよう支援する仕組みとなった。郵便貯金は，07年9月にはゆうちょ銀行に引き継がれたが，窓口で銀行業務と生命保険の販売の両方を行う民営郵便局の発足に備えて，あらかじめ，銀行代理店・保険仲介業などの制度が整備され，一般の銀行における保険の窓販も解禁されたのであった。

　こうした公的金融の改革はもともと，郵便貯金や年金制度を通じて巨額の金銭を国民から預かり，財政投融資を通じて住宅金融公庫の住宅融資等で国民に貸し付けるという，国家銀行（ゴスバンク）のような構造に，市場メカニズムを導入して効率化するのが狙いだった。しかし，ゆうちょ銀行は依然として国債や財投機関債を中心に投資している。財投制度の国家銀行的性格の廃止にとっては，むしろ2001年の年金資金運用基金の設立と自主運用の開始，06年の年金積立金管理運用独立行政法人（GPIF）への改組のほうが重要であろう（第8章）。

2.2 複線型金融システムへ

金融商品仲介業および代理店制度の整備

　2004年に導入された証券仲介業は保険代理店と類似の制度で，今では銀行等の登録金融機関はもちろんのこと個人や一般企業も金融商品仲介業を営むこ

とができる。投資家保護のため，これら金融商品取引業者等は，営業職員を外務員として登録しなければならない。また06年の金融商品取引法の成立後，保険契約者の保護のため07年の保険制度改革で保険販売制度の改革も行われた。06年には郵貯民営化後も過疎地等の預金サービスが不足しないよう銀行代理業制度が整備された。こうして銀行・証券・保険の代理店・仲介業の制度が横並びで整備され，どんな僻地でも兼営代理店等をおいて総合金融サービスを提供することが可能となった。

ノンバンク規制の展開

平成金融危機で機能不全に陥った金融機関に代わる金融仲介業として期待されたのが消費者金融および商工ローンを営む金融業者である。これらは長らく護送船団行政の枠外に置かれた自由業であったが，1999年のノンバンク社債法では，大規模法人の貸金業者を特定金融業者と位置づけ，社債で資金調達をして貸出業務を行えるようにした。

その後，多重債務者問題や大手金融業の不正もあって逆風が吹き，最高裁判決に基づく過払金返済請求が始まり，2006年には従来の貸金業規制法の参入規制と業務規制を強化して，貸金法が成立，10年からは出資法による貸出金利規制も強化された。これを受けて多くの小規模な消費者金融・商工ローン業者は廃業し，大手の金融業者は金融機関の傘下に入ったが，その代わり，電子商取引の手法を用いて多数の少額融資を束ね（クラウド・ファンディング），新規小規模事業に投融資を行うマイクロファイナンスが発達しつつある。

資金移動業の制度の整備

金融ビッグバンのところでも述べたように1997年には，外国為替及び外国貿易法（外為法）改正が行われ，これを見越した外為専門銀行の東京銀行が96年に三菱銀行と合併した。これは外国為替の取り扱いを一般の銀行に開放する意味では自由化だったが，外国為替も内国為替も，その取引は，銀行等の預金取扱金融機関にしか許されなかった。

しかし，情報通信技術の発達，利用者ニーズの多様化等を受け，2009年，前払式証票規制法（プリカ法）を廃止して資金決済法が成立した。この法律では，プリカ法で規定されていた紙券・ICチップ型に加えサーバー型の前払式支払手段（商品券・電子マネー）も制度化したほか，少額（現行100万円以下）の為替業務を銀行等以外に開放して資金移動業を創設するとともに，銀行間資

金決済を営む清算機関の導入(実質的には全銀ネットの金融機関化)をした。

　前払式支払手段は未使用残高の2分の1,資金移動業は移動中の資金全額について供託金保全義務が課せられている。利用者保護を図るためとされるが,信用創造能力を限定して信用秩序を維持するためでもある。

　昨今では,電脳空間において疑似的な通貨を利用する動きもみられることから,電子商取引の手法を使うマイクロファイナンスとあわせて,フィンテック(FinTech)として脚光を浴び,これらをどう位置づけて規制・監督していくかが課題である。

2.3　情報開示と販売規制による投資家等保護

会計ビッグバンと金融商品販売法

　日本は取得原価主義の会計制度で,それが含み益をもたらしバブルを生んだ。さらに連結会計制度の不備により,子会社等を使った飛ばしも行われてきた。その反省にたって時価会計を原則としコンツェルンの財務状況を適切に把握しようとする国際財務報告基準(IFRSs)に近づけるのが会計ビッグバンである。初期には金融商品に係る会計基準などが出されたが,会社法が制定されたあたりからは会社法がらみの改革になってきており,コングロマリットの発展によって連結会計がますます重要なものとなっている。

　金融商品販売法とは,金融商品取引法に先駆けて,販売過程において投資家保護を図るために制定された規制である。預金・保険・金銭信託,投資商品などの金融商品販売業者に対して,顧客との契約の際に重要事項の説明をする義務および裁判の際の立証義務を課し,またあらかじめ勧誘方針を策定する義務を課す。立証責任で責任逃れをなくし,勧誘方針策定義務で競争によるサービスの質向上を期している。2006年の金融商品取引法の成立に応じ,適用される投資商品が拡大され,説明義務範囲の拡大,適合性の原則の導入,断定的判断の提供禁止が盛り込まれた。

金融商品取引法

　金融商品取引法は,証券取引法に金融先物取引法等の類似法令を統合し,日本版SOX法を挿入し,罰則を強化するため,2006年に制定され翌年施行されたものである。預金・保険を除く有価証券とその他の金融商品(投資商品)の取引業者が幅広く規制され,顧客の習熟度にあわせた適切なふるまい方(行為

規制)を求められるようになった。ただし，ファンドやデリバティブの取引業者の行為規制は，プロ相手の取引については緩やかに，個人投資家などアマチュア相手の取引については厳格になっている。

金融商品取引法では，商法から会社法が独立するのにあわせ，発行主体の内部統制の評価が義務付けられ，開示規制が強化された。内部統制は，管理会計の分野に加えて，法令遵守ひいては社会的責任をも問い，ITのセキュリティの監査まで含む。金融機関はすでに1998年にバーゼル委員会が公表した内部管理体制評価の枠組みで対応していたが，金融商品取引法では，すべての上場企業が対応を求められている。開示規制としては，企業の情報開示の頻度が年2回から4回に増やされ，企業が金融庁に提出する重要情報がエディネット(EDINET)に記載されるようになった。

リーマンショックを受けての2009年改正では，格付会社の登録制と金融庁と証券取引等監視委員会の立入検査権も設定されている。

3 金融監督および証券市場の監視

3.1 自己資本比率規制

金融機関の倒産を避けるためにさまざまな競争制限をしていた護送船団行政下での銀行等に対する重要な監督手段は，業態の分離，支店設置の認可，預金利率の規制であった。しかし預金金利と支店設置が自由化され業務も拡大していき，個別の金融機関が倒産することもありうる体制では，別の手段が必要である。1970年代以降，破綻した独占企業を公的に整理・救済するアメリカでは預金保険制度が基本となった。だが社会的市場経済を国是とし民間経済への連邦財政の投入や国権介入を嫌うドイツでは，自己資本比率規制が発達した。

自己資本比率規制は，日本においては1988年当初「BIS規制」の愛称で導入されたが，これは国内での普及を狙って日本側が独自に付けた名称である。実際は，日本を含む主要国の金融監督当局が集うバーゼル銀行監督委員会で協議して定めた国際規制であって，今ではバーゼル規制と呼ぶ。

自己資本比率規制は，個別銀行等の健全性を図るうえで明快な基準である。だが，画一的すぎて不適切な部分があったり，妥協で受け入れた甘い基準が遠因でバブルを生じさせたり，景気循環増幅効果もある。それゆえバーゼル規制

は，各金融業界の要望，サブプライム危機や欧州金融危機を受けて，あるいは金融リスク管理の理論の発展に基づいて，次第に複雑なものへと進化している。

バーゼルIでは，資産をその種類に応じたリスクウェイトで加重合計したリスクアセットを，さまざまに定義される自己資本の合計で除した数値が8％以上になることが求められた。ただし日本国内でのみ活動する金融機関は，4％以上でよいものとされた。

バーゼルIIでは，自己資本比率規制に加えて，リスク管理体制の行政によるチェック，情報開示を通じた市場規律を3つの柱と位置づけ，とくに自己資本比率規制では市場リスク（とくに予想最大損失額〔VaR〕）とオペレーショナル・リスクを分母に加え，リスク管理手法では標準的手法または内部格付手法による資産査定で低リスクと考えられる融資（中小企業金融と不動産金融）の促進を期待した。ただしリーマン・ショックのため，直ちにバーゼルIIIの検討が始まった。

バーゼルIIIでは，金融危機を予防するため，過去アメリカと日本に妥協して水増しされていた自己資本を，本質的なものから順に，普通株式等，中核的自己資本（Tier 1），総自己資本と定義し，それぞれリスクアセットの一定比率以上を維持するものとされた。また将来のストレスに備える資本保全バッファー，景気循環増幅効果を抑制するバッファーなど，所要自己資本の上乗せを定めた。

3.2 金融機関の監督

金融検査の概要

金融庁は，銀行法等の規定により，金融機関の業務の健全かつ適切な運営の確保のために必要と認めるとき，営業所やその他の施設の立ち入り検査を行ったり，その場で書類の検査をしたりする（オンサイト検査，銀行法第25条）。また，検査と検査の間に状況の変化が生まれると有効な監督ができないため，金融機関に報告書や資料の提出をさせ，書面検査（オフサイト検査または狭義のモニタリング，銀行法第24条）を行っている。金融監督庁の設置の経緯から，前者は検査局（および金融庁の地方部隊としての財務局等），後者は監督局が分担している。ただし，2014年度から，両者の協調性を高めて実態の正確な把握に努めるべく，共通の「金融モニタリング基本方針」を策定している。

オンサイト検査の際に検査官が用いるのが各業態別の「金融検査マニュア

ル」である。これらの作成にあたっては，まず原案が公表され，パブリック・コメントで幅広い意見を聴いて修正のうえ決定され，時宜に応じて頻繁に改訂されている。金融機関は，自らも資産内容の査定を行っており（自己査定），企業会計原則等に従って引き当てや償却などの会計的措置をとっているが，その際には，金融検査マニュアルも目安として使われる。その査定結果は，会計法人等の監査を受け，さらには検査局による検査を受けて，その状況次第では，早期是正措置などの監督上の処分を受けることもある。

金融機関の処分

監督上の処分は，客観的な基準に従って行われるべきである。そこでアメリカに倣った早期是正措置（銀行法第26条）の制度が整備され，1998年4月から施行されている。これは，銀行等の業務または財産の状況に照らして必要と思われるとき，監督官庁が経営改善計画の提出を求め，改善計画の変更を命じ，場合によっては業務停止や財産供託などの措置をとれる制度である。

その際に基準となるのが自己資本比率で，その毀損度合いによって，とるべき措置の度合いも変化する。自己資本比率が基準値（国際的金融機関が8％，国内的金融機関は4％）を下回るときは改善計画の提出と実行の命令，基準値の半分を下回るときは資本増強，配当や賞与の禁止・抑制，もしくは業務縮小の改善計画の提出とその実行の命令，基準値の4分の1を下回るときは自己資本充実，大幅な業務縮小，もしくは合併や廃業等の措置を選択したうえでその実施の命令，自己資本がマイナスとなったときは業務の一部もしくは全部の停止命令を出すことができる。

早期是正措置が必要なほど経営が悪化していない金融機関にも予防的に改善策をとらせることができるよう，2002年には「早期警戒制度」が整備された。当初は銀行等のみの制度だったが，08年からは金融商品取引業者にも対象を広げている。これはさまざまな基準に引っかかった金融機関に原因と改善策についてヒアリング調査を行い，必要な場合は報告徴求や業務改善命令を出す制度である。当初は潜在的な病気をみつける健康診断の位置づけであったが，次第に将来のストレスに対する予防策として重視されている。

金融庁と日本銀行の協力

平成金融危機を経験した日本では，金融庁が国内金融機関のすべての金融行政を管轄しており，検査局および地方財務局等には多数の検査官が配されてい

る。日本銀行も考査をするが，これは銀行の銀行として「最後の貸し手機能」を果たせるよう，契約に基づいて日銀の取引先を考査しているにすぎない。

とはいえ物価の安定をつかさどる中央銀行は，マクロ分析の専門能力が高い。国際的にもマクロレベルの金融監督における中央銀行の役割を再認識するようになった。これを踏まえ2014年6月に金融庁長官と日銀副総裁の出席する金融庁・日本銀行連絡会を設け，年2回の会合で情報交換することとなった。

3.3　金融市場の健全性・透明性
証券取引等監視委員会

証券市場および先物市場における不正（インサイダー取引，相場操縦，風説の流布，有価証券報告書等の虚偽記載，損失補塡など）を監視して市場の健全性を確保するのが，証券取引等監視委員会である。監視委員会は，金融庁の外局として委員長および2名の委員からなる合議型の行政機関である。委員会は，必要があれば，証券制度の改革や業者の処分について金融庁に建議・勧告し，犯罪については検察庁に告発する。

監視委員会を支える官僚機構である同委員会事務局は，金融商品取引法の改正で検査対象を広げ大幅に増員された。抜き打ちで金融商品取引業者や取引所に対する立入検査を行い，日常的に業者等から提出される報告や徴収した資料によって取引審査を行い，インターネット巡回システムを用いて風説の流布の監視を行う。また，犯則事件について質問・検査・領置（任意調査）や臨検・捜索・差し押さえ（裁判官の許可状による強制調査）を行う。

かつてはインサイダー取引，風説の流布，相場操縦などの不公正取引や虚偽記載を行った者でも，裁判で刑事罰が科されないかぎり不正な利益を享受できるなどという犯罪・不正の誘因が存在した。この誘因を抑制するため，2005年4月には，審判官の審査を経る課徴金制度が設けられた。

公認会計士・監査審査会

会計情報の国際的な妥当性を維持し，市場に対する利用者の不信感を払拭する制度が，公認会計士・監査審査会である。審査会は，金融庁の外局として会長および9名の委員からなる合議制の行政機関で，これを支える同審査会事務局は，公認会計士の試験および懲戒処分を担当する総務試験室，「品質管理レビュー」のモニタリングと検査を行う審査検査室の2室で構成される。

2004年4月までは，公認会計士審査会という公認会計士試験および懲戒処分を担当する組織のみが置かれていた。しかし監査の質を確保するために，自主的な日本公認会計士協会の「品質管理レビュー」のモニタリングを行い監査法人等への立ち入り検査を行う組織として，公認会計士・監査審査会に改組された。この背景には，会計の国際化や複雑化への対応のため専門家を増員する必要性，市場の公平性・透明性の確保による投資家の信頼の向上，日本の公認会計士制度に関する国際的な信認の確保の必要性があった。会計士・会計法人の関与する不正会計処理事件が世界各地で起きていたためである。

2006年には，監査監督の連携・協力を目的とする国際組織として監査監督機関国際フォーラム（IFIAR）が発足し，17年にはその常設事務局が東京に置かれる予定である。

4　金融危機への事後対応と事前対策

4.1　個別金融機関の破綻処理

特別な倒産処理の必要性

金融機関がその業務や財産の状況からみて預金，定期預金，掛金，金銭信託等の預金債務の弁済を停止するおそれが生じている状態，または実際に停止した状態を，金融機関の破綻という（預金保険法第2条）。

ここで通常の倒産処理を進めて，預金者に被害が生ずると，不合理な場合がある。預金が少額なのに，預金時に金融機関の財務状況を綿密に調査したり，破綻後に債権者集会に参加したりする費用や労力をかけさせる（自己責任を問う）のは酷である。また，預金の絶対額が高額であっても相対的に小口であってそのような預金者が多数に上る場合，これらの預金者の信頼を失うことは，信用制度の維持にとっても不都合である。そこで，預金者を保護する制度が形成される。

預金者を保護する制度としては一般に，預金自体を保護する制度と，金融機関の合併や救済等を支援して間接的に預金を保護する制度とがある。日本には，公的な制度として，「預金保険制度」（一般の預金取扱金融機関用）および「貯金保険制度」（農水産業協同組合用）がある。また，私的な金融機関支援制度としては，JAバンク支援基金などがある。ここでは基本的制度として，「預金保

険制度」を中心に解説する。

預金保険制度

　預金保険機構は，あらかじめ金融機関から預金保険料を集めている。金融機関の預金払戻の停止（第一種保険事故）が生じて同機構の運営委員会による「支払決定」が下されたとき，または，金融機関の営業免許取消・破産宣告・解散決議（第二種保険事故）がなされたとき，預金者の請求に基づいて保険金を支払う（預金保険法第49条，第53条）。これをペイオフと呼ぶ。

　公的制度であらゆる預金を保護すると，モニタリング能力のある経済主体までもがこれを当てにして，金融機関のリスクが高まっても対策をとらず（モラル・ハザード），金融機関の健全性の向上が図られない。そこで，保護上限をつけるのが普通である（現行1000万円に利子を加えた額）。

　ただし「決済用預金」（無利子の振替用要求払預金）は全額保護される。日本では諸外国に比べて預金通貨の比重が高くシステミックリスクを避ける必要があり，個別にも保護上限内に抑えることが難しく全額保護すべき巨額な預金（自治体やマンション管理組合等の預金等）があるからである。

　破産手続きは営業停止を伴うため，預金者の取り戻せる金額を確定して実際に支払うまでに何年もの時間がかかる。金融機関の規模が大きくなるほど，その社会的コストが増大する。そこで，別の金融機関等に預金と資産を買い取ってもらうかまたは合併してもらうことのほうが多い（P&A方式）。店舗網の拡張などで合併差益が見込めるときは救済する側も喜んで合併するが，いまやそれは見込めず，むしろ継承する資産の毀損が著しく救済側の負担が大きすぎる場合が多い。その場合は，預金保険機構が資金援助等（不良債権の買い取りや公的資金の注入）をするので，P&A方式を資金援助方式と呼ぶこともある。この場合に預金保険の支払限度内の援助で不足が埋まれば，預金の全額が戻ってくるが，それ以上の資産の毀損があるときは，保護上限を超えている部分の預金を一定割合でカット（債権放棄）する可能性が生ずる。

　日本では，1971年に当時の国際的潮流を受けて預金保険制度を創設したものの，護送船団行政が奏功している間はP&A方式で処理していた。初めてのペイオフは，2010年日本振興銀行（2003年新設）の破綻事例である。この銀行は新種の銀行で，定期預金を中心に資金を集めていたが，付保部分を超える預金部分については清算で6割弱が戻ってきた。

預金保険機構および整理回収機構

「預金保険制度」は，政府等の出資で設立された特殊法人である預金保険機構が運営する。預金保険機構は，保険料の管理と保険金支払い，資金援助といった預金者保護に関係する業務のほか，金融整理管財人業務，承継銀行（ブリッジ・バンク）の経営管理等，特別危機管理の際の株式引受等（資本増強）といった破綻処理の業務も行う。

整理回収機構は，預金保険機構が救済合併や営業譲渡・業務承継を行う場合，支援のため不良債権の買い取りとその回収をさせたり（整理回収），一時的に全事業を承継させたり（承継銀行）するために利用する子会社である。預金保険機構の実働部隊としての役割を持っており，各地方の主要拠点に支店を置いている。2014年からは反社会的勢力の関係する困難債権については保険会社やノンバンクの債権の整理回収も引き受け可能である。さらには，信託業の免許も有し，信託を利用した不良債権流動化による事業再生業務も行っている。

整理回収機構が預金保険機構の委託で債権買取を行う際には，簿価と買取価格の差額を預金保険機構が穴埋めし（一次負担），回収で生じる赤字も補塡するので（二次負担），政府保証の範囲内で国民負担となりうる。なお，機構設立の当初目的であった住専処理が2012年に完了した際は，二次負担は1兆円ほどだったが，民間負担と機構の利益等で賄ったので，新たな国民負担は免れた。

4.2 金融危機の対応制度

危機対応の必要性

金融機関と預金者との間には，大きな情報の非対称性がある。金融機関の情報開示が万全であっても，その信頼性に疑いを持たれると，健全性に関する打ち消しがたい不安が突如発生する。このような不安が高ずると，大口預金者から我先に預金等の解約に走る（取り付け騒ぎ）。さらに事態が悪化すると健全な類似の金融機関に対しても決済網や信用連鎖を通じて金融危機が伝染するという不安から，あらゆる金融機関に預金等の解約請求が殺到する。これが金融恐慌（パニック）である。預金の解約がなくとも同様の理由で銀行間市場や銀行のCP発行等での短期資金調達が困難となれば流動性危機が生ずる。金融恐慌や流動性危機は，金融制度のみならず全体経済の麻痺や破壊を生じかねない。

このような状況を避けるためには，特別の信用に依拠して不安に歯止めをか

け，信用秩序の維持を図らざるをえない。古典的には中央銀行が特別融資を行い，昭和恐慌では政府がモラトリアム（銀行休業）で対処したが，現在では，内閣府の金融危機対応会議（議長は首相，議員は内閣官房長官，金融相，金融庁長官，財務相，日銀総裁）で金融危機対応を認定し，特別の措置を講ずる仕組みができている。

預金保険法第102条の規定により，銀行等の状況が国民経済または地域経済の信用秩序の維持にきわめて重大な支障が生ずるおそれがある場合，債務超過でないものには預金保険機構が資本増強をし（1号措置），債務超過または支払停止のおそれのあるものは承継銀行に業務承継させまたは救済金融機関の申請を受けて資金援助し（2号措置），それでも足りないときは，特別監視下に置く（3号措置）。

また，リーマン・ショック後の改正で導入された特定認定（預金保険法第126条の2以下）では，銀行等のほか保険，証券業者，金融持株会社にも対象を拡大して，破綻していないものには流動性供給と資本増強，債務超過または支払停止のおそれのあるものは特別監視下に置いて特定資金援助と関連措置を行って秩序ある処理をすることとなった。

公的資金

金融危機対応では，金融機関を組織的かつ技術的に健全化するだけでなく，財務上も預金者・投資家からの信頼が得られるよう，十分に健全化しなければならない。そこで，公的資金が用いられる場合がある。

公的資金といえば通常は，政府の財政資金を直接に投入することを意味する。しかし国が直接財政資金を投じるとモラル・ハザードとなるおそれがある。そこで金融機関に対する公的資金制度は，政府の保証を付けて預金保険の勘定を利用して，金銭贈与，資産買取，出資などをする仕組みをとる。

資金援助を賄うのは，預金保険金の支払いに要すると見込まれる費用（ペイオフ・コスト）の範囲内では，預金保険機構の一般勘定に集める金融機関からの一般預金保険料である。しかし，信用秩序の維持のため，預金保険機構が特別にペイオフ・コストを超えた資金援助等を行うときは，その超過金額を「危機対応勘定」と呼ばれる特別勘定から一般勘定に振り替えて穴埋めをする（特別資金援助，預金保険法第121条）。ただしその場合，原則として，金融庁長官および財務大臣が「危機対応勘定」の欠損金を賄う負担金を特別保険料として

定め，金融機関から預金保険機構へ納めさせる（預金保険法第122条，第123条）。この特別保険料のみで賄うと金融機関の財務内容を著しく悪化させ日本の信用秩序の維持にきわめて重大な支障が生ずるおそれがあるときは例外的に，預金保険機構に費用の一部を政府が補填することができるが，危機対応勘定に利益が発生したときに国庫へ納入する形で回収していく（預金保険法第125条）。したがって，特別資金援助が行われてもその全額が国民負担となるわけではない。

4.3　金融危機の事前対策

　リーマン・ショックと続いて起きた欧州金融危機では，個々の金融機関の健全性だけを監督しても金融システムの安定が脅かされうることが強く認識された。そこで個別の金融機関の健全性に重きを置く規制（ミクロプルーデンス政策）に加えて，金融システム全体の健全性を維持する規制（マクロプルーデンス政策）が検討されるようになった。

流動性規制

　リーマン・ショックとその後の欧州金融危機は，自己資本比率に問題のない金融機関にも流動性不足による危機が発生した。そこでバーゼルIIIでは，自己資本比率規制に加えて新たに，流動性規制が導入された。

　これは流動性カバレッジ比率規制と，安定調達比率規制からなる。前者は，ストレス期の資金流出にも30日は耐えられるように保有資産の流動性を規制するもので，後者は，中長期の貸出等を相当の長期性の資金調達で裏づけて流動性リスクを覆うものである。金融危機となりうる銀行破綻の兆候は，流動性ショックとしてあらわれるが，その際に自主的な対応なり当局の危機対応ができる時間が確保されるよう，このような規制を設けたのである。

　日本では，2013年の改正預金保険法で破綻処理の拡大がなされた。14～15年には流動性カバレッジ規制が導入された。さらに15年には持株会社に関する告示により証券化商品の監督が強化された。

大規模金融機関の破綻準備

　大手銀行とりわけ投資銀行の破綻処理制度を整備することも重要であった。グローバルにシステム上重要な銀行 G-SIBs（ヨーロッパ15，アメリカ8，日本3，中国4機関が指定）と国内的にシステム上重要な銀行 D-SIBs（3社加えて6機関が指定）とは，「大きすぎて潰せない」という議論の対象となりうる金融

機関である。これらの金融機関は、自己資本比率8%ではなく、それに上乗せした基準を守らなければならない。

また、これらの金融機関は、バーゼル規制上の自己資本に一定の劣後債を含む総損失吸収力（Total Loss Absorbing Capability: TLAC）をリスクアセットの16%に維持する義務があるとされた。大規模金融機関の破綻時にベイル・イン（債権者負担の銀行救済）をさせるため、株主だけでなく一定の大口債権者にも責任を負わせることを予定しておくのである。

このような流動規制と総損失吸収力の規制は、モラル・ハザードを醸成しないよう、これまでベイル・アウト（公的資金での銀行救済）を求めてきた「潰すには大きすぎる」銀行でも秩序だって倒産できるようにする、つまり国際的次元での護送船団行政の放棄であるといえる。国際的金融規制の全体的な傾向としては、個別金融機関の自主性と業界責任を重視しつつ、事前規制を強め、各国当局からみた比較可能性を高めようとしている。　　　　　　（山村延郎）

練習問題

1. 金融制度に関する理論の応用事例を、第2節以降のさまざまな動きから拾い上げて整理し、それらを理論的に説明してみなさい。
2. 「金融システムの将来ビジョンと金融行政」その他の改革プランを検索して通読し、現時点での到達度やプラン等の有効性を検討してみなさい。
3. 金融庁による金融機関と金融商品取引業者の処分事例を調べ、その傾向から時代ごとの特徴をみつけてみなさい。
4. 各金融機関の破綻に対して投じられた公的資金と、現時点でまたは最終的に確定した国民負担を調べてみなさい。

参考文献

佐藤隆文［2010］『金融行政の座標軸──平時と有事を越えて』東洋経済新報社
内藤純一［2004］『戦略的金融システムの創造──「1930年代モデル」の終焉とその後にくるもの』中央公論新社
藤田勉［2012］『グローバル金融制度のすべて──プルーデンス監督体制の視点』金融財政事情研究会
宮内惇至［2015］『金融危機とバーゼル規制の経済学──リスク管理から見る金融システム』勁草書房
目黒謙一・栗原俊典［2014］『金融規制・監督と経営管理』日本経済新聞出版社

● Column　金融規制の国際比較

　世界の国々は，1921年にソ連でゴスバンクが設立されて以降，モノバンク制の国と二層銀行制の国に分かれ，大恐慌後は，ユニバーサルバンク制度の国と業態別銀行制度の国に分かれた。しかし31年には，手形法統一条約が結ばれ，半世紀の時を経て，バーゼル合意をはじめとする国際協定が結ばれ，旧ソ連・中東欧も二層銀行制に復帰した。世界各国の金融規制・制度は，次第に統合されつつある。

　とはいえ金融規制が全世界で全く同じになるまでには相当長い年月がかかる。たとえば保険分野は，国際的に規制の統一が難しく，国によっては監督権限が州に任されている。高利貸の暴利と合法的な利子を区分し処罰する規制もさまざまで，貸出金利上限の法定はおそらく日本だけである。それぞれの国で独自の必要性やイデオロギーから生じた規制と制度は，国際金融規制に反しないかぎり残っていく。

　国際金融の世界では，共通語・標準語としての国際基準・規制が通用するので，各国の金融制度を細かく知らなくても不便はないが，比較金融制度の意義は残る。

　1つは，ビジネス上の理由である。その国に駐在して生活したり商売をしたりする場合，その国独自の規制に配慮しなければならないのはもちろんのことである。それだけでなく，規制の違いが依然として存在する以上，この違いを活用した規制裁定による収益を狙う投資家や投資銀行家もいる。

　もう1つは，金融制度改革のためである。日本では，中小企業金融の資金逼迫に対処すべくドイツなどの協同組織金融機関の制度を参考にしているし，金融危機のさなかには，アメリカに倣って銀行の破綻処理制度を拡充したし，イギリスに倣って金融監督庁のちの金融庁を設置したりした。ただし，輸入した制度や規制の前提となる諸制度や条件が欠けていて奏功しないものもある。そういうときは，規制と制度，そしてその実態を微細に調査して比較してみることが肝要である。

　金融危機への対応の仕方や，国際規制を定める会議・交渉の行方を占うには，主要国の規程や制度のほか，イデオロギーや政策上の利害関係を知っておくことも重要であろう。たとえば，アメリカは，業態分離を志向して投資ビジネスの自由や不透明部分を維持し，失敗した独占企業を財政で救済してはばからない。ドイツは，強力な憲法裁判所を持つため金融自由化がいち早く進んだし，社会的市場経済の国是により，自己資本比率規制と開示規制を強化したがる。この両国を支配する原理は，しばしば対立する。日本は，バーゼルIではアメリカと連携して含み益の自己資本化を勝ち取り，バーゼルIIではドイツ等と同盟して中小企業金融に有利なリスクウェイトを勝ち取るなど，合従連衡を駆使している。　　　　　　　（山村延郎）

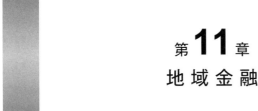

第11章
地域金融

1　「地域金融」問題の今日的重要性

　今日，地域経済の深刻な疲弊は，中小・零細企業の激減を伴いつつ「空洞化」の域を超えて地域の存続自体を脅かす事態に至っているが，バブル崩壊後数多くの地域金融機関が地域から姿を消した影響もあって，地域金融システムが著しく弱体化し，その再生が喫緊の課題となっている。

　「地域金融」という用語が金融行政において初めて明示されたのは，1990年7月の金融制度調査会金融制度第一委員会中間報告「地域金融機関のあり方について」（大蔵省内金融制度研究会編『新しい金融制度について』所収，金融財政事情研究会，1990年）であった。そこでは，「地域金融」を「地域住民，地元企業，地方公共団体等のニーズ，とくにリテール中心の機能や，地域プロジェクトに参画して地域開発に貢献する機能などの金融サービス」とし，それを担う「地域金融機関」として地方銀行，第2地方銀行，協同組織金融機関があげられている。

　ただし，そこでは「地域金融」の問題は金融自由化に伴う業務規制緩和の成果を地域にいかに行き渡らせるかという視点からのものであり，今日のような地域再生をいかに金融面で支えるのかという視点からではなかった。

　ところで，吉田敬一は現代における経済循環を「世界的規模での最適地生産を志向する，企業内国際分業」としての「グローバル循環」，「国民経済レベルでの企業内地域分業」としての「ナショナル循環」，「地域単位での企業間分業」としての「ローカル循環」という3つの類型として整理している（吉田敬一「持続可能な地域経済再生の展望と課題」岡田知弘・榊原秀訓・永山利和編『地

方消滅論・地方創生政策を問う』〔地域と自治体 第37集〕自治体研究社，2015年）が，本章では「地域」を都市，地方を問わず，経済循環の視点から他の地域とは異なる等質性を前提にした生活圏が成立する地理的空間，吉田の区分に従えば，「グローバル循環」を除く「ナショナル循環」と「ローカル循環」が展開される領域としてとらえ，「地域金融」を上記中間報告における定義を援用し，地域再生（政府は「地方創生」と表現している）のあるべき方向性と地域金融のあるべき姿を「持続可能な地域社会」という視点から展望する。

なお，地域金融の担い手については地域金融機関のみならず，中小・零細企業の難局をいわば「命綱」として支えてきた「公的金融」（公的金融機関による融資，自治体の制度融資，信用補完制度）を加えて検討する。

2 地域経済の変容と地域金融

2.1 地域経済の変容をもたらした要因
グローバル化の進展と中小企業政策の転換

1990年代以降のグローバル化の進展と円高のもとで，グローバル大企業の対外移転に伴う下請け中小企業の衰退，大型商業施設の進出と食料品ほか生活資料の安価な輸入品の急増に伴う商店街の衰退等々，地域経済の持続可能性を脅かす事態が続発してきた。

かつて中小企業の業況については，ジェット機の後輪に例えられたように，景気後退期には大企業より早く「着地」し，回復期には大企業より遅く「離陸」するという傾向が観察されたが，タイムラグを伴いつつも大企業との間で景気のシンクロがみられた。しかし，『2007年版 中小企業白書』が「地域間・企業規模間のばらつき」として分析したように，02年2月からの「いざなぎ越え」景気を境として，大企業が史上最高益を更新するほどの回復を示してもそれが中小企業に波及しないという傾向，および，業種別・企業別の業績格差が地域別格差としてあらわれる傾向が顕著になってきた。

その最大の理由が日本経済の構造変化にあることはいうまでもない。なかでも，2003年1月1日，経団連の奥田碩会長（当時）が「活力と魅力溢れる日本をめざして」と題する新ビジョンを掲げ，"made in Japan" から "made by Japan" 戦略への転換を打ち出して以降（http://www.keidanren.or.jp/japanese/

policy/vision2025.html を参照），グローバル大企業が海外生産比率を著しく高めたことによって，大企業の業況が中小企業に及ぼす影響度（トリクルダウン）が顕著に低下するとともに，中小企業の資金需要の減退をももたらすことになった。

日本の鉱工業生産のおよそ3分の1を占め，対外競争力の強化を先導してきた一般機械，輸送機械，電気機械の3部門が円高によって海外への生産移転を進めた結果，大企業を頂点として広範な裾野を形成してきた国内の地域下請け生産構造は大きく変化した。海外生産比率は製造業平均では22.9%であるが（2013年度「国内全法人ベース」），とくに自動車産業では2005年度に海外現地生産台数（1093万台）が国内生産台数（1089万台）を年度ベースで初めて上回り，現在，海外生産比率は6割を超えるに至っている（経済産業省「海外事業活動基本調査」，『通商白書2014』などより）。

そうした状況のもと，1999年に中小企業基本法が抜本的に改正され，「独立した中小企業者の自主的な努力が助長されることを旨とし，……」（第3条）と定められたことによって，基本理念が旧法における大企業との格差是正や自立化支援から「独立した中小企業者」の多様で活力ある成長支援へと転換が図られた。また政策的支援の対象が自立した中小企業に絞り込まれたことによって，社会政策的支援を要する中小零細企業の市場からの退出が促されることとなった。

その結果，『2014年版 中小企業白書』が描き出したように，1999年の中小企業基本法改正以後2012年までの間に，全国の中小企業数は約98万減少し（減少率20.3%），なかでも，従業員20人以下の小規模企業数は約88万（減少率21.0%）減少したのである（図11-1）。

バブル経済の崩壊とミクロプルーデンス政策

バブル崩壊後，不良債権処理を強行的に進めることになった「ミクロプルーデンス」政策も中小企業の市場からの退出を加速させた可能性が大である。

日本の金融制度改革は1990年代後半，差し迫った課題として本格化する。90年代初頭のバブル崩壊後，不良債権処理に手間取るなかで急速に進展したグローバル化対応に決定的に立ち遅れたと認識されたからである。そこで，「金融システム改革のための関係法律の整備等に関する法律」（98年）の制定を契機に，BIS自己資本比率規制，早期是正措置，金融検査マニュアル制定，時

◆ 図11-1　中小企業数の推移（1999～2012年）

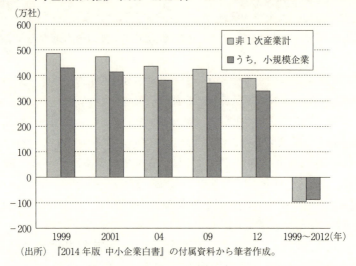

（出所）『2014年版 中小企業白書』の付属資料から筆者作成。

価会計制度，ペイオフ解禁等，矢継ぎ早にグローバル・スタンダードの導入が図られた。

　中小企業金融行政もそれに応じて，市場機能を最大限生かした金融制度の構築，同質化を前提とした業務規制の緩和，法的・監督体制の一元化に組み込まれることになった。間接金融偏重の金融システムが銀行部門にリスクを集中させる結果，銀行が不良債権を抱えた場合，金融システム全体が機能不全に陥る事態を事前にいかに防止するかが求められたのである。

　なかでも，1998年の早期是正措置の導入，99年7月の金融検査マニュアルの制定は，地域・中小企業金融専門機関に対しても大銀行と同様の基準で自己資本比率の維持や債務者区分の明確化を迫るものであった。

　こうした動きと並行して，2002年9月，金融審議会は「中期的に展望したわが国金融の将来ビジョン」を発表し，めざすべき金融システムとして「複線型金融システム」を打ち出した。それは，「間接金融」を従来型の預貸業務（「産業金融モデル」と表現されている）と，貸出債権の証券化や流動化業務（「市場型間接金融」と表現されている）に分け，手間やコストがかかる「産業金融モデル」よりも「市場型間接金融」を重視し，中小企業に対しても「新しい金融

手法」(スコアリング型融資, 証券化手法の活用, ABL動産担保融資など) の推進を図ろうとするものであった。

そこには, 中小企業は大企業に比べて担保力に乏しく, 財務データの整備も不十分なため, 従来型の融資手法では取引の小口・煩雑さが審査コストや債権管理コストを押し上げ, 融資の拡大を制約してきたという認識とともに, IT技術の発展により可能となったCRD (Credit Risk Database) に基づく「クレジット・スコアリング」の導入によって中小企業向け貸出の拡大を図ろうとする動きが活発化してきたという事情があった。こうした, 主として顧客の財務情報から客観的に算出される定量的信用リスク評価に基づいて, 個別取引ごとに融資実行の有無, 与信額, 金利等の融資条件を自動的に判定する融資手法は「トランザクション・バンキング」(TB) と呼ばれ, 大手行を中心に広がってきた。

2.2 金融行政の新たな展開と地域金融
小規模企業に対する独自的対応の必要性

しかし, 金融検査マニュアルの「画一的」な適用とそれに基づく早期是正措置の導入によって, 地域金融機関の「貸し渋り」「貸し剝がし」が強まったという批判が起こり, たとえば, 中小企業家同友会全国協議会 (中同協) が展開した「金融アセスメント法」(日本版「地域再投資法 (CRA)」) 制定運動には全国で1000を超える議会が制定を求める意見書を採択したことに示されたように (中同協ホームページ: http://www.doyu.jp/finance/ を参照), 中小企業の実態に即した金融検査マニュアルへの改訂を求める意見が強まり, 政府は対応を迫られることになった。

とりわけ, 1998年の「金融機能の再生のための緊急措置に関する法律」(「金融再生法」) に基づいて開示されることになった債務者区分の厳格化によって, 貸倒引当金の計上負担が強まり, 貸し手と借り手との金融ギャップが拡大した。

こうした声に対し, 金融システム不安が高まった1998年10月, 総額20兆円の規模で「中小企業金融安定化特別保証制度」が創設される (翌年10月, 2001年3月まで1年間延長されるとともに, 枠も30兆円に拡大された) とともに, 政府系金融機関の融資拡大が図られ, 一定の下支えが行われた。

また，TB のように，大数の法則に基づいて中小企業向け貸出をシステム化しようとする手法で個別的・相対的性格の強い中小企業向け貸出をカバーしうる範囲は限定的であり，金融検査マニュアルに基づく債権査定基準の厳格化もあって，融資対象から排除される中小企業が広がり，それが地域経済の回復を阻んでいるとの声に対応を迫られた。CRD によって定量的なリスク評価が進んだが，中小企業向け貸出については，定性的要因に関わるリスク評価から免れることができないこと，むしろ，「目利き」などの能力をいかに充実させるのかということが重要になってきたからである。

さらに中小企業のなかでも，証券市場や銀行借入金から排除されがちな小企業に対しては独自の対応が求められた。小企業は収益性の低い小口融資の需要が多いため，新しい金融手法の対象となっていない可能性が高く，新しい金融手法が浸透するほど，中小企業間でかえって資金調達機会の不平等が拡大する（金融的排除）恐れがあったからである（斎藤卓也・松原直樹「新しい金融手法は小企業に浸透しているか──『小企業の金融機関借入に関する調査』から」『国民生活金融公庫調査月報』2007 年 4 月号）。

地域密着型金融

そこで 2002 年 6 月，「金融検査マニュアル別冊〔中小企業融資編〕」が公表されるとともに，「地域密着型金融」に焦点が当てられ，03 年 3 月，金融審議会金融分科会第二部会報告「リレーションシップバンキングの機能強化に向けて」が出された（http://www.fsa.go.jp/news/newsj/14/singi/f-20030327-1.pdf）。

そこでは，「リレーションシップ・バンキング」（RB）が「金融機関が顧客との間で親密な関係を長く維持することにより顧客に関する情報を蓄積し，この情報をもとに貸出等の金融サービスの提供を行うことで展開するビジネスモデル」と定義されるとともに，「情報の非対称性」が強い中小企業金融においては，継続的なモニタリング等のコストを要するため，RB が有効に機能するとされる一方，日本では RB の機能を通じた定量化が困難な情報を活用した融資が行われておらず，過度の担保や保証の徴求に依存するなどの現状が指摘され，03 年度から 06 年度にかけ，2 次 4 年にわたる「アクションプログラム」のもとで RB の機能強化が促されることとなった。

RB 推進の背景には，契約理論に代表されるミクロ経済理論の精緻化を情報の非対称性をキーワードとして中小企業金融論に応用する議論の発展があった。

大企業に比べて資本市場へのアクセスが容易ではなく，メインバンクへの借入依存度が高い，金利が高い，などといった中小企業金融の特性は，取引が個別・相対(あいたい)的で，標準的市場評価が成立しない，経営者の個人的特性が経営に投影される，など，情報の非対称性が大きいためであり，定量化が困難な定性的要因に基づく「エージェンシー・コスト」，すなわち融資の実行にあたっての審査機能（スクリーニング）や融資実行後における回収努力や経営の監視・改善指導（モニタリング）コストを要し，銀行による情報生産機能の役割が大きいからである。

さて，金融庁はアクションプログラムの取り組みが一定の成果を収めたとして積極的な評価を与えている。2007年4月の上記第二部会報告「地域密着型金融の取組みについての評価と今後の対応について」では，各項目についてのこれまでの金融機関の取り組み状況について，件数・金額等，数字上では着実に実績が上がっていること，地域密着型金融の基本的概念・個々の手法が金融機関に相当程度，浸透・定着してきたと考えられること，さらに，地域金融機関の不良債権比率が総じて低下してきたこと，などの面を評価し，アクションプログラムという緊急時対応として始まった時限的な枠組みではなく，「中小・地域金融機関向けの総合的な監督指針」に基づく恒常的取り組みのなかで推進すべき段階に移行していくことが適当であり，地域密着型金融をさらに高度化していくことを通じて個別企業の再生に留まらず，面的再生への取り組みを強化する方針を打ち出した。

2.3 政策金融改革

地域密着型金融の機能強化が謳われる一方，「官か民か」の選択を迫る公的金融改革が進められた。

まず，政策金融機関改革については，融資残高半減という目標とともに，財投改革を経て，本丸ともいうべき郵政民営化に至る公的金融システム改革問題と一体のものとして進められた。

すなわち，公的金融が肥大化し，補完機能を逸脱していまや市場メカニズムの阻害要因となっている，資金余剰経済においては公的金融は直接融資から利子補給や信用保証等に切りかえるべきである，重複した制度の整理統合が必要である，など，おもに民間金融機関の主張をベースに，1999年から政府系金

融機関の組織改革・整理統合が進められた。その結果，中小企業事業団と中小企業信用保険公庫が中小企業総合事業団に，国民金融公庫と環境衛生金融公庫が国民生活金融公庫に，日本輸出入銀行と海外経済協力基金が国際協力銀行に，日本開発銀行と北海道東北開発公庫が日本政策投資銀行にそれぞれ統合された。さらに，その後，国民生活金融公庫・中小企業金融公庫・農林漁業金融公庫が統合され，株式会社日本政策金融公庫となった。

ついで，信用補完制度についても，代位弁済額の増加が信用保証協会および中小企業信用保険公庫（現日本政策金融公庫）の財政を圧迫していること，全額保証，一律保証料率によって金融機関のモラル・ハザードが引き起こされてきたこと，リスクに見合った金利および保証料の徴求が経済合理的であること，などを理由として，2004年12月，「信用補完制度のあり方に関する検討小委員会」が中小企業政策審議会基本政策部会（中小企業庁）に設置され，本格的な見直しが進められた。

もともと，信用補完制度については，新陳代謝や新規参入を妨げ，再建の見込みのない「ゾンビ企業」を延命させるにすぎない追い貸しであり，市場経済を歪め，社会的資金の適正配分に反するとする立場と，中小企業経営を下支えし，地域経済の振興や再生に寄与するとみなす立場の違いがあった。信用補完制度の見直し論議の過程においても，リスクに応じた金利・保証料を負担できる中小企業がどれだけあるのか疑問であるとして，むしろ，事故率が少なく，金利や保証料の負担能力の高い業種や中小企業に対象が絞り込まれ，多くの中小企業が排除されることを危惧する見方もあったが，検討結果は2005年6月，上記小委員会報告「信用補完制度のあり方に関するとりまとめ」としてとりまとめられ，段階的保証料率（「リスクに応じた保証料率」），責任共有制度（部分保証）を柱とする信用補完制度の改正が図られた。

3　地域再生の方向と地域金融のあり方

3.1　アベノミクスと地域金融

地方創生戦略

2012年暮れの総選挙で勝利した安倍首相は，経済政策アベノミクスの「3本の矢」を打ち出し，第3の矢として「成長戦略」を位置づけた。地域経済に

関して金融庁は,「平成25事務年度 中小・地域金融機関向け監督方針」において,「金融機関として中小企業の経営改善・体質強化の支援を本格化させる重要な1年」とし,地域金融機関に対し適切なリスク管理のもと,コンサル機能や目利き能力の向上を通じて成長分野への新規融資を含む積極的な資金供給,自ら果たすべき役割の自覚と5〜10年後を見据えた中長期の経営戦略の検討を求めつつ,「金融モニタリング基本方針」において地域経済への貢献を従来にも増して重視する方向性を打ち出した。

一方,政府は「骨太方針2014」において地方創生を成長戦略の柱の1つに掲げ,新設の地方創生相のもとに「まち・ひと・しごと創生本部」(地方創生本部)を据えるとともに,「まち・ひと・しごと創生法」(「地方創生法」)を2014年11月に成立させ,同年12月「まち・ひと・しごと創生長期ビジョン」(「長期ビジョン」)とこれを実現するための「まち・ひと・しごと創生総合戦略」(「総合戦略」)を閣議決定した。リーマン・ショック後の09年12月,中小企業の連鎖倒産等を防止する緊急措置として施行された「中小企業金融円滑化法」が,当初10年度末までの時限立法であったものを2度にわたる延長措置がとられ,12年度末まで継続されるなどの下支えがあったものの,地域経済の疲弊が一段と進み,「地方創生」が政府にとって最重要政策課題の1つとなったのである。

そこでは,2015年が「地方創生元年」とされ,地方での若者の雇用を5年間で30万人創出し,人口回帰の流れを作るなどの政府の総合戦略が打ち出されるとともに,都道府県および市町村に対し15年度中に雇用創出,人口流入,地域連携等に関する独自の「地方版総合戦略」を策定・決定すること,その際,地域の実情や企業の業況をよく知る地域金融機関と相互に連携を図ることが指示され,活性化策に応じて交付規模や対象範囲に差をつける「新型交付金」が創設された(内閣官房まち・ひと・しごと創生本部事務局金融チーム「地域の成長戦略実現のための金融機関との連携について」2015年4月)。

「地域創生法」では,地方を「地方中核拠点都市」「地方中心市」「基幹集落」に区分し,「地方中核拠点都市」に経済機能や行政サービス機能を集中し,「地方中心市」や「基幹集落」を連携協定に基づいたネットワークで結ぼうとする方向性が示された。いいかえると,高速道路,航空路,新幹線等の東京集中型運輸・交通網をさらに広げるとともに,地方都市については,特定区域に公共

施設や商業施設，住宅を集約するコンパクトシティ化を図りながら行政コストを削減しつつ，地方への財源配分を可能な限り抑えていこうとするものであり，「平成の大合併」と称せられる自治体再編を引き継ぎ，その先に道州制を構想したものといえる。

人口動態の変化と地域金融

「地方創生法」のベースとなったのは，2040年までに1800ある全国の自治体の約半数にあたる896の自治体が消滅する可能性があるとして大きな衝撃を与えた，14年5月の日本創成会議「ストップ少子化・地方元気戦略」，いわゆる「増田レポート」であった。

それは2025年に「希望出生率」1.8の実現を基本目標とする「ストップ少子化戦略」，地方から大都市への人の流れを変え，東京一極集中に歯止めをかけることを基本目標とする「地方元気戦略」，さらに女性や高齢者，海外人材の活躍推進をめざす「女性・人材活躍戦略」から構成されているが，迅速に政策化するためとして，内閣に総合戦略本部を設置するとともに，政府に長期ビジョンと総合戦略の策定，自治体に「地方版総合戦略」の策定も求めていた。また，選択と集中の考えのもと，「若者に魅力のある地方拠点都市に投資と施策を集中すること」を基本に据えつつ，人口減少に即応したコンパクトシティ化，都市高齢者の地方への住み替え支援等も提言していた。

日本の場合，少子高齢化による人口の自然減が進むなか，首都圏を中心として大都市圏への人口回帰がみられる一方，地方における人口減少が加速し，地方圏の地域経済，金融システムに負の影響を及ぼしている。その際，自然減にも増して，地域経済の衰退に伴う雇用減少という社会減の要因が大きいことに注意する必要がある。図11-1で1999年の中小企業基本法改正以後2012年までの間に，中小企業数，なかでも小企業数が激減してきたことを示したが，常用雇用者数についても同期間，中小企業全体で約270万人減少し（減少率10.1％），そのうち，従業員20人以下の小規模企業において約70万人の雇用が地域から失われた（減少率21.1％）（図11-2参照）。

日銀の「人口減少に立ち向かう地域金融——地域金融機関の経営環境と課題」（『金融システムレポート別冊シリーズ』日本銀行金融機構局，2015年）においても，長期にわたる超低金利環境の継続というマクロ的な要因に加え，人口減少等の構造的な下押し圧力が地域経済により強く働いてきたこと，2000年以

◆ 図11-2　非1次産業規模別就業者の推移（1999～2012年：常用雇用者）

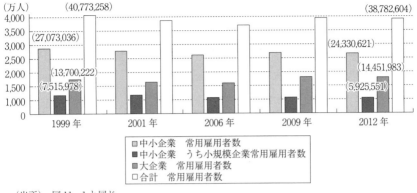

(出所)　図11-1と同じ。

降，都道府県別人口増減率が事業所数や実質民間総生産額などの各種経済関係数と強い相関が示され，法人企業の純所得の全国に占める東京都のシェアが1992年度の39.6％から2013年度には52.2％にまで上昇した，と分析されている。

　また，同レポートでは，コア業務純益や国内資金利益といった地域金融機関の基礎的収益力が2000年代以降，趨勢的に低下し，国内貸出利ざやがほぼ一貫して縮小傾向にあること，利ざやの縮小度合いは大手行より地域金融機関のほうが大きいことが示され，今後低金利下での貸出金利競争を強いられた場合，共倒れになる懸念があると分析されている。

地域金融機関の再編

　デフレの長期化のもとでの低金利政策と人口動態の趨勢的減少傾向が続くなかで，営業地域の産業の低迷に伴う資金需要の減退や他行との競争激化により地域金融機関の収益環境の悪化が顕在化している。たとえば，金融庁の「金融モニタリングレポート」（2015年7月）によると，2割強の地域銀行（地銀，第2地銀）で，中小企業貸出の収益率がマイナスになっており，国債売却益等により，表面上の決算の数字は悪くないものの，本業での収益力が深刻に低下している状況が示されている。16年2月に導入された「マイナス金利」政策によってさらに状況が悪化することも懸念されている。

こうした状況に対応すべく，地域金融機関は地元以外（「地域銀行」の場合は「県外」，信用金庫や信用組合の場合は「地区外」）への貸出動機を強めたり，有価証券運用や投信販売を重視する姿勢を強めている。

　だが，地元以外への貸出の積極化が収益性の向上につながる保証はなく，事実，つながっていない。大都市圏を中心に貸出競争が激化しているが，進出金融機関にとっては知名度，信用度の高い貸出先に集中するほかはなく，利ざやの確保すら難しい状況が強いられるためである。

　また，すでに相続等に関連し，預金の都市への流出が始まっているが，預金吸収の困難化が今後本格化すると見込まれている。

　近年，地域銀行（地銀，第2地銀）を中心として地域金融機関間の再編が急テンポで進んできた背景にはこうした事情があり，県境を越えた近県地銀同士，しかもトップバンク同士，同一県内ライバル行同士など，従来とは様相をまったく異にする合併や経営統合には，再編によるシナジー効果（規模の利益や重複店舗の統廃合など）を通じて生き残りを賭ける地域金融機関の戦略がうかがえる。

　その結果，地域銀行に関しては，圧倒的シェアを誇る「スーパーリージョナルバンク」や本部をいずれの地元県ではない大都市に置く事例が出てきているが，それは上述した「地方創生戦略」におけるコンパクトシティ化，その先に垣間見える道州制に照応した対応であるとみなすことができる。

3.2　「地域循環型経済」と地域金融

　政府の地方創生戦略とは別に，「ローカル循環」を軸とした地域循環型社会の構築を通じて人口減少を食い止め，地域再生を図ろうとする取り組みが活発化している。「里山資本主義」（藻谷浩介），「田園回帰1％戦略」（藤山浩），「フード，エネルギー，ケアが地域内で循環する社会」（内橋克人）など，呼称はさまざまであるが，それらに共通しているのは，GDPの成長を重視した経済のあり方に疑問を投げかけ，「生命・安全・安心」といった価値基準を重視し，グローバルなマネーゲームの負の影響が地域に及ぶことを防ぎながら地域経済社会の持続的発展をめざそうとしていることである。

　また，それらは従来の企業誘致政策にみられたような外来型・他力本願型の地域開発ではなく，地域にある資源・技術・産業・人材・文化・ネットワーク

などのハードとソフト両面の「資源」を活用し，地域の実態に合った発展方式を提唱する点で「内発的発展論」と通じるものであるが，一例として岡田知弘の「地域内再投資力」(地域内で繰り返し再投資する力)の提言がある。岡田は財政制約により国家による所得再配分機能が低下し，公共投資への依存も困難になる一方，企業や工場誘致など，従来型の地域開発による利益が多くの場合東京を中心とする大都市に立地する本社に還流してしまい，地域経済の持続的発展の条件となる再投資の保証がないとして，大企業の下請け的性格の強い加工組立型産業ではなく，食料品・飲料等の地域資源型産業の育成を主張している(岡田知弘『地域づくりの経済学入門――地域内再投資力論』自治体研究社，2005年)。

「6次産業化」(食品加工，流通販売業への多角化)，「農商工連携」など，地元資源である農林水産業を軸とした地域産業連関構築に向けた取り組みは，3.11後は2012年の再生エネルギー買取制度も追い風となって全国各地で着実に進んでいる。そうした産業は小規模かつ労働集約的であり，資本の尺度からすれば効率的とはいえないかもしれない。しかし，そうした労働集約的な産業連関を強めることこそが，損壊しつつある「社会的共通資本」を修復し，持続可能な地域経済の再生に導くことが期待されるとともに，そうした取り組みに地域金融機関，とりわけ協同組織金融機関が近年進めてきた異業種交流やビジネスマッチングにどのように関わり，成果を上げることができるのか注目される。

4　地域金融機関の取り組みと課題

4.1　求められる地域密着型金融の深化

地方創生法を受け，地域金融機関は自治体との連携を強めながら，「認定経営革新等支援機関」の取得，専門部署の設置，施策マップの活用，新現役活用，日本政策投資銀行や政府系ファンドとの提携，販路開拓，6次産業化支援，自治体向けセミナー，(地方)大学との提携など，各種の取り組みを活発化させた。ちなみに，認定支援機関の取得についてはごく一部の信金，信組を除くほとんどすべての地域金融機関が取得しており(金融庁データ〔http://www.fsa.go.jp/status/nintei/〕による。2016年3月末現在)，地方創生本部が全国517の主要金融機関に対し行ったアンケート調査(2015年4月下旬から5月上旬に実施)

◆ 表11-1　企業規模別資金調達状況（2008年度）

(単位：10億円，％)

資本金	200万円未満	200万円～500万円未満	500万円～1000万円未満	小計(1000万円未満)	1000万円～1億円未満	1億円～10億円未満	10億円以上	合計
短期借入金　A	666	9,066	4,321	14,053	65,319	25,932	68,168	173,473
うち，金融機関借入金(a1)	300	3,073	1,991	5,364	45,682	18,835	51,145	121,027
うち，その他借入金(a2)	366	5,993	2,329	8,689	19,637	7,097	17,022	52,445
長期借入金　B	4,645	40,319	9,529	54,493	124,047	24,278	91,714	294,532
うち，金融機関借入金(b1)	3,978	31,444	6,013	41,434	97,567	18,564	78,870	236,436
うち，その他借入金(b2)	667	8,876	3,516	13,059	26,479	5,714	12,844	58,097
資産総額　C	7,128	78,693	24,803	110,124	458,583	166,540	667,515	1,402,763
(A＋B)／C×100	74.5	62.8	55.8	62.2	41.3	30.1	24.0	33.4
(a1＋b1)／C×100	60.0	43.9	32.3	42.5	31.2	22.5	19.5	25.5
(a2＋b2)／C×100	14.5	18.9	23.6	19.7	10.1	7.7	4.5	7.9
売上高　D	4,583	83,567	30,058	118,208	566,843	235,019	588,137	1,508,207
(A＋B)／D×100	115.9	59.1	46.1	58.0	33.4	21.4	27.2	31.0
(参考)企業数(社)	109,793	1,187,382	331,349	1,628,524	1,111,671	28,742	5,497	2,774

（注）2009年度以降，資本金区分に関し，「1000万円未満」が一括して集計されるようになったため，その直前2008年度のデータを用いた。なお，短期借入金A，長期借入金Bが内訳の合計と一致しない場合があるのは，内訳について10億円以下を四捨五入したことによる。
（出所）財務省『法人企業統計年報』689号，2009年9月のデータを再編加工して筆者作成。

によると，約7割が地方創生に関与し，6割が自治体と包括的連携協定を結んでいると回答している。

　これらの取り組みを後押ししたのが，2009年の「中小企業金融円滑化法」が延長されたことに伴い打ち出された12年5月の「コンサルティング機能の指針」であり，これによってコンサルティング機能が地域密着型金融の柱に位置づけられ，貸付条件変更を受けた企業だけでなく，顧客企業一般に対して広く発揮されることが期待されている。

　しかし，最近の地域銀行（地銀，第2地銀）が信用力の懸念が相対的に小さく融資審査にコストがかからない貸出にシフトしている状況のもとで，今後，より広域化を図ろうと志向する地域銀行の再編の網の目から漏れる可能性が高い小企業に対しては，協同組織金融機関がその資金ニーズに応えられる存在として期待される。

　その点を『法人企業統計年報』で確認しておくと（表11-1），2008年度の企業規模別借入金状況は企業規模が小さくなるほど「金融機関借入金」

((a1+b1)/C) のウエイトが高まるが、それ以外の「その他借入金」((a2+b2)/C) の依存度も高まり、全体として借入金依存度 ((A+B)/C) がきわめて高い水準に達していること、また売上高に占める借入金依存度 ((A+B)/D) もそれに対応して高いことがクリアーに示されている。資本金 1000 万円未満の企業全体では「金融機関借入金」は総資産の 42.5% であるが、「その他借入金」も 19.7% を占め、それを加えた「借入金依存度」((A+B)/C) は実に 62.2% に達しているのみならず、短期借入金に占める「その他借入金」が「金融機関借入金」を上回っており、小規模企業ほどその傾向が強いという事実が観察される。このことは、企業規模が小さくなるに従って、資金需要が金融機関からの借入によって充足されずにノンバンクなど、割高な金利の「その他借入金」に頼らざるをえない傾向が鮮明であり、金融機関借入、とくに短期の運転資金借入の可否が事業の成否を左右する構造となっていることを示している。

金利など融資面の条件よりも事業内容への理解、経営課題への的確な対応等を求める企業に対して、金融庁は地域金融機関が依然として担保や保証、定量的な財務データを重視する融資姿勢から脱却し切れていないとして、「平成27年度 金融行政方針」では、地域金融機関に対して、地域ごとの経済・産業の現状・中長期的な見通しや課題等の把握・分析を通じて個々の企業の事業性を評価し、それに基づく解決策の提案・実行支援を求め、金融仲介機能を客観的に評価できる多様なベンチマークの検討を求めたが、2016 年 9 月、共通ベンチマーク 5 項目、選択ベンチマーク 50 項目を公表した（http://www.fsa.go.jp/news/28/sonota/20160915-3/01.pdf を参照）。

4.2 法的・制度的整備のあり方について

小企業向け融資は信金や信組が強みを発揮する領域であり、また、小企業ほど金融機関の情報生産機能、なかでも経営へのアドバイス等コンサルティング機能の発揮を求めているが、協同組織金融の現場をみると、金融検査マニュアルへの対応、コンプライアンスの点検等、小規模金融機関ほど規制・事務コスト等に関し相対的に割高の負担を強いられているという現実がある。それゆえ、地域密着型金融の機能強化こそ自らの使命であることを自覚していても、現場で担う人材の配置や「目利き」能力を養成するためのコストを負担しえない、「貸したくとも貸せない」というジレンマを抱えてきたのであり、行政が協同

組織金融機関に地域密着型金融の機能強化を求めるのであれば（それ自体はまったく正しい），その点についての十全な配意が必要である。

　また，大企業と中小企業との間には賃金格差，生産性格差に加えて売上高経常利益率や総資本経常利益率といった収益性指標，自己資本比率さらに，資金調達についても企業規模別にクリアーな格差が存在している。

　しかし，大企業に比べて割高な情報生産コストはこうした中小企業の特性にのみ起因しているわけではない。大企業に比べ交渉力・情報力において劣るため選別融資の対象になりやすく，担保についても，自社不動産に加えて役員の不動産や個人保証を求められることも多いなど，中小企業の置かれたさまざまな不利な条件や金融行政のあり方などのマクロ的問題も情報の非対称性のバイアスを拡大し，より情報生産コストを高め，中小企業の銀行借入条件を悪化させている可能性がある。それらは自律的には解消できず，何らかの政策的配意がなければ金融仲介機能をさらに低下させる恐れがある。

　さらに，独占禁止法の不公正取引是正の理念を具体化するものとして「下請2法」が存在するが，大企業の海外進出，リストラが進展するなかで，親企業への依存度が高い下請企業が，親企業から一方的な取引停止，下請代金の支払遅延，減額，返品など，不利な取引条件を強いられていることもしばしば指摘されるところである。

　このように，中小企業向け貸出市場においてはミクロ理論の前提条件である自立した中小企業の存在，すなわち，貸し手・借り手間の対等な関係が必ずしも成立しているとはいえず，中小企業が置かれているさまざまな不利なマクロ的条件を法的・制度的に是正することも重要である。

　こうした点に鑑みると，2010年6月の「中小企業憲章」の閣議決定，14年6月の「小規模企業振興基本法」成立の意義は大きく，今後小規模企業の振興策がいかに図られていくのか注目されるところである。同法を受けて創刊された『2015年版 小規模企業白書』においても「小規模企業振興基本法は，これまで中小企業基本法で規定された『成長発展』のみならず，『事業の持続的発展』を基本的原則として位置づけ，地域で雇用を維持して頑張る小規模事業者を正面から支援することとしている。このように，14年は小規模事業者の振興施策の方向性が大きく転換した年であった」とその意義が高く評価されている。

4.3 地域金融機関への期待と課題

　個別性が強く，属人的あるいは属地的要素によってそのあり様が大きく変わるという地域・中小企業金融の特性に鑑みると，地域の属性に精通し，長年の取り組みを通じて地縁・人縁を強化してきた協同組織金融機関の取り組みに期待するところは大きい。「協同組織金融機関の優先出資に関する法律」(1993年) の定義によると，協同組織金融機関として，日本には，信金，信組，農協，漁協，労金5つの業態とそれぞれの連合会が存在しているが，地域金融システムにおける協同セクターの状況を資金量ベースでみると，連合会を除く5業態の合計が2015年9月末でおよそ267兆円と，メガバンクを含む「全国銀行」116行の合計，約696兆円の4割に近い規模を誇っているからである。

　その際，1999年に改正された中小企業基本法が自立した中小企業支援に転換した一方で中小企業振興について自治体の責務が明記されたこと，それに基づいて2000年以降，40の都道府県と146の市区町で中小企業振興基本条例が制定されたことに注目する必要がある。中小企業の存立条件の確保と「地域金融インフラ」を再生する課題を金融機関の個別的努力のみに委ねることは困難であり，自治体の地域・中小企業振興策を中核に据え，自治体，金融機関，中小企業者，地域住民，自治体労働者，さらには大学など，地域経済の利害関係者間で協働する仕組み（プラットフォーム）を作ることが重要である。地域金融機関が個々に孤立して「対象の専門性」を発揮するのではなく，地域総合力の発揮が求められているのである。その意味で，「地方創生法」に基づく地方版総合戦略策定に際し，多くの自治体と地域金融機関との間で結ばれた「包括的連携協定」に中小企業振興条例の理念がどのように盛り込まれ，今後どのような成果を収めるか注目される。

　最後に，地域金融システムのプラットフォームを構築する際，アメリカおよびEUの事例が参考になることを付記しておきたい。すなわち，欧米諸国では高失業率問題への社会政策的対応に悩まされてきたが，グローバル競争の波が国内経済の再生産構造を破壊させかねない状況が生まれてきたのに対して，中小企業の存在が雇用創出についても社会の活性化についても重要な役割を果たすという共通の認識が生まれたため，中小企業への支援・育成策をさまざまな形で積極的に展開しており，その主要な仕組みとして官民協働の地域開発金融機関（CDFIs, 章末 *Column* も参照）が設けられているのである。　　　　（齊藤正）

練習問題

1 「地域金融機関」として株式組織の「地域銀行」（地銀，第2地銀）と「協同組織金融機関」（信金，信組，農協，漁協，労金およびそれぞれの連合会）が存在するが，株式組織と協同組織の企業形態の違いについて整理しなさい。

2 宇沢弘文は「社会的共通資本」を自然資本，社会的基盤および制度資本から構成されるとし，制度資本の1つとして「金融システム」をあげているが，その意味について説明しなさい。

3 2016年3月を期限として全国の自治体に対し「地方版総合戦略」の策定が求められたが，あなたの出身市・町における「総合戦略」の特徴をあげなさい。

参考文献

木村温人［2004］『現代の地域金融――「分権と自立」に向けての金融システム』日本評論社

齊藤正・自治体問題研究所編［2009］『地域経済を支える地域・中小企業金融――持続可能な社会に向けた地域金融システムづくり』（地域と自治体 第32集）自治体研究社

堀江康熙［2015］『日本の地域金融機関経営――営業地盤変化への対応』勁草書房

家森信善編［2014］『地域連携と中小企業の競争力――地域金融機関と自治体の役割を探る』中央経済社

由里宗之［2003］『リレーションシップ・バンキング入門――地域金融機関と顧客・地域社会との互恵的関係のために』金融財政事情研究会

● **Column** アメリカの地域再投資法（Community Reinvestment Act, CRA）

　アメリカでは，1960年代における公民権運動の高まりのなかで，金融機関が低所得者やマイノリティが多く住む地域をレッドライニング（赤線で囲むこと）によって区分けし，融資を拒絶していたことが明るみになったことを契機に，97年，融資差別撤廃を目的としてCRAが成立した。

　CRAは預金取扱金融機関に対し，低所得者や中小企業を含む営業地域の資金需要に適切に応える責任があることを明記するとともに，監督官庁に対し，CRAの評価基準に沿って銀行の合併や支店開設などの可否を判断することを義務づけた。CRAは，1989年の改正で強化され，銀行の監視機関が設置されるとともに，銀行の取り組みが5段階（Outstanding, High Satisfactory, Low Satisfactory, Needs to Improve, Substantial non-compliance）に格付けされて公表されることになったことにより，格付けの低い銀行による買収が却下される事例も起きた。さらに，クリントン政権下の「リーグル地域社会開発・規制改善法」（94年）に基づき，コミュニティ振興という公共的目的を有する地域開発金融機関（CDFIs）が各地で設立されたのに続き，95年には貸出テストに投資テストとサービステストが加えられ，評価基準がいっそう明確化されるとともに，中小企業向け貸出も評価対象となり，融資差別の是正をめざすという当初の性格は，より地域全般に対する貢献度を評価する方向で強化されることになった。

　CRAの運用については，地域に広範なNPO（非営利組織）など民間の自主的組織（中間組織）が存在し，CRA投資の受け皿として住宅ローン貸出などを金融機関がCDFIsに委託し，運用を任せることで実効性が図られている。

　CRAの評価については，金融機関の再編に伴う査定エリア外からの融資増加を起因として小規模かつ地域に根ざしたコミュニティグループの資金調達源等が脅かされる可能性，証券化手法の活用がコミュニティ開発地方債など相対的に効果の低い投資タイプを多用する傾向など，金融機関とコミュニティグループの協働（CRA協定）の効果が減殺されているという否定的見方もあるが，貸出テストが1990年代におけるコミュニティ向け住宅ローン急増に大きく寄与したこと，また，投資テストやサービステストもコミュニティ開発REIT（不動産投資信託）など斬新な投資タイプの開発や支店等の拡大にインセンティブを与えてきたとして，地域の活性化に効果を発揮しているという見方が一般的である。　　　　（齊藤正）

金融システムと現代

深町郁彌

　日本の銀行は，リテール業務と投資銀行業務の2つの分野に取引を拡大している。リテール業務とは，中小企業への貸出の拡大，個人への消費者金融，住宅ローン，投資信託の委託販売などである。投資銀行業務とは，主として大手銀行であるが，企業の証券発行，銀行資産の証券化，変動相場による外国為替相場変動と金利のリスク変動をカバーするデリバティブの販売である。企業の合併・買収（M&A）の仲介業務は，日本の銀行ではこれから取り組むべき新分野である。そこで1930年代初め以降の米国管理通貨制の歴史をたどり，銀行改革の源をアメリカの金融の構造変化のなかに求めてみたい。

　1929年，大恐慌がウォール街を襲った。31年にイギリス，英連邦諸国，そしてスターリング圏に属していた日本が金本位制を停止した。33年にはアメリカが，そして36年にはフランスがそれに続き，すべての国が金本位制から離脱した。しかし34年には，アメリカの通貨当局は，1オンスの金を35ドルの公定価格で，イギリスとフランスの通貨当局が保有しているドルと交換する金・ドル交換制の実施を取り決めた。この金・ドル交換はIMF加盟国に対して実施され，IMF体制の固定相場を維持したのである。

管理通貨制下における金融システムの構造変化

　では各国の金本位制が停止されてから，国内ではどのような金融システムの構造変化が起こったのであろうか。1971年8月まではIMF加盟国の間では，通貨当局相互でアメリカと加盟国の金・ドル交換制が維持されていた。ここでは30年代の商業銀行による企業の設備投資のための中期貸付であるターム・ローン，モーゲージ・ローン，さらに変動為替相場に移行した73年以降のモーゲージ担保証券の形成と展開が行われたのである。

　はじめはターム・ローンである。1930年代の大恐慌と長く続いた不況では，証券市場からの重化学工業の設備資金の調達は困難を極めた。アメリカは後発資本主義国であった。その金融システム下では，鉄鋼業，化学工業の設備資金調達のメイン・ルートは，証券の発行によるものであった。

　商業銀行が，不況で証券の発行が困難な企業に，1～5年の中期のターム・ローンを創出して設備資金を供給した。連邦準備銀行（連銀）にとっては，90日を超える手形は再割引できない「非適格手形」として取り扱われていた。そこで1935年銀行法によって，連邦準備法が修正された。修正は次の2点であった。①従来の「非適格手形」はすべてが再割引できる「適格手形」とする。②さらに連銀が満足と認める資産の裏付けのある，銀行振出しの約束手形をも割り引く。連

銀は再割引により転嫁流動性を市中銀行に供給し，市中銀行は企業にターム・ローンで設備資金を供給できるようになった（坂本正『金融革新の源流』文眞堂，1997年，185頁；近沢敏里『現代アメリカ商業銀行論――構造変化と業務多様化』文雅堂銀行研究社，1971年，114頁；*Banking Act of 1935 III*, US Government Printing Office, 1935, p. 316）。

　第二次世界大戦後，ターム・ローンの商工業貸付に占めるシェアは，著しく大きくなった。1979年末に，すべての連邦準備区のターム・ローンのシェアは，上位3分の1の銀行では50％かそれ以上であり，残り3分の2の銀行では20～40％であった（J. S. G. Willson, *Banking Policy and Structure : A Comparative Analysis*, Croom Helm, 1986, p. 295；深町郁彌「商業銀行のターム・ローンと金融市場」『経済学研究』九州大学，52巻1～4合併号，1986年，193頁；片桐謙『アメリカのモーゲージ金融』日本経済評論社，1995年，79頁以下）。

　まず市中銀行で，企業の証券市場における証券発行に代わって，設備投資の中期貸付が創出され，また市中銀行のターム・ローンの供給を円滑に行うため，連邦準備法の修正によって，連銀の再割引を可能にする「適格手形」を90日を超える期間まで延長した。ターム・ローンは，それ以後の金融システムの構造変化のはじまりであった。

　第2は，1930年代のモーゲージ・ローンと70年代のモーゲージ担保証券の創出である。20年代には，1～4家族用の住宅建築のためにモーゲージ・ローンが発足した。34年には全国定住法によって連邦住宅局（FHA），44年には復員軍人再調整法によって退役軍人局（VA）が政府機関として設立された。FHAは貸し手の貯蓄貸付組合（S&L）などに対し元利の支払いを保証する保険を開設した。VAは公信用で元利の支払いを保証した。

　もう1つ特記すべきことは，1970年の緊急住宅融資法による住宅モーゲージ担保証券システムの創出である。政府抵当金庫（GNMA，ジニー・メイ）は68年に設立され，70年から公信用で元利の支払いを保証した新たなパス・スルー証券を発行する政府機関であった。このジニー・メイは，ターム・ローンを貸し付けたS&L等から買い上げたモーゲージ・ローン・プールを信託し，それを担保にして，別の新しいパス・スルー担保証券を発行して投資家に売りさばいたのである。パス・スルー証券といわれたのは，原債権者であるS&L等からのキャッシュ・フローがそのままジニー・メイ発行のモーゲージ担保証券の元利支払いに充当されたからである。また連邦住宅金融抵当金庫（FHLMC，フレディ・マック）は70年に民間設立・運営の機関として設立された。この機関は多数の貸し手であるS&L等からモーゲージ・ローンを買い取って，担保にして別のパス・スルー証券を発行し，資産家に販売したのである。

1983年にはCMOという新しいペイ・スルー証券が作り出された。このペイ・スルー証券はパス・スルー証券とは異なる。まずCMOの発行は，ジニー・メイ，フレディ・マックが発行する段階で，モーゲージ・プールの期間の組み替え，短期，中期，長期の異なった償還期間，それに応じて金利の異なったペイ・スルー証券を作り出したのである（大庭清司「金融の証券化」金融辞典編集委員会編『大月金融辞典』大月書店，2002年，167頁；深町郁彌「変動相場制とモーゲージ担保証券」飯田裕康・川波洋一編『現代信用論の基本課題』有斐閣，1994年，95頁以下）。

1971年8月には，金・ドル交換制が停止され，73年初めには変動相場に移行した。また同じ73年1月には，パリでベトナム和平条約が調印された。ベトナムから帰国する復員軍人への住宅の供給が必要だったのである。変動相場による為替相場の大幅な変動，73年，78年のオイル・ショックの金利暴騰とスタグフレーションが，モーゲージ担保証券創出の背景であった。この担保証券創出の狙いは，貨幣資本市場のもとに一国規模でのモーゲージ担保証券市場を構築することであった。

アメリカの2002年末の1～4家族用住宅のモーゲージ債権残高は，6.4兆ドルで，そのうち商業銀行，貯蓄金融機関，生命保険会社の保有残高は31％，ファニー・メイとフレディ・マックの保有残高は40％であったことを付け加えておこう。

1つの課題

日本の金融システムはどこまでアメリカの金融システムに近づくのであろうか。竹中金融・経済財政担当大臣（当時）は，2002年10月末の「金融再生プログラム」で，日本の不良債権処理に，アメリカの整理信託公社（RTC）によるS&Lの不良債権処理を踏襲しようとした。さらに続けて，日本の金融システムをアメリカ型のシステムに近づけるプランが推し進められた。1930年以前のアメリカ企業の設備資金調達が証券市場をメイン・ルートとしていたことに，ここで触れる余裕はない。しかし変動相場で管理通貨制のもとにあるアメリカでは，モーゲージ担保証券市場が異常なほど大きく発展している。ところが日本には存在していない。この違いは日本にある郵便貯金システムが，アメリカには存在していないことにある。アメリカでは1966年に郵便貯金は廃止されていたからである。福井俊彦日本銀行総裁（当時）は，不動産抵当証券の日銀買い上げによってその証券市場を作り上げる政策を推し進めようとした。日本には，アメリカのシステムを見習う以外には，ほかに進むべき道はなかったのだろうか。アメリカの証券化システムが，リーマン・ショック時に崩壊寸前にまで至ったことと併せて，もう一度このことを考えてみる必要がある。◆

学説に学ぶ③　ジョン・メイナード・ケインズ

John Maynard Keynes（1883-1946）

（写真提供：時事通信社）

　20世紀最大の経済学者の1人ジョン・メイナード・ケインズは，1883年6月5日，イギリスのケンブリッジ，ハーヴェイ・ロードに生まれた（奇しくも同じ年にK.マルクスが死去し，J.シュンペーターが生まれている）。父親ジョン・ネヴィル・ケインズは，ケンブリッジ大学の経済学者・論理学者であった。ケンブリッジ大学を卒業後，インド省を経て母校ケンブリッジ大学キングス・カレッジのフェローとなったが，金融問題に関する能力を買われて1915年大蔵省に入省し，第一次世界大戦後のパリ講和会議に大蔵省主席代表として出席した。この席上で列国のドイツに対する過大な賠償要求を取り下げるように主張するが説得できず，大蔵省を辞任し，対ドイツ賠償案を批判する『平和の経済的帰結』（*The Economic Consequences of the Peace*, 1919）を執筆した。その後自由放任主義を批判しつつ，「貨幣」についての理論的研究を続けていたが，29年の世界大恐慌に直面するなかで，旧来の経済学説に対する根本的疑念を抱くに至り，36年『雇用・利子および貨幣の一般理論』（*The General Theory of Employment, Interest and Money*, 1936. 以下『一般理論』と略記）を著して，マクロ的な経済量を扱う全く新たな体系を示し，世界に衝撃を与えた。44年には，戦後世界経済と金融問題の処理のために，ブレトン・ウッズにおいてケインズ案を提示し，アメリカのホワイト案と対立した。46年4月21日，心臓麻痺で没した。投資家（投機家），古書収集家としても知られる。夫人はロシアのバレリーナ，リディア・ロポコーヴァである。

　ケインズには，上記『平和の経済的帰結』以外にも，時論的，政策論的色彩の強い一連の著作が存在する。すなわち，インド省勤務時代の経験をもとに，金為替本位制の意義を論じた『インドの通貨と金融』（*Indian Currency and Finance*, 1913），イギリスの旧平価での金本位制復帰を批判した『貨幣改革論』（*A Tract on Monetary Reform*, 1923），自由放任主義を批判し，新しい自由主義のあり方を説いた『自由放任の終焉』（*The End of Laissez-Faire*, 1926）などである。それらは制度的，政策的に興味深いばかりでなく，理論的にも，鋭い記述に満ちている。とはいえ純理論的な意味で重要なのは大著『貨幣論』（*A Treatise on Money*, 1930）と『一般理論』であり，とりわけ『一般理論』である。同書でケインズは，古典派のセー法則，すなわち総供給が総需要に法則的に一致するという学説を否定し，両者が一致する状況は「特殊」であって，不完全雇用など，両

者が一致しない状況こそ「一般的」なのであり，そうした状況を分析するには，国民所得が何によって決定されるかを明らかにする必要があるとした。では国民所得は何によって決まるかといえば，それは消費と投資の合計である「有効需要」によって決まり，さらに消費は所得と消費性向によって，投資は資本の限界効率と利子率によって決まる。このうち消費は与えられた所得と消費性向という変化しにくい係数で決まるため受動的であるが，投資は企業家の期待によって変動しうるため能動的要因とみなしうる。利子率に影響を与える金融政策と公共投資などの財政政策を組み合わせることによって積極的に投資を動かし，完全雇用水準にまで所得を引き上げる政策が，大恐慌後の経済状況には求められているとケインズは主張したのである。

　ケインズは青年期に，哲学者G. E. ムーアの影響を強く受け，その「人間同士の交わりの喜びと美しいものの享受が『最高善』である」とする思想を終生抱き続けた。しかし同じムーアの「常識の定める規則に従うべきだ」との主張には反発し，ムーアのこの主張を支えている「確率」概念を批判した。ケインズの唯一の哲学的著書である『確率論』(*A Treatise on Probability*, 1921) 執筆の1つの目的は，確率論によるムーア哲学の批判にあった。とはいえ，1938年に書かれた「若き日の信条」にあるように，さまざまな問題があるにもかかわらず，ケインズが自らの青年期の思想の利点として「ベンサム主義の伝統から抜け出した」ことをあげていることは重要である。ケインズのベンサム主義批判は一貫しており，それは「ベンサム主義の極端な帰結」とケインズがみなしたマルクス主義の批判とも結びついていた。ケインズは政治的には一貫して自由党の支持者であり，偏狭な「自由放任主義」とは異なる新しい「自由主義」の推進者であった。

　ケインズの経済学は，一貫して金融問題を扱うなかで形成されたといってよい。しかし，その独創性からとりわけ多くの議論を呼んだのは『一般理論』の第13章から第15章で展開された「流動性選好説」である。ケインズは利子率が投資の形態での貨幣需要と貯蓄の形態での貨幣供給の均衡で決定されるとする古典派利子論を批判し，利子率を「特定期間，流動性を手放すことに対する報酬」であるとする。取引動機および予備的動機を満たすために保有される現金の量を M_1，投機的動機を満たすために保有される量を M_2 とし，それぞれに対応する流動性関数を L_1 および L_2 とすれば，L_1 は主として所得 Y に依存し，L_2 は主として利子率と期待とに依存する。よってケインズによれば，$M = M_1 + M_2 = L_1(Y) + L_2(r)$ が成立する。

（土井日出夫）

学説に学ぶ④　ミルトン・フリードマン

（写真提供：時事通信社）

Milton Friedman（1912-2006）

　ミルトン・フリードマンは，1912年，ニューヨーク生まれ。ラトガース大学，シカゴ大学に学び，46年にコロンビア大学で博士号を取得。財務省，全米経済研究所を経て，ミネソタ大学教授，シカゴ大学教授を歴任。20世紀後半の主要な保守派経済学者の1人であり，シカゴ学派を率いるマネタリストの総帥である。この間76年には，ノーベル経済学賞を受賞した。
主要著作には，『資本主義と自由』（*Capitalism and Freedom*, 1962），『選択の自由』（*Free to Choose*, 1980），『政府からの自由』（*Bright Promises, Dismal Performance : An Economist's Protest*, 1983）などがある。

　1950年代から60年代のアメリカでは，金融・財政政策を通じた総需要管理政策を可能と主張するケインズ主義が圧倒的に主流派経済学の地位を占めていた。しかしながら，ベトナム戦争の長期化を契機に，70年代に入ると物価上昇局面での不況の発生（スタグフレーション）という現象が常態化する。これとともにケインズ主義の権威は失墜し，反ケインズ主義というべき潮流が出現する。

　フリードマンに代表されるマネタリストは，ケインズ主義が隆盛であった頃からケインズ主義における貨幣の役割の軽視，過度の政府介入に対してすでに批判的であった学派である。「貨幣こそが重要である」と主張するフリードマンは，1930年代の大恐慌の原因を分析し，恐慌の原因をケインズの主張する需要不足ではなく，不況にあって貨幣供給量を増加させるべきところを逆に引き締めた金融政策の失敗にあるとした。

　1970年代のスタグフレーション発生も，フリードマンは次のように説明する。ケインズ主義の主張する総需要管理政策が可能であるためには，フィリップス曲線（物価上昇率と失業率のトレードオフ関係）が安定的であることが必要である。この関係が安定的であれば，政府はフィリップス曲線上で望ましい1点を選択することができる。

　しかしながらフリードマンは，経済主体が物価上昇率を予想して行動する場合，失業率は一定水準（自然失業率）以下には低下しないと主張した。たとえば，名目賃金の上昇によって労働者がより多く働こうとしても，名目賃金の上昇が生産物価格に転嫁され，一般物価の上昇に反映されるようになると，賃金は実質的にもとの状態と変わっていないことに気づく。労働者がより多く働こうとするのは，名目賃金上昇を実質的な賃金上昇と錯覚する期間でしかない。長期的には自然失

業率以下に失業率を抑えることができないにもかかわらず，当局が拡大的な裁量政策を継続させればインフレーションの昂進しかもたらさず，結果として安定的なフィリップス曲線も消滅してしまうことになる。

フリードマンの貨幣理論は，ケインズ以前の主流派経済学であった古典派経済学における貨幣数量説，とくにマーシャルのケンブリッジ方程式，

$$M/P = ky$$

に依拠している。この式の左辺は実質貨幣供給（M は貨幣量，P は物価水準），右辺は所得 y のうち k（マーシャルの k）の割合を人々は貨幣で保有しようとするということを意味しており，実質貨幣需要と考えることができる。

フリードマンは，y の水準が恒常所得によって決定されると考えた。恒常所得とは，現在の所得と将来稼得しうるすべての所得の割引現在価値の合計，つまり現在保有する資産と今後の稼得能力の合計である。恒常所得（つまり全財産）が計算されると，家計はこれを貨幣，耐久消費財，債券，株式，人的資本の5つに分けようとする。フリードマンによれば，貨幣は取引の利便性というサービスを与えてくれるという意味で，他の耐久消費財と同じ一種の耐久財である。他の耐久消費財と同じく，貨幣の保有量も多くなれば限界的な利便性は低下する。貨幣保有の限界便益が他の資産保有の収益率（耐久消費財の場合は利便性，人的資本の場合はその稼得能力）と一致するところまで貨幣は需要されるとするのである。

フリードマンに代表されるマネタリストは，このようにして得られる貨幣需要関数が長期的に安定的であると主張した。貨幣需要が安定的であれば，インフレ率をゼロにするために，貨幣量 M の増加率を長期的な k の変化率と y の変化率の和に等しくするよう保つことが望ましいということになる。つまり，「ルールに基づく貨幣供給方式」である。

フリードマンの思想の基本的理念は，政府は民間の自由な選択に干渉すべきではないというものである。裁量的金融政策が一時的に影響をもちうるのも民間経済主体の予想を裏切るからであり，そうした政策は民間の合理的な意思決定を誤らせ，市場原理に基づく効率的な資源配分を妨げることになる。むしろ社会的に望ましいのは，政府がルールに基づいた金融政策を行い安定した経済環境を提供することである。財政政策にしても，財政規模の拡大は民間投資を妨げ，非効率な資源配分しかもたらさないがゆえに「小さな政府」こそ望ましいと主張する。民間部門への信頼に裏付けられたフリードマンの考え方は，教育，医療，社会保障問題など多岐にわたって一貫して展開されている。

（高浜光信）

第Ⅲ部

グローバル化と現代金融

第12章　グローバル化と情報技術革新 ❖
第13章　金融業の変貌とグローバル展開 ❖
第14章　グローバル化と主要国の金融システム ❖
第15章　金融のグローバル化と国際金融システム ❖
第16章　グローバル化のなかの円 ❖

第12章
グローバル化と情報技術革新

1 はじめに

　本章では，情報技術（IT）の進歩が金融に与えるインパクトについて考える。ただし，今日，ITの影響は金融の分野に留まらず，広く社会全般に及んでおり，インフラストラクチャーになっているといっても過言ではない。とはいえ，私たちの目につかないところでの変化も多く，影響のあらわれ方が常に明示的であるとは限らないうえに，文字通り日進月歩のペースで進歩していることからイメージをつかみにくい。そこで本章は他の章とは異なるアプローチをとることにする。具体的には，概念的分析に入る前に，身近な事例のある時点でのスナップショットを取り上げる。以下は，北海道の大学を卒業して東京で就職し，社会人になったばかりの田中さんが2016年5月20日（金曜日）夜10時頃，旧友との飲み会から電車に乗って自分のアパートに帰り，寝るまでのつぶやきである。

　久しぶり（といっても卒業してから2カ月しかたっていないが）のクラスメートとの居酒屋での話は盛り上がった。飲んだ場所は通勤経路と異なる私鉄の駅の近くだったが，自分のJRの通勤定期をタッチして自動改札を通過する。鉄道会社（JR東日本）が提供する電子マネー（Suica）の機能もICカードの通勤定期についていて，日本中の鉄道やバスに乗れるようになっているので，このところ券売機に並ぶことも精算することもなくなった。しかも記名式にしてあるから，紛失しても若干の手数料さえ払えば再発行してくれるのも助かる。
　社会人になりクレジットカードを持てるようになって，この電子マネーの使

い勝手は格段によくなった。学生のときに使っていた JR 北海道の Kitaca では，いちいち現金を駅の機械でチャージしなければならず不便だったが，クレジットカードと組み合わせたオートチャージ機能のおかげで便利になった。残高が一定の金額を下回ると，改札を通ったときに自分で設定した金額まで自動で補充される。運賃だけでなく，駅の内外で買い物に使えるようになったのも本当に便利だ。便利すぎて使いすぎに気を付けなければならないほどである。

さて，アパートに戻る前にコンビニでいくつか買い物をしておこう。ついでに朝払い忘れた電気代も払ってしまおう。親は銀行口座からの自動引き落としにすれば払い忘れなくていいというが，請求書を郵送してもらって，好きなタイミングで支払えたほうが助かる。今みたいに週末の夜になってしまっても払えるし。

ここでも Suica を使って……と思ったら，公共料金の支払いと一緒だと現金でなければダメだといわれてしまった。さっきの居酒屋の費用も現金で割り勘にしたから，財布のなかの現金では足りない。どうせ週末にも必要だろうし，店内の ATM でいくらか引き出すことにしよう。コンビニの ATM は 24 時間稼働しているのでありがたい。ただし手数料には要注意。預金にはほとんど利息がつかないのに，一回引き出すだけで 108 円も取られるのは痛い。しかも，もう少し時間が経って土曜日になってしまうと手数料は倍になってしまう。

おや，この ATM は外国の預金口座のカードを使って日本円を引き出すこともできるようになったのか。確かにこの頃外国人観光客をたくさんみかけるようになったから，そういうニーズもあるだろうな。

アパートに戻ってパソコンを起動する。大学のゼミでは株取引のゲームをしたことがあったが，親戚からもらった卒業祝で実際の取引をしてみようと，ついこの間，証券会社にオンライン取引の口座を開設したところだ。酒の席とはいえ，IT 業界に勤める旧友の話は興味深かった。彼には悪いが，彼の就職先のライバルにあたるアメリカ企業に関心を持ったので，業績などを調べてみる。このところ円安基調でもあるし，まだアメリカの取引所は開いている時間だから早速この会社の株式を買うことにしよう。

日本株と同じように買い注文のクリックボタンを探すが……みつからない。画面をよく読んだら，外国株の売買は電話で，しかも日本の営業時間中しか受け付けないという。FX（外国為替）はいつでも注文が出せるが，こちらはネ

第 12 章　グローバル化と情報技術革新　　227

ット（PCあるいはスマートフォン経由）だけで，電話では受け付けてくれない。ややこしいな。眠くなってきたし，外国株の発注は来週月曜日にならないとできないし，そろそろ風呂に入って寝るとするか。

このエピソードに描かれている金融的要素はもちろん一部にすぎないが，ITの進歩が金融に与える影響の今日的特徴である次のような諸点を浮き彫りにしているので，それらを念頭に置きながら本章を読み進めていただきたい。
① 伝統的な金融，あるいは金融サービス業のイメージとは異なる。たとえば金融機関の店舗や，そこでの順番待ちや書類記入といったことは全く登場しない（オープン化）。
② 身近なところでの金融取引が他国とも容易につながるようになっている（グローバル化）。
③ ITの寄与で，わずか数年前と比べても金融取引の利便性は大きく向上しているが，依然としてさまざまな理由で不便さが完全にはなくなっていない。

なお，「情報」とは何かという定義は本来かなり難しい問題であるが，本章ではその検討に深入りすることはせず，「データ」や「知識」（ノウハウ）なども含めた広い意味で用いる。また「情報技術」（IT）については，すぐ後にみるように古くは電話や電報も含まれるし，広くは複式簿記のようなデータの提示の仕組みすらもITだということも可能である。ただ本章では，近年の一般的な用法に従い，コンピュータや通信に関連するハード・ソフトの技術を中心に考える。そして近年の「IT革新」の内容としては，①情報処理スピードの飛躍的高まりとコストの低下，②デジタル化（音声や映像を含めあらゆる種類の情報が統合的に処理できるようになること），③ネットワーク化，といった特性を中心に考えるが，必ずしもそれらだけに限定することはしない。

2 金融と情報技術

2.1 金融と情報技術の親和性の高さ

"Money is information on the move."（「マネーというのは動き回っている情報にほかならない」）。

これは，1980年代の半ば頃，アメリカの最大手銀行持株会社のトップが好んで使っていた表現である。彼はその信念に基づき，為替や証券価格データを提供するベンダーを買収するなど情報産業への多角化も試みた。結果的に彼の試みは時期尚早だったためか失敗に帰すが，この表現は核心をついていると考えられ，現在でもよく引用される。
　そもそも貨幣のみならず信用なども含む広義のマネーは，本来優れて情報的な性格を備えている。ヨーロッパ中世以降の両替商や銀行を描いた絵画には，必ず板ないし机（イタリア語で「バンコ」と呼ばれ，英語の bank の語源になった）の上でコインとともに情報の記録された帳簿が描かれている。また，次の引用も象徴的である。

　　1550年にあるフランス人の評論家が，イタリア人は手ぶらで，身の回り品以外には……なにも持たずに年市へ旅をする，と驚きを表している。イタリア人銀行家の身につけているものといえば，わずかばかりの信用，ペン，インクと紙，そしてどこでお金がもっとも不足しているかについての自分たちの持つ情報にしたがって，ある国から他国へと為替を操り，処分し転用する熟達した技能だけであった（E. グリーン〔関哲行訳〕『図説 銀行の歴史』原書房，1994年，34頁）。

　「ペン，インクと紙」という当時の「IT」が現代のコンピュータや通信技術に置き換われば，今日のヘッジファンドの記述としても十分通用する。
　近年では，価値がそれを表象していた貴金属や紙といった媒体から分離してきており，まさにかの米銀トップのコメント通り，マネーは純粋な情報といっても過言ではなくなっている。たとえば，日本の上場企業の場合，もはや株主であることを表象する株券は流通しておらず，売買は証券保管振替機構が管理する帳簿（実際にはコンピュータ上の記録）の付け替えで終了する。
　もともと金融とITの親和性は非常に高い。金融業は，昔から貴重品の物理的な保管（現代でいえば貸金庫）や移動のような業務を除けば，ほとんどの活動が純粋に情報生産や処理に関わるという意味で情報産業ともいえる。たとえば，借り手の返済能力の審査，貨幣の真贋や価値の鑑定（現代風にいえば外国為替の取引），あるいは証券の売買の事務処理など，いずれをとっても金融業

としての付加価値の源泉は，情報を収集し判断したり，正確な記録を残したりするところにある．

そして情報処理を他者よりも迅速かつ効率的に行えれば，より多くの収益を上げられる可能性が高まるので，歴史的に金融では新しい IT が積極的に取り入れられてきた．1844 年に初めて実験が行われた電報が，2 年後にはニューヨークとフィラデルフィアの間で株式の裁定取引（両方で取引されている同一銘柄の価格差を利用して儲けようとする取引）に用いられるようになっていたし，1876 年に発明された電話もその 2 年後には，ニューヨーク証券取引所と会員証券会社を結ぶ通信手段として導入されている．電話という当時の革新的 IT がメッセンジャーに取って代わり，売買注文の伝達時間が 15 分から 60 秒に短縮されたのである．1960 年代から本格化するコンピュータの利用でも，軍，大学と並んで銀行・証券などの金融サービス業が初期からの大口ユーザーであった．

また最近では，冒頭の田中さんの生活で垣間みたように，われわれの身近に限ってみても，IT の恩恵で金融取引が非常に便利になった．たとえば，国鉄（現 JR グループ）が切符の購入にだけ使える磁気式プリペイドカード（オレンジカード）を導入したのが 1985 年，ついで直接自動改札を通れる磁気式プリペイドカード（イオカード）を 91 年に導入した．そして IC カード式の Suica が登場したのは，21 世紀になったばかりの 2001 年である．それが日銀統計によれば，16 年 2 月末にはプリペイド式電子マネーの発行総枚数が約 3 億枚（うち 2900 万が携帯電話内蔵型），月間の取引件数が約 4 億に達している（日本銀行決済機構局『決済動向（2016 年 3 月）』より）．1 件当たりの決済金額は約 1000 円（この値には乗り越し精算など鉄道利用分は含まれていない）だが，高速道路で利用できる ETC カードの普及とあいまって，日本の小口決済ではかなりの比率を占めるようになっており，実際その影響で，図 12-1 にみられるように，1 円から 100 円までの少額硬貨の流通量が今世紀に入ってから減少するに至っている．

2.2 機能的視点に基づく整理

このような IT の革新が金融に与えたインパクトを整理して考える視点として，経済システムのなかで金融が果たしている機能に注目する．具体的には，

◆ 図 12-1 少額硬貨流通枚数の推移

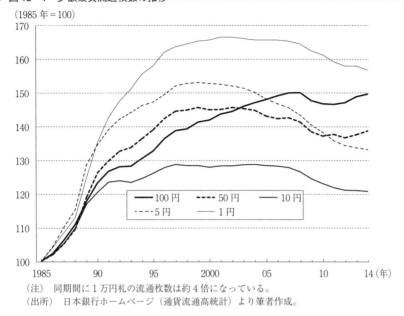

(注) 同期間に1万円札の流通枚数は約4倍になっている。
(出所) 日本銀行ホームページ（通貨流通高統計）より筆者作成。

ITによって諸機能の遂行のされ方や効率性がどのように変わってきたかをみるということである。このようなアプローチには，制度や組織を軸とした見方に比べ，時間的な変化や国際的な比較がしやすいというメリットがある。

金融が果たしている機能の分類はいろいろあるが，たとえばクレインほか[2000]では次の6つに分類している。

① 取引を円滑化する決済
② 資金をプール化（pooling）したり小口化したりする仕組みの提供
③ 異なる時間，地点，そして産業間での経済資源の移転
④ リスク管理
⑤ 経済のさまざまな分野における分散的な意思決定の調整を助ける価格などの情報提供
⑥ 情報の非対称性に基づくインセンティブ上の問題に対処する方法の提供

いずれの機能も形式的には情報処理に違いないが，その経済的な意義が異なる。証券取引の歴史でみた電報・電話の導入例は，⑤の機能に関連したものと

とらえることができよう。すなわち，新しい IT の利用を通じて情報が迅速に伝達され，それをいち早くとらえて利益を得ようとすることは，まさに価格などを通じた「分散的な意思決定の調整」を効率化することにほかならない。

また，前節の田中さんの事例の多くは，①の決済に関するものだった。電子マネーにせよ，オンライン取引にせよ，まだ制約があるとはいえ，わずか数年前と比べても，いつでもどこでも利用可能という利便性や，取引コストの低減が実現されている。

そもそも決済機能というのは経済取引において財・サービスとの交換でなされる価値の移転のことを指す。最も単純な決済は，消費者が日常的な買い物を現金（日本でいえば，日銀券や財務省発行の補助貨幣）で行う場合に起こる。

しかし財・サービスの受け取りとその対価としての資金の移転の間にタイムラグが生じたり，距離的な移動を伴ったり（これは③の機能とも関連する），移転される価値が紙幣やコインで物理的に行うには多額になったりすると，決済に関わる複雑性が一挙に高まる。

このような問題に対処するため，現代においては預金による決済が用いられることが多い。ただ，単に価値の移転に関する情報（預金残高の調整）だけでは不十分な取引があり，支払人，受取人に関する情報，いつ行われたどのような取引に対する決済かなど多くの付随情報が金額情報とともに，迅速かつ安全に処理されなければならなくなる。しかもそれらの情報交換は，1つの金融機関を越えて行われるため（決済システムの形成），情報受け渡しに関するルールやリスクへの対処の仕組みなども決済の効率性に大きな影響を与える。

匿名性が求められるような比較的単純な決済にせよ，上述したような複雑な場合にせよ，まず IT が寄与するのは直接的な取引コストの削減である。たとえば物理的な価値の媒体（紙幣とかコイン）の保管や移動のコストが，電子マネーや預金振替のような電子的情報のやりとりによる決済に置き換えることで削減されるのである。田中さんの公共料金支払いのエピソードでいえば，古くは人手（集金人による戸別訪問あるいは利用者が窓口へ持参）を介していたものが，大型コンピュータの導入で親の世代には銀行預金からの自動引き落としが一般化し，さらに現在ではコンビニでのバーコードスキャンが普及し，取引にかかる費用が大幅に削減されている。

一般に金融取引における情報処理の直接コストとしては，他に探索，入手，

検証，転記，加工（照合や計算）といったプロセスに関わるものがある。IT革新は，探索から加工に至る直接的なコストの低減に貢献してきた。たとえばインターネットは情報の入手コストをほとんどゼロ近くにまで削減する。

さらに，④のリスク管理の機能とも関係するが，ITの利用によって紛失や盗難のリスクを低下させることで間接的にも取引コストの削減が可能になる。田中さんの持っている記名式Suicaカードの電子マネー残高などのデータは，自動改札やレジでタッチされるたびにICカード内に保存されるだけでなく，瞬時にJR東日本のサーバーにも転送され保存される。そのため，紛失しても当該カードが無効になり，再発行してもらえるわけである（ただしオンラインでつながっていないバスなどでの利用もあるため，1日程度のタイムラグが発生する）。チャージした金額を失うとか，不正に利用されるといった損失のリスクを引き下げることができる。

とはいえ，一方で取得される情報量が多くなりすぎて，その選別に新たなコストをかけなければならないほどである。また情報のデジタル化によってデータの複製や伝達に関わる直接的な処理コストは低減するものの，偽造や改ざん，なりすましなどの不正行為もしやすくなってしまう面もある。すなわちIT革新によってすべての問題が解決されるわけではなく，ときには新しい問題を惹起することもありうる（この点については後に再度触れる）。

なお，⑥の機能について付言しておく。そもそも情報の非対称性の問題とは，取引の当事者の一方しか情報を持っていない結果，取引を通じた適切な資源配分が行われない状況を指す。自動車保険に入っているので，多少無謀な運転をしても構わないと考えるドライバーが出てくる（一般にモラル・ハザードと呼ばれる）のはその一例である。金融取引では契約の仕方や価格付けで，この問題に対処してきた。たとえば無謀な運転をしがちな若者の保険料を高く設定するといったことであるが，これもコンピュータなどを利用した大量の事故統計データの処理が可能にした比較的新しい対処方法である。

2.3 近年の情報技術革新のインパクト

新しいITが金融にもたらす影響は，単に既存のプロセスを効率化（スピードアップやコストダウン）するだけに留まらない。従来なかった金融サービスがIT革新によって提供されるようになることもある。金融イノベーションと

いわれる商品やサービスの多くも，ITによって可能になったものである。やや古い事例だが，第4章で説明されているデリバティブ契約や，証券化はそのような金融イノベーションであった。

オプション価格を計算する際に利用されるブラック＝ショールズ・モデルの理論が発表されたのは1973年である。しかし同モデルが必要とする予想ボラティリティや確率累積密度関数といった入力値は，今日でこそ電卓やパソコンでも刻々と変化させることが可能だが，当時は大型コンピュータに基づくITインフラがようやく整いはじめたばかりで，利用は限定的だった。

似たような状況は，証券化商品，たとえば同じくアメリカで1970年代から始まったモーゲージ担保証券（MBS）についてもあてはまる。新しい債券であるMBSはリスク分散のために何万という小口のモーゲージ（住宅ローン）を導管体（具体的には特別目的会社や信託といった法制度上の器）にプールし，そのキャッシュフローの配分を月次で受ける仕組みである。しかも今日では，この配分のパターンを投資家（主として年金や投資信託などの機関投資家）の選好にあわせて何通りにも細分化して提供するのが通常である。当然組成する段階からコンピュータによる管理（個々のローンの元利金返済状況，投資家への配分状況のモニターなど）が不可欠であるが，その情報処理量は銀行などが住宅ローンを供与し満期まで保有していたときとは比べものにならないほど多い。

くわえて金利低下時にはローンの借り手が借り換えを進めるのでMBSのキャッシュフローも前倒しになり，流通市場におけるMBSの価格の金利感応度が国債などの債券とかなり異なってくる。このような場合，モデルを作って膨大な計算をして価格を推定するわけだが，この作業もIT革新があればこそ可能で，結果的に流通市場の拡大がもたらされた。同様に，1980年代以降になると，クレジットカード・ローンや自動車ローンなどモーゲージ以外の多様な資産へも証券化の技術が適用され，証券化商品の市場拡大につながったのである。

ところで，住宅ローンは昔から銀行（アメリカでは主として貯蓄貸付組合）によって提供されてきた。これらの金融機関は個人から預金として資金を集め，それを原資として住宅資金を必要とする個人に貸し付け，満期まで保有していた。つまり，ローンという形での信用供与機能（2.2項の③の資源の移転機能＋④のリスク管理機能）と，預金という資金単位の変換機能（2.2項の②の資源を

プールしたり小口化したりする機能）を一貫したプロセスとして提供してきた。さらに時間を遡ると，地域共同体で組織される「講」のようなものも同様の機能を果たしていたといえる。MBSも個人の資金を集め，最終的に住宅資金を必要とする個人に配分するという点では変わりがない。ではどこが革新的なのであろうか。

　まず，従来銀行などによって統合的に遂行されていたさまざまな仲介プロセスが分解され，多くの担い手によって分担されている点が異なる。いわゆるアンバンドリングの進展である。具体的にMBSでみれば，①借り手の信用力を審査するクレジット・スコアリング会社（章末 *Column* 参照），②住宅資金を直接提供するオリジネーター（住宅ローン会社やブローカー），③借り手からの元利金の支払い事務を担当するサービサー，④貸し倒れリスクを管理する格付機関や保証会社，⑤オリジネーターから住宅ローンを買い取り，MBSを組成して投資家に販売する証券会社，⑥MBSに投資する機関投資家，などが関与する。

　このように多くの企業が関与し収益を上げつつも伝統的なプロセスより効率的でありえるのは，ITの寄与が大きい。つまりデータの受け渡しなどの調整（コーディネーション）が正確，迅速，そして間違いなく行われるようになってこそ，新しい代替プロセスがうまく働くのである。さらに近年では，インターネットの普及などの結果として，やりとりされるデータのフォーマットなどの標準化が進んでおり（ときにモジュール化の進展と表現される），新たなサービスの付加なども比較的容易に行われるようになっている。

　とはいえ，ITの進展だけが要因ではない。むしろ，規模の利益や専門性の深化といった要因こそが，革新性をもたらす源泉としては大きいといえる。アメリカでは1970年代後半から80年代前半の高金利期に，貯蓄貸付組合の住宅ローンビジネスは立ちゆかなくなった。30年満期の固定金利の住宅ローンを短い期間で金利が変動する預金を原資に提供していたため，市場金利が急騰したこの時期に，「逆ざや」に陥ってしまったのである。MBSという形で住宅ローンを流動化したことによって，機関投資家（たとえば年金基金は長期の資金を受け入れているので長期投資が可能である）が金利変動リスクを負担できるようになったのである。

　同様の変化は，デリバティブ市場においても観察される。近年，天候デリバティブや大災害債券（CATボンドとも呼ばれ，相対的に高い金利を提供する代わ

りに大災害が発生したときに発行者の元本返済が一部ないし全部免除される債券）によって自然現象に伴うリスクの取引が市場で行われるようになっている。また，クレジット・デフォルト・スワップ（CDS）と呼ばれる取引は，企業の信用リスクを取引する。これらの仕組みは，従来損害保険会社や保証会社が提供してきた機能と同じである。つまり，従来保険契約によって行われてきたことが資本市場でも代替的に提供されるようになり，リスク管理の手段は広がっている。

ただし，こういった金融イノベーションが，常に社会的便益をもたらしているわけではない。一時的にせよ，既存の金融制度と不整合を起こし，金融システムを不安定にさせるようなことも起こりうる。典型的な例が，2007年から08年にかけて発生したアメリカを震源とする金融危機である。住宅価格の上昇に伴う建設ブームのなかで，十分な与信審査も行わないような住宅ローンが低所得者層にも供与され，証券化された。また，CDSの取引を通じてリスクが世界的に拡散した。貸し倒れリスクを推定するモデルが単純すぎたとか，新規供与（オリジネート）したローンを保有しないゆえに，いい加減な与信審査が行われた（すなわち多くの担い手の間のコーディネーションに失敗した）のだといった証券化に対する批判が非常に高まった。そのような要素があったことは否めないが，ITを駆使したイノベーションが金融危機の原因ではなかったという点には注意が必要である。1980年代後半の日本で起こった不動産バブル（当時日本では証券化や信用デリバティブの利用はほとんどなかった）と同様，資産価格が右肩上がりで上昇し続けるという幻想を皆が抱き，それを前提にしたプロジェクト採算の判断や担保価値の計算を行ったことのほうが大きな問題だったのである。

3　金融サービスの将来

まず，IT革新がさらに進展することで，冒頭に紹介した田中さんの生活のスナップショットはどうなっていくかを展望してみよう。

当面は，便利になったとはいえ，鉄道系電子マネーによる公共料金の支払いや，オンラインでの外国株取引など，まだできないことが徐々にできるようになっていくだろう。これらは現時点でも技術的に乗り越えられないわけではな

く，主として規制やコストの問題でできないのであり，不要な規制の緩和やIT 利用によるさらなる取引コストの低下によって克服されていくと考えられるからである。実際，公共料金の支払いについていえば，すでにコンビニ系の電子マネーであれば支払い可能な場合もある。またすでに欧米では可能だが，カードを使っての「割り勘」機能も，日本で導入されつつある。

　同様に近未来的には，インターネット上に存在する大量のデータを AI（人工知能）で処理して，田中さんのような個人にも投資アドバイスをするサービスや，自分の健康状態（あるいは病状）と医療保険，病院情報などを組み合わせて，どこでも救急医療サービスを受けられるようなスマートフォン上のアプリといったものが登場してこよう。いわゆる「ビッグデータ」の応用として，すでに通信販売など金融以外の分野では提供されつつあるサービスである。

　また，カードが消滅して携帯電話やウェアラブル端末などに内蔵されるデータが取って代わる，あるいはそれらすらもなくなって，指紋や虹彩などの生体認証によって金融取引が可能になる日も近いかもしれない。しかも，商取引のみならず，個人間のお金のやりとりでも使えるようになることによって，ATM を通じて現金を引き出す必要性も減り，少額硬貨のみならず紙幣も発行枚数が減少に向かうかもしれない。

　以上のような変化を金融サービス業へのインパクトとして再整理してみよう。前節でみた金融プロセスのアンバンドリング化は，金融危機後の規制強化の流れのなかでも継続している。分解されたプロセスが単独で，あるいは別の組み合わせで特定の企業によって担われるような状況はますます一般化している。しかも，鉄道会社が発行する電子マネーや，コンビニの ATM のように，従来金融業には分類されない企業によって，金融サービスが提供されるようになっているのである。

　別の例をあげてみよう。2009 年 4 月末にアメリカで設立された Kickstarter は，新商品や芸術のアイデアを持つ人々にインターネット上での発表の場を提供している。映像などでそのアイデアをみて，価値を認めた人々は一定金額を支払う約束をして支援を表明する。支援額があらかじめ設定された金額を超えた場合にプロジェクトが実現されるという仕組みである。設立から 7 年強が経過して，約 1100 万人の人が合計で 24 億ドルを提供し，10.6 万のプロジェクトをスタートさせた（統計データは同社ホームページより取得）。実質的に，商品

の事前購入予約という形でベンチャーキャピタルが担ってきた機能の一部を代替しているのである。スタートアップ企業への出資や経営に関するアドバイス，ネットワークの提供などは行われないものの，全く互いに関係のない普通の個人の集まりが高度な専門知識を必要とすると考えられてきたベンチャーキャピタルと類似のサービス提供をしているというのは驚異的である。実際，彼らの審査は厳しい。支援額が設定額を超えたプロジェクトの比率（成功率）は36%にすぎない。不首尾に終わったプロジェクトのうち23%は1ドルも集められなかった。

　このような非金融企業による金融サービス提供の動きを「オープン化」と表現するとすれば，ITの進歩，具体的にはとくにインターネットの普及と情報のデジタル化の進展によって，オープン化はさらに促進されるだろう。アマゾンやアップルといった企業は，自社の持つ膨大なデータ処理能力（いわゆる「クラウド」）を利用するための仕組みであるAPI（アプリケーション・プログラミング・インターフェース）を自社以外の第三者に無料で開放し，書籍をはじめとする物財やスマートフォン用アプリなどのソフトウェアの流通の分野で多くのサービスを矢継ぎ早に提供している。すでにこれらの非金融企業は，決済などの金融サービスにも参入しはじめている。また逆に，欧米の銀行のなかには自らAPIを開放し，外部の企業によるIT革新能力を使って新商品・サービスの迅速な提供を模索しているところも出てきた。

　なお，オープン化の流れは同時にグローバル化も促進する。"The World Is Flat"（「世界は平らだ」。2005年にアメリカで発刊された書籍のタイトル）といわれるように，インターネットの普及で距離の制約が低くなっている。たとえば前述のKickstarterのプロジェクトには，最大で169カ国から支援者が集まっている。

　同社やインターネットを利用してローンを提供する企業の提供するサービスをまとめてクラウドファンディングと呼ぶことがある。そしてさらに決済関連の新しいサービスを提供する企業などを含めてフィンテック（FinTech. 金融financeと技術technologyの合成語）と総称することがあり，近年多くの企業が設立されている。すでにバブル的な様相を呈しており，どのような企業が生き残って，新しい金融サービス業界がどのような姿になるのか，その全体像をここで示すことはできない。しかし，本章を終えるにあたって次の2点のみ指摘

しておきたい。

　第1は，前節で指摘したように，金融に求められる機能は時間が経過してITの進化などによって提供されるプロセスや形態が違っても大きく変わらないという点である。また，信用（ないし評判）というような太古の昔から金融仲介に求められてきた本質的な要件はITが進展しても依然重要であり，しかも新しい対応が必要になっているという点である。たとえばインターネット上でのオークションサイトにはエスクロー（escrow）サービスが付加される。これは，出品者と落札者の取引（商品の受け渡しと資金の決済）を第三者（エスクロー会社）が仲介するサービスで，匿名の当事者間での取引に付随する不確実性（送金したのに商品が届かなかったり，商品を送ったのに入金されなかったりというようなトラブル）を軽減することができる。アメリカでは銀行が提供してきた「古典的」なサービスが再認識された形である。またeBayなどオークションサイトで，最も活発に取引されるものが中古車ということからわかるように，まさに情報の非対称性（いわゆる「レモン（欠陥中古車）」）問題に対処するために付加的な機能（前節2.2項にあげた⑥の機能）として出品者の評価を表示する仕組みなどが求められるようになっている。最近のフィンテックでも，ブロックチェーンという技術を利用して新しいエスクローサービスを提供しようとしている企業がある。

　いずれにせよITを駆使した金融仲介サービスは決して「中抜き」されるわけはなく，今後も発展していくものと考えられる。たとえばeコマース（電子商取引）では理論的にはグローバルに，短期間で取引を成立させることができるがゆえに，逆に信頼できる仲介者の存在意義が高まるのである。ただ評判や信頼性の根拠となるのは，伝統的なブランドとは限らない。むしろセキュアなサーバーの存在や，デジタル署名，暗号技術といったITも重要な基盤となろう。また業務プロセスのアンバンドリングが進むなかで，顧客に対して誰が最終的な責任を持って対応するのかといった問題にも新たな光を当てなければならないかもしれない。

　第2は，これも繰り返しになるが，ITの進歩が常にプラスの効用をもたらすとは限らないという点である。既存の制度や規制との不整合が拡大すると，金融システムを不安定化させる要因にもなりうる。金融危機後にも，たとえば高頻度取引（HFTと呼ばれる）が問題となっている。これはコンピュータ・ア

ルゴリズムによってマイクロ秒（百万分の1秒）単位の超高速で株式の取引を繰り返すことを指す。IT の進歩（先にあげたように電話の登場で 1878 年にそれまでの 15 分の 1 の 60 秒に短縮された株式売買注文の伝達時間は，いまやさらに 1000 万分の 1 に短縮されたのである）と取引コストの低下が可能にした取引手法だが，結果的に大量の取引が執行されるために，短期間で株価が乱高下するような事態を招くこともあった。また，わずかでも有利な立場に立とうと，取引所のサーバーに数センチでも近いところに自社のサーバーを設置しようとする不透明な競争（「フラットな世界」と全く逆の現象）など，取引所の価格形成機能を阻害するような事例も見られようになっている。

いずれにしても，規制や制度が不必要になるわけではない。技術進歩に整合的な形の見直しは不可欠で，それがなされてこそ IT をはじめとする技術進歩の恩恵を十分に享受できるのである。　　　　　　　　　　　　　（遠藤幸彦）

練習問題

1　IT 革新によって金融取引のコストが劇的に低下し，銀行や証券会社のような金融仲介サービス業は不必要になるという議論について論評しなさい。

2　IT 革新は金融取引に伴う情報の非対称性の問題にどのような影響を与えるだろうか。

3　IT の進歩が必ずしも金融機能の向上につながらない事例を取り上げ，それへの対処方法を考えなさい。

参考文献

アレン，F., G. ヤーゴ（藤野直明監訳・空閑裕美子訳）[2014]『金融は人類に何をもたらしたか――古代メソポタミア・エジプトから現代・未来まで』東洋経済新報社

クレイン，D. B. ほか（野村総合研究所訳）[2000]『金融の本質――21 世紀型金融革命の羅針盤』野村総合研究所

シラー，R. J.（田村勝省訳）[2014]『新しい金融秩序――来たるべき巨大リスクに備える（新装版）』日本経済新聞出版社

野村総合研究所 [2002]『変貌する米銀――オープン・アーキテクチャ化のインパクト』野村総合研究所広報部

パターソン，S.（永野直美訳）[2015]『ウォール街のアルゴリズム戦争』日経 BP 社

Column　信用情報機関の役割

　信用情報機関は，金融機関が個人の借り入れ能力を審査する際に必要な情報を共有する仕組みである。従来は主として多重債務者であるかどうかといったいわゆるブラックリスト情報が提供されてきた。

　しかし近年，クレジット・スコアリング・サービスが登場している。アメリカではクレジットカードなどの供与の判断は，スコアリングと呼ばれる機械的な手法によって行われる。これは申込書および信用情報機関からの情報をもとに，「持ち家がある場合は 25 ポイント，借家の場合は 15 ポイント」といったように顧客特性を数値化し，一定水準以上の総合得点を獲得した申込者を承認する仕組みである。もともとは，銀行などが独自の与信判断システムを構築し，それこそが競争力と収益の源泉であると考えられてきた。しかし，1990 年代になると外部の企業，具体的にはフェアアイザック（Fair Isaac）社のスコアリングシステムが広く採用されるようになり，事実上の業界標準となった。各社が固有のノウハウを加えることは当然ありうるが，基本的にはフェアアイザック社のスコアリングの数値で，銀行間の与信態度や債権内容が比較可能になっているほどである。これもアンバンドリング化の一事例である。

　さらにアメリカでは，中小企業向けローンの審査にあたっても，スコアリングシステムの利用が進展している。とりわけ，1995 年にフェアアイザック社が中小企業向けスコアリングシステムの提供を本格化して以降，急速に普及したといわれる。

　クレジット・スコアリングは，単に銀行が行っていた業務の一部を外部企業が肩代わりしただけに留まらない。業務そのものにも変容を迫っている。たとえばこの仕組みを利用して，銀行は中小企業向けローンの「通信販売」，すなわち従来の営業地域外や，リレーションシップのなかった企業に「事前承認ローンのご案内」といったダイレクトメールを送付するといった戦略をとるようになった。従来であれば，利用可能な情報が乏しい中小企業向け貸し付けでこのようなことを行うのは不良債権の山を築くだけだと考えられていた。ところがスコアリングシステムを使った銀行の商品提供の影響によって 1990 年代半ば以降になるとマクロ統計でも中小企業によるクレジットラインの顕著な利用増が観察されるまでに至っている。

〈遠藤幸彦〉

第13章
金融業の変貌とグローバル展開

1 変わりゆく金融業

1.1 金融業の変貌

　金融業とは，資金の貸し借りに関係するビジネス，すなわち金融サービスを提供する業種である。銀行業や証券業がその代表であるが，広くとらえれば保険業やノンバンクが行う貸金業なども含まれる。

　近年の金融業は大きく変貌しており，従来に比べて著しく多様化・複雑化している。金融技術や金融手法が高度化し，銀行業以外の金融活動が広がりをみせ，さらには，それら金融業が国境を越えてグローバルに活動を行っている。本章では，このような金融業の変わりようについてみていくとともに，その問題点にも目を向けていきたい。

　一般的に伝統的な金融業といえば，預金を受け入れて貸出を行う商業銀行を指す。商業銀行の基本的な役割は今日においても同じであり，その重要性も決して失われてはいない。とはいえ，このような商業銀行の業務も近年，多様化しており，顧客はより幅広い金融サービスを受けることができるようになった。たとえば，定期預金にデリバティブを組み込んだ仕組み預金と呼ばれる新型の預金の登場により，預金者の選択の幅が広がった。貸出においても，一定の融資枠のなかで，いつでも借入が可能なコミットメント・ラインや，企業の信用力ではなく特定の事業そのものを担保にして貸出を行うプロジェクト・ファイナンスといったものが登場している。また，インターネット専業銀行のようなIT技術を生かした新たな銀行業も広がりつつある。

　しかしながら，今日の金融業において，商業銀行が果たす役割は相対的に小

さくなってきている。とりわけ，証券業の幅がさまざまな面で広がっているからである。第1に，証券会社の業務が多様化し，さらにグローバル化している点があげられる。今日の証券会社は有価証券の引き受け・仲介といった伝統的な業務のほかに，証券会社自らが積極的に有価証券を売買するトレーディング業務や，企業の合併・買収をサポートするM&Aの仲介，そして後述する証券化ビジネスなどの業務も行っている。第2に，有価証券の種類も多様化している。伝統的な株式や債券のほかに，優先株，劣後債，転換社債，仕組債，さらには証券化商品といったものも登場している。

近年の金融業のあり方をとりわけ大きく変えたのは，高度で革新的な金融技術の登場である。その1つが，デリバティブ取引の発達である。デリバティブは，金融取引によって生じるリスクそのものを取引する金融商品である。顧客はデリバティブの購入によって，金融取引に付随するリスクを他者に移転することができるようになり，従来に比べてリスクのコントロールが容易になった。いま1つは，証券化ビジネスの拡大である。次にみるように，証券化は企業や金融機関の資金調達のあり方を大きく変えることとなった。

1.2 証券化

証券化とは，市場で容易に売買できないような非流動的な資産（貸出債権，住宅ローン債権，商業用不動産など）を活用して，資金を調達する手法である。具体的には，非流動的な資産とそこから生じる金利や賃料といったキャッシュフローを裏付け（担保）にして，金利のついた小口の証券を発行し，それを複数の投資家に購入してもらうことで資金を調達する。つまり，キャッシュフローを生むような資産さえ保有していれば，証券化の手法を使って資金調達が可能となる。これにより，企業や金融機関の資金調達の選択肢は大きく広がった。

では，金融機関の貸出債権を例にして，証券化の一連のプロセスを具体的にみてみよう（図13-1）。まず，銀行や金融会社が企業や個人に融資を行うところまでは伝統的な金融取引である（①）。証券化は，この次のプロセスから始まる。金融機関は，元利金の返済を要求できる権利である貸出債権を特別目的会社（SPC）に売却する（②）。この時点で，貸出債権はSPCの資産となる。次に，SPCはこの貸出債権とそこから生じる金利収入を裏付け（担保）にして小口化された証券を発行し，それを証券会社が引き受け，投資家に販売する

◆ 図13-1 証券化の仕組み

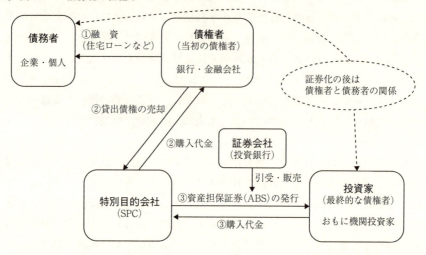

(③)。この証券は資産担保証券（ABS）と呼ばれており，証券化商品の1つである。機関投資家などの投資家は，ABSを購入し保有することで，元利金を受け取ることができる。

　証券化によって，債権者と債務者の関係は変化する。最終的な債権者となるのは投資家であり，金利を受け取れる代わりに，信用リスクなどの最終的なリスクを負うことになる。逆に，当初の債権者であった金融機関は，証券化によって資金を調達すると同時に，債務者の信用リスクを切り離すことができる。なお，証券化プロセスのなかで債権がSPCに売却されるのは，別勘定にすることで，当初の債権者である金融機関の破綻から資産を保全し，投資家を保護するためである。

　証券化という金融技術そのものは，有用なものである。しかし，これまで問題がなかったわけではない。2000年代後半にアメリカで起こったサブプライム・ローン問題は，証券化の行きすぎによって引き起こされた危機である。当時，アメリカの金融機関では，住宅ローン債権を証券化することを前提にして貸出を行っていたので，ローンの審査はきわめて緩いものであった。なぜなら，当初の債権者である金融機関は，証券化によって信用リスクを他者に移転できるからである。このような不十分な審査のまま低所得者層に大規模に住宅ロー

ンが提供されたが，返済不能が増加しはじめると，証券化商品の1つであるモーゲージ担保証券（MBS）の価格が下落，あるいは売却困難となり，それを保有する投資家は大きな打撃を受けた。

さらに，証券化によってサブプライム・ローン危機が世界中に拡散し，とりわけヨーロッパへ飛び火した。世界中の投資家が，金利が高く格付けも高かったこれら証券化商品に投資していたからである。とりわけ，ヨーロッパの金融機関は，多くの証券化商品を保有していたため，経営危機に陥った。

このように，証券化ビジネスの行きすぎがサブプライム危機を招き，さらにリーマン・ショックに発展し，世界経済に大きな混乱をもたらした。とはいえ，金融業のあり方を大きく変えることになった証券化の意義は，決して失われるものではない。とりわけ，自ら貸出債権を保有し続け，信用リスクを管理しながら収益を得るという銀行業のビジネスモデルに変化をもたらしたことは大きいだろう。証券化ビジネスは，本来的には有用な金融技術の1つであり，今後もそれは変わらないのである。

ただし，いくら証券化によってリスクを切り離したとしても，リスクの総量自体を減らすことはできない。確かに，個々の経済主体は証券化によってリスクをコントロールできるだろう。しかし，そのリスクは結局のところ他の誰かに移転するだけである。つまり，当初の債権者からリスクが切り離されても，最終的な債権者にリスクが移るにすぎないのであり，リスクは決して消えることはない。証券化を用いることでリスクが消えたと錯覚し，無秩序にリスクを蓄積した結果が今般のサブプライム危機の本質なのである。

2 シャドーバンキング

2.1 シャドーバンキングとは何か

近年，シャドーバンキングと呼ばれる金融業の新しい概念が登場し，注目を集めている。シャドーバンキングとは，伝統的な銀行システムの外で，銀行のような信用仲介機能を果たす金融主体や金融活動のことである。要するに，一般的にいわれているような銀行業とは別の金融仲介活動のことであり，具体的には，マネー・マーケット・ファンド（MMF）やヘッジファンドなどの投資ビークル，証券会社（投資銀行），ノンバンク金融会社などがある。すでに説

明した証券化ビジネスもシャドーバンキングの範疇に入る。

　シャドーバンキングに共通する特徴は，第1に，金融当局の規制や監督が緩いか，あるいは対象外となっている点である。これは相対的に自由な金融活動が可能であることを意味しているが，逆に，その活動の行きすぎに目が届きにくく，金融危機の原因になるなど，金融市場に大きな混乱をもたらすことがある。また，シャドーバンキングは，各国の金融当局のみならずBIS規制のような国際的な規制の対象からも外れるため，自己資本比率を維持する必要がなく，負債の拡大に対する歯止めが弱い。第2に，シャドーバンキングは，中央銀行による流動性供給の対象外である。商業銀行は，流動性の不足や枯渇に直面した場合でも，最終的には中央銀行のオペレーション等を通じて資金を調達することができる。一方，シャドーバンキングは，どんな場合でも市場からの資金調達に頼るしかない。それゆえに，金融市場からいっせいに資金が引き揚げられるクレジットクランチが発生した場合には，資金繰りに行き詰まるような流動性危機に陥りやすい。第3に，シャドーバンキングは，預金による資金調達ができないため，預金保険のような公的保証がついた資金調達手段を持たない。シャドーバンキングは，通常，銀行借入やレポ取引などの金融市場からの資金調達に依存している。これらの資金調達手段には公的保証がつくわけではないため，いっせいに資金が引き揚げられるリスク，すなわち取り付け騒ぎに発展しやすい。

　近年，シャドーバンキングが注目されるようになったのは，伝統的な銀行業の果たす役割が低下する一方で，シャドーバンキングの規模が拡大しているからである。金融安定理事会（FSB）によると，金融資産総額における銀行部門とシャドーバンキング部門のシェアは，前者が46%，後者が12%である（2014年）。シャドーバンキングは，資産規模の面では今のところ銀行部門を大きく下回っている。しかしながら，その成長スピードでは，銀行部門を上回っている。2014年の金融資産における対前年比成長率では銀行が6.4%，シャドーバンキングが10.1%である。また，11〜14年の平均成長率は，銀行が5.6%でシャドーバンキングが6.3%である。

　世界規模でみたシャドーバンキングの地域別シェアでは，欧米が圧倒的である。シャドーバンキング資産全体の国別の内訳（2014年）では，アメリカが40%，イギリスが11%，ユーロ圏が23%となっており，欧米だけで実に7割

◆ 図 13-2　シャドーバンキング部門の内訳（2014年）

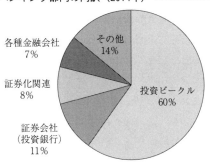

（出所）　FSB, *Global Shadow Banking Monitoring Report 2015* より筆者作成。

以上ものシェアを占めている。一方，日本と中国は，それぞれ 7% と 8% のシェアにすぎない。ただし，中国のシャドーバンキングは，この数年で急成長しており，今後の規模の拡大が予想される（章末の **Column** 参照）。

次に，シャドーバンキングの形態別シェアについてもみておこう（図13-2）。シャドーバンキングのなかで最も資産規模が大きい形態は，ヘッジファンド，MMF，債券ファンド，不動産ファンド，信託といったような投資ビークルで，このセクターだけで資産総額の 60% を占めている。次いで大きいのは，証券会社（投資銀行）と証券化関連で，それぞれ 11%，8% のシェアとなっている。各種金融会社は 7% で，リース会社，ファクタリング会社，消費者金融等が該当する。なお，クレジット・デフォルト・スワップ（CDS）の売り手やモノラインなど，信用を保証する金融機関もシャドーバンキングに含まれるが，これらはほとんど資産を保有しないため，シェアはきわめて小さい。とはいえ，実質的に果たす役割の大きさでは，他のシャドーバンキングに劣るものではない。

2.2　世界金融危機で明らかになったシャドーバンキング・リスク

近年のシャドーバンキングの台頭は，何かと問題視されることが多い。金融当局の目の届かないところで活動するシャドーバンキングが金融リスクを過大に蓄積し，金融システム全体に対する危機を引き起こすとみられているからである。

アメリカ発の世界金融危機は，このようなシャドーバンキング・リスクが金融システムの安定にとって大きな脅威であることを白日のもとにさらした。まず問題視されたのは，伝統的な銀行業を行うはずの商業銀行が，シャドーバンキングに積極的に関与したことであった。伝統的な商業銀行のビジネスモデルとは，貸出を行うことで金利収入を得ることである。しかし，貸出債権という資産を増やせば自己資本比率が低下するため，国際的な銀行規制であるBIS規制に抵触することになる。商業銀行は，自らの資産を増やすことなく利益を稼げるビジネスモデルへの転換を迫られた。そこで，銀行は貸出債権を証券化することで，自らの資産から分離して手数料を稼ぐ証券化ビジネス，すなわちシャドーバンキングに乗り出した。同時に，信用リスクを切り離せることから，無秩序な住宅ローンの提供につながったことは先に述べた通りである。
　商業銀行によるシャドーバンキングへの関与は，これだけに留まらない。銀行はSIVと呼ばれる会計上では独立している投資子会社を設立し，銀行本体ではなく，こちらの側で大規模に資産と負債を増やした。連結対象ではないSIVで投資活動を行っても，銀行本体の資産・負債には影響がないため自己資本比率は低下しない。この仕組みを利用して，サブプライム・ローンを組み込んだMBSなどの長期で高利回りの証券化商品に大規模に投資すると同時に，それを担保に資産担保コマーシャル・ペーパー（ABCP）を発行して短期資金を調達した。ところが，サブプライム危機により証券化商品の価格が急落すると，短期負債であるABCPの借り換えが難しくなった。ABCPを購入していた機関投資家が，信用不安のなかで再投資を拒否したためである。こうして，SIVはあっという間に資金繰りに行き詰まった。本体の親銀行は，融資による資金繰りの支援や，SIVが抱える証券化商品を引き取るなどして，これに対応したが，結局は銀行本体の自己資本比率の低下を招き，さらには多大な損失から経営不安に陥った。
　一方，シャドーバンキングの1つであるアメリカの投資銀行もシャドーバンキング・リスクを急速に高めていった。本来，投資銀行のビジネスモデルは商業銀行とは異なり，資産・負債を増やすことで利益を稼ぐのではなく，株式や債券といった伝統的な有価証券の引き受けやM&Aの仲介などによる手数料収入が主であった。ところが，近年になって，自己勘定で大規模に投資を行うトレーディングビジネスに傾倒していった。投資銀行は，BIS規制の対象では

ないため，本体自らで負債を拡大し，大規模に投資を行うことが可能であった。このように，借入により資金の規模を膨らませて投資を行うことを「レバレッジをかける」という。レバレッジをかければかけるほど，投資が成功した場合の利益は大きくなるが，逆に，失敗した場合はレバレッジの分だけ損失も大きくなる。こうして，ベア・スターンズやリーマン・ブラザーズのようなアメリカの大手投資銀行は過大なレバレッジをかけることで，サブプライム・ローンを組み込んだ高利回りの証券化商品に投資し，巨額の金融収益を獲得したが，同時に自らのリスクも急速に高めていった。投資銀行がレバレッジをかけるために調達する資金の多くは，レポ市場から調達する短期資金である。資産が長期で負債が短期であるため，継続的な借り換えが必要であり，MMFなど資金を貸し出す側の機関投資家がこれを拒否すると，投資銀行はとたんに資金繰りに行き詰まる。破綻の前夜にリーマン・ブラザーズが直面したのは，まさにこうした事態であった。アメリカの住宅価格が下落に転じたことで証券化商品の価格が急落すると，投資銀行は財務状況の悪化から，レポ市場での借り換えが事実上不可能になった。これをきっかけにして，レポ市場では，資金の出し手がいっせいに資金を引き揚げるという取り付け騒ぎが発生した。

　このようなシャドーバンキング・リスクは，アメリカのMMF市場にも波及した。MMFは，おもに安全な有価証券で運用する短期のファンドであり，元本割れリスクが小さく換金性に優れているため，預金と類似の商品に位置づけられる。しかし，これまで安全とされてきたMMFでも，リーマンの破綻を契機に取り付け騒ぎが起こった。あるMMFがリーマンの債券を保有していたことがきっかけとなって元本割れが生じた結果，投資家による解約請求が相次いだためである。このような取り付け騒ぎは，MMF市場全体に広がっていった。安全とはいっても，銀行預金とは異なり預金保険の対象ではないため，元本の保証はなく，さらに規制も緩い。MMFは紛れもなくシャドーバンキングなのであり，こうしたシャドーバンキング・リスクを抱えていることに変わりはない。

2.3　シャドーバンキングに対する規制強化

　このように，これまで明るみになることがなかったシャドーバンキング・リスクが次々と表面化し，そのことが危機を激化させた。これは，当局の規制や

国際的な規制の外で活動するシャドーバンキングが金融システムの安定にとって，いかに脅威となるかを示すものであった。

くわえて，シャドーバンキングで生じた危機が，本来であれば規制監督下にあって守られているはずの銀行システムに波及したことも問題である。実は，銀行とシャドーバンキングは，さまざまな取引を通じて密接に関わっている。たとえば，シャドーバンキングの1つであるヘッジファンドは，プライム・ブローカレッジを通じて銀行と結びついている。プライム・ブローカレッジとは，ヘッジファンドの運営に必要なさまざまな実務を提供する銀行の業務で，具体的には，保有資産の管理，取引の実行，資金の貸出や有価証券の貸付などである。とりわけ，資金の貸出では，ヘッジファンドに対する信用リスクを負うことになるので，ヘッジファンドで起こった問題が銀行に及ぶ構図となっている。また，窮地に陥ったSIVへの資金繰り支援や問題資産の引き取りで，銀行本体にも損失が及んだのは前述の通りである。

結局のところ，銀行システムだけに規制を課し，監督を行ったとしても，金融システム全体の安定性につながらないことは明らかである。それは，規制の厳しい銀行システムを回避する形でシャドーバンキングが肥大化し，その行きすぎが是正される段階で，危機となって銀行システムに戻ってくるからである。

このような問題を受けて，G20では，シャドーバンキングの規制を強化しようとの機運が生まれ，FSBを中心に対応策の検討が進められている。具体的な取り組みとしては，第1に，シャドーバンキングそのものに対する規制の強化である。MMF，ヘッジファンドに代表されるような各種ファンド（投資ビークル），証券会社（投資銀行），金融会社などが対象となる。とりわけ，MMFは預金類似の商品にもかかわらず，元本割れや解約請求の殺到などで大きな混乱を招いたため，資産の流動性や損失の吸収力の改善などを通じて，取り付け騒ぎを防ぐための方策が検討されている。第2に，銀行システムとシャドーバンキングのつながりを弱める方向での規制である。たとえば，銀行のヘッジファンド向け貸出を規制し，ヘッジファンドのレバレッジを抑制するような対策である。そして第3に，証券化ビジネスやレポ取引といった金融取引そのものに対する規制強化も検討対象となっている。

今般の世界金融危機による影響の深刻さを考えれば，これらの規制が必要不可欠であることはいうまでもない。とはいえ，規制を強めれば強めるほど，市

場の有用性を損なう恐れがある。シャドーバンキング規制は，市場の有用性と安定性との間でバランスをとりながら進めることが求められる。

3　金融機関のグローバル展開

3.1　金融のグローバル化と国際銀行業務

　近年の金融業の変貌といったときに，金融機関のグローバル展開を抜きに語ることはできない。国境を越える投資や融資のみならず，金融機関が直接，外国に拠点を置き，現地の企業や個人を相手に銀行業務を行うことも今日では珍しくない。近年の金融のグローバル化のもとで，金融機関の海外業務の重要性は高まっている。

　金融のグローバル化とは，簡単にいえば資金が国境を越えて容易に移動することをいう。IT技術の発達もあり，膨大なマネーが一瞬にして世界を駆け巡るような時代である。金融のグローバル化が進んだ背景には，1980年代後半以降，各国で資本取引の規制が緩和されるようになったことがあげられる。法的に制限されていた国境を越える投資や送金等が多くの国で自由化されたことがきっかけである。これにより，各国の金融機関や投資家は世界中のより有利な市場で資産運用を行うようになり，同時に，より有利な市場で資金を調達することも可能となった。今日では，先進国間のみならず，先進国と途上国との間でも活発に資本が移動している。

　このような金融のグローバル化は，金融機関のグローバル展開と密接に関わっている。それは，グローバルな資本移動を仲介する役割を果たしているのが金融機関だからである。したがって，金融のグローバル化が進めば進むほど，金融機関のグローバル展開も加速していくことになる。

　伝統的な国際銀行業は，①外国為替業務，②貿易金融業務，③対外貸付業務，の3つである。①外国為替業務は，自国通貨と外国通貨の交換に関わるサービス全般のことをいう。たとえば，外国通貨との両替サービスや外国への送金業務，そして，貿易に関わる支払いの決済業務などがある。これらは，一連の取引のなかで必ず自国通貨と外貨との交換を伴うことから外国為替取引と呼ばれている。②貿易金融業務は，企業の輸出入をサポートする金融サービスのことである。たとえば，輸出企業が代金の取り立てのために発行する手形を満期が

くる前に銀行に買い取ってもらい，代金の回収を早期にそして確実に実現するといった金融サービスが代表的である。また，輸入企業の取引銀行によって提供される信用状（L/C）の発行も貿易金融の1つである。信用状は，輸入企業の代金支払いを銀行が保証することで，相手先企業の情報に乏しい輸出企業でもスムーズに貿易取引を行えるようにする仕組みである。③対外貸付業務は，文字通り国境を越えて行われる貸出のことで，外国企業への融資はもちろんのこと，外国に進出した自国企業への融資や銀行団による協調融資（シンジケート・ローン）なども含まれる。このような対外貸出業務は，自国通貨で行われるとは限らず，現地通貨や米ドルなどのさまざまな通貨が用いられる。

近年の国際銀行業務では，投資銀行業務の重要性も高まってきている。具体的には，国際的な証券業務，M&Aの仲介業務，トレーディング業務，資産運用業務などである。金融のグローバル化によって，国境を越える証券取引が活発に行われるなかで，それを支える投資銀行業務の重要性も増している。とはいえ，伝統的な国際銀行業務の重要性は決して失われるわけではない。むしろ，安定した収益基盤であることから，近年では再評価される傾向にある。

3.2　金融機関のグローバル展開の軌跡

銀行業の国際展開には，さまざまなパターンがある。第1に，拠点を国内に置きながら，国際銀行業務を行うケースである。第2は，拠点そのものを海外に設ける場合であり，このような銀行を多国籍銀行という。海外拠点には，支店の設置や，子会社となる現地法人を設立する場合などがある。

多国籍銀行は，戦後，欧米の金融機関を中心に増加した。欧米の企業による海外進出が活発化するなかで，銀行もそれに追随する形で海外に進出したからである。多国籍銀行は，顧客企業の海外展開を支えるために，さまざまな金融サービスを提供した。企業は外国へ進出する際に，資金調達，取引の決済，送金，貿易金融などの多くの金融業務支援を必要とするが，進出当初から海外の現地の銀行と取引を行うのは容易ではない。このため，もともと，取引のある本国銀行が現地に進出することで，必要な金融サービスを提供するのである。

多国籍銀行は，国際金融取引が活発に行われる国際金融センターにも拠点を設けた。ロンドンやニューヨークといった有力な国際金融センターでは，銀行間の資金貸借や債券の発行，外国為替といった基本的な取引から，デリバティ

ブ取引といった最先端のものまで,ありとあらゆる金融取引がおもにドル建てで,しかも国際的に行われている。とりわけロンドンは,世界の多くの金融機関が集まり,アメリカ国外で取引されるドル資金(ユーロダラー)が多く集まったため,世界の金融機関にとって一大拠点となった。逆にいうと,多国籍銀行のような国際的に活躍する金融機関が世界中から集まるからこそ,国際金融センターは国際金融取引が活発に展開される場となっているのである。

このように,戦後から1990年代までの多国籍銀行の国際業務は,おもに大企業や金融機関,あるいは政府を相手にした大口の金融取引(ホールセール業務)が中心であった。

ところが,1990年代の後半になると,多国籍銀行の国際業務に新たな展開がみられるようになった。多国籍銀行は,ラテンアメリカ,中東欧,アジアといった新興国に積極的に進出し,おもに個人や中小企業を相手にした小口のリテール業務を行うようになった。預金や貸出,住宅ローン,クレジットカードなどの小口の金融サービスを現地通貨で提供することが特徴である。しかし,同時に,多国籍銀行が現地の銀行に交じって営業活動を行うのだから,現地の銀行と競争関係になるという問題もある。このような動きの背景には,飽和状態の先進国市場での利益追求が難しくなるなかで,新たな収益基盤を新興国市場に求めたことがあげられる。

多国籍銀行は,近年,諸外国の金融機関を買収するM&Aによって,より巨大化しグローバル化している。とはいえ,大規模にグローバル展開できる多国籍銀行は一部の大銀行に限られ,とりわけアメリカのシティグループは世界最大のグローバル銀行といっても過言ではない。シティグループは,アメリカはもとより,アジア,中南米,ヨーロッパ,アフリカなどにも進出しており,世界を舞台にした銀行業務を行っている。このほかにも,JPモルガン・チェース(米),HSBC(英),ドイツ銀行などが代表的な多国籍銀行である。

3.3 世界金融危機後の邦銀の躍進

戦後,しばらくの間,邦銀の国際業務は貿易金融や外国為替などの基本的な業務が中心であり,国際展開は欧米の銀行に比べて大きく遅れていた。転機となるのは1980年代以降である。この頃になると,ロンドンやニューヨークなどの国際金融センターに拠点を置き,国際金融取引に乗り出すようになった。

同時に，邦銀による対外貸付も積極的に行われた。邦銀が国際業務を活発に行えたのは，日本がバブル経済にあるなかで，経営基盤が盤石であったためである。しかしながら，90年代に入ってからのバブル崩壊により，状況は一変する。邦銀は，不良債権の増加や自己資本比率の低下により経営不安に陥ったため，海外戦略の見直しを迫られた。とりわけ，97年の北海道拓殖銀行の破綻に端を発する金融危機以降，銀行の経営状態は大きく悪化し，海外拠点からの撤退や対外貸出の圧縮など国際業務の大幅な縮小を余儀なくされた。しかし，2000年代前半に不良債権の処理が一段落すると，邦銀は再び海外戦略の拡大を模索しはじめた。対外貸出の増加に限らず，M&A，出資，業務提携を通じた海外への進出も活発に行われるようになった。

　2007年のサブプライム危機とその後のリーマン・ショックに端を発する世界金融危機の後は，欧米銀と邦銀の海外戦略の変化が鮮明となった。欧米の多国籍銀行の多くは，危機の影響を大きく受けたため，深刻な経営難に見舞われた。これを契機に欧米銀の経営戦略は大きな転機を迎え，事業再編のなか，とりわけ投資銀行業務から商業銀行業務への回帰が鮮明となった。海外戦略においては，積極的かつグローバルに海外進出する戦略から，進出地域を絞り込む戦略に転換せざるをえなくなった。とくに，欧州銀は，その後の欧州債務危機の影響も受けて，対外貸出の圧縮や海外拠点の整理を大規模に進めている。

　一方，邦銀は，欧米銀に比べて危機の影響が軽微であった。このため，邦銀は対外貸出や海外拠点の設置といったような海外戦略を加速させた。近年の邦銀の海外展開では新興国が重視されており，とくにアジア向けの国際銀行業務に力を入れている。邦銀のなかでも三菱UFJフィナンシャルグループは海外進出に積極的であり，2008年に米モルガン・スタンレーへの出資や米ユニオンバンクの買収を行った。また，13年にタイのアユタヤ銀行を買収し，16年にはフィリピン大手銀行のセキュリティバンクへ出資する方針を打ち出している。こうして，アジアのなかでも中国が中心だったメガバンクの海外戦略の軸足は，今日，成長著しい東南アジアにも向けられつつある。

　くわえて，メガバンクのみならず，地域金融機関の海外業務展開にも目を向ける必要がある。近年，地方銀行のみならず信用金庫でさえも，アジア地域を中心に対外貸出を行い，さらには駐在事務所などの形で拠点を設けている。このような動きがみられるようになったのは，取引先の中小企業が新たな収益機

会を求めてタイなどアジアへ進出を試みるなかでも，取引関係を維持するためである。地域金融機関の国内での収益機会が限られるなか，こうした動きは今後も加速していく可能性が高い。

4 国際的な資産運用業の展開

4.1 今日の国際的な資産運用業の特徴

　資産運用業とは，顧客の資金を預かり，それを金融市場等で運用する金融業のことである。代表的なものとしては，投資信託やヘッジファンドがあげられる。保険会社や年金基金も，顧客の払い込み資金を金融市場で運用するので，資産運用業に含まれる。これら運用業者は，有価証券などの金融商品に投資し，運用益が出た場合には，それを顧客に分配する。その代わりに，運用に対する報酬として顧客から一定の手数料を徴収する。おもな投資対象は，株式や債券といった伝統的な有価証券に限らず，不動産，商品（コモディティ），デリバティブ，ファンド・オブ・ファンズなどがある。なかでも，商業施設やオフィス・ビルディングなどの不動産に投資するREIT（リート）は，投資信託のなかでも重要な位置を占めるようになってきている。このように，非伝統的な資産で運用することをオルタナティブ運用という。

　投資信託とヘッジファンドは基本的な仕組みは同じであるが，対象となる顧客と運用姿勢に大きな違いがある。投資信託は「公募形式」で募集するため，小口で多数の一般個人をおもな顧客とする。一方，ヘッジファンドは「私募形式」なので，機関投資家や富裕層といった大口の少数の投資家がおもな顧客である。運用姿勢の面では，投資信託は一般個人の顧客保護の観点から規制や情報公開が厳しく定められているため，ルールに従った保守的な運用を行っている。一方，ヘッジファンドはプロの投資家が顧客となるため規制が緩く，情報公開も不要である。このため，自由で積極的な投資活動を行うことが可能で，顧客から受け入れた資金のほかに借入を併用するレバレッジ運用によって，ハイリスク・ハイリターンを狙うのが特徴である。

　近年，資産運用業者による活発な投資活動は，投資家に運用益をもたらし，金融市場に流動性を与える役割を果たす一方で，金融危機のきっかけになるなど，その活動の行きすぎによる悪影響も懸念されている。資産運用業者のおお

よその資産規模は，年金が約35兆ドル，投資信託が約30兆ドル，ヘッジファンドが約3兆ドルともいわれており，今後も拡大する見通しである。これだけの資産規模を持つファンドがグローバルに資産運用を行えば，世界各国の金融資産価格に及ぼす影響は大きい。このため，金融危機の引き金を引くこともある。実際に，1992年の欧州通貨危機や97年のアジア通貨危機では，ヘッジファンドによる現地通貨の大規模な売り浴びせがきっかけとなって，為替相場の暴落を招いた。また，近年では，これらファンドが運用資産に原油などの商品を組み込むことがあるため，商品価格の変動が大きくなりやすい。人々の生活や企業の生産活動に直結するエネルギー・資源・食料品といった商品市場がマネーゲームの舞台になっていることは，今日の国際的な資産運用業の問題点の1つである。われわれは，国際的な資産運用が実体経済活動にも多大な影響を与えていることを認識しておかねばならない。

4.2　国際的な資産運用業におけるタックスヘイブン問題

今日の国際的な資産運用では，その多くがタックスヘイブンを用いて，巧妙かつ合法的に税金の支払いを逃れている。タックスヘイブンとは，税金が全く課されないか，あるいは，ほとんど課されることがなく，なおかつ情報の秘匿性がある国や地域のことである。代表的なタックスヘイブンとしては，ケイマン諸島，パナマ，バハマ，バミューダといった小さな国々があげられる。くわえて，スイス，ルクセンブルク，ベルギー，さらにはロンドンやアメリカ（デラウェア州）といった先進国にもタックスヘイブンは存在している。

ヘッジファンドやSIVなどの投資会社の多くは，タックスヘイブンに設立される。タックスヘイブンに籍がある金融機関は，対外投資の運用益に対して課税されることがないため，運用効率を上げることができる。また，情報の秘匿性があるため，設立された法人や開設された銀行口座に関する情報が外部に漏れることもない。つまり，タックスヘイブンを利用することで，運用益を増やしつつ，その資産を母国の税務当局から隠すことができる。ただし，タックスヘイブンに設立される金融機関はあくまで書類上のペーパーカンパニーであることがほとんどで，実際に拠点があるわけではない。タックスヘイブン籍の金融機関であっても，実際の運用は母国など別の場所で行っている。

このようなタックスヘイブンを用いた租税回避は，その多くが合法的に行わ

れているとはいえ，各国政府を悩ます大きな問題となっている。本来であれば徴収できるはずの税金が租税回避によって外部に流出し，その多くが回収不能となっているからである。これにより，世界の法人税収のおよそ1割にあたる税金が失われているともいわれている。さらに問題なのは，租税回避を用いて自らの資産を守り，巨額の運用益を得ているのが，もっぱら富裕層や大企業などの富める者たちであるという事実である。実際，2016年4月に，パナマでの租税回避の実態を記した「パナマ文書」が世界に流出し，多くの政治家や富裕層，大手金融機関等が租税回避に関わっていたことが明るみになった。このような租税回避によって失われる税収を穴埋めしているのは，もっぱら一般個人や中小企業ということになる。

このような問題を是正すべく，OECDやG20はタックスヘイブン対策の強化に乗り出している。2015年，実態のない子会社の利益にも課税するタックスヘイブン対策税制の全面導入が主要国間で合意された。さらに，17年には非居住者の銀行口座情報の共有が開始される予定で，今のところ約100カ国・地域の参加が決定している。パナマ文書の流出を受けて，タックスヘイブンに対する国際的な圧力がいっそう強まっており，過度な節税策に歯止めがかかることが期待できる。

(木村秀史)

練習問題

1. 証券化を行う目的と，その仕組みについて説明しなさい。
2. シャドーバンキングの特徴と問題点について説明しなさい。
3. 金融機関のグローバル展開が世界金融危機の前と後でどのように変わったのかを説明しなさい。
4. 投資会社の多くがタックスヘイブンに設立される理由と，そのことにどのような問題点があるのかを説明しなさい。

参考文献

上川孝夫・藤田誠一編 [2012]『現代国際金融論（第4版）』有斐閣

河村健吉 [2010]『影の銀行——もう一つの戦後日本金融史』中央公論新社（中公新書）

川本明人 [2006]「グローバル化のもとでの金融業の国際展開と欧米メガバンク」『修道商学』（広島修道大学）第47巻第1号

倉都康行［2008］『投資銀行バブルの終焉——サブプライム問題のメカニズム』日経 BP 社
倉橋透・小林正宏［2008］『サブプライム問題の正しい考え方』中央公論新社（中公新書）
小立敬［2013］「シャドーバンキングの発展とそのリスクの蓄積，日本のシャドーバンキング・セクター」金融庁金融研究センター・ディスカッション・ペーパー
志賀櫻［2013］『タックス・ヘイブン——逃げていく税金』岩波書店（岩波新書）
高田太久吉［2014］「金融恐慌とシャドーバンキング」『商学論纂』（中央大学）第 55 巻第 5・6 号
FSB, *Global Shadow Banking Monitoring Report 2015.*

◆ *Column*　中国のシャドーバンキング

　近年，中国でも，シャドーバンキングが広がりをみせている。規制の厳しい銀行システムの外で活動する中国のシャドーバンキングには，銀行の「理財商品」や「委託融資」，信託会社の「信託」などがある。たとえば，「理財商品」は銀行が提供する短期の金融商品で，預金よりも金利は高いが元本保証のないものが多い。銀行が「理財商品」で調達した資金とその運用は，銀行本体の資産・負債にはならないため，規制の対象から外れることになる。「委託融資」は企業が企業に貸し出す融資のことで，銀行は手数料を徴収したうえで両者を仲介する。これも，銀行本体の資産・負債にはならないため，銀行規制の対象外である。

　これらシャドーバンキングの資金がおもに向かう先は，「地方融資平台」と呼ばれる地方政府傘下の投資会社，不動産開発会社，そして中小企業である。債券の発行を禁じられている地方政府は，道路建設などのインフラ整備を進めるために，「地方融資平台」を通じて資金を調達している。「地方融資平台」は債券を発行し，「理財商品」などのシャドーバンキングがこれを購入している。

　この数年の間に中国でシャドーバンキングが広がったのは，第1に，銀行が総量規制などの融資規制を回避するために，シャドーバンキングを利用したことがあげられる。第2に，銀行の預金金利には上限規制があるが，「理財商品」などのシャドーバンキングにはそれがないため，金利の高い金融商品に個人や企業の資金が集まったことである。こうして，当局の監督や規制の及ばない領域で，シャドーバンキングが急速に広まっていったのである。

　とはいえ，欧米のシャドーバンキングと比べると，相違点も多い。第1に，中国ではアメリカの投資銀行が行っていたような高レバレッジでの金融仲介は行われていない。リーマン・ブラザーズのような高レバレッジ機関が破綻した場合，その影響は甚大であるが，中国ではこの懸念が小さい。第2に，アメリカの証券化商品はヨーロッパを中心に世界中の投資家によって購入されたが，中国のシャドーバンキングに投資するのは，おもに国内の投資家である。したがって，シャドーバンキングが債務不履行となった場合の影響が世界に直接波及するリスクは小さい。しかしながら，採算度外視のインフラ投資や不動産開発がシャドーバンキングによる過大な債務によって支えられている以上，その債務不履行が懸念される。そして，このことは，中国経済のみならず世界経済にとっての大きなリスクである。

（木村秀史）

第14章
グローバル化と主要国の金融システム

1 金融システムの分析視角

1.1 金融システムとは何か

　金融取引とは，資金調達者が資金提供者との間で，現時点の財・サービスに対する購買力と将来時点の財・サービスの購買力を交換することを意味する。金融取引によって経済主体間の資金過不足が解消されると，経済活動が円滑に行われ，経済全体としての支出水準や資源配分上の効率性が向上する。

　しかしながら，金融取引が円滑に行われるためには，「情報の非対称性」と「契約の不完備性」という2つの阻害要因を解決しなければならない。

　「情報の非対称性」とは，資金調達者が自分自身に関する情報（資金返済能力や資金返済の意思の有無）を他人である資金提供者よりも知っている状況のことをいう（第12章）。情報の非対称性の存在によって，資金返済能力，返済意思，努力が十分であり，投資成果について真実を報告する優良な資金調達者であるにもかかわらず，資金供給者にとって資金調達者が優良か不良かを識別することが困難となる。そのため，優良な資金調達者が不利な条件での資金調達を強いられる，あるいは資金調達ができないという問題が生じる。

　一方，「契約の不完備性」とは，金融取引を行ううえで必要な金融契約，すなわち将来時点における資金返済の約束を結ぶ際に生じる問題である。

　通常，金融契約は，それが確実に履行されるような法的手続きを通じた当事者間の利害対立の調整が行われることで実現されるものであるが，実際の金融契約は，利害対立を完全に調整できているわけではない。

　その原因の1つとして，将来起こりうるすべての状態を想定して，各状態で

何がなされるべきかを詳細に契約で決めることは不可能であるという現実がある。このことにより，資金調達者および資金供給者は，事後的に契約時点で想定していなかった，あるいは契約書に記載されていなかった状態に直面する。

　もう1つの原因として，契約の確実な履行のためには，契約が破られた場合に裁判所などの第三者機関がその事実を認定し，契約の履行を強制できなければならないが，当事者には観察可能でも第三者には立証不可能な状態が発生した場合には，契約の実効性が失われてしまうことである。

　すなわち，契約の不完備性という概念は，完全な状態条件付きの契約を結ぶことができない，あるいは結んでも第三者が立証できないので，契約自体に意味がないという現実をあらわしたものである。

　金融契約が結ばれた後，法的な手続きによって利害対立が解消できない状態が発生した場合，当事者は再交渉を行って利害対立の解消を行わなわなければならない。しかし，この再交渉が不調に終わる，あるいは事後的に再交渉が行われると予見され，当事者による機会主義的な行動が生じてしまうと，円滑な金融取引が阻害されることになる。

　以上，円滑な金融取引を阻害する2つの要因を説明してきたが，それぞれには解決するための仕組みが存在する。たとえば，情報の非対称性問題については，情報開示制度の整備や担保の設定，情報非感応的な証券の発行などがある。一方，契約の不完備性問題については，所有権の確立やコーポレート・ガバナンス（企業統治）の整備などにより解決することができる。これらの解決策は，法律や規定のような明示的なものもあれば，慣習や規範といった暗黙的なものもあり（たとえば日本のメインバンク制），円滑な金融取引の実現に向けたそれらの仕組みの組み合わせを「金融システム」と呼ぶ。

1.2　金融システムの2類型

　金融取引における情報の非対称性問題と契約の不完備性問題を解決する際，金融システムにおいて中核をなす金融機関と金融市場が果たす役割は大きい。そして，金融機関と金融市場それぞれが果たす役割の大きさの違いによって，金融システムは2つの類型に大別することができる。

　1つは，「銀行中心（bank-based）のシステム」と呼ばれるもので，主要な金融機関としての銀行が証券市場を代替する機能を有しており，証券市場を介さ

ない金融のウエイトが高い金融システムのことを指す。このタイプの金融システムでは，資金提供者は銀行への預金によって資金供給を行い，資金調達者は銀行からの貸出によって資金需要を満たす。

もう1つは，「市場中心（market-based）のシステム」と呼ばれるもので，金融機関が市場を介する金融を補完する機能を担い，証券市場を介する金融のウエイトが高い金融システムのことを指す。このタイプの金融システムでは，資金提供者と資金調達者が金融機関（証券会社や格付機関など）の提供するさまざまなサービスを活用して証券市場にアクセスし，金融取引を行う。

以下では，2つのタイプの金融システムが，それぞれ情報の非対称性問題と契約の不完備性問題をどのような方法で解決していくのかを説明する。

銀行中心のシステム

資金提供者と資金調達者の間に情報の非対称がある場合，銀行中心のシステムは，証券の「購入者責任原則」に基づいて問題解決を図る。購入者責任原則とは，情報を持っていない資金提供者，すなわち証券の購入者が，資金調達者の返済能力や意思，努力，報告の正しさを調査する（情報生産）ことを指す。

しかしながら，購入者責任に基づく情報生産においては，次の2つの問題が発生する。1つは，各資金提供者が他の提供者に情報生産の費用を押しつけようとする「ただ乗り」（フリーライダー）問題である。もう1つは，各資金提供者によって同じ情報が生産される「重複生産」問題である。

以上のような分権的な情報生産によって発生する非効率性を解消するため，銀行中心のシステムでは，銀行が資金提供者（預金者）に代わって資金調達者に関する情報生産を集権的に行う。このような銀行が果たす役割のことを「委託されたモニター」という。

一方，契約の不完備性問題に対しては，銀行中心のシステムではどのように解決が図られるのであろうか。

円滑な金融取引の実現においては，資金提供者が資金返済への確信を持つことが大前提であり，そのためには資金提供者の確実な資金回収を支える資金提供者保護（投資家保護）の仕組みが必要となる。しかしながら，銀行中心のシステムでは，情報開示制度の不備や情報生産の委託によって，情報を持つ主体が資金調達者自身や資金調達者をモニタリングする銀行に限定されるため，法的な強制力に基づいた投資家保護に実効性を持たせることが困難となる。

そのため，銀行中心のシステムでは，法的な強制力に代わり，独占に基づく私的な強制力によって金融契約に実効性を持たせる。すなわち独占に基づく私的な強制力とは，資金供給者から情報生産を委託された銀行が，資金調達者にとって独占的な資金供給者になることで得られる力を意味する。銀行は私的な強制力を背景に，資金調達者が虚偽や不正などの行為を行った場合には，資金供給を停止するなどの罰則を科すことができる。そして，この罰則を予見する資金調達者は，資金提供者に対して協調的に振る舞い，将来の誠実な資金返済が確保されることとなる。

　以上のように，銀行中心のシステムでは，銀行は個々の資金提供者に代わり，彼らを代表する形で資金調達者と交渉し，金融契約の履行をより確実なものにさせる「委託された交渉者」としての役割を果たすこととなる。

　これまでの内容を整理すると，銀行中心のシステムは，資金調達者と資金供給者の間に銀行が介在し，その銀行の情報生産活動によって情報の非対称性問題を，そして，独占に基づく私的な強制力によって契約の不完備性問題を解決することで円滑な金融取引を実現する仕組みといえる。

市場中心のシステム

　金融取引における情報の非対称性問題において，銀行中心のシステムでは証券の購入者責任原則に基づいて解決が図られることは先に述べた。

　一方，市場中心のシステムでは，証券の「販売者責任原則」に基づいて解決を図るところに特徴がある。販売者責任原則とは，情報を持っている資金調達者（証券の販売者）が，自らの返済能力，返済意思，努力，報告の正しさを証明することを指す。

　販売者責任原則に基づき，資金調達者が自らの情報を広く公開し，誰もがそれに等しくアクセスできるためには，情報開示制度の整備が不可欠である。情報開示制度は，資金調達者から公表された情報に裏付けを与える監査法人や格付機関などの調査活動，政府が運営する会計監査制度や虚偽の情報開示を処罰する処罰制度によって支えられている。仮に情報開示制度が未整備ならば，資金供給者は資金調達者の収益性やリスクを正確に評価できないため，資金提供を躊躇することになり，資金調達者は必要な資金を調達できなくなる。

　以上のように，銀行中心のシステムが銀行の情報生産活動によって資金調達者と資金供給者との間に存在する情報の非対称性問題を解決するのに対して，

市場中心のシステムは，情報開示制度を通じた資金提供者への情報伝達によって情報の非対称性問題の解決を行うところに特徴がある。

一方，契約の不完備性問題については，市場中心のシステムでは法的な強制力と明示的な契約による投資家保護の実現によって解決を図ろうとする。

先に触れた情報開示制度の整備によって，金融取引の当事者だけでなく，裁判所などの第三者にも観察・検証可能な情報が入手できるならば，そうした情報に条件付けられた契約内容が法的な強制力に支えられて実現可能となる。

また，契約内容が法的な強制力に支えられて実現できるのであれば，契約内容をより明示的なものにするインセンティブも高めることができる。なぜなら，金融契約が法的強制力に裏付けられた実効性を持つものならば，当事者間で契約内容をことこまかく記述する努力が無駄にならないためである。この点は，銀行中心のシステムが金融取引の当事者間（銀行と資金調達者）での再交渉，いいかえればインフォーマルな手段で契約の不完備性問題を解決しようとするのとは対照的である。

以上をまとめると，市場中心のシステムは，情報開示制度を通じた資金提供者への情報伝達によって情報の非対称性問題を，そして，法的な強制力と明示的な契約によって契約の不完備性問題を解決することで円滑な金融取引を実現する仕組みといえる。

2　主要先進国の金融システム

前節では，金融システムの基本的な仕組みについて説明を行ってきたが，本節ではそれをベースとして，主要先進国4カ国（アメリカ，イギリス，ドイツ，フランス）の金融システムを概説する。一般に、アメリカとイギリスは市場中心のシステム，ドイツとフランスは銀行中心のシステムに属するとされるが，同じタイプに属している国同士でも，金融システムが形成される環境や過程は大きく異なる。

2.1　アメリカの金融システム

アメリカの建国過程において，最初に州単位での行政が確立していったことから，18世紀末にアメリカで初めて設立された銀行は，州政府の監督下にあ

る州法銀行であった。それぞれの州は，設立要件を満たしさえすれば自由に銀行を設立できる「自由銀行（フリー・バンキング）主義」を採用していたため，19世紀以降，数多くの州法銀行が設立された。また，当時の州法銀行は通貨発行権を有しており，数多くの銀行券も発行された。

1863年，連邦政府は州法銀行の乱立による社会的混乱に対処するため，全国通貨法を制定し（翌64年に国法銀行法に改正），連邦政府が監督権限を有する国法銀行にのみ通貨発行権を付与することを定めた（連邦準備制度が設立される1913年まで）。以後，アメリカは，州法銀行と国法銀行からなる「二重銀行制度」を採用することとなり，現在に至っている。

1929年10月のニューヨーク証券取引所での株価暴落をきっかけに，アメリカは30年から33年にかけて3度にわたる金融危機に見舞われることになる。以後，アメリカの金融システムは，以下の3つの規制に代表される金融制度改革が行われることで，銀行間の自由競争を基本とした金融システムから競争制限的な金融システムへと大きく変容していく。

第1は，銀行業務に地理的な制限を課す州際規制であり，1927年制定のマックファーデン法により，国法銀行は，州法銀行と同様に州を越えて支店を設置することを禁じられた。第2は，銀行業務と証券業務を分離する業際規制であり，33年制定のグラス＝スティーガル法は，銀行が証券業務を行うことを禁じた。そして第3は，預金金利規制であり，連邦準備制度法に基づくレギュレーションQにより，銀行の預金金利に上限が設定された。

1930年代に確立したアメリカの競争制限的な金融システムは，以後，約半世紀にわたって存続するが，80年代以降，大規模な規制緩和を経て，アメリカの金融システムは再び競争的なシステムへと変容する。

その大きなきっかけとなったのが，1970年代に発生したディスインターミディエーション（銀行離れ）である。これは，70年代のインフレに伴う金利上昇局面において，預金金利規制によって預金金利が低く抑えられていた銀行預金から，MMFに代表される証券会社の高利回り金融商品へ資金がシフトした現象である。銀行からの預金流出を食い止めるため，預金金利規制は段階的に緩和され，80年の金融制度改革法と82年の預金金融機関法の制定によって，預金金利規制は86年までに完全に撤廃された。

預金金利規制の撤廃によって，その他の2つの規制もなし崩し的に撤廃され

ていく。州際規制については，1994年のリーグル＝ニール法（州際銀行支店効率化法）によって，業際規制については，99年のグラム＝リーチ＝ブライリー法（金融近代化法）の成立により，それぞれ撤廃に至る。

2000年代に入り，金融業が強力な牽引役となって，アメリカはニューエコノミーと呼ばれる好景気に沸くが，サブプライム問題に端を発する世界金融危機の発生により，抜本的な金融制度改革を余儀なくされる。

アメリカ政府は，2010年7月にドッド＝フランク法（金融規制改革法）を成立させることで，1980年代からの規制緩和路線を放棄し，再び規制強化路線へと舵を切った。

ドッド＝フランク法の内容は多岐にわたるが，とくに重要なのは金融機関の高リスク業務の制限である。この業務規制は，元連邦準備制度理事会（FRB）議長のP. ボルカーがまとめたことからボルカー・ルールと呼ばれるが，そのおもな内容は，①銀行とその持株会社による自己勘定トレーディングとヘッジファンド等への出資の原則禁止，②金融機関の大規模合併の禁止である。

ドッド＝フランク法は，ほかにも消費者や投資家の保護，店頭デリバティブ規制，金融機関の経営陣の報酬規制，格付機関への規制などが組み込まれており，アメリカの今後の金融システムのあり方を大きく左右する法律といえる。

2.2　イギリスの金融システム

イギリスでは，伝統的に金融機関の業務範囲を規制する法律や，金融機関を監督する法律は存在せず，金融機関は自由な経営を許されていた。

イギリスの金融システムの特徴としては，以下の2点が指摘できる。

第1には，金融機関の形態や業務内容が長年にわたる伝統や慣習により自然に形成されてきたことである。具体的には，商業銀行業務は主としてクリアリング・バンク（ロンドン手形交換所加盟銀行）が，証券の発行・引受業務はマーチャント・バンクがそれぞれ専門的に営んでいる。このような分業の背景には，イギリスにおける「商業銀行主義」という考え方がある。商業銀行主義によれば，要求払い預金といった流動性の高い預金を取り扱う銀行の資産は短期の安全なものである必要があるため，銀行の貸出は原則として商業手形の割引に限定されるべきとされる。よって，銀行は短期金融業務に特化する一方，証券業務や長期金融業務，貿易金融業務についてはそれぞれの業務に特化した専門金

融機関が担うこととなる。

　第2の特徴は、ロンドン金融市場の国際金融センターとしての重要性である。ロンドン金融市場は19世紀後半から国際金融センターとして発展し、第二次世界大戦後もユーロ・カレンシー取引の中心地として重要な地位を占めてきた。

　1980年代に入り、ニューヨーク市場や東京市場が台頭する一方、国際金融センターとしてのロンドン市場の地位は凋落傾向にあった。そうした状況下において、イギリス政府は、以下のような抜本的な金融制度改革に乗り出す。

　第1は、証券市場の改革である。イギリスの証券市場においては、長年にわたりジョバー（ブローカーとのみ取引を行うマーケットメーカー）とブローカー（投資家からの売買注文をジョバーにつなぐ仲介業者）からなる分業体制が存在していたが、ジョバーとブローカーの兼業禁止（単一資格制度）や最低委託手数料制など、旧態依然とした市場慣習に対して批判が高まっていた。

　1986年10月、イギリス政府は「ビッグバン」と呼ばれる大規模な証券市場改革に乗り出した。その具体的な施策としては、①固定的な株式売買手数料の自由化、②単一資格制度の廃止、③外部資本（銀行や外国金融機関）によるロンドン証券取引所会員権の取得条件緩和、④取引所集中義務の廃止などである。とくに③によって、アメリカの大手投資銀行や日本の銀行などがマーチャント・バンクの多くを買収によって傘下に収め、ロンドン金融市場を席巻することとなった（いわゆる「ウィンブルドン現象」）。

　第2は、金融サービス法の制定である。イギリスでは長年にわたり証券業を規制する法律が存在しなかったが、ビッグバンにより内外の金融機関による証券業への参入が活発化したことを受けて、金融秩序の維持、投資家保護の観点から、1986年11月に金融サービス法が制定された。この法案には、規制対象となる投資業の定義や認可制度、金融監督体制の整備が盛り込まれた。

　金融サービス法は、その後、2000年の金融サービス市場法に引き継がれ、規制対象の広範化や金融監督体制の見直しが行われてきたが、世界金融危機後の12年に新たな金融サービス法が制定された。

　2012年の金融サービス法では、アメリカのドッド＝フランク法と同じく、金融監督体制の再編や破綻処理制度の見直しなど、金融業に対する規制強化策が数多く盛り込まれたが、とくに銀行業務規制に関するリテール・リングフェンス規制は特徴的といえる。この規制は、投資銀行業務等の大口（ホールセー

ル）業務のリスクから小口（リテール）預金を保護し，金融システムの安定性向上を図ることを目的として，金融機関に対してリテール金融業務を専門に行うリングフェンス・バンクの設立を義務化するものである。

2.3　ドイツの金融システム

　ドイツでは，旧西ドイツ時代の1970年代前半に預貸金金利が完全自由化されるなど，古くから金融取引を自由に行うことができる環境が整っていた。

　ドイツの金融システムの特徴としては，以下の3点があげられる。

　第1は，ドイツでは1961年に制定された信用制度法に基づき，「ユニバーサル・バンキング」が制度として採用され，銀行が証券業務も含めた広範な業務を手掛けていることである。なお，ユニバーサル・バンキングとは，19世紀後半，当時は後発国であったドイツで発展した考え方であり，短期の運転資金だけではなく，設備資金等の長期資金についても，銀行の信用創造により供給されるべきというものである。2016年1月末時点で，ドイツには約1800の金融機関があるが，その大半がユニバーサル・バンキングを行っている。

　第2は，「三本柱構造」と呼ばれる3つの金融機関グループの存在である。ドイツでは，①商業銀行グループ，②貯蓄銀行グループ，③信用協同組合グループの3グループが柱となって，それぞれが得意とする業務・顧客分野で住み分けが行われている。商業銀行グループは，大銀行，地方銀行，外国銀行支店から構成され，とくにドイツ銀行を筆頭とする大銀行4行は，ユニバーサル・バンキングを世界規模で展開している。貯蓄銀行グループは，末端の貯蓄銀行（シュパーカッセ）とそれらを州レベルで統合する州立銀行（ランデスバンク），およびその上部機関であり国レベルのドイツ自治体銀行（デカバンク）から構成される。貯蓄銀行の大半は，各州の貯蓄銀行法に基づき地方自治体を保証人として設立された金融機関であり，その行政区域内においてのみ営業を許されている。信用協同組合グループは，組合員への金融サービス提供を主たる目的とする金融機関であり，ドイツの全金融機関数の約6割を占める。

　第3は，歴史的にみて証券市場が小規模かつ未発達なことである。その背景には，ユニバーサル・バンキングの存在がある。すなわち，資金調達者の観点からすれば，銀行から多種多様な金融サービスを迅速に受けられるため，あえて手続きが煩雑でコストがかかる証券発行を積極的に行う動機が小さかった。

そうしたなか，ドイツ政府はこれまで第1次から第4次にわたる証券市場振興法を制定し，証券税制の見直しや投資家保護の強化などに努め，証券市場の整備に力を入れてきた。その結果，銀行が優位的な地位にあったドイツにおいても，近年，経済に占める証券市場の役割や機能が向上しつつある。

2.4　フランスの金融システム

　第二次世界大戦後，フランスでは長らくインフレが続いたため，国民の多くは金や不動産といった実物資産を選好する傾向が強かった。そのため，金融資産の蓄積が低水準に留まり，それが証券市場の発達を妨げる大きな要因となっていた。また，フランスは先進国のなかでも公的金融部門のウエイトが高いという特徴があったが，その背景には，政府が企業の長期資金のニーズに応えるため，政府系の特殊金融機関を数多く設立してきたことがある。

　フランスの金融システムの特徴には，以下の3点があげられる。

　第1は，前述のドイツと同じく，ユニバーサル・バンク制度が採用されていることである。1945年の銀行法により，それまでの「兼営銀行」方式が見直され，銀行業務と証券業務の分離が法制化された。また，長期金融と短期金融の分離体制も構築され，70年代までのフランスは典型的な銀行中心のシステムの国であった。しかしながら，80年代に入り，世界的な金融自由化の流れや国内企業の長期資金ニーズの高まりを受けて，フランス政府は大規模な金融制度改革に着手する。84年に制定された新銀行法により，銀行業と証券業ならびに長期金融と短期金融の分離原則が法的に撤廃され，フランスの銀行は再びユニバーサル・バンキングを営むことが可能になった。

　第2は，銀行の国有化とその後の民営化である。フランスでは1945年の銀行法によって，クレディ・リヨネなどの国内4大銀行が国有化された。その後，82年には39行の国有化が進められ，当時，国有銀行が保有する資産額は国内総資産額の約8割を占めていた。しかしながら，86年，フランス政府はそれまでの国有化政策から一転して国有銀行の民営化政策を打ち出し，以後，多くの国有銀行が民営化されていく。2000年代に入ると，大手銀行間の経営統合が進み，現在の3大銀行グループが形成された。

　第3は，証券市場改革である。フランスでは伝統的に証券市場に対して多数の規制が課されるなど，統制色の強い市場管理が行われてきた。1つの例とし

ては，市場集中主義に基づき，企業の株式上場は1カ所の証券取引所に限られていたことがあげられる。そうしたなか，1988年にイギリスのビックバンにならった「プチ・バン」と呼ばれる証券市場改革が実施された。そこでは，証券仲介手数料の自由化のほか，銀行の証券業務規制が大幅に緩和された。プチ・バンの結果，国内企業の資金調達に占める株式の割合は大幅に上昇した。

3　新興国の金融システム

　2000年代以降，先進国の経済成長が鈍化するなか，それと対照的に高い経済成長を遂げている新興国がメディアで頻繁に取り上げられるようになって久しい。いわゆるBRICs（ブラジル，ロシア，インド，中国）やVISTA（ベトナム，インドネシア，南アフリカ，トルコ，アルゼンチン）などに代表される新興国は，今後の世界経済の牽引役として期待されているが，多くの国において，実物経済に比べて金融部門の発展が遅れているという特徴がみられる。

　第二次世界大戦後，多くの新興国は，①所得水準が低いために貯蓄水準や資産蓄積水準が低い，②零細な資産保有者が多く，かつリスク回避的傾向が強いため長期資金の供給が少ない，③法律や会計制度に不備があり，情報開示制度が著しく低い，といった問題に直面していた。そのため，証券市場が成り立ちえず，金融システムは自ずと銀行中心のシステムであった。しかしながら，新興国の銀行中心のシステムは，ドイツやフランスといった先進諸国のそれと大きく異なる特徴を有していた。

　銀行システムを5つの類型に分類すると，以前の新興国の金融システムは，「国有単一銀行（モノバンク）システム」と「排他的なグループ金融システム」のいずれかに属していた（青木・パトリック編 [1996]）。

　「国有単一銀行（モノバンク）システム」は，中国やロシア，中東欧諸国といった，かつて社会主義計画経済体制を採用していた国々で多くみられたシステムであった。このシステムにおいては，証券市場は存在せず，単一銀行（多くの場合は中央銀行が担う）は中央政府によって策定された計画に基づき，国営企業に資金配分を行う機関にすぎない。そうした状況下では，市場経済体制において銀行が果たすべき情報生産機能やリスク変換機能を単一銀行は自律的に行使することはない。国営企業は単一銀行から自動的に無利子で資金供給を受

けることができ，また，仮に経営危機に陥ったとしても，経営者は経営責任を問われることなく追加資金を得ることができたため，放漫経営が横行した。

一方，「排他的なグループ金融システム」は，おもに東南アジア諸国連合（ASEAN）や中南米諸国で多くみられた金融システムであった。この金融システムにおいては，銀行は多くの資金をある特定のグループに供給する。具体的には，同族の産業企業グループ（財閥）が，直接，もしくは持株会社を通じて銀行を保有し，その銀行は優先的にグループ企業への投資資金の供給を行っていた。企業は同じグループの銀行から容易に資金調達を行うことができるため，競争的な証券市場は未発達であった。また，銀行は産業利権ないし支配する同族の利権に支配されているため，銀行が自律的な情報生産機能を発揮したり，それに基づく私的な強制力を企業に対して行使したりすることはなかった。

以下では，国有単一銀行システムを採用していた中国と，排他的なグループ金融システムが多くみられた ASEAN 諸国を例にあげ，それぞれの金融システムの発展過程と現状について概説していく。

3.1 中国の金融システム

中国においては，1949 年の社会主義政権誕生から 78 年の改革開放以前の金融システムと改革開放以後のそれとで大きく異なる。

改革開放以前の中国では，約 30 年間にわたり，銀行，証券，保険，信託を経常的業務とする民間金融機関は全く存在していなかった。そうしたなか，中央銀行である中国人民銀行が，通貨の発行，国庫の出納といった中央銀行業務だけでなく，企業への貸出，家計部門からの預金の受け入れまで，あらゆる金融業務を行っていた。前述の国有単一銀行システムの時代である。

その後，改革開放が行われ，中国の金融システムは大きく変貌を遂げる。まず行われた改革は，国有単一銀行システムからの脱却である。1979 年，中国政府は，かつて中国人民銀行に統合した中国農業銀行，中国銀行，中国建設銀行を再び分離独立させることを決めた。そして 84 年には，中国人民銀行から産業貸出業務と預金業務を引き受ける形で中国工商銀行が設立され，中国人民銀行は中央銀行業務のみに専念することになった。これにより，現在に至る 4 大国有商業銀行が商業銀行業務を担当するという分業体制が確立されることとなる。80 年代後半からは，地方政府や国有企業などの出資による商業銀行の

設立が認められるとともに、交通銀行などの株式制商業銀行も設立された。また、2001年12月のWTOへの正式加盟により、外資系金融機関が相次いで中国に進出するなど、金融システムの担い手は厚みを増してきている。

現在、世界有数の証券取引所である上海証券取引所は、日本の東京証券取引所が設立された半世紀以上前の1891年に設立され、第二次世界大戦前にはニューヨーク証券取引所に次ぐ取引規模を誇る取引所であった。しかし、1949年に誕生した社会主義政権は、株式制度を廃止したため、改革開放までの中国には証券市場が存在しなかった。

改革開放後、中国政府は証券市場の再整備に着手し、1986年に株式市場、88年には債券市場が設立された。その後、90年に上海証券取引所と深圳証券取引所が設立され、情報開示制度や投資家保護などの整備も漸進的に実施された。90年代中葉に市場が混乱した時期があったものの、99年に初の証券法が制定され、2001年には外資系企業の中国での上場が許可された。近年、中国の株式市場は急成長を遂げているが、市場参加者の約8割が個人投資家であり、売買回転率もきわめて高いことから、投機色の強い市場といえる。一方、債券市場の規模は小さく、民間企業の起債が認められていないなど、中国が銀行中心のシステムに傾斜しすぎているという問題の一因とされている。

3.2　ASEAN諸国の金融システム

他の新興国と比較して、ASEAN諸国の金融システムには、以下の2つの特徴が指摘できる。

第1は、ASEAN諸国の金融システムは総じて銀行中心のシステムではあるものの、証券市場が比較的発展していることである。図14−1からみてとれるように、シンガポールは銀行部門の国内与信残高対GDP比率と比べて上場企業株式時価総額対GDP比率が高い。このことは、シンガポールが銀行部門よりも証券市場のほうが発達していること、いいかえれば、シンガポールの金融システムは英米型の市場中心のシステムであることを意味する。その他マレーシアやフィリピンにおいても、国内金融システムに占める証券市場のウエイトが比較的高く、証券市場のウエイトが低い中国やロシア、中東欧諸国、中南米諸国とは対照的である。なお、シンガポールに次ぐ規模の証券市場を有するマレーシアは、東南アジア有数のイスラム国という政治的・歴史的風土を背景と

◆ 図14-1　主要新興国の金融構造

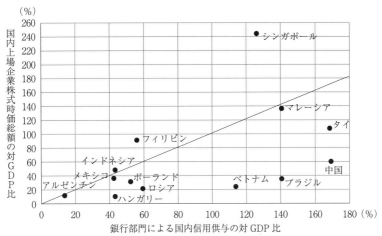

（出所）　世界銀行公表データより筆者作成。

して，近年，イスラム債券市場の整備に注力している。とくにイスラムの教義に即した「スクーク」と称される債券の発行では，世界最大の規模を誇っている。また，ラオス（2011年1月）とカンボジア（12年4月）において相次いで証券取引所の取引が開始され，15年12月にはミャンマーのヤンゴン証券取引所で取引が開始されるなど，証券市場のすそ野は広がりつつある。しかしながら，先進諸国と比較すれば，ASEAN諸国の証券市場の規模はおよそ1桁小さいものであり，今後，上場企業数や投資家層の拡大を図る必要があろう。

　第2は，外資系銀行のプレゼンスが低いことである。1990年代以降，中東欧諸国や中南米諸国において，急激かつ大規模な外資系銀行の進出があった。その背景には，度重なる銀行危機の発生により，おもに国有銀行の経営危機や破綻が相次いだことがある。当初，現地政府は，公的資金の投入による銀行救済を実施したが，財政負担の増大に耐えきれず，結果的に国有銀行の多くを外資系銀行に売却することで危機の収拾を図ることとなった。中東欧諸国においては，おもにドイツやイタリアの銀行が進出する一方，中南米諸国においてはスペインやアメリカの銀行が多く進出を果たした。その結果，国内銀行総資産に占める外資系銀行保有資産の比率は，直近のデータでは，中東欧諸国全体で

約50%，中南米諸国全体で約30%に達している。一方，ASEAN諸国では，80年代以降，対外的な資本取引については積極的に規制緩和が行われた反面，外資系銀行の市場参入については厳格な規制が敷かれていた。97年のアジア金融危機後，段階的な参入規制の緩和が行われたが，ASEAN諸国全体での外資系銀行の資産シェアはいまだ数%程度に留まっている。多くの実証研究によれば，外資系銀行の進出によって銀行間競争が促進されることで現地銀行の経営効率が改善され，その結果，金融サービスの質やアクセスの程度が高まるとされる。インドネシア，フィリピン，ベトナムにおいて，銀行口座を保有している国民の比率が30%未満と非常に低いことは，外資系銀行のプレゼンスの低さと無関係ではないであろう。

以上，ASEAN諸国の金融システムを概観してきたが，今後のASEAN金融統合の進展によっては，それらの特徴に大きな変化が生じるかもしれない。

2015年末，ASEANはASEAN経済共同体（AEC）を発足させた。AECは，ASEAN域内での物・サービス，投資，資本，熟練労働力の自由な移動を可能とする単一市場，生産拠点を作るという構想であり，今後段階的に市場統合・自由化が進められる予定である。AECにおいて，域内金融市場統合は重要な柱の1つであり，具体的には，①金融サービスの自由化，②証券市場の統合，③資本勘定の自由化が目標に掲げられている。とくに，①における「適格ASEAN銀行」の設定は，域内銀行のクロスボーダー参入を容易にするものであり，域内銀行の競争力向上，規模の拡大が期待されている。また，②については，証券市場関連ルールの相互承認の促進や，域内外の投資家が域内の証券取引所に上場する株式を容易に売買できるようにするASEANトレーディング・リンクの構築（シンガポール，マレーシア，タイの3取引所間ではすでに稼働開始）などが盛り込まれており，ASEANにおける市場型金融の拡大・浸透に寄与するものと考えられる。

4　今後の各国金融システム

世界の歴史において，本格的な金融システムが誕生したきっかけとなったのは，1602年のオランダ東インド会社の誕生とされる。当時，オランダ東インド会社が手掛けていた海洋貿易事業は非常にリスクが高く，一定の利子率で必

要資金を借りる従来の方法では，資金を十分に調達できなかった。そこで生み出された新たな方法が株式発行による資金調達であった。オランダ東インド会社は，アムステルダム証券取引所で株式を発行することで，多くの投資家から巨額の資金を調達することに成功し，事業拡大に結びつけることができた。

以後，金融システムは一国の経済発展を支える重要な役割を果たしてきたが，前節で述べたように，1つの金融システムが永続的に存続することはなく，その時々の経済の要請に応じて，銀行中心のシステムから市場中心のシステムへ，またその逆といったようにシステムの移行が行われてきた。

1990年代に入って構築され，近年注目されている比較制度分析の研究成果に基づけば，ある経済システムが他のシステムに移行する具体的方法には4つあるとされる。第1は，個々の経済主体が創造的革新を行い，それが学習・模倣を通じて社会へと波及すること。第2は，政府が革新を導入し，学習・模倣が進むように調整を行うこと。第3は，異なる経済システムと接触することを通じて革新が導入され，学習・模倣されること。そして第4は，現行システムが破局を迎え，そのなかから進化の方向を探ること，である。

以上の点を金融システムに置き換えれば，第1の点については，1980年代の金融派生商品（デリバティブ）の発展と証券化技術の登場，第2の点については，60年代から70年代におもに新興国で行われた開発金融政策があてはまると考えられる。また，第3の点については，80年代以降の金融グローバル化の進展が，第4については，これまで先進国・新興国を問わず，数多くの国で発生した金融危機があてはまる。

1980年代以降の各国金融システムを大まかにとらえれば，金融技術革新や金融自由化，金融グローバル化の影響を強く受けて，各国政府は金融取引の安定性を重視した金融システムから効率性を重視した金融システム，すなわち，銀行中心のシステムから英米型の市場中心のシステムへの移行をめざしていたといえる。そうしたなかで発生した2008年の世界金融危機，その後の国際的な金融規制改革は，各国政府に対して金融システム設計の再検討を迫っている。

世界金融危機で明らかになった問題は，市場中心のシステムへの移行が行きすぎたものであったということである。具体的には，金融機関の収益最大化を目的とした過度な投資銀行業務への傾倒，OTD（組成分配型）モデルに基づく証券化に代表されるような金融商品の複雑化とリスクの不透明化といった問題

である。それらの問題を受けて，現在検討が行われている国際的な金融規制改革は，行きすぎた市場中心のシステムへの移行に歯止めをかけるとともに，銀行中心のシステムが有する長所を再評価するような内容といえる。今後，各国政府はどのような金融システムを設計し，構築を図っていくのであろうか。その行く末に注目が集まっている。

（伊鹿倉正司）

練習問題

1. 銀行中心のシステムと市場中心のシステムの違いについて，情報の非対称性ならびに契約の不完備性問題の解決方法の観点から説明しなさい。
2. 各国ごとに金融システムが異なる理由を説明しなさい。
3. 日本の金融に関する他章での学びを踏まえて，今後の日本の金融システムのあるべき姿を考察しなさい。

参考文献

青木昌彦・パトリック, H. 編（東銀リサーチインターナショナル訳）［1996］『日本のメインバンク・システム』東洋経済新報社

酒井良清・鹿野嘉昭［2011］『金融システム（第4版）』有斐閣

日本証券経済研究所編［2016］『図説アジアの証券市場 2016 年版』日本証券経済研究所

村瀬英彰［2016］『金融論（第2版）』（シリーズ・新エコノミクス）日本評論社

● Column　着実に広がる金融包摂

　日本に住む私たちは，ATMを利用した現金の引き出しや預金口座振替を通じた公共料金の支払いなど，金融機関からさまざまな金融サービスの提供を受けて生活をしている。

　しかし他方で，世界で20億人以上の成人が基礎的な金融サービスにアクセスできていない，いいかえれば，金融システムの蚊帳の外に置かれている事実は，あまり知られていない。一例をあげると，15歳以上の成人で預金口座を有している割合は，OECD加盟国（先進諸国）が94％なのに対して，サブサハラ・アフリカ（サハラ砂漠以南アフリカ）地域で34％，中東地域では14％にすぎないとされる（世界銀行「Global Findex」より）。

　おもに途上国において金融サービスへのアクセスが低調な理由としては，とくに農村部において，居住地から最も近い銀行の支店までの所要時間が平均1時間半という調査結果もあるように，金融サービスへのアクセスが物理的な制約を受けていることがあげられる。また，金融インフラが未整備であるとともに，長年の政府や銀行に対する不信により，主要な取引が現金に依存している点も指摘できる。

　2000年代に入り，世界銀行や国際連合などの国際機関が中心となり，基礎的な金融サービスへのアクセス問題を解消し，これらのサービスをすべての人が受けられるようにする「金融包摂」(financial inclusion) の実現に向けたさまざまな取り組みが行われている。

　金融包摂の早期実現には，いうまでもなく金融機関の果たす役割が大きいが，近年，金融機関以外の事業者による金融サービスの提供が，金融包摂の実現に寄与するものと期待されている。

　たとえば，アフリカのケニアでは，国内通信最大手のサファリコムが手掛ける「エムペサ」と呼ばれる携帯電話を使った送金サービスが，国内の重要な金融インフラとなっている。ケニアは，人口に占める携帯電話の利用率は88％と高く，エムペサの利用登録者は約1900万人にも達する（人口の4割強）。エムペサは，食料品店や飲食店，雑貨店など国内4万以上の取次業者を通じて送金が可能であり，最近では，小口の預金や融資，給与の支払い，公共料金の支払いといった送金以外の金融サービスの利用も可能となっている。

　近年，日本において，「ファイナンス」と「テクノロジー」を掛けあわせて作られた「フィンテック」(FinTech) という造語がメディアで取り上げられることが増えてきている。フィンテックは，金融と情報技術（IT）の融合における革新や，実際に手掛ける事業者を意味し，既存の金融の仕組みを劇的に変革させる可能性を秘めているが，前述のエムペサもフィンテックの一例といえよう。（伊鹿倉正司）

第15章
金融グローバル化と国際金融システム

1　戦後の国際通貨システム

　第二次世界大戦後の国際通貨システムは，ブレトン・ウッズ体制として出発した。このブレトン・ウッズ体制は，金・ドル交換と固定相場制という2つの柱から成り立っていた。金・ドル交換とは，米財務省が純金1オンス=35ドルの比率で外国通貨当局に対してドルの金交換に応じるというものであり，固定相場制は，各国が自国通貨の為替変動幅を対ドル平価の上下1％以内に抑えることを義務づけるものであった。

　このブレトン・ウッズ体制のもとで，主要先進国は概して高い経済成長を達成したが，同時に1960年からドル危機が発生する。当時，アメリカの経常収支は黒字基調にあったが，長期資本収支の赤字幅がこれを上回り，その差額である基礎収支の悪化に伴って，アメリカからドルが流出し，金と交換された。ドル危機は，市場参加者がドルの減価を予想して，ドルから金へ，あるいは強い通貨へ乗り換えることで発生したもので，本質的には金・ドル交換の危機であった。最初のドル危機は，60年10月，ロンドン金市場における金価格の高騰という形であらわれた。金への買い投機が大規模になったのは，67〜68年に発生した3波にわたるゴールド・ラッシュである。

　結局，1971年8月，ニクソン米大統領により金・ドル交換の停止が発表される。その後，同年12月の「スミソニアン合意」により先進諸国は固定相場制に復帰したものの（ただし，金・ドル交換は再開されなかった），それは短命に終わり，73年2〜3月に変動相場制へと移行する。それ以来，今日まで変動相場制が続いている。

◆ 表 15-1　IMF加盟国の公的対外準備（年末残高）

	1975年	1980年	1990年	2000年	2013年
地域別（単位：10億SDR）					
工業国	116.4	214.5	441.9	677.6	2,478.4
途上国	78.0	140.2	246.3	895.6	5,109.9
通貨別（単位：％）					
ドル	75.7	55.1	45.1	64.3	61.2
マルク	6.0	13.0	15.5	-	-
ユーロ	-	-	-	12.3	24.4
ポンド	3.7	2.6	2.6	3.6	4.0
円	0.5	3.8	7.3	4.9	3.9

（注）　1　工業国の2013年は先進国。途上国の2013年は新興国・途上国。
　　　　2　地域別は金，外国為替，IMF準備ポジション，SDRの計。金は1オンス＝35SDRで評価。通貨別は外国為替のみの残高比。
（出所）　IMF, *International Financial Statistics*; IMF, *Annual Report*, より筆者作成。

　この間，ブレトン・ウッズ体制の崩壊を受けて，国際通貨制度改革に関する議論が行われ，1978年にはIMF協定の第2次改正が発効した。この改正では，①国際通貨基金（IMF）加盟国の主要な準備資産を金やドルではなくSDR（特別引出権）とするとともに，②変動相場制を固定相場制と並ぶ通常の為替相場制度として認知し，加盟国は自ら選択した為替相場制度をIMFに通告すればよいことになった。

　だが，実際にIMF加盟国の主要な準備資産の地位についたのはSDRではなく，ドルであった。1971年の金・ドル交換停止，80年代以降の金融グローバル化の動きとあいまって，ドル中心の国際通貨システムが定着するのである。表15-1に示されるように，IMF加盟国の公的対外準備は75年から2000年にかけて1944億SDRから1兆5732億SDRへと10倍近くに増加したが，通貨別内訳ではドルが75.7％から64.3％へとやや低下したものの，圧倒的なシェアを占め続けた。これに対して独マルクは6.0％から15.5％へ（1990年），また事実上マルクのあとを受け継いだユーロは12.3％（2000年）であり，円も0.5％から4.9％へと微増に留まった。2000年代に入ると，IMF加盟国の公的対外準備がさらに膨張するなかで，ドルのシェアが再び上昇する。他の通貨ではユーロが，危機を繰り返しながらも，シェアを拡大させている。

　一方，変動相場制についても，当初は国際収支調整機能に対する期待もあっ

たが，その期待ははずれた。金・ドル交換の停止によりアメリカの国際収支節度が大幅に施緩し，経常赤字が基調として拡大しただけでなく，外国為替市場では，為替相場の短期的な乱高下や，中期的な不整合（ミスアラインメント）といった問題があらわれ，ときとしてドル暴落も懸念されるようになったのである。これは，国際資本移動が活発化するなかで，為替相場が長期的には内外物価格差の影響を受けながらも，短期的に金利格差や為替相場予想によって左右されるようになったことが関係している。

2 金融のグローバル化

2.1 国際資本移動の活発化

1970年代初頭に変動相場制が出現したのに続いて，80年代から金融グローバル化が進展する。金融グローバル化とは，資本移動の自由化に支えられて，直接投資，ポートフォリオ投資（証券投資），銀行融資などの形で，民間の国際資本移動が活発化する状況を指している。

第二次世界大戦後の民間の国際資本移動といえば，1960年代にアメリカ系多国籍企業により行われた対西欧向けの直接投資が有名である。とりわけ，58年に創設された欧州経済共同体（EEC）が関税同盟（域外共通関税）の創設に乗り出したことから，アメリカ系企業は，対欧輸出の困難化を予想して，EEC域内に生産拠点を設けようとしたのである。

しかし，戦後の国際資本移動を考えた場合，より重要な動きとして注目されるのは，1950年代半ばに発生したユーロ市場であろう。ユーロ市場については後述するが，簡単にいえば，ある国において当該国通貨以外の通貨での取引が行われる場のことであり，典型的にはロンドンにおけるドル中心の取引として発達した。ヨーロッパに発生したので「ユーロ」というのであり，欧州単一通貨のユーロとは異なる概念である。ユーロ市場では，預金，債券，ローンなどの形での取引が行われる。たとえば，国際銀行業（ユーロ銀行）がドル建て預金を受け入れて，多国籍企業や外国政府向けにユーロダラー債を引き受けたり，ユーロ・シンジケート・ローン（複数銀行による協調融資）を組成したりして，資金を供給したのである。

1970年代に入ると，第一次オイル・ショックの影響から，主要国の経常収

支不均衡が拡大したのを受けて，国際銀行業は，発展途上国政府向けなどにユーロ・シンジケート・ローンを組成した。借り手はブラジル，メキシコ，アルゼンチン，韓国などのNICs（のちにNIEsと呼ばれる）に集中しており，貸し手では欧米系の大手銀行が大きなシェアを占めていた。

しかしながら1980年代に入ると，このユーロ・シンジケート・ローンを取り入れていた中南米（とくにメキシコ）を中心に債務危機が発生する。そのため，途上国向けの民間資本移動はいったん収縮し，代わって資本移動の中心は先進国間へと移る。なかでも，経常赤字と財政赤字の「双子の赤字」を拡大させたアメリカに向けての資本移動が活発化し，経常黒字国である西ドイツや日本などが米国債などを大量に購入した。これは，ユーロ市場において融資から債券へ選好がシフトしたこととあいまって「証券化」（セキュリタイゼーション）現象と呼ばれた。また，新たに東京市場が台頭したことによって，ロンドン，ニューヨーク，東京を結ぶ国際金融市場の「3極化」が出現し，先進国市場の一体化が進展したことも，この時期の重要な特徴として注目される。

続く1990年代の特徴は，先進国間だけでなく，途上国をも巻き込む形で民間資本移動が拡大したことである。途上国といっても，そうした事態が進行したのは，輸出志向型工業化政策や資本取引の自由化を進めた東アジアや中南米の「新興市場」（エマージング・マーケット）と呼ばれる地域であった。また，89年のベルリンの壁崩壊，91年のソ連・東欧の体制崩壊，中国やベトナムなどにおける市場経済化も，民間資本移動を拡大する契機となった。

このようにして，金融グローバル化は，1980年代以降，先進国から新興国，途上国，移行経済国へと，時間の経過とともに地理的に拡大していく。しかも2000年代に入ると，アメリカ一極集中といわれるほどに，世界からアメリカに向けた国際資本移動が活発化する。そしてそのような状況のもとで，後述するように大恐慌以来の真のグローバル危機といわれるリーマン・ショック（世界金融危機）が発生するのである。

2.2 国際金融市場の成長

国際資本移動の活発化とともに，国際金融市場もまた成長し，高度化していったことが注目される。一般に国際金融市場とは，国際的な資本取引が行われる場を指しており，典型的には居住者と非居住者の間，非居住者と非居住者の

間で行われる。

　国際金融市場は，次のような3層の構造を持っている。すなわち，19世紀以来の国民的金融市場を基礎とした伝統的市場，1950年代に発生したユーロ市場，そして80年代以降に急成長するに至ったデリバティブ（金融派生商品）市場である。現在の国際金融市場は，これら発生時期の異なる3つの市場が併存する形で構成されている。

　まず，伝統的市場とは，ある国において，その国の通貨建ての対外取引が行われるものであり，預金の受け入れや貸出，証券の発行や売買が行われる。その典型例として19世紀末に国際化したロンドン市場があり，両大戦間期にはニューヨーク市場が台頭し，そして1980年代半ばから東京市場が浮上した。これらが現在の世界3大市場である。これらに加えて，世界には，スイスやフランクフルト，シカゴなど，多くの周辺市場が存在している。90年代以降に台頭した「新興市場」もそれに含まれており，急速に存在感を高めている。たとえば，中国は上海を世界の国際金融センターとして育成する方針を発表している。

　次に，ユーロ市場とは，すでに述べたように，ある国で，当該国通貨以外の通貨での取引が行われる場である。今日，この意味での最大の市場はロンドン市場であり，米ドル中心に巨額の取引が行われている。これはアメリカからみれば，本国以外で自国通貨建て取引が行われていることを意味する。それゆえ，ユーロ市場で取引されるドルは，本国のドルと区別して，ユーロ・ドル（あるいはユーロダラー）と呼ばれている。ユーロ市場では，本国に存在するさまざまな規制や情報開示義務，税制の適用などを免れるのであり，それがユーロ市場存立の1つの経済的利点となっている。また，ユーロ取引は非ドル通貨についても可能であって，市場の立地も世界的に広がっている。

　なお，ユーロ市場の一種に，オフショア市場がある。オフショア市場とはユーロ取引を行うために特別の勘定が設けられたり，租税回避のための単なる記帳センターとなったりしているものである。前者の代表例として，ニューヨークIBF市場（1981年創設），東京オフショア市場（86年創設），シンガポールACU，バーレーンOBU，バンコクIBF，ラブアン（マレーシア）などがある。最近，人民元の台頭が著しいが，中国本土以外で取引されている人民元は，オフショア人民元と呼ばれ，その最大の市場は香港にある。後者の典型例はタッ

クスヘイブン（租税回避地）であって，バハマ，ケイマン，パナマなどであるが，先進国にも存在している。本書第13章で述べられているように，近年，タックスヘイブンの実態の一端が，いわゆる「パナマ文書」によって明らかにされた。

最後に，デリバティブ市場は，とくに1980年代以降に急成長した新しい市場である。デリバティブ市場では，外国為替（通貨），金利，株式，信用（クレジット）などを対象に，先渡し（フォワード），先物（フューチャー），スワップ，オプションなどの取引が行われる。取引を行う動機としては，リスク・ヘッジ，裁定，投機などがある。さらに，取引を行う場として店頭取引と取引所取引があるが，店頭取引のウエイトが圧倒的に大きい。店頭取引は取引所取引とは異なって顧客同士が相対で行う取引であるが，金融機関が取引相手ないし仲介者として入るのが通例である。

デリバティブ市場が急成長してきた背景には，変動相場制への移行，金融の自由化・国際化に伴い，為替相場，株価，債券価格，金利などの各種指標が不安定な動きをするようになったことがあげられる。そしてそこにITの飛躍的な発達が加わって，クロスボーダーの大規模かつ複雑な取引が瞬時に行われるようになったのである。

3　金融グローバル化の危機

3.1　中南米債務危機から1990年代通貨危機へ

国際資本移動が活発化し，金融グローバル化が広がるなかで，世界的に金融危機や通貨危機が頻発するようになったことも重要な特徴である。1980年代以降に起きた危機としては，82年の中南米債務危機，90年代の通貨危機，そして2008年のリーマン・ショックがあげられる。このうち，中南米債務危機は，途上国が金融グローバル化に巻き込まれる重要なきっかけとなったのに対して，あとの2つの危機は，金融グローバル化がまさに進行するなかで起きた危機であった。

まず，中南米債務危機は，1982年8月，メキシコによる債務不履行（元金返済の停止）宣言をきっかけに発生した。メキシコは産油国だったが，70年代にユーロ・シンジケート・ローンを通じた資金調達により巨額の設備投資を行っ

ていた。だが80年代に入ると，アメリカの高金利政策（インフレ抑制政策），原油価格の反落（逆オイル・ショック），輸出低迷などから，外貨事情を悪化させた。危機は他の中南米諸国へと飛び火し，おもな貸し手である大手米銀の経営をも直撃した。この間，アメリカ政府の債務危機対策は，輸出増と新規融資を柱とする「ベーカー・プラン」（85年）から，さまざまな救済策の選択肢からなる「メニュー方式」（87年），さらに債務削減を柱とした「ブレイディ・プラン」（89年）へと展開していく。そのもとで，IMFの処方箋による構造改革や民営化，債務の証券化などが進められ，金融グローバル化が中南米へと広がる土壌が形成されていくのである。

　1990年代に入ると，金融グローバル化は世界的に広がり，そうしたなかで一連の通貨危機が発生する。たとえば，92～93年のヨーロッパ，94～95年のメキシコ，97～98年のアジア，98年のロシア，そして99年のブラジルである。これら90年代の通貨危機に共通するのは，危機発生以前に危機国が概ね固定相場制を採用していたことと，そのもとで大量の資本がこれらの国に流入していたことである。

　その最も象徴的な事例は，1997年のアジア通貨危機である。アジア通貨危機は，タイを震源地に，マレーシア，インドネシア，フィリピン，韓国に波及した。危機以前にこれらの国は「ドル・ペッグ」（自国通貨をドルにほぼ固定する）政策をとっており，こうした為替の安定に支えられて，証券投資や銀行融資などの形で大量の資本が流入し，バブルやインフレを引き起こしていた。そこへ危機が発生するとともに，大量の資本が一挙に流出し，通貨の下落，自国通貨建てでみた対外債務の負担増，さらに銀行危機や企業危機などをもたらしたのである。かくて，アジア通貨危機は，金融グローバル化の波が東アジアを襲った結果として引き起こされたものであり，一般に「資本収支危機」と呼ばれる。

　注目すべきは，こうした一連の危機のなかから，地域的な通貨・金融協力が登場してくることである。最も先駆的な取り組みを進めてきたのはヨーロッパである。第二次世界大戦後のヨーロッパは，自由貿易地域，関税同盟，共通農業政策（CAP）へと経済統合を進めてきたが，ドル危機や為替市場の混乱から域内経済を守る必要性が出てきた。そこで，1970年代から域内の為替安定に向けた動きを本格化させるのであるが，それがスネークと欧州通貨制度

(EMS) であり，これらの実験を経て，99年1月に単一通貨ユーロが発足するのである。

スネーク (snake) とは，1972年4月に導入されたECの縮小為替変動幅制度であるが，域内諸国のインフレ率格差や経常収支不均衡があり，成功しなかった。そこで79年3月にEMSが創設され，これが99年のユーロ発足まで20年間続くことになる。

EMSには3つの構成部分があった。第1は，固定相場制を維持するための為替相場メカニズム (ERM) である。第2は，欧州通貨単位 (ECU) という，域内の通貨バスケットの創出である。第3は，欧州通貨協力基金 (EMCF) であり，域内の決済や信用供与などを行う機関であった。そして，ユーロ発足に際して，これら固定相場で結ばれていた域内通貨は単一通貨ユーロに切り替えられるとともに，EMCFは欧州通貨機構 (EMI) を経て，欧州中央銀行 (ECB) へと衣替えしたのである。

一方，アジアでも，1997年の通貨危機と，この99年ユーロ導入の影響を受けて，域内協力に関する議論が開始された。域内協力はいくつかの柱からなるが，とくに象徴的なのは中央銀行間のスワップ取り決めであった。これは2000年5月，「ASEAN（東南アジア諸国連合）＋3（日中韓）」の財務相会合で合意された2国間のスワップ網としてスタートした。危機の際に自国通貨ないしドルを融通しあうもので「チェンマイ・イニシアティブ」(CMI) と呼ばれる。ほぼ10年後の09年5月の同会議では，いわゆる「CMIのマルチ化」(CMIM) が取り決められ，CMIを複数の2国間契約から1本の多国間契約に衣替えされた。ただ，IMF融資と併用しなければ，CMIはスワップ総額の20%（当初）までしか利用できないという制約もあって，CMIは今日まで利用されていない。

3.2 リーマン・ショックの発生

続く2000年代に入ると，アメリカ発の世界金融危機が発生する。すでに述べたように第二次世界大戦後の危機といえば，ブレトン・ウッズ体制下でのドル危機や，1990年代の一連の通貨危機があったが，これらは本質的に固定相場制下での通貨危機であった。これに対して世界金融危機は，変動相場制移行後にドル取引が拡大するなかで，おもに金融危機として発現した点に特徴があ

る。すなわち，まずアメリカの住宅バブル崩壊に伴う「サブプライム・ローン危機」として始まり，次にリーマン・ブラザーズの破綻をきっかけとして「世界金融危機」へと発展し，さらにその後「世界金融・経済危機」へ深化する，といったプロセスをたどったのである。

　サブプライム・ローン危機は2006年後半に発生したといわれる。アメリカでは01年のITバブル崩壊後，FRB（米連邦準備制度理事会）の政策金利（FFレートの誘導目標）が段階的に引き下げられ，03年6月に1950年代以来の低水準である年1％をつけた。アメリカの新規住宅着工件数は増加し，住宅価格は高騰しつづけた。この住宅ブームを支えたのが住宅融資の拡大であり，とくに注目されたのが，信用力の低い個人層向けの住宅融資（サブプライム・ローン）であった。その際，ローンの証券化という金融技術が活用されたことが注目される。すなわち，住宅ローン債権を担保にしたモーゲージ担保証券（MBS），またこのMBSを含めて再証券化した債務担保証券（CDO）などが組成され，これらが内外の投資家に売りさばかれたが，やがて，インフレ懸念の台頭に伴うFFレートの引き上げ，住宅価格の下落，過剰融資や過剰投資の露呈などを背景に，ローンの延滞率や差し押さえ件数が急増するのである。

　このサブプライム危機の影響は，ヨーロッパの金融機関へ直ちに波及したが，その代表例が「パリバ・ショック」にほかならない。2007年8月，フランス大手金融機関であるBNPパリバは，証券化商品の価格急落によって，同行が販売した投資信託の基準価格の算定が困難になったとして，投資家からの解約・換金請求に応じないことを発表した。サブプライム危機がヨーロッパに波及したのは，アメリカの金融機関だけでなく，ヨーロッパの金融機関もまた，MBSやCDOなどを大量に保有していたためである。これに対して，アジアの金融機関の保有額は相対的に少なく，直接の影響は小さかった。

　2008年9月，米大手投資銀行のリーマン・ブラザーズが破綻する。いわゆる「リーマン・ショック」であり，これにより，危機は第2局面に入る。同行が破綻した背景には，証券化商品の損失等による経営悪化によって株価が急落し，資金が急速に引き揚げられたことがあった。リーマン破綻の翌日，今度は，米保険大手のAIGが政府管理下に置かれた。同社は証券化商品の保有だけでなく，CDS取引にも大規模に関わっていた。CDSとはデリバティブ取引の一種であり，保有証券などがデフォルトに陥るのに備えて，買い手が一定のプレ

ミアム（保険料）を払って，売り手からプロテクション（保険）を購入する契約であり，デフォルトが現実化すれば支払いを受けられる。危機の進行に伴い，売り手側の AIG は買い手に巨額の追加担保を差し入れる必要が生じたため，急激に資金繰りを悪化させたのである。

　リーマン破綻以降，世界の金融市場は激しく揺さぶられ，流動性危機が激化した。この現象がとくに強くあらわれたのは，ロンドンのユーロダラー市場の銀行間取引であり，金融機関相互間で「カウンターパーティ・リスク」が強く意識されるようになった。そうした事態に対応して，米欧日の中央銀行（FRB，欧州中央銀行，イングランド銀行，スイス国立銀行，日銀）は，それぞれの市場で自国通貨を大量に供給しただけではなく，FRB との二国間の通貨スワップ取り決めに基づいて，ドル資金を自国市場に供給した。しかし，その効果は乏しく，2008 年 10 月には，無制限のドル供給も開始されたのである。FRB とスワップ協定を締結した海外の中央銀行は 10 月末までに 14 行に達した。

　危機の第 3 の局面は，金融危機の実体経済への波及が明確になり，世界金融危機から「世界金融・経済危機」へと深化していく時期である。それは 2008 年の 11 月頃であった。それを典型的に示す例は，世界の製造業の決算が軒並み悪化し，雇用調整や生産調整などが本格化したことである。とりわけ，アメリカの大手自動車メーカー（ビッグ 3）の経営危機やその救済策をめぐる議論が大きくクローズアップされたのも，この時期の特徴であった。なお，アジア地域では，サブプライム・ローン危機の直接の影響を免れたものの，経済危機の深化に伴い，欧米向け輸出の急減という形で間接的な影響を受けることになった。09 年 1 月，国際労働機関（ILO）は年次報告のなかで，08 末時点の世界の失業者数が過去最大に達したことを明らかにした。

3.3　欧州債務危機の特徴

　大恐慌以来の危機である世界金融危機が収束を迎えたかと思われる時期に発生したのが，ギリシャを発端とする欧州債務危機であった。欧州債務危機は，金融グローバル化が進行するなかで，国債の格付けの引き下げ，CDS 指数の上昇（CDS は上記参照），国債の空売りといった形で，先進国の国債がマーケットの標的になる時代に入ったことを端的に示すものであった。

　ギリシャのユーロ加盟は 2001 年 1 月であったが，09 年 10 月，ギリシャの

政権交代に伴い，新政権が旧政権下における財政赤字の対名目 GDP 比統計を修正し，ユーロ圏の基準（名目 GDP 比 3 ％）より大幅に上回っていることを公表したことで，危機が顕在化した。ギリシャの国債流通価格は下落し（国債利回りは急上昇），CDS 指数が上昇した。格付会社も相次いでギリシャ国債の格付けを引き下げた。続いて，ギリシャと同じ財政状態にあるとみられていたポルトガルやスペインなども同様の事態に陥った。かくて，GIIPS と呼ばれる南欧諸国等（ギリシャ，アイルランド，イタリア，ポルトガル，スペイン）を中心に債務危機が広がるのである。

1999 年のユーロ導入後，欧州系銀行は，為替リスクが消滅した域内への投資を活発化させていたが，とくにギリシャ向けの与信残高はドイツとフランスによるものが大きかった。すなわち，ユーロ圏は，ドイツを中心とする経常収支黒字国と，南欧諸国などの経常収支赤字国に分かれ，南欧諸国の国債（財政赤字）がおもに西欧諸国の大手金融機関からの資本流入によってファイナンスされていたのである。これは域内の経常収支不均衡を意味することから，「リージョナル・インバランス」と呼ばれる。

2010 年 5 月，ユーロ圏の財務相会合は，国債の新規発行や借り換えが困難になったギリシャに対して，向こう 3 年間に総額 1100 億ユーロ規模の支援を行うことで合意した。第 1 次ギリシャ支援である。また，ユーロ圏の政府間レベルにおいても，加盟国への金融支援を行うため，12 年 10 月，それまで時限的に設置されていた欧州金融安定化ファシリティ（EFSF）に代わる恒久的組織として，欧州安定メカニズム（ESM）が創設され，今日に至っている。

その後，ギリシャに対する支援は，第 2 次ギリシャ支援（12 年 3 月），第 3 次ギリシャ支援（15 年 8 月）と続くが，ギリシャは支援を受ける条件として，広範囲にわたる緊縮財政・構造改革，民営化，銀行部門改革の実施を求められた。とくに債権国であるドイツはこれらの実施を強く迫ったものの，ギリシャ国民の反発も強く，政権が交代するなど，国内不安が続いてきている。しかも注目すべきことに，この間，ユーロ圏は，金融危機に通貨危機（ユーロ危機），政府債務危機という 3 つの危機が相互に絡み合いながら深化する「複合危機」ともいうべき時期を経験している。これは，金融グローバル化時代における先進国危機の新しい特徴を示しているともいえる。

4　国際金融規制と国際金融機関

4.1　国際金融規制の見直し

　近年続いている一連の危機，とりわけ世界金融危機は，国際金融規制のあり方や国際通貨システムの方向性などをめぐって，さまざまな議論を呼び起こす契機となった。

　まず特筆すべき変化は，世界金融危機発生後に，G20によるサミットが初めて開催されたことであろう。2008年11月にワシントンでの初会合，翌09年4月にロンドンで2回目の会合が開催されて以降，現在まで続いている（当初は「金融サミット」と呼ばれていた）。これは先進国だけでなく新興国を含む首脳会議の場であり，これまでのG5，G7などの先進国中心の世界体制から，より多極化した世界新秩序への転換を示唆するものとなっている。

　また，金融危機の再発を予防し，金融規制の見直しや金融市場の改善を図るために，世界各国の当局間の組織的連携が強化されたことも注目される。なかでも，アジア危機を受けて1999年に創設されていた金融安定化フォーラム（FSF）が，2009年に金融安定理事会（FSB）に再編された。図15-1に示されるように，このFSBのメンバーにはG20の各国当局や国際金融機関などを含んでおり，事務局はスイスの国際決済銀行（BIS）に置かれている。また，このFSBの傘下には，各分野の国際基準策定主体，たとえば，バーゼル銀行監督委員会（BCBS），証券監督者国際機構（IOSCO），保険監督者国際機構（IAIS）などが配置されている。

　このうち，バーゼル銀行監督委員会の活動に関わるものとしては，「バーゼル規制」が重要である。バーゼル規制とは，国際的に業務を展開している銀行の健全性を維持するための規制であり，1988年に初めて公表された（バーゼルⅠ）。その後04年に改定され（バーゼルⅡ），さらに世界金融危機を背景として10年にバーゼルⅢが公表された（13年から段階的に実施。19年に完全実施の予定）。バーゼルⅢの特徴は，今次の危機の反省を踏まえて，自己資本比率規制を強化するとともに，レバレッジ比率と流動性規制を新たに導入したことである。

　まず，自己資本比率規制については，危機の教訓として，自己資本の量と質

◆ 図15-1　G20とFSB

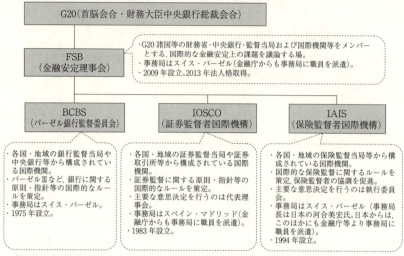

（出所）金融庁総務企画局総務課国際室 [2016] をもとに筆者作成。

の両面に対する規制が不十分だったとして，①質の面では普通株式および内部留保の比率を高めること，②量の面では従来の8％よりも多くの自己資本を積ませること（「資本保全バッファー」の導入），③分母のリスク資産の計算では，たとえば，デリバティブ資産にカウンターパーティ・リスクを加味すること，などの方策が導入されている。次のレバレッジ比率は，自己資本比率規制と同様，過度な活動の拡大を抑制する目的があるが，リスク資産のみならず，オンバランスとオフバランスの両項目を対象としている点に特徴がある。さらに流動性規制は，危機の際に資金繰りに困難を来さないよう，一定比率以上の流動資産を保有すること（「流動性カバレッジ比率」），また中長期の安定的な資金調達を行うこと（「安定調達比率」）を求めるものとなっている。

　こうした規制に関連してさらに注目すべきは，世界金融危機のなかで，大手の銀行，保険，投資銀行などが危機に陥ったことを踏まえて，これら大手金融機関に対して特別の規制を実施するようになったことである。たとえば，銀行の自己資本比率規制については，FSBが2011年にG-SIFIs（グローバルにシス

テム上重要な金融機関）として銀行部門から29行を選定し（これはG-SIBsと呼ばれる），これらの銀行に対しては，独自により多くの自己資本を積ませるという，「上乗せ資本」（G-SIBサーチャージ）を適用するようになった。

　こうした世界の動きと並行して，主要国でも金融規制の見直しが進められた。とくに注目されるのはアメリカの動きである。アメリカでは1933年の「グラス＝スティーガル法」で銀行業務と証券業務の分離が定められていたが，1999年の「グラム＝リーチ＝ブライリー法」では，この規制が大幅に緩和された（ただし，銀行本体での証券業務〔国債を除く〕や証券会社の預金受け入れは依然として禁止されていた）。そうしたなかで，金融機関相互の競争が激化し，一部では無謀な金融サービス取引や投資活動もみられたのである。そこで，2010年7月に「金融規制改革法」（ドッド＝フランク法）が成立し，そこに盛り込まれた「ボルカー・ルール」が15年7月より全面適用された。このルールは，銀行の自己勘定取引やデリバティブ，ヘッジファンドなどへの出資を原則禁止とした。ただし，マーケットメーキング（値付け）や，アメリカの国債・政府機関債・地方債の取引，さらに外国銀行の在米拠点における外国国債の債券取引などは規制の対象外となっている。

　また，世界金融危機の最中に，アメリカでは大手金融機関に対する公的資金の投入が行われたが，これは，金融機関役員等の高額報酬とあいまって，世論の厳しい批判を浴びた。これを受けて「ドッド＝フランク法」では「大きすぎて潰せない」（Too big to fail）という考え方からの脱却が示されたことも注目される。一般に，公的資金の投入による再建・破綻処理を「ベイル・アウト」，株主・債権者等の損失負担による再建・破綻処理を「ベイル・イン」と呼んでいるが，同法は，このベイル・アウトからの脱却と納税者の保護を明確に謳っている。こうした動きはアメリカにおける金融規制の大きな転換を意味するものであり，今後の行方が注目される。

4.2　国際金融機関の新しい動向

　世界金融危機に伴って浮上したもう1つの変化は，国際金融機関の動きである。まず，国際通貨基金（IMF）であるが，危機のなかでIMFによる緊急融資が相次いだことから，財源増強問題が浮上した。具体的には，IMFの増資，NAB（新借入取り決め）の増額，IMF債の新規発行，さらにSDRの新規配分

◆ 表15-2 SDR（特別引出権）の構成通貨とそのシェア

(単位：％)

	2010年	2015年
ドル	41.9	41.73
ユーロ	37.4	30.93
ポンド	11.3	8.09
円	9.4	8.33
人民元	―	10.92
計	100.0	100.00

（出所）　IMF, *Review of the Method of Valuation of the SDR*, December 2015.

である。このうち，SDR の新規配分については，2009 年 8 月，1612 億 SDR（2500 億ドル相当）の一般配分が実施された。また，同年 9 月には 215 億 SDR（330 億ドル相当）の特別配分（1981 年以降の IMF の新規加盟国が SDR の配分を一度も受けていない状況を是正するためのもの）も実施されている。これらの配分の結果，SDR の新規配分額は 2041 億 SDR となった。しかしそれでも IMF 加盟国の公的準備資産に占める SDR の比率はきわめて低く，米ドルが圧倒的なシェアを占めている現実に変わりはない。

　ただ，SDR には新しい動きもあり，2015 年 11 月，IMF は，SDR の構成通貨の 1 つに中国人民元を採用することを決定した（16 年 10 月から実施）。表 15-2 に示されるように，これにより，中国人民元は，米ドル，欧州単一通貨ユーロ，英ポンド，日本円に次ぐ 5 番目の構成通貨になる。構成通貨別のシェアではドル，ユーロに次いで 3 位となり，日本円を上回ることになる。この構成通貨に入るための判定基準としては，その通貨国の輸出額が大きいことと，その通貨が「自由利用可能通貨」(free usable currency) であると認定されることであるが，後者は今回の見直しでは，外貨準備高，外国為替取引高，国際的な銀行債務残高，国際的な債券残高が，その判定指標として利用されている（詳しくは，金融庁総務企画局総務課国際室［2016］参照）。

　SDR は 1969 年の IMF 協定第 1 次改正により創設されたもので，IMF により加盟国に配分される。外貨を必要とする加盟国は必要に応じて，他の加盟国に SDR を譲渡して自由利用可能通貨を受け取ることになる。そのため，SDR は加盟国の公的対外準備の構成部分となっているが，この公的対外準備に占め

るSDRの割合は,上にも述べたようにきわめて小さい。世界金融危機の際にSDRの配分が実施されたのは,加盟国の緊急の流動性需要に応じるためのものであり,その意味では現行のSDRは危機時の「安全網」としての役割を果たすに留まっている。また,SDRの取引が行えるのは公的部門だけであって,民間SDRは存在しない。その意味で,現行のSDRの機能は,ドルなどに比べると,はるかに限定的である。

ところで,世界には,国際開発金融機関として,アジア開発銀行(ADB),アフリカ開発銀行(AfDB),欧州復興開発銀行(EBRD),米州開発銀行(IADB)などがある。このうち台風の目となっているのは,やはりアジアの動向である。アジア開発銀行については,2008年の危機後,新興国側は,彼らの発言権が実態に合っていないとして,出資比率の引き上げを求めている。また,15年12月には,中国主導で,アジアインフラ投資銀行(AIIB)が創設された。創設メンバーは57カ国であるが,アメリカ,日本などは参加していない。世界銀行などとの協調融資も計画されているが,戦後のアメリカ主導の世界秩序への挑戦という側面を有していることは否定できないであろう。

今後の国際金融システムに求められるのは,何よりも,第2回ロンドン金融サミット(2009年)の首脳声明でも述べられていたように,世界経済において,いかに「持続可能なグローバリゼーション」(sustainable globalization)を実現していくのかということであろう。1980年代以降,金融グローバル化の動きが拡大し,世界経済の一体化が進行しているが,その一方で,貧困・格差,移民の増加,地球環境問題,大規模災害,テロ攻撃など,課題も山積している。そうしたなか,2016年6月,イギリスが国民投票でEUからの離脱を選択するという事態が発生している。持続可能な地球社会をいかに構築していくか,そのために何をなしうるのか。金融や国際金融の役割もまた大きいといわなければならない。

(上川孝夫)

練習問題

1. 第二次世界大戦後の国際通貨システムの展開と特徴について論じなさい。
2. 1990年代に頻発した通貨危機のうち,アジア通貨危機の背景と特徴について説明しなさい。
3. 世界金融危機の展開と特徴について論じるとともに,危機後の金融規制の動

きについて説明しなさい。

参考文献

上川孝夫編［2011］『国際通貨体制と世界金融危機——地域アプローチによる検証』日本経済評論社

上川孝夫・新岡智・増田正人編［2000］『通貨危機の政治経済学——21世紀システムの展望』日本経済評論社

上川孝夫・藤田誠一編［2012］『現代国際金融論（第4版）』有斐閣

金融庁総務企画局総務課国際室［2016］「国際金融規制改革の最近の動向について」2月8日

内閣府『世界経済の潮流』Ⅰ，Ⅱ，各年

Column　SDR本位制

　今日，米ドルは国際通貨として大きな地位を占めている。その一方で，1970年代初頭以来，国際通貨システムは，ルールや取り決めのない「ノン・システム」といわれる状況が続いている。世界金融危機を経験した現在，国際通貨システムの将来はどのように考えられるであろうか。

　まず，当面はドルの支配力が維持されるとみられており，「ドル本位制」とも「ドル体制」とも呼ばれる体制が継続すると考えられる。次に，近い将来に最も実現性が高いと考えられているのは「複数準備通貨体制」である。この場合，複数通貨の候補としては，ドルと欧州単一通貨ユーロが有力であるが，アジア通貨を加えた体制も予想されている。アジア通貨では近年，日本円の国際化が低迷する反面，中国人民元が台頭している。

　3つ目の方向性は，こうした特定国・地域の通貨を基礎にした国際通貨システムに代わる構想であって，その代表例が「SDR本位制」である。これは，SDRを計算単位とし，世界の中心的な準備資産とするような体制である。この場合，これに関係するものとして「代替勘定」構想がある。加盟国が過剰な外貨準備をIMFの代替勘定へと移し，それと交換にSDRを受け取るものであり，準備資産の多様化に資すると考えられている。この体制のもとでは，ドルを含めた主要な国民通貨は，ワーキング・バランス（運転資金残高）として保有され，流通する。

　この点に関連して，2009年3月，中国人民銀行の周小川総裁が発表した「国際通貨制度改革」と題する論評は，一国の国民通貨を基礎とした国際通貨システムには固有の不安定性と不公平性があるとして，「超主権準備通貨」の創出を提言している。具体的にはSDRを強化し，公的部門だけでなく民間の貿易・資本取引における決済手段として利用し，またSDR建ての金融資産を創出するとしている。また，同年9月には，国連総会議長の諮問に対する検討結果として公表された「国際通貨金融制度の改革に関する専門家委員会報告書」にも，SDRなどを活用した国際通貨制度改革の構想が示されている。本文でみたような中国人民元のSDR構成通貨入りも含めて，今後，SDRをめぐる議論がどのように展開されるかが注目される。

　ところで，現行のIMF協定第8条第7項および第22条には「SDRを国際通貨制度における中心的な準備資産にする」という規定がある。この規定は1970年代に行われた国際通貨制度改革論議の結果を反映したものであるが，現在に至るまで日の目をみていない。このIMF協定の規定と現実との間のギャップが今後埋められることになるのかどうかも，興味を引くところである。　　　　　（上川孝夫）

第16章
グローバル化のなかの円

1 円の誕生と金本位制

1.1 円の誕生と金本位制の模索

　グローバル化が進む現代において，日本の通貨である円は，米ドルやヨーロッパの単一通貨ユーロなどとともに世界的に取引されている。だが，第二次世界大戦前における円の地位は，今日のそれとは大きく異なっていた。戦前の日本において基幹産業であったのは繊維業などの軽工業であり，これに機械，製鉄業などが続いていた。また，戦前の対外貿易は，綿布や機械器具などを輸入し，生糸類・綿織物などを輸出するという構造であり，貿易収支は一時期を除いて赤字基調にあった。しかも，しばしば戦争に伴う軍事物資の輸入が，貿易赤字を促進する要因になっていたのである。このような状況のもとで，戦前の円ドル相場は，相対的に安定していた時期もあったが，概していえば，円安の歴史であった。

　法制上，円が誕生したのは，明治維新（1868年）から数年後，1871年6月に公布された新貨条例においてである。これによって，日本の貨幣単位は「両・分・朱・文」から「円・銭・厘」へと変更された。その場合，1円は純金4分（1500mg）に相当するものとされ（これを円の金平価という），本位貨幣として20円，10円，5円，2円，1円の金貨，また補助貨幣として50銭以下の銀貨，1銭以下の銅貨が鋳造されることになった。つまり金本位制が採用されるなかで，円は公式に誕生したのである。

　当時の円ドル相場は，1円＝純金1500mgに相当し，またアメリカのドルが1ドル＝純金1504.7mgという金平価を有していたことから，100円＝99.692

◆ 図16-1 戦前の円ドル相場

(注) 年中平均。1874～1912年はニューヨーク向け参着売相場、1913～41年はニューヨーク向け電信売相場。
(出所) 日本銀行『日本銀行百年史（資料編）』1986年、より筆者作成。

ドルが基準となっていた。100円につき何ドルというのが戦前の相場の建て方であって、これを外貨建てという。現在の相場の建て方でいうと、ほぼ1ドル＝1円に等しいことになる。この現在の相場の建て方を邦貨建てという。図16-1は、戦前の円ドル相場の推移を邦貨建てでみたものである。なお、第一次世界大戦前においては、イギリスのポンドが世界の基軸通貨であり、円相場にとっても非常に重要だったのであるが、本章では円ドル相場についてのみふれることとする。

ところで、日本がこの金本位制を維持することは容易ではなかった。それには、いくつかの事情があった。まず、当時の東洋貿易では広く銀貨（メキシコ銀などの洋銀）が使用されていたが、日本政府も、貿易決済などに限って、貿易銀（1円銀貨）を鋳造していた。しかし1878年には、政府は、この貿易銀についても、金貨と同様、国内で無制限に通用する法貨として認めたのである。この結果、日本の貨幣制度は、明治維新からほどなくして、金本位制から複本位制（正確には金銀複本位制）へと移行することになったのである。

◆ 表16-1 戦前の通貨流通高

(年末残高, 単位:100万円)

年	硬貨		政府紙幣	国立銀行券	日本銀行券	(参考)日銀保有国債
	本位貨幣	補助貨幣				
1870	-	-	55.5	-	-	-
75	36.8	16.5	99.1	1.4	-	-
80	24.1	20.3	124.9	34.4	-	-
85	31.7	24.0	88.3	30.2	3.7	3.9
90	16.3	27.1	34.3	25.8	102.9	17.9
95	33.5	36.2	11.1	20.8	180.3	27.3
1900	17.6	71.9	-	-	225.9	51.3
05	24.6	92.3	-	-	312.8	50.0
10	23.9	136.9	-	-	396.6	55.0
15	32.0	132.3	-	-	420.8	43.0
20	-	181.8	200.0	-	1,400.4	192.0
25	-	307.4	17.5	-	1,599.2	273.0
30	-	333.1	11.7	-	1,413.9	175.0
35	-	407.1	11.0	-	1,607.9	729.0
40	-	406.8	360.3	-	4,452.9	3,948.0
44	-	384.9	810.4	-	17,728.9	…

(注) 預金通貨を除いている。…は不明。
(出所) 江見康一・伊東政吉・江口英一編『長期経済統計5 貯蓄と通貨』東洋経済新報社, 1988年, 218〜219頁, より筆者作成。

　それだけではない。当時の海外市場では, 銀価が長期的に下落する傾向にあった。そこで日本では, 金を輸出して, より多くの銀を入手し, これを国内に持ち帰って割安の公定レートで金に交換し, 再び金を輸出する操作を繰り返すことによって, 裁定利益を得ようとする動きがみられた。つまり「悪貨が良貨を駆逐する」というグレシャムの法則によって, 日本から金が流出したのである。さらに, 当時の日本の貿易収支は赤字基調にあり, 貿易決済のうえでも, 金が海外に流出する傾向にあった。このため, 日本の貨幣制度は, 法制上は複本位制へと移行したといっても, 実態は銀本位制に近かったわけである。
　一方, 当時の日本国内では, 不換政府紙幣も大量に流通していた。不換政府紙幣は明治維新当時にもみられたが, とくに1877年の「西南の役」の際に, 明治政府は戦費調達のために不換政府紙幣を大量に発行した。この当時, 72年12月の国立銀行条例の公布によって, 国立銀行（これは同条例下の民間銀行のことをいう）が多数設立されていたが, 国立銀行の設立は, このような不換

政府紙幣を回収して，金貨兌換の銀行券を発行することを目的としていたが，上述のような情勢下で，国立銀行券の多くが金貨に兌換されてしまい，営業不振に陥る。そこで，76年の同条例の改正では，国立銀行券は不換政府紙幣兌換の銀行券とされてしまったのである。かくて，不換政府紙幣の大量発行と国立銀行券の急増とによって，日本のインフレーションが加速していく。とくに1880年頃には，通貨流通において不換政府紙幣が大きなシェアを占めるようになり，通貨の混乱が問題視されるに至ったのである（表16-1）。

1.2 金本位制の確立

こうした状況のもとで，インフレの収束と，近代的な銀行制度の形成へと進む契機となったのが，いわゆる松方デフレである。すなわち，大蔵卿の松方正義は，インフレを収束するために，不換政府紙幣の整理（回収・償却）に乗り出し，増税や歳出節減による財政の黒字化に努めた。続いて1882年には日本銀行条例を公布して，日本銀行を設立し，銀行券の集中・統一化と，不換政府紙幣の回収を図ろうとした。その後，84年に兌換銀行券条例が制定され，翌85年から日銀兌換券の発行が開始されていくが，日銀が兌換したのは，金貨ではなく銀貨であった。なお，これより先の80年には，横浜正金銀行（旧東京銀行の前身）が創設されている。横浜正金銀行は，政府や日銀から外貨や円資金の支援を受けながら，日本の輸出入為替の過半を取り扱うようになる。つまり，外国為替銀行としての地位を固めていくのである。

ところで，当時の欧米諸国では，金本位制が主流になりつつあった。イギリスは早くも1816年に法制上の金本位制（開始は21年）に移行していたが，71年にドイツ，そして76年にはフランスも金本位制に移行した。しかも当時は，すでに述べたように銀価の下落が続いていために，銀本位制のもとにある円は，これらの金本位国通貨に対して下落する傾向にあった（前掲図16-1）。これは日本にとって貿易競争上有利な条件であったが，輸入品価格が上昇することや，金本位国からの外資導入の障害になりかねないなど，不利な面も指摘されるようになったのである。

折しも，1894～95年の日清戦争により，日本は清朝から巨額の賠償金をポンドで受け取ることになり，これを金に交換して，金本位制を確立するに至った。すなわち97年3月，日本は貨幣法を制定して，法制上の金本位制を確立

◆ 図16-2 戦前の国際収支

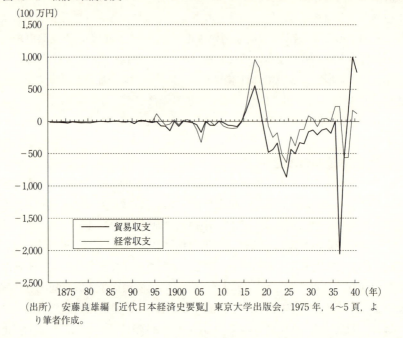

（出所）安藤良雄編『近代日本経済史要覧』東京大学出版会，1975年，4〜5頁，より筆者作成。

するとともに，このもとで，1円を純金2分（750mg）とする新しい金平価を定めたのである。71年の新貨条例の際の金平価に比べて，円の価値がほぼ半分に切り下がったことを意味したが，それは銀本位制をとっていた円と金本位国通貨との間の当時の相場水準を追認するものであった。その際，本位貨幣として20円，10円，5円の金貨，また補助貨幣として50銭，20銭，10銭の銀貨，および5銭の白銅貨などが鋳造されることになった。さらに，1897年3月には兌換銀行券条例が改正されて，日銀券が金兌換とされたのである。

一方，当時の円ドル相場は，円の金平価が以前の半分に切り下げられたのに対して，アメリカのドルの金平価は不変であったために，1871年当時の100円＝99.692ドルから，97年には100円＝49.845ドルとなった。つまり，ほぼ1ドル＝2円であり，その後の円ドル相場は，これを基準として狭い範囲内で安定するようになったのである（図16-1）。

この1897年に導入された金本位制は，その後，第一次世界大戦に至るまで

維持された。しかし，他方で，当時の日本の貿易収支は引き続き赤字基調であったことから，その状態では金本位制を維持することはきわめて困難であった（図16-2）。そのため，輸出が奨励されるとともに，外債の発行が積極化し，日本の国債がロンドンやニューヨーク，パリで発行されたのである。日本が当時金本位制を採用していたことは，円と金本位国通貨の間の為替の安定につながり，ひいては金本位国からの借り入れを容易にしたといえる。1904〜05年の日露戦争においても，戦争に必要な軍事物資が輸入されたが，この支払いも相次ぐ外債発行によって賄われたのである。なお，当時，日本政府や日銀が海外の金融中心地に保有していた外貨は，在外正貨と呼ばれていた。

2 金解禁から管理通貨制へ

2.1 金解禁論争と金本位制の再建

第一次世界大戦（1914年7月）の勃発に伴い，日本は，軍需品の受注などが増加したため，貿易収支は一転して大幅黒字となり，在外正貨も増加し，円相場は上昇に転じた。17年4月にはアメリカが参戦し，同年9月，同国は金輸出を禁止したが，これにあわせて，日本も同月に金輸出を禁止し，金本位制を事実上停止した。

戦後になると，日本の景気が過熱化し，インフレが昂進した結果，1919年から貿易収支は再び赤字に転じるようになった。くわえて，前年の18年にはシベリア出兵があり，また23年には関東大震災も起きたため，円相場は下落の途をたどった。

ところで，戦後の欧米諸国では，戦前復帰をスローガンに，金本位制を再建する努力が払われていた。アメリカはいち早く1919年6月に金本位制に復帰しており，イギリスは25年4月に，フランスは28年6月に復帰した。日本でも，金本位制の復帰をめぐる議論が活発化した。それは，戦時期に禁止した金輸出を再び解禁するか否か，また解禁するとすれば，いかなる金平価で復帰するか，という議論であった。これを金解禁論争という。旧平価復帰を意図した政府に対して，物価を考慮した現状追認派は，新平価復帰を主張した。政府側では，26年5月には浜口蔵相が金解禁即断行論を打ち出し，同年9月には片岡蔵相が金解禁への準備を進めた。そしてこれは円買い投機を誘発して，円相

場を上昇させた。

　そうした状況下で，1927年に日本では金融恐慌が発生する。いわゆる昭和金融恐慌である。物価の下落，企業収益の悪化，株式下落などを背景に，銀行の不良債権が累積し，各地で銀行の取り付け騒ぎが発生し，多数の銀行が破綻したのである。金本位制を旧平価（つまり戦前の金平価）で復帰するには，戦時戦後の日本のインフレの昂進などを考えると，合理化や物価の引き下げを必要としたが，そうした事情が，金融恐慌発生の背後にあったとみられている。これによって，円相場は弱含みとなり，金解禁も延期された。

　1929年11月，浜口首相と井上蔵相は，金輸出解禁への声明を出し，金本位制復帰への準備を再び進めた。それにより，円相場は上昇に転じ，結局，30年1月，旧平価により金輸出の再開が実施されたのである（大蔵省令による）。しかし，この再建された金本位制は短命だった。海外では，29年10月のニューヨーク・ウォール街の株価大暴落をきっかけとして，中南米や中欧などで金本位制が動揺するなど，世界の通貨情勢は不安定化し，大恐慌へと突入していった。日本でも，金輸出解禁後に，巨額の円売り・ドル買いが発生したが，これは金本位制を短命とみた投機筋が，金本位制離脱後の円安を見越して行ったものとみられている。これに対して政府・日銀は，横浜正金銀行に在外正貨を売却し，これを横浜正金銀行が為替市場で無制限に売却することで，抵抗した。いわゆる統制売りである。

　このような状況のもとで，1931年9月にイギリスが金本位制を離脱した後，同年12月に，日本も金輸出を再び禁止した（大蔵省令による）。同時に，日銀券の金兌換も停止され（緊急勅令による），翌32年には金貨の鋳造も停止されるに至った。こうして，日本は金本位制を離脱し，管理通貨制へと移行したのである。なお，井上蔵相が在任した期間（29年7月～31年12月）は，緊縮を基調とした財政政策がとられ，いわゆる井上デフレとして知られている。

2.2　管理通貨制と戦時体制

　管理通貨制への移行後，日銀券は不換銀行券になるとともに，国債の日銀引受発行が開始されていく。すなわち，1931年12月に日銀券の金兌換が停止されたのち，翌32年6月には兌換銀行券条例が改正されて，日銀券の保証発行限度額が1億2000万円から10億円へと一挙に拡大された。そして，同年11

月には，赤字国債の日銀引受が開始されるが，最初の日銀引受発行となったのは4分半利国庫債券（2億円）であった。その後，36年頃から軍事費とそれに伴う日銀引受発行が一段と増加していく。また，42年2月には日本銀行法が制定され（1882年の日本銀行条例に代わるもの），日銀券の不換化が法的に追認されるとともに，戦時金融への傾斜を強めていくのである。

　管理通貨制移行後の円ドル相場をみると，旧平価で金本位制に復帰した1930年1月に100円＝49.845ドル（ほぼ1ドル＝2円）だったのが，金本位制離脱後の32年末から33年初めにかけて100円＝25ドル（1ドル＝4円）近くまで急落した。これは当時の高橋蔵相が為替放任政策をとっていた影響もあったのだが，32年11月には為替安定への転換が行われている。続く33年末から39年半ばまでは概ね安定していたが，その後下落し，太平洋戦争が勃発する41年12月の最後の相場は，100円＝23.52ドル（1ドル＝4円26銭）で，これは戦前の最安値でもあった。つまり，管理通貨制移行後の円ドル相場は，概ね円安の歴史をたどったといえるのである（前掲図16-1）。

　このような状況のもとで，国債の日銀引受発行を通じた国内信用の拡大を成功させるためには，為替管理体制によって，内外の資本移動を遮断する条件を整備せねばならなかった。すなわち，政府は，資本逃避による円の急落に対処すべく，1932年7月に資本逃避防止法を公布するとともに，翌年3月には外国為替管理法を公布して，為替管理を部分的に実施した。また37年7月には為替管理を全面的に実施したのに続いて，41年4月には外国為替管理法を改正して，対外取引を政府の統制下におき，戦時為替管理の体系を構築したのである。また，これにより，同年6月には，外国為替を横浜正金銀行内の勘定に集中する為替持高集中制が導入された。

　この間，円の基準通貨（ペッグ対象通貨）は，管理通貨制移行直後はドルであったが，1933年3月のアメリカの金本位制停止に伴い，翌月にポンドへ切り替えられた。その後39年9月には，イギリスの為替管理の導入により，再びドル・リンクとなった。しかしその後，41年12月の太平洋戦争の突入に伴い，政府は「為替相場公定措置要綱」を公表し，ドルやポンドなどを基準通貨とする従来の方式を廃止し，代わりに円を基準として，同盟国（ドイツ，イタリア）や中立国（スイスなど）の通貨に対する公定為替相場を，それぞれ設定する方式に切り替えていく。この場合，ドルやポンドなどの「敵性通貨」に対

する相場は建てられなかった。かくして，円を基準とする相場を構築し，「大東亜共栄圏」，あるいは「円為替決済圏」の形成への意図を明確にしていくのである。

ところで，日本は日清戦争によって台湾を領有し（1895年），日露戦争によってロシアの満州における権益を継承し（1905年），また韓国を併合した（1910年）。そしてそれらの地域には，植民地中央銀行として，台湾銀行（1899年開業），朝鮮銀行（1911年開業）などを設立した。さらに，31年9月の満州事変の後，翌32年に「満州国」を建設し，満州中央銀行を設立した。その後，32年の5.15事件，36年の2.26事件などを経て，37年7月には日中戦争へと戦線が拡大され，これ以降，日本は本格的に戦時統制経済へと移行していく。39年9月，ナチス・ドイツのポーランド侵攻をきっかけに，第二次世界大戦が勃発し，41年12月には太平洋戦争が開始される。このような状況のもとで，日本は，その軍事的・経済的支配地域において，円決済圏の構築を図ることに努めるとともに，植民地中央銀行券，横浜正金銀行券などのほか，軍票を発行した。軍票とは，戦地・占領地で日本軍が通貨の代用として使用していた手形のことである。しかし結局，45年5月にナチス・ドイツの降伏に続いて，日本も8月に無条件全面降伏を受け入れ，ここに第二次世界大戦は終結するのである。

3 ブレトン・ウッズ体制と円

3.1 複数為替レートから1ドル＝360円へ

すでに述べたように，第二次世界大戦前は，ほぼ円安の歴史であったが，戦後の円はこれとは逆の道を進むことになった。日本の基幹産業は軽工業から重化学工業へと展開し，貿易収支も当初の赤字から次第に黒字を定着させ，資本を輸出する純債権国へと転化する。そして，そうした状況を反映して，円ドル相場も，固定相場制（1ドル＝360円）を経て，変動相場制への移行後は，円高の歴史を歩むことになるのである。

1945年8月の敗戦後，日本の対外貿易は，連合国軍総司令部（GHQ）の管理下に置かれた。民間貿易が制限付きで再開されるのは，2年後の47年8月のことであった。GHQの厳格な貿易管理が続くなかで，円ドル相場も，当初

は単一のレートではなく，複数のレートが存在し，またそれは人為的に決められていた。すなわち，輸出入別に，商品ごとの換算比率が建てられていたのである。また貿易外取引については，その多くは軍用交換相場（GHQ が軍内部で用いていたもの）が適用されていた。この軍用交換相場は，インフレの昂進とともに，45 年 9 月に 1 ドル = 15 円，47 年 3 月に 1 ドル = 50 円，48 年 7 月に 1 ドル = 270 円へと引き下げられた。

　その後，複数レートは徐々に整理され，単一レートへの準備が進められていく。1948 年 6 月に「ヤング報告」が発表された。これは，円の適切な単一レートを設定するため，FRB 調査経済局次長のヤングを中心とするヤング使節団が日本に派遣され，その調査結果が米政府に勧告されたものであった。それによれば，戦前の最後のレートである 1 ドル = 4 円 26 銭と，その後の日米物価格差を考慮して，1 ドル = 270～330 円の範囲に定められるべきものとされていた。49 年 3 月には，戦後のインフレを収束し，経済の自立化を図る目的から，経済再建計画として，いわゆる「ドッジ・ライン」が発表されたが，これはインフレ化した経済の引き締め効果を伴っていた。いわゆるドッジ・デフレである。

　1949 年 4 月，GHQ 指令により，1 ドル = 360 円の単一レートが正式に設定される。それは，ヤング報告後の物価上昇を加味して，それよりさらに 1 割の円安の方向で設定されたものといわれている。その後，同年 12 月には「外国為替及び外国貿易管理法」が制定され，同法のもとでの大蔵省告示によって，1 ドル = 360 円が基準相場とされたのである。

　国際通貨基金（IMF）と日本の関係についていえば，1952 年 8 月に日本は IMF に加盟した。翌 53 年 5 月，日本は，1 ドル = 360 円と，純金 1 オンス = 35 ドルとから算出された 1 円 = 純金 2.46853mg を金平価として，また 1 ドル = 360 円を対ドル平価として，それぞれ IMF に登録した。IMF 協定のもとでは，日本は，為替変動幅を 1 ドル = 360 円の上下各 1％以内に維持する義務を負っていた。すでに 52 年 7 月に東京外国為替市場が再開されていたが，59 年 9 月には，その為替変動幅を上下各 0.50％以内にすることが認められた。また，63 年 4 月には，日銀による外国為替市場への介入操作が開始されるとともに，為替変動幅を上下各 0.75％以内に拡大する措置がとられたのである。

　ところで，戦後直後の円は，ドルなど外貨への交換性が，厳格に制限されて

いた。このような国は IMF14 条国と呼ばれた。しかし，その後 1960 年 7 月には非居住者自由円勘定が導入され，非居住者の保有する円について，経常勘定に関する通貨の交換性が認められた。さらに 64 年 4 月には，居住者にも同様の地位が与えられ，日本は IMF14 条国から同 8 条国へと移行したのである。なお，資本勘定に関する通貨の交換性が自由化されるのは，ずっと後の 1980 年代に入ってからのことである。

3.2　ブレトン・ウッズ体制と日本経済

　戦後占領期を経て，1955 年から 70 年代初頭にかけて，日本は驚異的な高度成長を達成する。これは貿易面からみれば，原材料や燃料などを輸入して，軽工業製品，のちには重化学工業製品を中心に輸出する「加工貿易」型の経済成長であった。しかし，戦後当初の日本の国際収支は一時期を除いて，貿易赤字が続き，成長のたびに外貨の制約にぶつかった。これは「国際収支の天井」と呼ばれ，輸入制限の強化，アメリカや IMF からの借り入れなどで乗り切っていった。しかし 68 年頃から，貿易収支と経常収支の黒字が拡大しはじめる（図 16-3）。このようななかで，すでに述べたように，日本は 64 年 4 月には経常取引に関する通貨の交換性を回復し，IMF 8 条国へと移行した。さらに，資本取引に関しても，同年 4 月に加盟した経済協力開発機構（OECD）の資本自由化コードに従って，5 次にわたる資本自由化の措置が講じられた。

　戦後の円ドル相場は，IMF 協定のもとで，1 ドル＝360 円を基準相場とする固定相場制がとられていた。しかし，1960 年代初頭から，アメリカの国際収支（基礎収支）の赤字化，金の流出によって，ドル危機が発生する。投機筋はドルを売って，西欧通貨や円，そして金などを買う行動に走ったが，そのような傾向は，60 年代末にピークに達した。外国為替市場ではドル売り・円買いが強まり，日銀がドル買い・円売りの市場介入によって固定相場を維持しようとした結果，外貨準備も徐々に増加した（図 16-3）。

　こうした状況下で，1 ドル＝360 円という単一レートは，朝鮮戦争の頃にはインフレにより円を過大評価しているとの声も強かったのだが，日本が高度成長を達成し，貿易黒字を拡大させていくもとでは，次第に円が過小評価されているのではないかとの議論を登場させた。いわゆる「円切り上げ」論である。また，そうした円切り上げをめぐる思惑が台頭したことが，巨額の円買い投機

◆ 図16-3 戦後の国際収支と外貨準備高

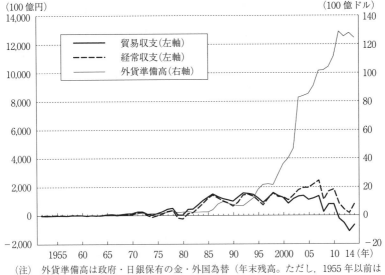

（注） 外貨準備高は政府・日銀保有の金・外国為替（年末残高。ただし，1955年以前は3月末残高）。
（出所） 日本銀行『本邦経済統計』『経済統計年報』『金融統計経済月報』より筆者作成。

を発生させたのである。しかし日本政府は，円切り上げの回避に向かい，1971年6月には「第1次円対策」8項目を発表し，輸入の促進，資本の自由化，財政金融政策の機動的運営による内需拡大などで，不均衡を是正しようとした。

結局，1971年8月，ニクソン米大統領は「新経済政策」を発表し，金・ドルの交換停止などの措置がとられた。いわゆるニクソン・ショックである。日本の通貨当局は東京外国為替市場を閉鎖することなく，円売り・ドル買いで防戦したが奏功せず，結局，その2週間後に円を一時フロートに移行させるとともに，円の急騰を防ぐために，短資流入規制を強化した。しかしながらその後も，円の対ドル相場は上昇していった。

1971年12月の「スミソニアン合意」によって，固定相場制の再建に向けて，主要通貨の再調整が実施された。この一環として，円の対ドル中心相場（セントラル・レート）は，新たに1ドル＝308円と設定された。この場合，金との交換性のないドルに対して，平価ではなく中心相場という概念が使用されたの

である。同時に，主要通貨の許容変動幅は中心相場の上下各2.25%へと拡大された。しかし，円切り上げにもかかわらず，日本の貿易収支は，その後も黒字を続けた。日本政府は，円の再切り上げを防ぐために，72年5月に「第2次円対策」，同年10月に「第3次円対策」と相次いで発表した。結局，73年2月のドルの再切り下げをきっかけに，ドル売りが殺到し，国際通貨情勢が混乱するなかで，円は変動相場制に移行するとともに，翌3月には，欧州主要通貨も変動相場制へと移行した。かくしてスミソニアン体制は短命に終わったのである。

4 変動相場制への移行と円の行方

4.1 変動相場制と円高トレンド

変動相場制移行後の円ドル相場は，それを時間軸でみると，長期，中期，短期という3つの次元で考えることができる。すなわち，図16-4に示されるように，まず長期では円高トレンドがみられる。戦後のブレトン・ウッズ体制のもとでの1ドル=360円から，1ドル=120円へと，ほぼ3倍の円高になっている。一方，短期では，円相場は概して不安定な動きを示した。この現象を指して「乱高下」という表現が使われることもある。これに対して，中期的には，円相場は，数年ごとに大きな循環を描いてきた。そしてその循環のたびに，戦後の最高値を更新するという特徴がみられたのである。

円相場の，こうした3つの次元の背後に横たわる要因を完全に説明しきる理論はないが，近似的にいえば，長期の円高トレンドは，日米間の物価格差（とりわけ輸出物価格差）によって説明される。いわゆる「購買力平価」説に基づく説明である。これに対して，短期の変動は，金利差や為替相場予想などが，大きな影響を与えている。中期的にみた場合，円ドル相場は，国際収支やマクロ経済政策，米国の為替政策などに大きく規定されてきたように思われる。ここでは，この中期の循環に注目しながら，変動相場制下の円についてみておこう。

円が変動相場制へ移行した後の1973年10月，第一次オイル・ショックによって日本の経常収支が赤字に転じたことから，円は急落した。その対策として，資本流出規制の強化，産油国からの為替銀行を通じた外貨の借り入れなどが行

◆ 図 16-4　戦後の円ドル相場

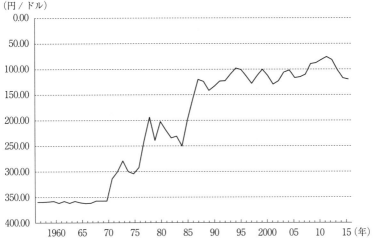

（注）　1957～72年はインターバンク中心相場。73～94年はインターバンク相場終値ないし15時30分時点の出来値（年末），95～2002年はインターバンク市場参加者等から聴取した売値と買値の中間値（年末。17時時点）。03年以降はインターバンク相場の12月平均。
（出所）　日本銀行『経済統計年報』『金融経済統計月報』，国際通貨研究所ホームページ，より筆者作成。

われたため，円相場は回復した。翌年の5月から6月にかけては，ユーロ市場における金融不安などの影響から，円相場は再び下落している。

　円高が最初のピークをつけたのは，1978年10月の1ドル=176円50銭であった。すなわち，第一次オイル・ショック後，日本経済は回復し，経常収支も黒字に反転したが，アメリカの経常収支の悪化と，西ドイツと日本の経常収支の黒字化という二極化が進行したため，77年から全般的なドル安が進行し，78年11月にはカーター米政権が本格的なドル防衛策に乗り出す。この過程で円が高騰したのである。しかしその翌年，79年12月の第二次オイル・ショックにより，日本の経常収支は再び赤字になり，円は反落する。日本は，短資流入促進策など，数次にわたる円安対策を発表した。

　円高の次のピークは，1988年1月の1ドル=120円60銭であった。周知のように，アメリカでは81年1月に発足したレーガン政権のもとで，インフレ

抑制,高額所得者向け減税,社会保障の削減など,スタグフレーション対策が実施された。いわゆるレーガノミクスである。この結果,連邦政府の歳入欠陥,高金利,ドル高などがもたらされ,財政赤字と経常赤字の「双子の赤字」が出現する。米当局の非介入原則のもとで,ドル高は85年初頭まで続いたが,結局,同年9月のG5(先進5カ国蔵相・中央銀行総裁会議)によるプラザ合意の結果,主要通貨の調整が行われ,急速な円高が進行していく。そのピークが88年初頭であった。この円高トレンドは,その後95年まで10年余り続くことになる。

　1990年代に入ると,日本のバブルの崩壊とともに,一時円安に戻すが,95年4月にはメキシコ危機の影響もあって,円高のさらなるピーク,つまり1ドル=79円75銭を記録する。これが円高の第3のピークであった。その後,バブル崩壊,経済低迷,金融危機の進展などから,円相場は低落していったが,90年代末から,アメリカの「双子の赤字」が再びあらわれはじめ,2003年頃から円高圧力が強まっていくことになる。これに対して,日本の通貨当局は,デフレ長期化への懸念などから,史上最大規模のドル買い・円売り介入で応戦した。現時点での円の戦後最高値,つまり第4のピークは,東日本大震災のあった11年の10月につけた1ドル=75円32銭である。

　第二次世界大戦後,とりわけ変動相場制移行後の円・ドル相場を振り返ると,日本は円が強くなることへの恐怖心に苛まされてきたともいえる。高度成長期後半の円切り上げ論議に続いて,変動相場制移行後には長期にわたり,円高圧力にさらされてきた。そして実際には,「輸出競争力の強化→貿易黒字の増加→円高の更新→輸出競争力のさらなる更新」という循環が形成され,政府も円高対策を繰り返した。為替変動に翻弄され続けた戦後史だったといってよい。

4.2　円の国際化とその停滞

　変動相場制移行後の円をめぐるもう1つの特徴は,いわゆる「円の国際化」問題が浮上したことである。円の国際化とは,円が,非居住者によって,貿易建値通貨,決済通貨,投資通貨として使われたり,海外の通貨当局の外貨準備として保有されたりすることをいう。

　第二次世界大戦後における円の国際化の嚆矢は,1960年7月の非居住者自由円勘定の創設に求められよう。これは,非居住者の保有する円に対して,経

常取引に限り，対ドルへの交換性を付与するものであった。これによって，円為替による貿易促進がめざされたのである。さらに，73年の第一次オイル・ショックの際には，本邦為銀（外国為替銀行）の貿易金融の原資となっていたユーロダラーの取り入れが困難化したことから，貿易の建値通貨，決済通貨の「円シフト」が叫ばれた（ユーロ市場については，第15章参照）。

　一般に，この時期の円の国際化の考え方は，円の建値通貨，決済通貨としての利用には前向きだが，海外の通貨当局の外貨準備に組み入れられることに後ろ向きだった点に特徴がある。これは，日本の対外ポジションが不安定なうえ，日本の金融政策に対する攪乱的影響が懸念されたためである。

　円の国際化が現実の政策課題として大きくクローズアップされたのは，1980年代半ばのことであった。この背景には，すでに述べたように日本が経常収支黒字を定着させ，債権大国化していく状況があった。しかし，アメリカ側も，折からの日米貿易不均衡を解決するために，ドル高を是正したり，アメリカ金融機関の活動の場を広げたりするために，円資産市場の自由化・国際化を必要としたという面があった。そうした状況下で，84年5月，日米通貨当局の文書『日米円・ドル委員会報告書』が公表されるとともに，翌年3月，日本側の外国為替等審議会答申「円の国際化について」が発表される。とくに後者の文書では，決済通貨の機能だけでなく，資産通貨，準備通貨の機能なども含む，円の国際化の方向性が打ち出され，そのような見地から，基軸通貨ドルを補完するという機能が指摘されていた。具体的な施策としては，たとえば，ユーロ円市場の整備，円転規制の撤廃，円建て銀行引受手形（BA）市場の創設，証券取引所の会員権の開放，などがあげられていた。これにより，円の国際化は確かに進展したが，しかし期待されたほどの成果を収めなかった。

　その後，円の国際化に向けての新たな契機になったのは，1997年のアジア通貨危機と，99年のユーロ誕生であった。98年5月，松永光蔵相（当時）は円の国際化の推進を表明したが，公式の場で政府が円の国際化に言及したのは，84年の日米円ドル委員会以来のことであった。翌99年1月には宮澤喜一蔵相（当時）がユーロ誕生を歓迎する声明のなかで，円の国際化に対して積極的に言及している。そして，これらと前後して，関係省庁の審議会や研究会，民間機関などで円の国際化についての検討が次々に進められた。検討課題としては，①ドル，ユーロ，円の3極通貨間の安定，②これら3通貨を構成通貨とする通

貨バスケットの創出とそのなかでの円のウエイトを高める方策，③アジアにおける通貨政策の連携，などがあった。つまり，グローバルな視点のみならず，アジア地域を射程に入れたリージョナルな視点からの円の振興策が議論されたのである。しかしながら，円の国際化は，その後も進展せず，むしろバブル崩壊とともに停滞するに至ったのである。

2000年代に入ると，本書第15章で述べたように，アジア地域における域内協力が開始されている。その例として注目されるのは，中央銀行間におけるスワップ取り決めの開始である。これは00年5月，「ASEAN（東南アジア諸国連合）＋3（日中韓）」の財務相会合で合意された2国間のスワップ網としてスタートした。危機の際に自国通貨ないしドルを融通しあうもので「チェンマイ・イニシアティブ」（CMI）と呼ばれる。ほぼ10年後の09年5月の同会議では，いわゆる「CMIのマルチ化」（CMIM）が取り決められ，CMIを複数の2国間契約から1本の多国間契約に衣替えされた。他方，円の国際化との関連では，アジア通貨のみで構成される通貨バスケットであるアジア通貨単位（ACU）も話題になったが，現在までのところ，この問題は本格的に深められていない。これは，この問題が各国の通貨に関わる問題であることにくわえ，欧州通貨単位（ECU）を基礎に創設された欧州単一通貨ユーロがその後危機を経験したことなどが影響していると思われる。しかし今日，ASEAN＋3が，アジア域内協力の1つの重要な枠組みとなっている点は注目すべきである。

4.3　グローバル化と円の行方

現在，日本の金融システムは，金融のグローバル化のなかで，絶えざる技術革新を求められるとともに，急速な変貌を遂げているといってよい。

金融のグローバル化は，1980年代以降に明確な姿をとるようになった。すなわち，80年代には，東京，ロンドン，ニューヨークを結ぶ先進国間のグローバルな資本移動があらわれ，90年代に入ると，東アジアや中南米，東欧地域などが新興地域として台頭し，それらの地域へ大量の資本が移動した。これらの動きの背景には，ソ連・東欧の社会主義体制崩壊，中国・ベトナム・インドなどにおける市場経済化の流れなどの動きも深く関わっていた。そしてそうしたなかで，多国籍企業や金融機関などの合従連衡が強まり，国際資本移動が活発化し，国際金融市場はますます巨大化・複雑化するようになっている。

そのような状況のもとで，とくに1990年代以降，世界的に通貨・金融危機が頻発するようになったことを指摘しておく必要がある。90年代の通貨危機のおもな発生地域は，92～93年のヨーロッパ，94年のメキシコ，97～98年の東アジア，98年のロシア，99年のブラジルであり，21世紀に入ってからもトルコやアルゼンチンで発生している。さらに，2008年にはアメリカ発の世界金融危機（リーマン・ショック）が発生した。これはアメリカへの資本の一極集中が強まるなかで起きた1930年代大恐慌以来の真にグローバルな危機であったといえる。

アジアに目を転じると，世界金融危機後，邦銀は，危機の影響が相対的に軽微であったこともあり，新興国，とくにアジア向けの国際金融業務を強化している。また，アジア通貨のなかで，近年台頭しているのが中国人民元である。人民元の国際化は始まったばかりであるが，今後，中国市場のさらなる台頭とともに，影響力の拡大も予想されている。さらにアジアでは，すでに述べたように1997～98年のアジア通貨危機の反省を踏まえて，ASAEN＋3による域内協力が開始されるとともに，2015年12月にはASEAN経済共同体が発足している。このような近年におけるアジア経済圏の台頭を考えると，円の今後にとって重要なことは，円のプレゼンスの拡大もさることながら，アジア域内において為替の安定をいかに確保するかということであるように思われる。

ここ数年，日本では，いわゆる「アベノミクス」のもとで，円ドル相場は一時，円安に動き，日本経済に追い風が吹くかにみえたが，貿易収支は改善していない。その理由の一端は，福島原子力発電所事故に伴うエネルギー資源の輸入もあったが，より基本的には，円高による工場の海外移転によって，国内の生産拠点が減少したことにある。また，海外からの製品の逆輸入や新興国からの安価な製品，さらに食料品などが増えており，円安は，これらの輸入品の値上がりにつながりやすい構造となっている。日本メーカーと競合する製品を輸出しているアジア近隣諸国にとっては，円安は，文字通り「近隣窮乏化政策」と受け止められることがあった。その後，円高への揺り戻しもみられたが，いまや日本は，ドルのみならず，アジアの通貨をも射程に入れつつ，将来を見据えた通貨外交を展開すべきときにきているように思われる。

かくて，今後は，グローバルかつリージョナルなレベルで，いかにして安定的かつ持続的な金融や通貨の枠組みを構築するかが重要な課題となっている。

こうした課題に取り組まないかぎり，世界経済は今後とも，金融グローバル化の負の影響に翻弄され続けることとなろう。日本としても，その点を認識し，時代の要請に応える国際金融システムの再構築のために努める必要がある。

(上川孝夫)

練習問題

1. 円の歴史の変遷について，現在の円との比較を念頭に置きながら，第二次世界大戦前と戦後に分けて，説明しなさい。
2. 1970年代初頭の変動相場制移行後における円ドル相場の特徴と，それがもたらした影響について，説明しなさい。
3. 金融グローバル化が進展するなか，今後の日本の円の歩むべき道について，論じなさい。

参考文献

浅井良夫［2015］『IMF 8条国移行——貿易・為替自由化の政治経済史』日本経済評論社

石井寛治編［2001］『日本銀行金融政策史』東京大学出版会

上川孝夫［2015］「為替変動　日本経済を激変させたプラザ合意」『週刊エコノミスト』8月11・18日合併号

菊地悠二［2000］『円の国際史』有斐閣

吉野俊彦［1987］『円とドル——円高への軌跡と背景』日本放送出版協会

◆ Column　円と金融システムの将来

　日本の通貨である円は，第二次世界大戦をはさんで，大きく国際的地位を変化させてきた。これを円ドル相場で考えてみよう。現在の円はドルやユーロなどとともに世界的に取引されているが，戦前の円ドル相場は，金本位制が確立した 1897 年から第一次世界大戦までの間，また第一次世界大戦後の金解禁の一時期を除けば，概して円安の歴史であった。

　第二次世界大戦後，日本は，占領期を脱した後に，世界にも稀有な高度成長への途を歩んだ。当初は外資を導入する純債務国だったが，やがて資本を輸出する純債権国へと転化し，1980 年代半ばには世界最大の純債権国にすらなった。そうした状況を反映して，円ドル相場は，1 ドル＝ 360 円の固定相場制が約 20 年続いたのち，変動相場制移行後の約 40 年間に 1 ドル＝ 100 円近傍になった。つまり，戦後は概ね円高の歴史を歩んできたといえるのである。

　このような戦後日本の国際的地位の変化，円高の進展，そして低金利のなかで発生したのが，1980 年代後半の日本のバブル経済であった。バブル崩壊後，日本経済は長期不況からデフレへと進展してきたが，日本は過去 4 度のデフレを経験したと考えられる。すなわち，本文でもみたように，明治維新直後の松方デフレ，1920 年代末～30 年代初頭の金解禁前後の井上デフレ，第二次世界大戦後の復興過程で起きたドッジ・デフレ，そして近年の平成デフレである。平成デフレはグローバル化と金融危機が進む過程であらわれた点に特徴がある。現在，このデフレは解消したともいわれているが，デフレに陥る懸念が完全に払拭されているわけではない。

　これは，近年日本が経験してきたデフレが，グローバルなデフレ圧力に加えて，日本固有のデフレ圧力が絡みあった「複合デフレ」ともいうべき性格を持っているからであろう。すなわち，経済のグローバル化と新興国の台頭に伴う輸入デフレ圧力や，バブル崩壊後に長期にわたって続いている資産価格の低迷，さらに実質賃金の低迷に伴う消費の伸び悩みなどに加えて，近年活発化している長期停滞論とも絡んだ生産性の低下傾向などが，相乗的に絡んだ現象であると考えられる。

　それゆえ，今後日本経済を活性化するためには，単なる物価問題を超えて，いわば未来志向的な経済システムをいかに構築するかという視点を共有することが重要である。そしてその場合には，マネタリーな面だけではなく，リアル・セクターに関わる政策設計も欠かせない。すなわち，経済の活性化を促す新産業政策，医療・福祉・年金制度の再構築，環境・災害対策，雇用政策，地域再生型・分権型のシステム，財政構造の見直し，などである。日本は，時代の要請に応える，あるいは時代を先取りした金融システムの構築に努める必要がある。　　　　　（上川孝夫）

国際化とグローバリゼーション

西 村 閑 也

　国際化という言葉を目にすることは，最近は珍しくなった。これに代わって頻繁に使われるようになった言葉がグローバリゼーションである。グローバリゼーションという新造語は，明確な定義なしに使われていると思われるが，それが国際化という言葉に代わって用いられるようになったのは理由のないことではない。グローバリゼーションは国際化という言葉ではカバーしきれない内容を含んでいるからである。国際化は，異なった国々の間の諸関係の強化と各国の社会，政治，経済における対外関係の重要度＝対外開放度の上昇という，一般的な用語である。グローバリゼーションとは，商品と生産要素（労働と資本）および情報の大規模な国際移動の結果として，とくにインターネットと多国籍企業の出現のおかげで，法律，政治制度，社会体制，思考様式などが，世界的に画一化される傾向が生じたこと，さらに一国の枠のなかに納まり切れない脱国家的組織と超国家的組織の生成と発展がめざましくなっていることを示すものである。すなわち特定国政府の規制に拘束される度合いの少ない多国際企業とEUなどの超国家的な組織である。そして，このために国民国家という枠組みは，時代遅れのものになりつつある，という議論すらある。現代においては，対外証券投資，対外直接投資，国際短期資本移動がきわめて活発であるが，同時に国際的な人間の移動，すなわち単純労働力としての移民と高度な技能を体化した専門家の国際移動が，きわめて大規模になっている。1960年代まで，国際化は，貿易など経常取引の自由化によって，財とサービスの国際移動を活発にして，比較優位の原理に基づく利益を実現しようとした動きであった。それに比べて，グローバリゼーションは次元が一段高い国際化である。国際資本移動，情報の即時的伝達と人間の国際移動は，世界諸国の技術，教育，生活様式（アメリカン・ウェイ・オブ・ライフ），思想，発想法，行動様式などの均質化と英語の国際共通語化を引き起こしている。第一次世界大戦前にすでにこのような流れが始まっていることを感知した人の1人が，ドイツの社会主義者K.カウツキーであり，彼は超帝国主義という言葉でこの新潮流を表現した。

　グローバリゼーションが始まったのは，実は，かなり古いことである。1870年代から1914年の第一次世界大戦の勃発に至る半世紀も，グローバリゼーション進行期であった。すなわち海底電信線によって各国の市場が1つの世界市場に結びつけられた。1860年代までは，たとえばイギリスからインドへの書簡の往復にすら数カ月かかっていたのである。それが，電信による情報の即時的伝達に取って代わられ，商業，金融取引の革命が生じた。蒸気機関，内燃機関の発達による船舶・

鉄道など交通機関の高速化，大型化，運行の定時化が生じた。このために交通革命が生じ，人類史上はじめて商品市場の国際的統一が実現されたのであり，世界全体に一物一価の法則が貫徹したのである。それまでは高水準の在庫商品を保有して需要と供給をつなげなくてはならなかったものが，在庫水準を画期的に切り下げることができるようになり，資本の回転率が大きく上昇した。輸送コストが高いために，世界商品にはなりえなかったバルク・カーゴ（ばら積貨物），たとえば鉱石，穀物，食肉などが，遠距離にまで輸送され，先進国の重化学工業の発展と都市化を可能にした。これらの一次産品の未開発地域（含アメリカ西部，カナダ，オセアニア）における生産と輸送のための鉄道，港湾などの建設に必要な資本が先進国から未開発地域に輸出されるようになった。他方で，アメリカ大陸，アフリカ，アジア，オセアニアから輸入される農産物の競争のためにヨーロッパの農業経営は不利になり，先進国の農村や東欧・南欧の農業諸国から大量の移民が新大陸に流入した。アジアでも，一次産品の生産と輸出が増えた地域へのインド人，中国人の移動が大規模に生じた。これと同時に，先進諸国は互いに競争して，未開発の発展途上地域を植民地化した。これによって，欧米諸国の制度，思想，宗教が発展途上地域に移植された。帝国主義的侵略の対象となった諸国に貧困と悲惨がもたらされたことは疑いないが，しかし，それは近代的な技術，教育，制度を発展途上地域に移植する作用を持った。各帝国の域内では，法制，教育制度，社会制度の一律化が進められた。帝国主義はグローバリゼーションの促進要因としての側面を持っていたわけである。また，この時期には石油，電気機械，農業機械，ミシン，タバコ，化学などの業種で多国籍企業が出現した。香港上海銀行，スタンダード・チャータード銀行などの国際大銀行のルーツもこの時代にある。

　戦間期には，先進諸国間の対立が強まり，社会主義国が出現し，世界不況下で貿易・為替管理の強化が生じたために，グローバリゼーションは，大きく後退した。1913 年には工業国の輸出＋輸入の国民所得に対する比率（貿易依存度）は，12%に達していたが，この数字は戦間期に大きく下がり，12%という数字が回復されたのは，70 年代においてであった。その後は，グローバリゼーションが大きく進展し，インターネットと，国際航空運賃の低廉化が，それを新たな次元に押し上げた。

　つまり，グローバリゼーションは，1870～1914 年の第 1 次グローバリゼーションと 1980 年代後半からの第 2 次グローバリゼーションの 2 つの時期において生じており，その 2 つの時期の中間は，2 回の世界大戦と 1930 年代大不況による諸国経済の分断＝デグローバリゼーション（deglobalization）の時代であったという見取り図を描くことができる。とはいえ，第 1 次グローバリゼーションと第 2 次グ

ローバリゼーションとは完全には同じものではない。第2次グローバリゼーションには，先進国による発展途上国の植民地化という古典的帝国主義の要素はみられない。第1次グローバリゼーションのもとでは，イギリス以外の先進工業国はすべて高率の保護関税を設けていたが，今日では世界的に自由貿易の体制が確立している。第1次グローバリゼーションの時代は国際金本位制，すなわち固定為替相場が国際通貨体制であったが，第2次グローバリゼーションの今日は，変動為替相場制が支配している。他方，第2次グローバリゼーションに特有のものはIT技術である。それによって，さまざまな金融革新が出現したことは，周知のことである。それだけでなく，生産工程の自動化，ロボット化が進んだことと，発展途上諸国の工業化→これら諸国の製品輸出の急増→先進国における価格破壊が生じたことによって，先進諸国では製造業の国民生産における比重は次第に下がりつつある。そして製造業就業者の勤労人口に占める比率は，すべての先進国で大きく下がっている。このことは，労働組合の力を削減することにつながった。さらに，第1次グローバリゼーションの時代には，規制が最小限に抑えられ，国家の役割もきわめて小さかった。たとえば，1913年のイギリスの財政支出は2720万ポンドであり，GDPの10.8%にすぎなかった。2001年のイギリスのGDPは，1兆70億ポンド，財政支出は同年に3940億ポンドで，GDPの39.1%に相当する。先進国のどの国をとっても，第一次世界大戦前よりも中央政府財政の比重は今日のほうがはるかに高くなっている。これは，年金，介護，高度医療などの福祉関係支出，教育費，高度国防費などが今日の国家体制の根幹に組み込まれたからである。つまり，第1次と第2次のグローバリゼーションは相似の側面と，大きく異なった側面とを有している。

　見通しの可能なかぎりでの将来において，両大戦間のようにグローバリゼーションが後退し，国際取引，国際交流を抑制，禁止するような体制が再現するとは考えられないことである。1990年代初頭における旧共産圏諸国の政治，経済体制の崩壊も，グローバリゼーションの結果である。独裁体制は，国際的な情勢についての情報を国民から遮断することを前提としてしか存在しえないものだからである。さらに，各種の国際協定と超国家的国際機関の存在が国民国家の力の恣意的行使を制限しはじめている。そしてグローバリゼーションの影響は貨幣，金融面において，とくに強く，明瞭にあらわれていることは，周知のことであろう。すなわち，各国の国内金融と国際金融との間の壁は次第に崩れつつあるのである。

◆

学説に学ぶ⑤　フィッシャー・ブラック＝マイロン・ショールズ

ブラック　　ショールズ

Fischer Black（1938-95）
Myron Scholes（1941-　）

「金融」と名前のつく学問，業界に関わっている人間で，「ブラック＝ショールズ・モデル」という言葉を「聞いたことがない」という人はまずいないであろう。ここで紹介するフィッシャー・ブラックおよびマイロン・ショールズは金融理論と金融実務両サイドの最前線で活躍した他に類をみない経済学者である。

1938年生まれのブラックはもともと，応用数学で博士号をとっており，経営コンサルティング会社ADLに勤務しながら，その知識をファイナンス分野に生かし資本資産評価モデル（CAPM）の研究に没頭していた。

また，1941年にカナダで生まれたショールズは16歳のときに癌で亡くした母親の影響で，高校生の頃から株式市場に興味を持ち，マックマスター大学で経済学を専攻した後，シカゴ大学の大学院でファイナンス理論の研究を進めていた。ショールズがとくに興味を持っていたのは「証券取引の需要曲線の形状」で同テーマで博士号を取得している。

大学院を出たショールズは1968年から，マサチューセッツ工科大学（MIT）の助教授となるが，そこで，ブラックとショールズの2人は運命的な出会いを果たし，意気投合した彼らは驚異的な研究成果を次々と発表し続けた。その後，ブラックは，72年にシカゴ大学の教授および同校CRSP（Center for Reserch in Security Prices）の所長となり，共同研究を進めるためシカゴ大学に籍を移したショールズとともに，73年，"The Pricing of Options and Corporate Liabilities"（*Journal of Political Economy,* May-June）にて，かの有名なオプション評価理論である「ブラック＝ショールズ・モデル」を発表した。

オプションとは，原資産を将来のある時点に（権利行使日）にあらかじめ約定した価格（行使価格）で購入する権利（コール・オプション）または売却する権利（プット・オプション）を売買する取引のことで，将来の受け渡しを現時点で契約するという点で先物取引に類似している。しかし，オプションは，あくまでも「権利」の売買で，原資産の価格変動と行使価格とを比較して自分の都合が悪くなれば権利を放棄することができる。よって，一見すると，まったく損失が発生しないようにみえるが，実際には，これらのオプションを設定しリスクを回避する代価として「オプション・プレミアム」を支払わなければならない。このプ

レミアム（価格）をどのように決定するかがオプション評価理論の最大の関心となっていた。

　ブラック＝ショールズ・モデルは，従来の2項モデルを基礎に熱伝導方程式を応用し，時間を区切りのない連続型で取り扱う点で革新的であった。しかし，高度な数学を用いて導出されたモデルは，その導出過程の複雑さとは裏腹に，わずかなデータを入力するだけで簡単に利用することができるため，「実務に応用しやすい」というもう1つの利点があった。ブラック＝ショールズ・モデルの場合，オプションの価格を知るために必要なデータは，①現在の対象資産の価格，②権利行使価格，③満期までの期間，④安全資産の利子率，⑤対象資産の価格変動性（ボラティリティ）の5種類のデータだけである。①〜⑤のデータは契約時点ですでに確定しているので機械的に入力することが可能であるし，⑤のボラティリティもコンピュータを使えばさまざまな手法を用いて比較的容易に推計することができる。このため，ウォール・ストリートを歩く多くの金融実務家が各自のプログラム電卓にこれらの数式を入力し，データとともに持ち歩いていたといわれている。

　その後も，両者は"The Effects of Dividend Yield and Dividend Policy on Common Stock Prices and Returns"（*Journal of Financial Economics*, May, 1974）など意欲的に金融資産市場分析に取り組んでいたが，ショールズが1983年にスタンフォード大学に移ると，ブラックはより実践的な場を求めて84年にゴールドマン・サックスの共同経営者となった。また，ショールズも90年にはソロモン・ブラザーズの共同経営者に招かれ，両者はともにより実践的な世界へと身を置くようになる。

　やがてブラックとショールズの功績は広く認められ，ショールズとモデルの正当性を証明したR. マートンは1997年にノーベル経済学賞を受賞することができた。残念ながら，当のブラックは，95年8月30日に咽頭癌のため57歳の若さですでに亡くなっており，スウェーデン国王に拝謁することはかなわなかった。

　ノーベル賞受賞後，ショールズとマートンはソロモン・ブラザーズの元副会長であるJ. メリーウェザーの創設したロング・ターム・キャピタル・マネジメント（LTCM）の共同経営者となったが，同社の1998年の破綻は世界的なニュースとなり，理論と実践の隔たりがなおも大きいことを物語った。また，*The Journal of Finance* を発行しているアメリカ・ファイナンス協会は，2002年にブラックの業績を称え，ファナンス研究の先駆者に対し「ブラック賞」を設置している。

（兵藤　隆）

学説に学ぶ⑥　ハイマン・ミンスキー

Hyman Philip Minsky (1919-96)

　ハイマン・フィリップ・ミンスキーは，1919年9月23日にシカゴに生まれた．父は，サム・ミンスキーといい，ロシア移民のユダヤ人で社会党の活動家だった．母は，ドラ・ザーコンといい，2人は，カール・マルクス生誕100周年を祝う，党のユダヤ人部会で知り合った．ハイマン・ミンスキーは，ニューヨークのジョージ・ワシントン高校を卒業後，1937年シカゴ大学に入学した．彼は，数学を専攻し，41年にシカゴ大学から数学で学士号をとっている．シカゴのアメリカ社会党青年部会で活動した彼は，O. ランゲ，P. ダグラス，F. ナイト，H. サイモンズらから経済学を学び，シカゴ大学大学院では，経済学を専攻したが，シカゴで学位は取らなかった．ランゲの強い勧めによって，シカゴを離れ，ハーバード大学の W. レオンチェフの研究グループに参加し，産業連関分析を学ぶことになったからである．ランゲは，社会主義計画経済に産業連関分析は，不可欠と考えていたのである．

　ミンスキーは，1942年ハーバード大学大学院に進んだが，1943年2月から45年春まで，ニューヨークにあるブルックリン軍事基地の統制・計画部門に所属し，その後ヨーロッパ勤務となった．彼は46年はじめに除隊し，同年秋にハーバード大学へ戻り，47年に修士号，54年には経済学博士号を，いずれもハーバード大学で取得，専攻は金融だった．

　ブラウン大学で，1958年まで教えた後，カリフォルニア大学バークレー校に移り，準教授として58年から65年まで勤めている．その後教授として，セントルイスにあるワシントン大学に65年から90年まで在籍し，その後，特任教授としてバード大学ジェローム・レヴィー経済学研究所に勤め，亡くなる数カ月前まで研究と執筆活動を続けていた．96年10月24日木曜日，すい臓癌のためニューヨーク州，ラインベックの病院で亡くなった．享年77歳だった．

　生涯に4冊の著作と100を超える多くの研究論文を残したが，ミンスキーの名を世に知らしめたのは，ケインズ左派の立場からケインズ理論を解説した，『ケインズ理論とは何か』(*John Maynard Keynes*, 1975) であり，イタリア，スペイン，ドイツ，日本の4カ国語に翻訳されている．1982年には，『投資と金融――資本主義経済の不安定性』(*Can "It" Happen Again?*, 1982) を出版した．原著のジャーナリスティックな表題から連想される内容とは異なり，本書は，彼の専門論文集である．だが，何といってもミンスキーの主著は，1986年に出版された

『金融不安定性の経済学』(Stabilizing an Unstable Economy, 1986) であろう。彼はこの著書において「金融不安定性仮説」の理論的集大成を行ったのである。

ミンスキーは，金融不安定性仮説の基本命題を次のように述べた。「金融不安定性仮説の基本命題は次のとおりである。①資本主義市場経済は，持続的な，安定価格・完全雇用均衡をもたらすことができない。②深刻な景気循環は，資本主義にとって本質的な金融属性のために生じる」(ミンスキー〔吉野紀・浅田統一郎・内田和男訳〕『金融不安定性の経済学』多賀出版，1989年，212頁)。この命題は，当時のケインズ理論の標準的解釈，すなわち新古典派総合の考え方とは著しく相違を示している。新古典派総合は，分権的な市場構造は自動的に維持される安定価格・完全雇用均衡を，外部からの攪乱がないかぎりもたらすと考えたからである。しかも，この標準的ケインズ解釈は，金融と負債の役割を軽視し，金融が存在しない経済としてその分析を行っていたのである。

金融不安定仮説は，金融の資本蓄積への影響を重視し，現代資本主義経済が正常に機能するかどうかは，投資から得られる資本所得に依存し，資本資産が過去の負債を返済するに十分な所得を獲得するレベルに到達しかつ維持されることが重要と考える。そして，資本主義経済では，負債の返済不能，すなわち金融危機に陥る特質が，とりわけ景気高揚の末期に内在化していると論じた。この議論が，当時の主流派マクロ経済学だった新古典派総合とは著しく異なる仮説だったことは明らかである。

アメリカにおける1966年の信用危機，70年の流動性逼迫，74〜75年の金融機能障害を経て，ミンスキー金融不安定仮説は現実味を帯びてきた。したがって，ミンスキー・モデルは，ケインズ理論の通説的解釈を乗り越え，アメリカ資本主義の実態に根ざした理論構築であったという点にその意義があり，商業銀行を「投機的金融組織」と規定し，「本来的に金融不安定性をその機能としている」としたこともきわめて鋭い理論的解釈だったといえよう。さらに，金融恐慌の必然的展開と同時に，中央銀行の最後の貸し手機能ならびに連邦政府の赤字財政によってそれを阻止できるという政策的結論を導き出したことも，実に現実感覚溢れる議論だったといえる。

(萩原伸次郎)

❖ 年　　表 ❖

年	月	日　本	世　界
1668			スウェーデン，リクスバンク設立
1694			イギリス，イングランド銀行設立
1698			イギリス，ロンドン株式取引所開設
1776			アメリカ，独立宣言
1792			アメリカ，ニューヨーク証券取引所開設
1800			フランス，フランス銀行設立
1803			フランス，貨幣法制定（金銀複本位制の採用）
1816			イギリス，金本位法成立（21年，実施）
1825			イギリス，はじめて資本主義恐慌を経験
1833			イギリス，イングランド銀行券が法貨に
1844			イギリス，ピール条例（イングランド銀行特許条例）成立
1863			アメリカ，全国通貨法制定（64年，国法銀行法に改正）
1871	6	新貨条例公布（金本位制採用。貨幣単位を円・銭・厘に変更）	
	12		ドイツ，金貨鋳造法公布（金本位制採用）
1872	12	国立銀行条例公布	
1874	8	貯蓄規則制定（75年5月，業務開始。郵便貯金のはじまり）	
1876	8		フランス，事実上の金本位制採用
1878	5	株式取引所条例制定（6月，東京株式取引所開業。8月，大阪北浜株式取引所開業）	
1880	2	横浜正金銀行開業（旧東京銀行の前身）	
	6	東京貯蓄銀行開業（貯蓄銀行のはじまり）	
1882	6	日本銀行条例公布（10月，日本銀行開業）	
1884	5	兌換銀行券条例公布（85年5月，日銀兌換券の発行開始）	
1890	11		ベアリング商会倒産（ベアリング恐慌）
1891	3	日銀，東京手形交換所に客員参加（日銀当座預金振替決済開始）	
1893	3	取引所法公布（株式会社組織に転換，清算取引導入）	
1894	8	日清戦争勃発（95年4月，下関条約により遼東半島・台湾割譲）	
1897	3	貨幣法公布（10月，施行。金本位制確立。1988年3月廃止）	
1900	3		アメリカ，通貨法公布（金本位制採用）

323

年 月	日 本	世 界
1904 2	日露戦争勃発（05年9月，ポーツマス条約により南樺太割譲・関東州租借）	
1907 10		ニューヨーク株式市場大暴落（1907年恐慌）
1910 8	日韓併合	
1913 12		アメリカ，連邦準備法公布（連邦準備制度設立）
1914 7		第1次世界大戦勃発（18年11月，終結）
8		イギリス，金輸出禁止（事実上の金本位制停止）
		ドイツ，フランス，金本位制停止
1917 9	金本位制停止（金輸出禁止）	アメリカ，金本位制停止（金輸出禁止）
1918 7	シベリア出兵（22年10月，撤兵）	
1919 6		ヴェルサイユ条約調印
		アメリカ，金本位制復帰（旧平価）
1920 3	日銀，ニューヨーク連邦準備銀行と相互預金契約締結	
1923 9	関東大震災	
1924 10		ドイツ，金本位制復帰（新平価）
1925 4		イギリス，金本位制復帰（旧平価）
1927 2		アメリカ，1927年銀行法（マックファーデン法）成立（国法銀行の支店設置・証券業務等）
3	金融恐慌（昭和恐慌）発生 銀行法公布（銀行業の許可制，最低資本金法定等。28年1月，施行）	
1928 6		フランス，金本位制復帰（法律上の復帰。新平価）
1929 10		ニューヨーク株式市場大暴落（暗黒の木曜日）
1930 1	金本位制復帰（旧平価で金輸出解禁）	
5		国際決済銀行（BIS）創設
1931 4	無尽業法公布（無尽会社の設立）	
5		オーストリア，クレディット・アンシュタルト銀行破綻（欧州金融恐慌開始）
7		ドイツ，事実上の金本位制停止（為替管理導入）
9	満州事変勃発	イギリス，金本位制停止
12	金本位制停止（金輸出再禁止）。日銀券の兌換停止	
1932 4		イギリス，為替平衡勘定創設
5	5.15事件	
7	資本逃避防止法公布・施行	
11	新規長期国債の日銀引受発行開始	
1933 3	国際連盟脱退	アメリカ，金本位制停止（金輸出禁止）

年 月	日 本	世 界
6	外国為替管理法公布（5月，施行。資本逃避防止法廃止）	ロンドン世界経済会議（7月まで） アメリカ，1933年銀行法（グラス=スティーガル法）制定（銀行・証券業務分離，連邦預金保険公社設立，レギュレーションQ導入等）
1934 1		アメリカ，金準備法成立。ドル切下げ（金1オンス=35ドル） アメリカ，預金保険制度実施
4		アメリカ，為替安定基金創設
6		アメリカ，証券取引法制定（7月，証券取引委員会〔SEC〕発足）
8		ドイツ，第三帝国創設（総統兼首相ヒトラー）
1935 6		アルゼンチン，中央銀行設立
8		アメリカ，1935年銀行法制定（連邦準備局を連邦準備制度理事会に改組等）
11		中国国民政府，幣制改革（銀本位制離脱）
1936 2	2.26事件	
9		三国通貨協定の発表。フランス，金本位制停止
1937 7	日中戦争勃発	
9	臨時資金調整法公布・施行	
1938 4	国家総動員法公布（5月，施行）	
1939 3	保険業法公布（40年1月，施行）	
9		第2次世界大戦勃発 イギリス，為替管理令公布
1941 3	日銀券の正貨準備義務撤廃	
4	改正外国為替管理法施行（為替管理を戦時体制へ）	
12	政府「為替相場公定措置要綱」公表（外国為替相場の円建基準採用）	太平洋戦争勃発
1942 2	日本銀行法公布（3月，施行。日本銀行条例，兌換銀行券条例等を廃止）	
4	金融統制団体令公布	タイ，タイ中央銀行設立
1943 3	信託兼営法公布（5月，施行。銀行が信託業兼営）	
8	内国為替集中決済制度実施	
1944 7		ブレトン・ウッズ会議（連合国通貨金融会議）
1945 5		ドイツ無条件降伏
7		ポツダム宣言
8	日本無条件降伏	第2次世界大戦終結
11	財閥解体	
12	農地改革	ブレトン・ウッズ協定発効

年　表　325

年 月		日 本	世 界
1946	2	金融緊急措置令公布（新円切替え，預金封鎖）	フランス，フランス銀行と4大預金銀行の国有化
	3		国際通貨基金（IMF），国際復興開発銀行（IBRD）の第1回総会
			イギリス，イングランド銀行国有化
	12	傾斜生産方式決定	
1947	3	証券取引法公布（証券取引委員会関係のみ7月，施行，その他は施行されず）	
		財政法公布（4月，施行。日銀引受による公債発行の禁止等）	
	4	独占禁止法公布	
	6		マーシャル・プラン提唱
	8	制限付き民間貿易の再開	
	11	農業協同組合法公布（12月，施行）	
	12	臨時金利調整法公布・施行	
1948	4	改正証券取引法公布（5月，施行。銀行，証券の分離等）	欧州経済協力機構（OEEC）条約調印
	6	「ヤング報告」発表（ヤング使節団による単一レート実施勧告）	
	7	政府「経済安定10原則」発表	
	12	アメリカ政府，「日本経済安定9原則」指令	中国，中国人民銀行設立
1949	3	ドッジ・ライン発表	
	4	1ドル=360円の単一レート設定	
	5	国民金融公庫法公布・施行	
	6	改正日銀法公布・施行（日銀政策委員会設置）	
		中小企業等協同組合法公布（7月，施行。信用組合設立）	
	8	シャウプ勧告	
	9		イギリス，ポンド切下げ
	12	外国為替及び外国貿易管理法公布・施行	
1950	5	住宅金融公庫法公布・施行	
	6		朝鮮戦争勃発（53年7月，休戦協定調印）
	12	日本輸出銀行法公布（52年4月，日本輸出入銀行に改称）	
1951	3	外国為替資金特別会計法公布（4月，施行）	
		資金運用部資金法公布（4月，施行。大蔵省預金部を改組）	
	4	日本開発銀行法公布・施行	
	6	相互銀行法公布・施行（無尽会社が転換）	
		信用金庫法公布・施行	

年　月	日　本	世　界
9		サンフランシスコ講和条約調印（52年4月，発効）
11		インドネシア，中央銀行バンク・インドネシア設立（ジャワ銀行を国有化し設立）
12		アメリカ，アコード（財務省と連邦準備制度が国債価格支持政策廃止で合意）
1952　5	IMF・IBRDに加盟承認（8月，調印）	
6	長期信用銀行法公布・施行	
7	東京外国為替市場の再開	
1953　5	IMF理事会，円平価を純金2.46853ミリグラム（1ドル＝360円）と決定	
8	労働金庫法公布（10月，施行）	
1954　4	外国為替銀行法公布・施行	
6	出資法公布・施行	
1955　9	GATTに加盟	
1956　12	国際連合に加盟	
1957　5	準備預金制度に関する法律公布・施行	
8		西ドイツ，ドイツ連銀（ブンデスバンク）設立
1958　1		EEC（欧州経済共同体）発足
10		フランス，第5共和国憲法公布
12		欧州12カ国，通貨交換性回復
1959　2	短期プライム・レートの開始（全銀協，貸出金利に標準金利方式を採用）	
9	対ドル直物相場の変動幅を上下各0.5%以内で自由化 通貨調節手段としての準備預金制度が確立	
11		欧州自由貿易連合（EFTA）協定調印
12		経済協力開発機構（OECD）条約調印（61年9月，発足）
1960　7	非居住者自由円勘定導入	
12	池田内閣「国民所得倍増計画」決定 海外経済協力基金法公布（61年1月，施行）	
1961　2		アメリカ，シティバンク，譲渡性預金（CD）の売出発表 欧州9カ国，IMF 8条国に移行
3		西ドイツ，マルク切上げ
10		金プール結成
11	年金福祉事業団設立	
12		香港，IMF 8条国に移行
1962　1		IMF, GAB（一般借入取決め）決定
2	第1次臨時行政調査会（臨調）発足	
3		ニューヨーク連銀とフランス銀行，スワップ協定調印

年　月		日　本	世　界
	10	日銀，新金融調節方式を採用（公開市場操作の活用意図。11月，実施）	アメリカ，ローザ・ボンド発行
1963	4	対ドル直物相場の変動幅を上下各0.75%に拡大。日銀の外国為替平衡操作開始	
	9		マレーシア，マレーシア中央銀行設立（マレーシア連邦結成により，マラヤ中央銀行を引き継ぐ）
1964	4	IMF 8条国に移行 OECDに加盟	
	9		アメリカ，金利平衡税創設
1965	5	改正証券取引法公布（10月，施行。68年4月以降，証券業の免許制移行） 山一證券の破綻，日銀特融実施（証券恐慌）	
	11	政府，戦後初の国債発行決定	
1967	1	日銀，国債買入オペ開始（発行後1年以上経過したもの）	
	4		西ドイツ，金利自由化実現
	7		EC（欧州共同体）創設
	11		イギリス，ポンド切下げ
1968	3		金の二重価格制採用（金プール崩壊）
	5	改正国債整理基金特別会計法公布・施行（減債基金制度確立）	
	11		シンガポール，マレーシア，IMF 8条国に移行
1969	7		IMF協定第1次改正発効（SDR創出）
1970	1		SDR第1回一般配分（72年まで，93億SDR）
	10		「ウェルナー報告」（欧州経済通貨統合プランの原型）
1971	1		シンガポール通貨庁（MAS）設立
	4	預金保険法公布・施行（預金保険制度創設。7月，預金保険機構発足）	
	6	政府，第1次円対策（8項目）発表	
	8	円が変動相場制に移行	ニクソン・ショック（金ドル交換停止）。欧州各国の為替市場閉鎖
	9		イギリス，新金融調節方式導入（「競争と信用調節」）
	12	1ドル＝308円へ円切上げ（スミソニアン協定）	スミソニアン協定（ドル切下げ［金1オンス＝38ドル］，他通貨切上げ。変動幅を上下2.25%に拡大）
1972	4	東京ドル・コール市場開設	EC 6カ国，スネーク制度（縮小為替変動幅）導入（対ドル共同フロート）
	5	沖縄の日本復帰 政府，第2次円対策発表	アメリカ，シカゴ・マーカンタイル取引所（CME）で金融先物取引開始
	6		イギリス，ポンド変動相場制に移行

年 月	日 本	世 界
		アメリカ,NOW(付利当座預金)勘定登場(マサチューセッツ州の相互貯蓄銀行に取扱い許可)
7	田中内閣,日本列島改造構想	
9	日中国交正常化	
10	政府,第3次円対策発表	
1973 2	円が変動相場制に移行	アメリカ,ドル切下げ(金1オンス=42.22ドル)
3		EC 6カ国,変動相場制に移行(対ドル共同フロート)
10		第1次オイル・ショック発生
1974 1		アメリカ,金利平衡税および対外投融資規制の撤廃
5		アメリカ,フランクリン・ナショナル銀行破綻表面化
6		西ドイツ,ヘルシッタット銀行破綻(ユーロ市場混乱)
1975 5		アメリカ,メーデー(証券取引所での手数料自由化)
11		サミット(先進国首脳会議)開始(ランブイエ)
12	国債の大量発行開始	EC,第1次銀行指令採択
1977 9		アメリカ,メリルリンチ,CMA(現金管理勘定)導入(証券総合口座)
1978 4		IMF協定第2次改正発効
6		アメリカ,預金取扱機関,MMC(TB金利基準定期預金)導入
7	日銀,マネーサプライ見通しの公表開始(四半期ベースの M_2〔後に M_2+CD〕の対前年同期比伸び率の推計値)	ボン・サミット(機関車論)
11		アメリカ,ドル防衛策発表(カーター・ボンド発行等)
12		第2次オイル・ショック発生
		中国,改革開放路線開始
1979 1		SDR第2回一般配分(81年まで,121億SDR)
3		欧州通貨制度(EMS)創設
4		イギリス,銀行法成立(銀行監督制度,預金保険制度創設等)
5	預金取扱機関,譲渡性預金(CD)の販売開始(金利自由化開始)	
10		アメリカ,新金融調節方式発表
		イギリス,為替管理撤廃
12	改正外国為替及び外国貿易管理法公布(資本取引原則自由等。80年12月,施行)	

年 月	日　本	世　界
1980　1	証券会社，中期国債投信（中国ファンド）の取扱い認可（日本版MMF〔追加型公社債投信〕）	
2	国債振替決済制度発足	
3		アメリカ，1980年金融制度改革法成立（金利の完全自由化へ）
4		IMF，中国の加盟承認（5月，IBRD加盟）
10	外国為替円決済制度導入（89年3月以降，日銀ネットで処理）	
1981　3	第2次臨時行政調査会（第2臨調）発足	
6	改正銀行法公布（公共債の窓口販売・ディーリング，ディスクロージャーの制度化等。82年4月，施行）	
	改正証券取引法公布（銀行の証券業務認可，証券会社の業務拡大等。82年4月，施行）	
12		アメリカ，ニューヨークIBF市場（オフショア市場）創設
1982　2		フランス，国有化法成立
8		メキシコ，債務不履行を宣言（中南米債務危機）
9	鈴木内閣「財政非常事態」宣言	イギリス，ロンドン国際金融先物取引所（LIFFE）開設
1983　5	貸金業規制法公布（11月，施行）	
7	第1次臨時行政改革推進審議会（第1次行革審）発足	
10		香港，カレンシー・ボード制再導入
1984　4	先物為替の実需原則撤廃	
5	『日米円・ドル委員会報告書』発表	アメリカ，コンチネンタル・イリノイ銀行の破綻・救済融資
	大蔵省「金融の自由化及び円の国際化についての現状と展望」発表	
6	円転規制撤廃	
7		フランス，新銀行法制定（ユニバーサルバンク制度の明確化，監督体制の一元化等）
1985　3	外国為替等審議会答申「円の国際化について」	
	大口MMC（市場金利連動型預金）の取扱い開始（定期性預金金利の自由化開始）	
4	NTT，日本たばこ民営化発足	
6	円建てBA市場開設	
7	無担保コール市場創設	
9		プラザ合意（G5）
10	大口定期預金（自由金利，当初預入れ額10億円以上）の取扱い開始	ベーカー提案（累積債務問題につき債務戦略）

年 月	日 本	世 界
1986 3	東証,債券先物取引開始（証券取引所ではじめてデリバティブ取引開始)	アメリカ,預金金利自由化完了
4	「前川レポート」(国際協調のための経済構造調査研究会報告書) 発表 年金福祉事業団が年金資金運用事業を開始	
5	改正預金保険法公布 (ペイオフ方式に資金援助方式を追加,支払限度額1000万円等)	東京サミット
7		フランス,第1次民営化法成立 (3大商業銀行等民営化)
10		イギリス,ビッグバン (証券市場改革)
11		イギリス,金融サービス法成立
12	東京オフショア市場開設	
1987 1	政府,NTT株の売却開始	
2	日銀,公定歩合を年2.5%へ (当時,史上最低。89年5月まで)	ルーブル合意 (G7)
4	JR 7社発足 (日本国有鉄道民営化) 第2次臨時行政改革推進審議会 (第2次行革審,新行革審) 発足 「新前川レポート」発表	
5	改正郵便貯金法公布・施行 (郵便貯金の自主運用)	イギリス,銀行法改正
6	新貨幣法 (通貨の単位及び貨幣の発行等に関する法律) 施行 (88年4月,施行。1897年貨幣法廃止) 大蔵省「金融・資本市場の自由化,国際化に関する当面の展望」発表	
10		ブラック・マンデー (ニューヨーク株式市場大暴落)
11	CP市場創設	
1988 1		フランス,フランス版ビッグバン (証券市場改革)
5		インドネシア,IMF 8条国に移行
7		BIS,銀行の自己資本比率の国際的統一基準決定 (バーゼル合意)
10	日銀ネット (当座預金事務関係) の稼動開始	
11	日銀,新金融調節方式導入 (「短期金融市場の運営方式の見直し」)	韓国,IMF 8条国に移行
1989 1	東京金融先物市場 (TIFFE) 創設 都銀,新短期プライム・レート導入 (市場金利の動向等を勘案)	米加自由貿易協定 (FTA) 発効
2	相互銀行52行が普通銀行 (第2地銀) へ転換	
3		ブレイディ提案 (累積債務国問題につき新債務戦略)

年 月		日　本	世　界
	4	消費税導入（3％）	
	6	小口 MMC 取扱い開始	
	8		アメリカ，金融機関改革救済執行法成立（S&L 救済）
	9	日米構造協議開始	
	10		マレーシア，ラブアン市場（オフショア市場）開設
	11		ベルリンの壁崩壊 APEC（アジア太平洋経済協力会議）開催（第 1 回）
	12	日経平均株価，バブル期のピークに（29 日，3 万 8915 円を記録）	EC，第 2 次銀行指令採択（単一銀行免許，銀行監督の原国籍主義，ユニバーサル・バンク制度等）
1990	1	トリプル安（円安，株安，債券安）	フランス，為替管理撤廃 ドイツ，第 1 次資本市場改革（以降，段階的実施）
	3	大蔵省，不動産融資総量規制実施（91 年 12 月まで）	
	4		イタリア，為替管理撤廃
	5		タイ，IMF 8 条国に移行
	6	日米構造協議最終報告（430 兆円の公共投資）	
	8		湾岸戦争（91 年 2 月，停戦）
	10	第 3 次臨時行政改革推進審議会（第 3 次行革審）発足	東西ドイツ統一
1991	3		アルゼンチン，カレンシー・ボード制導入（通貨兌換法成立）
	4	都銀等，新長期プライムレート導入（新短期プライムレートを基準とした長期貸出金利）	
	5	地価税法公布（92 年 1 月，施行）	
	7	日銀，窓口指導（市中銀行の貸出増加額規制）廃止を決定	
	12		ソ連崩壊。CIS（独立国家共同体）創設
1992	2		EU（欧州連合）条約（マーストリヒト条約）調印（93 年 11 月，発効）
	4		IMF，旧ソ連邦のうち 14 カ国の加盟承認
	6	金融制度改革法公布（15 の法律改正，1 つの法律廃止。銀行・証券等が業態別子会社方式で相互参入，銀行自己資本比率規制等。93 年 4 月，施行） 貯蓄預金（市場金利型）導入（流動性預金金利の自由化第一歩）	
	7	証券取引等監視委員会設立（日本版 SEC）	
	9		欧州通貨危機
1993	1	共同債権買取機構設立	EC，単一市場発足

年　月		日　本	世　界
	3	日本，BIS 自己資本比率規制導入（93 年 3 月期決算から）	タイ，BIBF 市場（オフショア市場）創設
	4		香港，香港金融管理局（HKMA）創設
	6	定期性預金金利の自由化完了	
	7		フランス，第 2 次民営化法成立
	8		欧州通貨危機
	12		フランス，中央銀行法改正
1994	1		北米自由貿易協定（NAFTA）発効 EMI 創設 中国，人民元為替レートの一本化
	2		アメリカ，FRB が操作目標の FF（フェデラル・ファンド）レート公表開始
	6		アメリカ，リーグル＝ニール法（州際銀行支店効率化法）施行（州際銀行業務の自由化）
	7		ドイツ，中央銀行法改正
	10	流動性預金金利の自由化完了（当座預金を除く）	
	12	東京 2 信組（東京協和信組・安全信組）の破綻 行政改革委員会発足	メキシコ通貨危機
1995	1	阪神・淡路大震災	世界貿易機関（WTO）発足
	3	東京共同銀行開業（信組の破綻処理） 日銀，無担保コール翌日物金利の目標水準変更の公表開始	
	4	円ドル相場が 1 ドル＝ 79 円 75 銭を記録（当時，戦後最高値） 政府「緊急円高・経済対策」発表	
	5	地方分権推進法公布（7 月，施行）	IMF，金融セクター評価プログラム（FSAP）導入
	6	改正保険業法公布（生保と損保の間で業態別子会社方式による相互参入。96 年 4 月，施行）	
	7	無担保コール翌日物金利が公定歩合を下回る	
	8	兵庫銀行破綻（地銀として戦後初）	
	9		フィリピン，IMF 8 条国に移行
1996	3		ASEM（アジア欧州首脳会議）開催（第 1 回）
	6	金融三法公布（預金保険改正法，金融機関等健全性確保法，金融機関更生手続特例法。01 年 3 月までの 5 年間のペイオフ凍結，預金全額保護） 住専処理法公布・施行（住専処理に財政資金 6850 億円投入）	ロシア，IMF 8 条国に移行

年 月		日　本	世　界
	7	住宅金融債権管理機構設立（住専の破綻処理）	
	9	整理回収銀行設立（東京共同銀行の全面改組）	
	11	橋本首相「日本版ビッグバン」指示 行政改革会議発足	
	12		中国，IMF 8 条国に移行
1997	4	消費税引上げ（5％に） 日産生命破綻（生命保険としては戦後初）	
	5	改正外国為替及び外国貿易管理法成立（外国為替及び外国貿易法に改称。為銀主義廃止，インパクト・ローン自由化等。98 年 4 月，施行）	
	6	日本版ビッグバンに向け金融関係審議会答申 改正日本銀行法成立（98 年 4 月，施行） 金融監督庁設置法成立	
	7		香港の中国返還 アジア通貨危機
	10	証券総合口座の解禁	EU，アムステルダム条約調印（99 年 5 月，発効） イギリス，金融サービス庁（FSA）創設（金融機関の監督）
	11	三洋証券，北海道拓殖銀行，山一證券，徳陽シティ銀行の破綻 財政構造改革法成立	
	12	金融持株会社関連二法成立（98 年 4 月，施行） 改正預金保険法成立（資金援助方式の対象拡大等） 銀行による投資信託の窓販開始（間貸し方式）	
1998	2	金融安定化二法公布（改正預金保険法，金融機能安定化緊急措置法。30 兆円の公的資金枠設定）	
	3	預金保険機構・金融危機管理審査委員会，大手 21 行に公的資金投入（1 兆 8156 億円）	
	4	改正外為法，改正日銀法，金融持株会社関連二法，施行 早期是正措置の導入	
	6	金融システム改革法公布（金融関連 23 法律の改正。12 月，施行） 金融監督庁発足（総理府の外局。証券取引等監視委員会も同庁下へ） 金融審議会発足	欧州中央銀行（ECB）設立 イギリス，イングランド銀行法改正

年　月	日　本	世　界
7	SPC 法（特定目的会社による特定資産の流動化に関する法律）成立（9月，施行） 損害保険料率自由化	ロシア通貨危機
8		インドネシア，銀行法改正
9		マレーシア，資本取引規制
10	金融八法成立（改正預金保険法，金融機能再生緊急措置法，金融機能早期健全化緊急措置法，金融再生委員会設置法等。60兆円の公的資金枠設定） 新宮澤構想スタート（アジア支援，300億ドル規模） 日本長期信用銀行，特別公的管理（一時国有化）	ヘッジ・ファンド LTCM の破綻
12	日本債券信用銀行，特別公的管理（一時国有化） 金融再生委員会発足（総理府の外局。金融監督庁は同委員会下へ） 銀行本体による投資信託の窓販解禁 証券，投資者保護基金発足 保険，契約者保護機構発足	
1999　1		欧州単一通貨ユーロ導入（11カ国参加） ブラジル通貨危機
2	日銀，ゼロ金利政策採用（3月，実質ゼロ金利状態に）	
3	金融再生委員会，大手15行に公的資金投入（7兆4592億円） 大手銀行を対象に税効果会計導入（99年3月期決算から。00年に一般企業を含め全面適用）	
4	有価証券取引税法廃止 整理回収機構（RCC）設立（日本版 RTC。住宅金融債権管理機構が整理回収銀行を吸収）	G7，金融安定化フォーラム（FSF）創設
5		インドネシア，新中央銀行法発効
6		BIS，新自己資本比率規制の市中協議（その後改定，06年実施予定）
7	地方分権一括法成立（00年4月，施行）	
10	国際協力銀行，日本政策投資銀行の設立 株式売買委託手数料完全自由化 普通銀行による普通社債発行解禁 銀行・証券の相互参入に係る業態別子会社の業務範囲制限撤廃 保険会社の子会社形態での銀行業務への参入制限撤廃	

年 月		日 本	世 界
	11	東証，マザーズ（ベンチャー新興市場）開設	アメリカ，グラム＝リーチ＝ブライリー法（金融近代化法）成立（グラス＝スティーガル法改正．金融持株会社もしくは銀行子会社による銀行，証券，保険の相互参入）
		モンデックス，サービス開始	
	12	政府与党，ペイオフ凍結の1年延期を決定	
		民事再生法公布（00年4月，施行）	
2000	3	デビットカードのサービス開始	アメリカ議会国際金融機関諮問委員会，メルツァー報告書（IMF改革）
	4	信用組合の検査・監督権限が都道府県（知事）から金融監督庁（国）に移管	
	5	改正預金保険法成立（危機対応勘定新設．ペイオフ02年4月から段階的実施。01年4月，施行）	ASEAN＋日中韓・財務相会議，「チェンマイ・イニシアティブ」に合意
		資金運用部資金法等改正（財政投融資改革。01年4月，施行）	
		改正保険業法公布（6月，施行）	
		金融商品販売法公布（01年4月，施行）	
		改正SPC法（11月，施行）	
	6	大証，ナスダック・ジャパン（現ヘラクレス）開設	イギリス，金融サービス市場法成立（金融規制と監督制度の改革）
	7	金融庁発足（金融監督庁廃止）	
		2000円紙幣発行	
	8	日銀，ゼロ金利政策解除	
	9	ジャパンネット銀行，銀行免許取得（ネット専業銀行の開業。01年4月，ソニー銀行，IYバンク銀行が銀行免許取得）	ユーロネクスト発足（パリ，アムステルダム，ブリュッセル3証券取引所統合）
		国債市場懇談会創設	
2001	1	中央省庁再編（1府12省に。金融庁は内閣府の外局へ。金融再生委員会廃止）	ギリシャ，ユーロに参加（12カ国に）
		経済財政諮問会議発足	
		日銀，決済制度をRTGS（即時グロス決済方式）へ移行	
		保険，第三分野全面解禁（生・損保以外）	
	2		EU，ニース条約調印（中東欧への拡大）
	3	日銀，量的緩和政策採用（操作目標をコール金利から日銀当座預金残高へ），ロンバード型貸出制度導入	
	4	財政投融資制度改革スタート	
	5	日本政策投資銀行，DIPファイナンスを開始	
	6	確定拠出年金法（日本版401K）成立（10月，施行）	
	9	日銀，公定歩合（基準割引率および基準貸付利率）を年0.1％へ引下げ（史上最低）	同時多発テロ発生（9.11）

年 月		日 本	世 界
	11	東証,日本版 REIT(不動産投資信託)の取引開始 東証,株式会社化決定(11月,実施) 改正銀行法成立(異業種から銀行業への参入ルール,支店設置届出制。02年4月,施行) JR 東日本,プリペイド式 IC カード Suica の発行開始	IMF 副専務理事,国家債務再編メカニズム(SDRM)導入提案
	12	閣議「特殊法人等整理合理化計画」決定	アルゼンチン通貨危機 中国,WTO 加盟
2002	1		欧州単一通貨ユーロの現金流通開始
	3	日本承継銀行設立,破綻した石川銀行と中部銀行の受け皿となる	
	4	ペイオフ解禁(流動性預金は除く) ビットワレット,電子マネー Edy の発行開始	
	9	日銀,銀行保有株買取方針決定	
	10	政府・与党,総合デフレ対策決定(金融再生プログラム) 政府,ペイオフ全面解禁の2年延期決定(05年4月解禁予定。決済性預金は除く)	
	12	金融機関等組織再編成促進特別措置法公布(03年1月,施行) 改正預金保険法成立(ペイオフ全面解禁2年猶予。03年4月,施行) 経済財政諮問会議「政策金融改革について」発表	
2003	4	郵政公社発足(郵政事業庁を引き継ぐ) 産業再生機構(IRCJ)発足(預金保険機構と農林中央金庫の子会社)	
	5	りそなグループ,実質国有化決定	ECB,金融政策戦略見直し IMF 理事会,IMF の業務方針発表
	6	政府,「骨太方針 2004」決定(国・地方の税財政改革に関する「三位一体改革」)	
	7	金融庁,金融持株会社に係る検査マニュアルを制定 改正保険業法公布(予定利率引下げが可能に。8月,施行)	
	11	足利銀行が破綻,一時国有化	
2004	3	第二日本承継銀行設立	イラク戦争
	4	公認会計士・監査審査会の創設(公認会計士審査会の改組)	
	6	年金改革法公布(マクロ経済スライドの導入。10月,施行) 金融機能強化特別措置法公布(金融機能強化勘定。公的資金新法。8月,施行)	BIS,バーゼルⅡ公表(2006年12月適用開始)

年	月	日本	世界
2005	8		アメリカ，SEC が証券業の自己資本ルールを緩和
	4	ペイオフ全面解禁	
	7		中国，人民元の切り上げ，通貨バスケットによる管理通貨制に移行
2006	1	ライブドア・ショック 日本郵政株式会社，発足	
	3	日銀，量的緩和政策解除	
	4	GPIF 設立（年金資金運用基金から改組）	
	7	日銀，ゼロ金利政策解除	
	6	証券取引法を改正した金融商品取引法公布（07 年 9 月，施行）	
2007	1		IFIAR 設立 スロベニア，ユーロ導入（13 カ国に）
	2		中国，上海株式市場大暴落（上海ショック）
	4	住宅金融支援機構発足（住宅金融公庫から改組） イオン，電子マネー WAON の発行開始	
	8	新興企業向け市場の JASDAQ NEO 開設	フランス，BNP パリバ傘下のファンドが資産凍結（パリバ・ショック），サブプライムローン問題の表面化
	9		イギリス，イングランド銀行がノーザンロックに救済融資
	10	日本郵政株式会社を持株会社とした日本郵政グループ発足（日本郵政公社は解散）	
2008	1		キプロス，マルタ，ユーロ導入（15 カ国に）
	3		アメリカ，ベア・スターンズが破綻
	6	日銀，マネーサプライ統計をマネーストック統計に変更	
	9		リーマン・ショック（アメリカ，リーマン・ブラザーズが破綻）。AIG 国有化
	10	日経平均株価バブル後最安値（28 日，6994 円 90 銭）	
	11	日銀，補完当座預金制度に基づく付利を開始	G20 サミット初開催（ワシントン D.C.） アメリカ，FRB が QE 1 導入
	12	日銀，無担保コール翌日物金利の誘導目標を 0.1％に設定	アメリカ，FRB が FF 金利の誘導目標を 0-0.25％に設定
2009	1		スロバキア，ユーロ導入（16 カ国に）
	4		FSF を強化・拡大して FSB 設立
	5		ASEAN＋3，CMI のマルチ化を採択（10 年 3 月，発効） ECB，量的緩和策を導入
	6	資金決済法公布（10 年 4 月，施行）	アメリカ，GM，クライスラーが経営破綻
	8		SDR 第 3 回一般配分（1,612 億 SDR）

年 月		日　本	世　界
	9		SDR特別配分（215億SDR）
	10		ギリシャ，政権交代により大幅な財政赤字を公表，ユーロ危機
			UAE，政府系金融企業の債務繰り延べ要請（ドバイ・ショック）
	12	中小企業金融円滑化法公布・施行（13年3月廃止）	
2010	1	東証，株式売買システム「arrowhead」稼働	
	4	大証，ジャスダック証券取引所を吸収合併	
	5		第1次ギリシャ支援
	6		EU，EFSF設置
	7		ドット＝フランク法（金融改革法）成立（11年7月，施行）
	9	日本振興銀行破綻，初のペイオフ発動	BIS，バーゼルⅢ公表
	10	日銀，包括的な金融緩和政策導入	
		JASDAQ，NEO，ヘラクレスが統合し新たなJASDAQ市場が開設	
	11		アメリカ，FRBがQE2導入
2011	1		エストニア，ユーロ導入（17カ国に）
	2		中国，GDP（2010年）で日本を抜き世界2位に
	3	東日本大震災（3.11）	
	4	第二日本承継銀行が破綻した日本振興銀行の受け皿となる	
	8		米国債ショック（S&PがアメリカのⅠ長期発行体格付けをAAAからAA＋に格下げ）
	10	円ドル相場が1ドル＝75円32銭を記録（戦後最高値）	
	11		IMF，PLL（予防的流動性枠）の新設
2012	1	日銀，中長期的な物価安定の目途設定，消費者物価上昇率1％を目指す	アメリカ，FRBがインフレ・ターゲット（2％）導入
	3		EU，25カ国が財政協定に調印
			第2次ギリシャ支援
	4		中国，人民元の1日変動幅を0.5％から1％に拡大
	6	外為市場，円と人民元との直接取引開始	
	9		アメリカ，FRBがQE3導入
	10		EU，EFSFに代わる恒久的組織としてESM創設
2013	1	東証，大証と経営統合して日本取引所グループ発足	
		日銀，2％の物価安定目標（インフレ・ターゲット）導入	
	4	日銀，量的・質的金融緩和政策導入	

年　月	日　本	世　界
2014　1	NISA 開始	ラトビア，ユーロ導入（18 カ国に）
3		中国，人民元の1日変動幅を1％から2％に拡大
4	消費税引上げ（8％に）	
10	日銀，量的・質的金融緩和政策拡大	アメリカ，FRB が量的緩和政策終了
2015　1		リトアニア，ユーロ導入（19 カ国に） ECB が量的緩和政策導入
7		アメリカ，キューバと国交回復
8		第3次ギリシャ支援 中国，人民元の切り下げ
10	マイナンバー制度施行	
11	郵政3社，株式上場（時価総額約15兆円）	ASEAN，ASEAN 経済共同体（AEC）発足宣言に調印（12月発足） IMF，人民元を SDR の構成通貨とすることを決定（16年10月，実施）
2016　1	日銀，マイナス金利付き量的・質的金融緩和の導入決定（補完当座預金制度適用利率が−0.1％となる。2月，実施）	
4	ジュニア NISA 開始	パナマ，法律事務所からパナマ文書流出
5	改正資金決済法の成立	
6		伊勢志摩サミット イギリス，国民投票で EU からの離脱が過半数を占める
9	日銀，長短金利操作付き量的・質的金融緩和	

（出所）髙垣寅次郎・山口茂・田中金司監修『体系金融大辞典』東洋経済新報社，1966 年；安藤良雄編『近代日本経済史要覧』東京大学出版会，1975 年；宮崎犀一・奥村茂次・森田桐郎編『近代国際経済要覧』東京大学出版会，1981 年；石川通達・石田定夫『日本金融年表・統計』東洋経済新報社，1981 年；日本銀行金融研究所『日本金融年表』1993, 1996 年；舘龍一郎編集代表『金融辞典』東洋経済新報社，1994 年；金融辞典編集委員会編『大月金融辞典』大月書店，2002 年；上川孝夫・藤田誠一編『現代国際金融論（第 4 版）』有斐閣，2012 年；新聞報道等より，編者および吉川哲生作成。

索　引

事項索引

●アルファベット

ABCP　→資産担保コマーシャル・ペーパー
ABS　→資産担保証券
ACU　→アジア通貨単位
AIG（アメリカン・インターナショナル・グループ）　65, 76
AIIB　→アジアインフラ投資銀行
ASEAN 金融統合　274
ASEAN 経済共同体　313
BCBS　→バーゼル銀行監督委員会
BIS　→国際決済銀行
BIS 規制　114, 246
CAPM　→資本資産評価モデル
CD　→譲渡性預金（譲渡性定期預金証書）
CDO　→債務担保証券
CDS　→クレジット・デフォルト・スワップ
CMI　→チェンマイ・イニシアティブ
CP　→コマーシャル・ペーパー
DDM　→配当割引モデル
D-SIBs　→国内的にシステム上重要な銀行
ECB　→欧州中央銀行
ECU　→欧州通貨単位
EMS　→欧州通貨制度
FB　→政府短期証券
FHLMC　→連邦住宅抵当貸付公社
FinTech　→フィンテック
FNMA　→連邦抵当金庫
FOF　→ファンド・オブ・ファンズ
FRB　→連邦準備制度理事会
FSB　→金融安定理事会
G20　289
G5　310
GIIPS　288
GNMA　→政府抵当金庫
G-SIBs　→グローバルにシステム上重要な銀行
G-SIFIs　→グローバルにシステム上重要な金融機関
HFT　→高頻度取引
IAIS　→保険監督者国際機構
IC カード　16, 17
IFRSs　→国際財務報告基準
IMF　→国際通貨基金
IMF14 条国　306
IMF8 条国　306
IOSCO　→証券監督者国際機構
IT　→情報技術
IT 革新　228
k％ルール　166
LLR　→最後の貸し手機能
LTCM　116
MBS　→モーゲージ担保証券
MMC　→市場金利連動型預金
MMF　→マネー・マーケット・ファンド
MM 理論　45
NISA　→少額投資非課税制度
OTC 市場　→店頭市場
OTD（組成分配型）モデル　275
P&A 方式　193
REIT（リート）　255
ROA　→総資産利益率
ROE　→自己資本利益率
SB　→普通社債
SDR（特別引出権）　279, 292
SDR 本位制　295
SIV　248
SPV　→特別目的事業体
TB　→割引短期国債
T-Bill　→国庫短期証券
TLAC　→総損失吸収力
WACC（ワック）　45

●あ　行

赤字国債　147, 153
アジアインフラ投資銀行（AIIB）　293
アジア通貨・金融危機　116, 274, 284, 311
アジア通貨単位（ACU）　312
アセット・ファイナンス　123
アセット・マネジメント　131, 135-140
アベノミクス　119, 146, 147, 154, 313
アレンジャー　66, 67
アンダーライティング　→引受・売出業務
異業種交流　211
異時点間の資源配分　50
委託売買業務（ブローカレッジ）　135
一県一行主義　183

一般的等価形態　4, 5
井上デフレ　302, 315
イングランド銀行　77
インターバンク市場　58, 59, 85
インフレーション　149
インフレ・ターゲット　83, 172
ウィンブルドン現象　267
ウェルス・マネジメント　139
売りオペレーション（売りオペ）　12, 163
売掛金　24
エクイティ・ファイナンス　61, 112, 113, 122
エマージング・マーケット　→新興市場
円為替決済圏　304
円切り上げ論　306
円シフト　311
円の国際化　310
オイル・ショック　106, 150
　第一次――　308
　第二次――　309
欧州金融危機　189, 196
欧州債務危機　287
欧州中央銀行（ECB）　78
欧州通貨制度（EMS）　284
欧州通貨単位（ECU）　312
大きすぎて潰せない（Too big to fail）　118, 121, 184, 196, 291
大蔵省資金運用部　153
オーバーボローイング（借入過多）　40
オフショア市場　282
オフショア人民元　282
オプション取引　64
オープン化　228, 238
オペレーション　145
オリジネーター　66, 67
オルタナティブ運用　255

● か　行

買いオペレーション（買いオペ）　12, 163
買掛金　24
会計ビッグバン　187
外国為替及び外国貿易管理法　305
外国為替市場介入　144, 148
改正資金決済法　19
外部金融　37
価格の度量標準　6, 9, 11
格付会社　188
確定拠出型年金　50
確定利付証券　72

掛取引　23, 24
貸金業法　186
貸し渋り　40, 114, 117
貸出業務　22
貸し剥がし　114, 117, 184
仮想通貨　19
価値形態　3, 4
価値尺度　6
株価　73
株式　60, 73
貨幣価値　83
貨幣数量説　11, 84
貨幣発行益（シニョレッジ）　84
貨幣法　6, 299
借入過多　→オーバーボローイング
借換債　147-150, 153
為替持高集中制　303
間接金融　20
間接証券　122, 123
管理通貨制　12, 80, 106, 302
カンリフ委員会　11
企業間信用　41, 58
企業金融　43
企業統治　→コーポレート・ガバナンス
貴金属の国際均衡配分メカニズム（物価正貨流出入メカニズム）　11
規制裁定　181
擬制資本　73, 74
基礎的財政収支　→プライマリー・バランス
期待収益率　44
キャッシュレス化　13-17
キャピタリゼーション（資本還元）　73, 74
キャピタル・ゲイン　110, 112, 113
協調融資（シンジケート・ローン）　252
協同組織金融機関　199
金解禁論争　301
金貨本位制　10
金為替本位制　10, 11
銀行券　8
　――要因　144
銀行中心の金融システム　141, 261
銀行取付　89
金地金本位制　10
銀証分離規制　183
金・ドル交換　278
金平価　11
金本位制　9, 11, 80, 296
金融アセスメント法　203
金融安定理事会（FSB）　289

342

金融緩和　162
金融危機　117, 160
金融規制改革法　→ドッド＝フランク法
金融恐慌（パニック）　194
金融行政　180
金融グローバル化　251, 275, 280
金融検査マニュアル　115, 189, 201
　——別冊〔中小企業融資編〕　204
金融資産　68, 69, 71
　——の価格　72
　——の累積　69, 74
金融市場　56, 76
金融システム　261
金融商品取引法　187
金融政策　146, 153, 160
　——決定会合　92
金融仲介機能　123
金融庁　189
金融派生商品（デリバティブ）　63-65, 68, 76, 123, 125, 126, 132, 133, 137, 234, 235, 275
金融引き締め　162
（日本版）金融ビッグバン　181, 184
金融不安定性仮説　322
金融包摂　277
金融持株会社　36, 126-130, 134, 139
金融流通　13
金融連関比率　69
金利収入　125, 131, 134, 135
金利の期間構造　171
クラウディング・アウト　146
クラウドファンディング市場　58
グラス＝スティーガル法　265, 291
グラム＝リーチ＝ブライリー法（金融近代化法）　266, 291
クレジットカード　16
クレジットクランチ　246
クレジット・スコアリング　203, 241
　——会社　235
クレジット・デフォルト・スワップ（CDS）　65, 76, 236, 247
グレシャムの法則　10, 298
グローバル化　228, 238
グローバルにシステム上重要な銀行（G-SIBs）　196, 291
グローバルにシステム上重要な金融機関（G-SIFIs）　i, 290
グローバル・リテール　139
軍　票　304

契約の不完備性　260
ケインズ型消費関数　51
決　済　231, 232
　——システム　14, 15, 17
現金準備　28
現先市場　59
現先取引　60
建設国債　147, 150, 153
公開市場操作　87, 162
効果ラグ　166
公　債　142, 143
公定歩合　113, 163
　——操作　87, 163
公的金融　200
高度経済成長　106-108
公認会計士・監査審査会　192
購買力平価説　308
高頻度取引（HFT）　239
小切手　8
国　債　142-147, 149-153, 156, 158
　——依存度　150
　——管理政策　152, 153
　——の日銀引受発行　302
　——発行30兆円枠　118
　——費　150, 151
　——引受シンジケート団（シ団）　148, 151
国際金融市場　281
国際金融センター　252
国際決済銀行（BIS）　289
国際財務報告基準（IFRSs）　187
国債整理基金　143
　——特別会計　148, 149
国際通貨基金（IMF）　291
小口化　231
国内的にシステム上重要な銀行（D-SIBs）　196
国有単一銀行（モノバンク）システム　270
国立銀行　298
個人金融　50
ゴスバンク　185, 198
護送船団行政　180, 182, 188, 193
国庫短期証券（T-Bill）　57, 148
固定相場制　278
古典派経済学　96, 98, 224
コーポレート・ガバナンス（企業統治）　261
コマーシャル・ペーパー（CP）　57, 183
コミットメント　172
　——・ライン　242
コリドー　87
コール・オプション　64

索　引　343

コール市場　58, 59, 85
コンサルティング機能　213
コンパクトシティ　208

●さ　行

在外正貨　301
債　権　60
債　券　72
　——価格　72
再建国際金本位制　11
最後の貸し手機能（LLR）　89, 191
最終目標　165
財政従属　178
財政政策　146, 156
財政投融資　143, 153-158
　——特別会計国債（財投債）　147, 148, 150, 155, 157
財政等要因　144
財政融資資金　143, 148, 155-157
財投債　→財政投融資特別会計国債
債務担保証券（CDO）　286
裁量的財政政策（フィスカル・ポリシー）　145
先物取引　63, 183
先渡し取引　63
里山資本主義　210
サービサー　67
サブプライム（金融）危機　68, 118, 130-132, 136, 189, 286
産業金融モデル　202
産業再生機構　185
産業の流通　13
時間軸政策　→フォワード・ガイダンス
資金過不足　42
資金循環統計　69
資金不足　42
　——主体　20
資金プールの形成機能　33
資金余剰　42
シグナリング効果　173
仕組み預金　242
自己資本金融　38
自己資本の資本コスト　45
自己資本比率　190
　——規制　→バーゼル規制
自己資本利益率（ROE）　46
自己売買業務　→ディーリング
資産選択　52
資産担保コマーシャル・ペーパー（ABCP）　248

資産担保証券（ABS）　66, 157, 159, 244
資産変換機能　34
市場型間接金融　202
市場金利連動型預金（MMC）　39
市場中心（market-based）のシステム　262
私設取引システム　61
下請二法　214
シ　団　→国債引受シンジケート団
市中銀行　14
実行ラグ　166
質的緩和　173
自動安定化装置（ビルト・イン・スタビライザー）　145
ジニー・メイ　219
シニョレッジ　→貨幣発行益
支払完了性（ファイナリティ）　14, 176
支払決済業務　25
支払決済手段　25
支払手段　7
支払準備率　30
資本還元　→キャピタリゼーション
資本構成　44
資本コスト　44
資本資産評価モデル（CAPM）　45
資本市場中心の金融システム　141
資本自由化　306
資本余剰主体　20
シャドーバンキング　245-251, 259
収益構造　130-136
周期的恐慌　104, 105
自由銀行（フリー・バンキング）主義　265
重商主義　95
住宅金融公庫　185
住宅金融専門会社　116
住宅バブル　130
準備預金　85
少額投資非課税制度（NISA）　53
小規模企業振興基本法　214
小規模企業白書　214
商業銀行主義　266
商業信用　24, 58
商業手形　58
承継銀行（ブリッジ・バンク）　194
証券化（セキュリタイゼーション）　65, 183, 234, 275, 281
　——市場　65, 66
　——商品　244
　——のスキーム　66
　——ビジネス　243

証券会社　62
証券監督者国際機構（IOSCO）　289
証券業務の基本的類型　135-137, 139
証券取引所　61, 62
証券取引等監視委員会　191
証券四業　62
少子高齢化　120
証書貸付　23
乗数効果　145, 146
譲渡性預金（譲渡性定期預金証書, CD）　39, 57
消　費　50
──金融　55
──者信用　48
情報開示制度　263
情報技術（IT）　226, 228
情報生産　262
──機能　35, 122, 123, 205
情報の非対称性　44, 46, 194, 204, 231, 233, 239, 260
昭和金融恐慌　302
所要準備額　85
新貨条例　296
新型交付金　207
新株予約権付社債（ワラント債）　61
新興市場（エマージング・マーケット）　281
シンジケート・ローン　→協調融資
人民元の国際化　313
信用貨幣　8
信用緩和　173
信用状（L/C）　252
信用創造　12, 26, 28, 29, 82
──機能　26, 122, 123
──乗数　31
信用取引　24
信用補完制度　200
信用保証協会　206
信用リスク　33
スクリーニング　205
スタグフレーション　223
スネーク　285
スーパーリージョナルバンク　127, 128
スミソニアン合意　278, 307
スミソニアン体制　81
スワップ（取引）　63, 64
政策金融　160
政策反応関数　166
生産金融　55
政府債務の貨幣化　92

政府短期証券（FB）　148
政府抵当金庫（GNMA）　67
政府預金　143, 144
整理回収機構　194
世界貨幣　7
世界金融危機　119
世界大恐慌　11
責任共有制度　206
セキュリタイゼーション　→証券化
セリング　→募集・売出取扱業務
ゼロ金利政策　118, 153
早期是正措置　201
操作目標　165
総資産利益率（ROA）　46
総損失吸収力（TLAC）　197
組成分配型（OTD）モデル　131, 141
ゾンビ企業　184, 185

●た　行
代位弁済　206
耐久消費財　107, 108
大恐慌　302
大東亜共栄圏　304
第2地方銀行　199
多国籍銀行　252
タックスヘイブン　256, 282
ターム・ローン　218
単一通貨ユーロ　285
短期金融市場　57-59
短期金利　59
短資会社　86
担　保　115
地域開発金融機関　215
地域銀行　209
地域金融機関　199
地域循環型社会　210
チェンマイ・イニシアティブ（CMI）　285, 312
蓄蔵貨幣　7
地方銀行　128, 199
地方創生　200
──法　207
中央銀行　12, 14
──の独立性　90
中間目標　165
中小企業基本法　201
中小企業金融安定化特別保証制度　203
中小企業憲章　214
中小企業振興基本条例　215

中小企業白書　200
中南米債務危機　283
超過準備　86
長期金融市場　57, 58, 61, 60
長短金利操作付き量的・質的金融緩和　175
貯金保険制度　192
直接金融　21
貯蓄　50
　――率　51
通貨論争　11
定期預金　22
ディスインターミディエーション（銀行離れ）　49, 265
テイラー原則　168
テイラールール　167
ディーリング（自己売買業務）　131-133, 135-138
手形　8
　――貸付　23
　――割引　22
適債基準　41
デット・ファイナンス　61, 122
デビットカード　16
デフレーション　115, 117, 118
デリバティブ　→金融派生商品
　――市場　62, 283
転換社債　61
電子記録債権　25
電子マネー　16, 226, 230
店頭（OTC）市場　61, 63
伝統的な金融政策　168
伝統的な銀行業務　124, 129, 134, 139
ドイツ連邦銀行　→ブンデスバンク
当座貸越　23
当座預金　21
投資家保護　262
投資銀行業務　141
投資信託　74
特定金銭信託（特金）　112, 113
特別引出権　→SDR
特別目的会社（SPC）　243
特別目的事業体（SPV）　67
特例国債　147, 149
土地神話　110
ドッジ・デフレ　305, 315
ドッジ・ライン　305
ドッド＝フランク法（金融規制改革法）　266, 291
トランザクション・バンキング　203
取引コスト　34
ドル危機　306
トレーディング業務　243

●な　行
内部金融　37
ニクソン・ショック　307
二重銀行制度　265
２段階アプローチ　164
日米円ドル委員会　108
　――報告書　311
日経平均株価　113, 115
日本銀行（日銀）　77, 299
　――当座預金（口座）　59, 144, 145, 158
　――特別融資　90
日本版SOX法　187
日本版金融ビックバン　117
認知ラグ　166
ノンバンク規制　186

●は　行
ハイイールド債　41
配当割引モデル（DDM）　45
ハイパーインフレーション　149
ハイパワード・マネー（ベースマネー, マネタリーベース）　12-14, 32, 162
バショット・ルール　90
派生の預金　28
バーゼル規制（自己資本比率規制）　188, 201, 289
バーゼル銀行監督委員会（BCBS）　289
パナマ文書　257, 283
バブル（経済）　56, 105, 109, 111, 113, 315
　――崩壊　112, 315
バリバ・ショック　286
バンカシュアランス　139, 140
引受・売出業務（アンダーライティング）　122, 135, 138
非居住者自由円勘定　310
非金利収入　131-135
ビジネスマッチング　211
ビッグバン　267
ビットコイン　19
非伝統的金融政策　170
非負制約　169
表面利率　72
ピール条例　10
ビルト・イン・スタビライザー　→自動安定化装置

ファイナリティ →支払完了性
ファンド・オブ・ファンズ (FOF)　74, 255
ファンド・トラスト　112, 113
フィスカル・ポリシー →裁量的財政政策
フィナンシャル・アクセラレーター仮説　173
フィンテック (FinTech)　187, 238, 277
フォワード・ガイダンス (時間軸政策)　171
不換政府紙幣　298
複線型金融システム　202
複本位制　9, 297
負債金融　38
負債の資本コスト　45
負債のレバレッジ　47
双子の赤字　281
プチ・バン　270
普通国債　147, 148,
普通社債 (SB)　157
普通預金　21
物価正貨流出入メカニズム →貴金属の国際均衡
　配分メカニズム
物価の安定　83
物価連動国債　53
プット・オプション　64
不動産融資総量規制　113
プライマリー・バランス (基礎的財政収支)
　151
プライム・ブローカレッジ　250
プラザ合意　109, 110
ブラック=ショールズ・モデル　319
プリカ法 →前払式証票規制法
ブリッジ・バンク →承継銀行
不良債権　114-117, 184
プール化　231
フレディ・マック　219
ブレトン・ウッズ体制　81, 278
ブローカレッジ →委託売買業務
プロジェクト・ファイナンス　242
分散投資　33
ブンデスバンク (ドイツ連邦銀行)　92
ペイオフ　193
　――コスト　195
平行本位制　9
平成デフレ　315
ベイル・アウト　197, 291
ベイル・イン　197, 291
ベースマネー →ハイパワード・マネー
ヘッジファンド　246
ベンチマーク　213
変動相場制　278

法貨 (リーガル・テンダー)　84
　――規定　9
包括緩和　154
包括的連携協定　212
補完貸付制度 (ロンバート型貸出)　87
保険監督者国際機構 (IAIS)　289
募集・売出取扱業務 (セリング)　135, 138
ポートフォリオ・リバランス　173
骨太の方針　118
ポリシー・ミックス　147
ボルカー・ルール　266, 291
本位貨幣　9, 11
本源的預金　28

●ま　行

マイクロファイナンス　186, 187
マイナス金利　174
　――付き量的・質的金融緩和　175
マウントゴックス　19
前払式証票規制法 (プリカ法)　186
マクロプルーデンス政策　196
増田レポート　208
松方デフレ　298, 315
マックファーデン法　265
マネーサプライ　32
マネーストック　32, 83
マネタリスト　223
マネタリーベース →ハイパワード・マネー
マネー・マーケット・ファンド (MMF)　245
ミクロプルーデンス政策　196
無担保コール翌日物金利　59, 85
メインバンク　261
メガバンク　129-131, 133, 134, 136-139
目利き　204
モーゲージ担保証券 (MBS)　66, 159, 218,
　234, 245, 286
モーゲージ・ローン　218
持株会社　130
モニタリング　205
モノライン　247
モラトリアム (銀行休業)　195
モラル・ハザード　193, 195, 197, 206

●や　行

山一證券　184
ヤング報告　305
有価証券投資　23
有担保主義　116
ゆうちょ銀行　185

郵貯民営化　186
誘導型アプローチ　165
郵便貯金　185
ユニバーサル・バンキング　268
ユーロ市場　280, 282
ユーロ・ドル（ユーロダラー）　282
預金業務　21
預金準備率　28, 85, 163
　　――操作　87, 163
預金通貨　26, 28
預金の支払準備　31
預金の歩留り率　29, 30
預金保険制度　188, 192, 194
横浜正金銀行　299

● ら 行

ライフサイクル仮説　51
ラップ口座　53
リクスバンク　77
リーグル＝ニール法（州際銀行支店効率化法）
　　266
リージョナル・インバランス　288
リスク管理　231, 233
リスク・フリー・レート　45
リスクプレミアム　39, 45
リテール・リングフェンス規制　267

リート　→ REIT
利回り　72
リーマン・ショック　115, 154, 155, 188,
　　196, 286, 313
流通手段　7
流動性制約　51
流動性選好説　222
量的（金融）緩和　118, 153, 172
量的・質的（金融）緩和　152, 154
リレーションシップ・バンキング　204
臨時金利調整法　38
ルーブル合意　110
レーガノミクス　147, 310
レギュレーションQ　265, 49
レバレッジ　63
レポ（証券買い戻し）市場　59, 249
レポ取引　60, 246
連邦住宅抵当貸付公社（FHLMC）　68
連邦準備制度理事会（FRB）　77
連邦抵当金庫（FNMA）　68
ロンバート型貸出　→補完貸付制度

● わ 行

ワラント債　→新株予約権付社債
割引短期国債（TB）　148

人名索引

●あ 行
井上馨　302

●か 行
ガーリー（Gurley, J. G.）　122
カンティロン（Cantillon, R.）　11
ケインズ（Keynes, J. M.）　81, 221
小林昇　95
ゴールドスミス（Goldsmith, R. W.）　69

●さ 行
周小川　295
シュンペーター（Schumpeter, J. A.）　221
ショウ（Shaw, E. S.）　122
ショールズ（Scholes, M.）　319
ストレンジ（Strange, S.）　97
スミス（Smith, A.）　96, 98

●た 行
高橋是清　303
テイラー（Taylor, J. B.）　167
トゥーク（Tooke, T.）　96

●な 行
ニュートン（Newton, I.）　10
ノーマン（Norman, G. W.）　11

●は 行
バジョット（Bagehot, W.）　90
バーナンキ（Bernanke, B.）　170
バフェット（Buffett, W. E.）　76
浜口雄幸　301
ヒューム（Hume, D.）　11, 96
ヒルファディング（Hilferding, R.）　97
フィッシャー（Fisher, I.）　11
ブラック（Black, F.）　123, 126, 319
フリードマン（Friedman, M.）　166, 223
ヘクシャー（Heckscher, E. F.）　95
ボルカー（Volcker, P. A.）　266

●ま 行
マーシャル（Marshall, A.）　11, 224
松方正義　299
マルクス（Marx, K. H.）　96, 100, 221, 321
ミラー（Miller, M.）　45
ミル（Mill, J. S.）　11, 97
ミンスキー（Minsky, H. P.）　321
ムーア（Moore, G. E.）　222
モジリアーニ（Modigliani, F.）　45

●ら 行
リカード（Ricardo, D.）　11, 96
レオンチェフ（Leontief, W.）　321
ロー（Law de Lauristo, J.）　95
ロイド（Loyd, S. J.）　11

◆ 編者紹介

川 波 洋 一（かわなみ よういち）
　下関市立大学特別招聘教授

上 川 孝 夫（かみかわ たかお）
　横浜国立大学名誉教授

現代金融論〔新版〕
Modern Monetary Economics〔2nd ed.〕〈有斐閣ブックス〉

2004年12月30日　初版第1刷発行
2016年12月10日　新版第1刷発行
2023年1月30日　新版第3刷発行

編　者	川　波　洋　一
	上　川　孝　夫
発行者	江　草　貞　治
発行所	株式会社　有　斐　閣

郵便番号 101-0051
東京都千代田区神田神保町 2-17
http://www.yuhikaku.co.jp/

印　刷　精文堂印刷株式会社
製　本　大口製本印刷株式会社

©2016, Y. Kawanami, T. Kamikawa.
Printed in Japan
落丁, 乱丁本はお取替えいたします。

★定価はカバーに表示してあります。

ISBN978-4-641-18433-6

JCOPY　本書の無断複写（コピー）は、著作権法上での例外を除き、禁じられています。複写される場合は、そのつど事前に（一社）出版者著作権管理機構（電話03-5244-5088, FAX03-5244-5089, e-mail:info@jcopy.or.jp）の許諾を得てください。